Sportmanagement

Der Profi-Fußball aus
sportökonomischer Perspektive

Herausgegeben von
Gerhard Schewe und
Jörn Littkemann

W0200313

Sportökonomie

Gerhard Schewe
Jörn Littkemann (Hrsg.)

Sportmanagement

Der Profi-Fußball aus sportökonomischer Perspektive

2., unveränderte Auflage

hofmann.

Bibliografische Information Der Deutschen Bibliothek
Die Deutsche Bibliothek verzeichnet diese Publikation in der Deutschen Nationalbibliografie; detaillierte bibliografische Daten sind im Internet über http://dnb.ddb.de abrufbar.

Bestellnummer 3352

© 2002 by Verlag Karl Hofmann, Schorndorf

2., unveränderte Auflage 2004

www.hofmann-verlag.de

Alle Rechte vorbehalten. Ohne ausdrückliche Genehmigung des Verlags ist es nicht gestattet, die Schrift oder Teile daraus auf fototechnischem Wege zu vervielfältigen. Dieses Verbot – ausgenommen die in §§ 53, 54 URG genannten Sonderfälle – erstreckt sich auch auf die Vervielfältigung für Zwecke der Unterrichtsgestaltung. Dies gilt insbesondere für Übersetzungen, Vervielfältigungen, Mikroverfilmungen und die Einspeicherung und Verarbeitung in elektronischen Systemen.

Titelfoto: MEV Verlag, Augsburg

Druck und Bindung: DIP-Digital-Print, Witten.
Printed in Germany · ISBN 3-7780-3350-6

Inhaltsverzeichnis

TEIL III: MANAGEMENT AUSGEWÄHLTER SPORTLICHER PROZESSE 193

Sören Salomo / Kai Teichmann

Gerhard Schewe / Jörn Littkemann

Sportmanagement aus ökonomischer Perspektive: Begriffsverständnis und Zielsetzungen dieser Schrift – Vorbemerkungen der Herausgeber

Gerhard Schewe / Jörn Littkemann

„Die Initiatorin Sport-Concept Beteiligungs GmbH i. Gr., Mannheim, legt mit ihren drei Geschäftsführern Stefan Helmbrecht, Peter Buhrmann und Steffen Wannenwetsch den ‚1. Fußballfonds' in Deutschland auf. Offizieller Start sei der 29. November, kündigte Sport Concept am Dienstag mit. Der Fußballfonds lasse sich Rechte auf Transferentschädigungen an Fußballspielern abtreten und gehe im Hinblick auf Transfers von Spielern Partnerschaften mit Fußballklubs und Fußballschulen und –internaten ein.

Für die Sichtung und Bewertung von Spielern arbeiteten Ex-Fußballprofis im Auftrag des Fonds auf Honorarbasis als Spielerbeobachter (Scouts). Zu diesen zählten beispielsweise Anthony Baffoe, Matthias Herget und Herbert Zimmermann. Im Anlageausschuss sitzen den Angaben zufolge Rainer Bonhof, Wolfgang Overath und Guido Buchwald. Dessen Aufgabe sei die Prüfung vorgeschlagener Projekte. Anleger können sich ab einer Mindestbeteiligung von 5.000 EUR zuzüglich fünf Prozent Agio an dem Fonds beteiligen."

(Quelle: vwd vom 20.11.2001)

Nicht zuletzt die Tatsache, dass Transfererlöse im Fußballsport bereits Gegenstand von Renditezielen bei Investmentfonds sind, zeigt, dass der professionelle Teamsport zusehends ein Erkenntnisobjekt betriebswirtschaftlicher Managementforschung wird und auch werden muss! *Sportmanagement* lässt sich dabei im funktionalen Sinn als ein Bündel von Steuerungsaufgaben verstehen, die darauf gerichtet sind, den arbeitsteiligen Leistungserstellungsprozess zielgerichtet und effizient zu bewerkstelligen. Sportmanagement in diesem Sinne versteht sich somit als Willensbildung und Willensdurchsetzung. Im Fokus der Betrachtung steht die Analyse und die Entwicklung effizienter Gestaltungsmöglichkeiten zur Lösung bedeutender Managementprobleme von professionellen Sportorganisationen. An dieser Stelle soll bewusst darauf verzichtet werden, die vielfach immer wieder geführte Diskussion aufzugreifen, ob Teams des Profisports überhaupt mit Unternehmen vergleichbar sind. Dies wird in der vorliegenden Schrift als Prämisse unterstellt. Denn vielfältige Indizien, wie z. B. die Umwandlung von Vereinen in Kapitalgesellschaften, die Beschäftigung hoch bezahlter „Vereins-"Manager oder die Höhe der gezahlten Spielergehälter und Ablösesummen, sprechen dafür, dass ökonomische Fragestellungen im Profisport längst eine bedeutende Rolle spielen.

Wendet man sich dem Begriff des Managements und damit dem Begriff des Sportmanagements etwas näher zu, so gilt es vornehmlich, die betriebswirtschaftlich-organisatorische Sichtweise der Betrachtung festzulegen. Im Regelfall unterscheidet man dabei den eher weiten institutionellen Managementbegriff von der eher engen funktionalen Sichtweise. Während der institutionelle Begriff das Verhalten sämtlicher Interaktionsgruppen eines sozialen System betrachtet, stehen beim *funktionalen Begriffsverständnis* Fragen der Steuerung des Prozesses zur Erstellung der betrieblichen Leistung im Mittelpunkt des Interesses. Letztere ist auch die Perspektive, die hier gewählt wird. Die Managementfunktion ergänzt dabei die eigentlichen betrieblichen Funktionen der Beschaffung, der Produktion und des Absatzes. Sportmanagement wird somit als Querschnittsfunktion im Rahmen der Aktivitäten des Profi-Teamsports verstanden. Diese Querschnittsfunktion beinhaltet Fragen der Planung und Kontrolle ebenso, wie die der organisatorischen Steuerung der betrieblichen Funktionen, die darauf gerichtet sind, eine Teamsport-Leistung zu erbringen.

Für den Profisport gilt analog zur Unternehmensführung, dass die Erfüllung der sportlichen Zielsetzung nur unter der Nebenbedingung der Einhaltung der ökonomischen Erfordernisse erbracht werden kann. Insbesondere das Liquiditätspostulat wirkt beim Teamsport ähnlich restriktiv wie beim klassischen Unternehmen. Profisport-Vereine können nur dann langfristig existieren, wenn auf der Einnahmeseite die dort erwirtschafteten Erlöse aus der Vermarktung des Sportereignisses die Ausgaben für die Beschaffung und den Einsatz der dafür notwendigen Ressourcen, d. h. in erster Linie die Ausgaben für das Engagement der Spieler, nicht übersteigen. Inwieweit darüber hinaus auch noch Renditeüberlegungen eine Rolle spielen, bzw. welche Beziehung zwischen der Realisierung sportlicher Ziele und finanziellen und ertragswirtschaftlichen Zielen bestehen, sei an dieser Stelle nicht weiter problematisiert. Hierauf wird im weiteren Verlauf der Schrift Bezug genommen.

Die vorangegangenen Ausführungen zeigen, dass für diese Schrift eine bewusste *Eingrenzung auf den professionellen Teamsport* vorgenommen wurde. Professioneller Individualsport steht nicht im Fokus der Betrachtung. Dies bedeutet allerdings nicht, dass nicht auch hier Fragen des Sportmanagements von Interesse sind.[1] Sie werden

[1] Vgl. Schewe, G./Littkemann, J. (2001): Der Weg zum Erfolg – Eine Analyse von Innovationen im Sport, in: Hamel, W./Gemünden, H. G. (Hrsg.), Außergewöhnliche Entscheidungen, München, S. 548–578.

hier jedoch bewusst ausgeklammert, da professioneller Individualsport und professioneller Teamsport sich in ihren zentralen exogenen Variablen erheblich unterscheiden.

Eine weitere Einschränkung wurde für das vorliegende Buch gewählt. Es erfolgt eine *Konzentration auf Fragen des Fußballsportes.* Wie auch in der betriebswirtschaftlichen Forschung vielfach üblich, erscheint auch hier eine solche Fokussierung notwendig. Bei Unternehmen sicherlich unstrittig ist die Annahme, dass z. B. Dienstleistungsunternehmen sich in ihren Managementstrukturen zum Teil erheblich von produzierenden Unternehmen unterscheiden oder aber dass mittelständische Unternehmen im Hinblick auf das eingesetzte Planungs- und Kontrollinstrumentarium nicht mit Großunternehmen vergleichbar sind. Im Profisport sind ähnliche Unterschiede offensichtlich. Betrachtet man nur den Profisport in Deutschland, so werden zwar außer Fußball auch andere Team-Sportarten professionell betrieben, wie z. B. Handball oder Eishokkey. Hinsichtlich ihres ökonomischen Potenzials unterscheiden sich diese Sportarten jedoch gewaltig. Betrachtet man z. B. nur die Einnahmen aus dem Verkauf der Fernsehübertragungsrechte so wird deutlich, dass sich der Fußballsport ganz gravierend von den übrigen Teamsportarten unterscheidet. Es erscheint insofern nur konsequent, dass auch das Managementhandeln höchst unterschiedlich ist. Damit ein einheitlicher Blick auf die zentralen Aktivitäten des Sportmanagements möglich wird, ist eine Fokussierung auf eine bestimmte Sportart unabdingbar. Sie soll im vorliegenden Fall der Profifußball sein. Ergänzend soll erwähnt werden, dass die Implementierung professioneller Managementstrukturen nicht nur auf Vereine der ersten und zweiten Fußball-Bundesliga beschränkt ist. Zwar stehen diese im Mittelpunkt der Schrift, aber auch in vielen Amateurvereinen wird zusehends, nicht zuletzt aufgrund von Kostenüberlegungen, eine Effizienzsteigerung der vorgenommenen Planungs- und Kontrollprozesse angestrebt.

Die vorliegende Schrift verfolgt das *Ziel*, die unterschiedlichsten Aktivitäten des Managements im professionellen Teamsport zu analysieren, um daraus Schlussfolgerungen für ein erfolgreiches Sportmanagement aufzuzeigen. Diese Zielsetzung impliziert zugleich, dass hier nicht ausschließlich normativ argumentiert wird. Schlussfolgerungen für ein erfolgreiches Management des Profisports werden hier nur aufgrund gesicherter empirischer Erkenntnisse getroffen. Sämtliche hier publizierten Beiträge stützen ihre Ergebnisse entweder auf großzahlige empirische Untersuchungen oder aber auf Intensiv-Fallstudien. Denn gerade bei einem Erkenntnisobjekt, welches erst seit kurzer Zeit so nachhaltig in den Fokus betriebswirtschaftlicher Auseinandersetzungen gerückt ist, erscheint es unzweckmäßig, ausschließlich theoretisch zu argumentieren.

Die hier gewählte Beschränkung auf den funktionalen Managementbegriff zeigt sich auch in der Aufnahme der einzelnen Beiträge. Die Schrift gliedert sich in drei große Teile. Der erste Teil befasst sich mit der *Gestaltung des institutionellen Rahmens*, in dem sich der professionelle Fußballsport bewegt. Zunächst zeigen Schewe/Gaede/Küchlin die Bedingungen des Strukturwandels eines Sportvereins von der Solidargemeinschaft zur Dienstleistungsorganisation auf. Anschließend stellen Brast/Stübinger die verbandsrechtlichen Grundlagen des Sportmanagements in der Fußball-Bundesliga dar.

Der zweite Teil der Schrift beinhaltet das *Management ausgewählter ökonomischer Prozesse*. Engelsing/Littkemann diskutieren zunächst die Voraussetzungen der steuerlichen Anerkennung der Gemeinnützigkeit von Vereinen. Anschließend analysieren Littkemann/Sunderdiek die wirtschaftliche Lage von Bundesliga-Vereinen anhand deren selbst erstellter Jahresabschlüsse. Mit Problemen der bilanziellen Behandlung von Transferentschädigungen befassen sich folgend Littkemann/Schaarschmidt. Michalik erörtert die Motive und Anreize des ehrenamtlichen Engagements im Profifußball. Mit der effizienten Gestaltung von Leistungsanreizen für die Profispieler beschäftigen sich eingehend Schewe/Gaede/Haarmann. Einer umfangreichen ökonomischen Analyse unterwerfen Schewe/Gaede die Vor- bzw. Nachteile der zentralen Vermarktung von Fernsehübertragungsrechten. Am Beispiel von Borussia Dortmund diskutiert Schewe die ökonomischen Folgen der Umwandlung von Fußball-Vereinen in Kapitalgesellschaften. Den zweiten Teil beenden Wessels/Steegmans, die anhand einer Business-Software-Lösung Antworten auf praktische Gestaltungsfragen des alltäglichen Sportmanagements geben.

Inhalt des dritten Teils der Schrift ist das *Management ausgewählter sportlicher Prozesse*. Littkemann/Kleist befassen sich zunächst mit der Auswahl und den Ursachen bestimmter Formen von Spielsystemen in der Fußball-Bundesliga. Anschließend erörtern Gaede/Kleist/Schaecke die strategischen Bedingungen einer erfolgreichen Teamzusammensetzung. Die Gründe und Wirkungen von Trainerwechseln analysieren folgend Salomo/Teichmann. Abschließend zeigen Schewe/Littkemann Wege zur erfolgreichen Einführung innovativer Spielsysteme im Fußballsport auf.

Zielgruppe dieser Schrift sind Leser, die sich auf der Schnittstelle von Sportwissenschaft und Betriebswirtschaftslehre befinden. Ihnen sollen Antworten auf ausgewählte Fragen des Sportmanagements geliefert werden. Diese Antworten sollen sich nicht in „Patentrezepten“ erschöpfen, denn wie überall wird es auch im Sportmanagement *das* allgemein gültige Patentrezept nicht geben. Es soll vielmehr das analytische Verständnis für die zentralen Probleme des Profisports gestärkt werden, indem z. B. Wege und Möglichkeiten bestimmten Managementhandelns aufgezeigt werden, die empirische Basis von Phänomenen des Profisports offengelegt wird und bestimmte bereits von Profiteams getroffene betriebliche Entscheidungen kritisch analysiert werden. Damit wendet sich die Schrift ebenso an den interessierten Praktiker wie an den wissenschaftlich orientierten Leser. Dies bedeutet eine enorme Schwierigkeit, da sich gewöhnlich beide Leserkreise gleichzeitig nur äußerst schwierig zufrieden stellen lassen.

Wenn hier trotzdem der Versuch unternommen werden soll, so ist dies darauf zurückzuführen, dass im Rahmen dieser Schrift zwei Wissenschaftsgebiete betrachtet werden: die Sportwissenschaft und die Betriebswirtschaft. Naturgemäß impliziert dies, dass weder das eine noch das andere Gebiet in der sonst üblichen Tiefe behandelt wird, bzw. behandelt werden kann. Hierin liegt aber nun auch die Chance für den Leser, der sich eher mit der praktischen Lösung von Problemen des Sportmanagements befasst. Er wird hier durchaus Hilfestellungen finden, die es nicht erst erfordern, dass man sich durch „schwergewichtige" theoretische Überlegungen hindurch kämpft.

Teil I

Gestaltung des institutionellen Rahmens

Professionalisierung und Strukturwandel im Profifußball

Gerhard Schewe / Nicolas Gaede / Christian Küchlin

1 Professionalisierung im Fußballsport

1874 gründete der Braunschweiger Lehrer KONRAD KOCH den ersten deutschen Fußball-Schülerverein. Das Fußballspiel erfuhr in der Folge regen Zuspruch, so dass am 28. Januar 1900 der Deutsche Fußball Bund (DFB) in Leipzig gegründet wurde, nachdem zuvor schon regionale Vorläufer, und zwar 1880 der Bund Deutscher Fußballspieler und 1893 die Süddeutsche Fußball Union ins Leben gerufen worden waren. 1902 wurden bereits die ersten deutschen Meisterschaften ausgespielt, bevor zu Beginn der dreißiger Jahre der professionelle Fußball von den Nationalsozialisten verboten und erst 1949 durch die Neugründung des Deutschen Fußball-Bundes (DFB) wiederbelebt wurde. Die Diskussionen um den Profifußball führten am 24. August 1963 zur Gründung der Fußball-Bundesliga und damit zum Beginn des Berufsfußballs in Deutschland. Alle deutschen Fußballvereine, sowohl im Amateur- als auch im Profibereich, sind bis heute unter dem Dach des DFB vereinigt. Der DFB ist ein eingetragener Verein mit Sitz in Frankfurt am Main. Neben den Regional- und Landesverbänden, die ordentliche Mitglieder des DFB sind, gehören ihm die Vereine der Lizenzligen als außerordentliche Mitglieder an. Aufgaben des DFB sind nach § 4 DFB-Satzung z. B. die Förderung der Entwicklung des Fußballsports, die Vertretung des deutschen Fußballs im In- und Ausland und die Ermittlung des Siegers in den Lizenzligen, unter der Verwendung notwendiger Regeln.[1] Der DFB ist der größte Einzelsportverband der Welt. In ihm sind 26.848 Fußballvereine mit 173.411 Mannschaften zusammengeschlossen, die insgesamt rund 6,3 Mio. Mitglieder halten.

Durch die Professionalisierung ist in vielen Sportvereinen ein Wandel von Solidargemeinschaften zu Dienstleistungsorganisationen zu erkennen.[2] Die Professionalisierung bedeutet für die Sportvereine den Eintritt in den ökonomischen Wettbewerb untereinander und zu anderen Sportanbietern.[3] Die veränderten Rahmenbedingungen führen zu neuen Finanzierungskonzepten, wie z. B. Sponsoring oder Merchandising, aber auch

[1] Vgl. dazu eingehend den Beitrag von Brast/Stübinger.
[2] Vgl. Trosien (1994), S. 32 ff.
[3] Vgl. Wadsack/Wallerath (1994), S. 56.

zur Diversifikation in neue Geschäftsfelder oder zur Kooperation mit Vermarktern[1] zur Generierung von externem Know-how und Kapital.[2] Die Frage nach den Konsequenzen, die diese veränderten Rahmenbedingungen für die Organisationsstruktur der Sportvereine besitzen, steht im Zentrum des vorliegenden Beitrages. Idealtypische Vereinsmerkmale wie z. B. demokratische Entscheidungsstruktur und ehrenamtliche Mitarbeit stehen unter Umständen zur Disposition. Vielfach wird sogar ein Wandel hin zu einer mittelständischen Unternehmensstruktur propagiert, mit dann hauptberuflichen Mitarbeitern und spezialisiertem Aufgabenvollzug.

2 Theoretische und methodische Basis der Untersuchung

2.1 Theoretische Basis

Mit ihrem theoretischen Design orientiert sich die Untersuchung am klassisch situativen Ansatz der Organisationsforschung. Das dort vertretene Paradigma: „Die Organisationsstruktur hat sich der Situation bzw. den Situationsänderungen anzupassen, will sie erfolgreich sein", zeigt die Richtschnur für die Spezifikation des theoretischen Bezugsrahmens. Die zentrale Situationsvariable ist dabei die Professionalisierung des Fußballsports. Die zentrale Strukturvariable ist die Vereinsorganistion. Die nachfolgende Abbildung zeigt dies im Überblick.

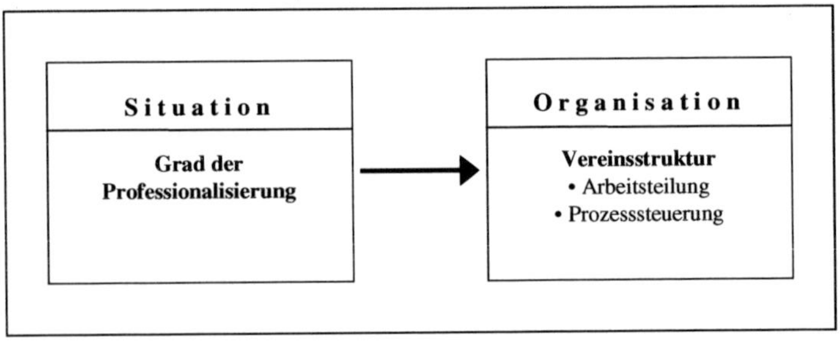

Abb. 1: Theoretischer Bezugsrahmen

Trotz der allgemein vertretenen Auffassung, dass eine Professionalisierung im Fußballsport Einzug gehalten hat, ist nicht zu übersehen, dass man nur schwerlich von „der" Professionalisierung sprechen kann. Unterschiedliche Grade der Professionalisierung charakterisieren dieses Phänomen treffender. So kommt man nicht umhin zu konstatieren, dass schon die absolute Höhe der Vereinshaushalte – vergleicht man beispielsweise die Großvereine der Ersten Fußball-Bundesliga mit Vertretern der Zweiten Fußball-Bundesliga – von den Verantwortlichen höchst unterschiedliche Fä-

[1] Die Sportrechtevermarkter sind Unternehmen, deren Hauptgeschäft die nationale und internationale Vermarktung von TV-Sportrechten ist. Ferner besitzen sie Marketing- und Sponsoring-Rechte. Vgl. hierzu Empacher (1999), S. 132 ff.

[2] Vgl. Rohlmann (2000), S. 73.

higkeiten zur Bewältigung derartiger ökonomischer Aufgaben verlangt. Der Grad der Professionalisierung lässt sich damit anhand der Menge und des Umfangs der zu bewältigenden ökonomischen Aufgaben recht gut operationalisieren.

Die abhängige Variable „Organisation" – hier besser die Vereinsstruktur – orientiert sich am organisationalen Paradigma von Spezialisierung und Koordination: Eine Aufgabe ist zur Nutzung ihrer Effizienzpotenziale arbeitsteilig zu bewältigen. Es ist nach der adäquaten Form der Spezialisierung zu fragen. Arbeitsteilung wiederum erzeugt Koordinationsbedarf. Es ist somit nach den geeigneten Instrumenten der Prozesssteuerung zu fragen.

2.2 Methodische Basis

Untersucht wurden sechs Sportvereine der Ersten und Zweiten Fußball-Bundesliga. Aus der Ersten Fußball-Bundesliga waren dies der Hamburger Sportverein, Hertha BSC Berlin, SV Werder Bremen und der FC Hansa Rostock. Aus der Zweiten Fußball-Bundesliga waren dies der FC St. Pauli und Arminia Bielefeld. Der Analysezeitpunkt war die Spielzeit 2000/2001, genauer: Herbst 2000. Die untersuchten Sportvereine sind dabei durch höchst unterschiedliche Rahmenvariable gekennzeichnet, die nicht zuletzt bereits Rückschlüsse auf den Grad der Professionalisierung erlauben (vgl. Tabelle 1).

Als Instrumente der Datenerhebung wurden die inhaltsanalytische Auswertung vereinsbezogener Publikationen sowie das Tiefeninterview bei zentralen Schlüsselpersonen in den jeweiligen Vereinen gewählt. Im Einzelnen wurden folgende Entscheidungsträger befragt:[1]

- Klaus Allofs: Vorstand Profibereich beim SV Werder Bremen,
- Martin Bader: Assistant Manager bei Hertha BSC Berlin,
- Stephan Beutel: Manager Lizenzabteilung beim FC St. Pauli.
- Heribert Bruchhagen: Manager von Arminia Bielefeld und
- Werner Hackmann: Erster Vorsitzender des Hamburger Sportvereins,
- Dr. Helmut Hergesell: Geschäftsführer beim FC Hansa Rostock,
- Holger Hieronymus: Zweiter Vorsitzender des Hamburger Sportvereins,

[1] Die detaillierten Gesprächsprotokolle finden sich bei Schewe/Gaede/Küchlin (2001).

Grad der Professionalisierung	Sportverein	Rahmenvariable
Gering	DSC Arminia Bielefeld	• im Jahr 2000 aus der 1. Bundesliga abgestiegen • eigenständiger Profisportverein • Gesamtetat von 25 Mio. DM • Hauptsponsor: Herforder Brauerei mit 3,0 Mio. DM/Jahr • Umsatz (99/00): 48 Mio. DM
	FC St. Pauli	• spielt seit 1997 in der Zweiten Fußball-Bundesliga • eigenständiger Profisportverein • weist mit insgesamt 6,7 Mio. DM den niedrigsten Etat aus • Hauptsponsor: World of Internet mit 2,0 Mio. DM/Jahr • Umsatz (99/00): 29 Mio. DM
Mittel	SV Werder Bremen	• keine Teilnahme an einem internationalen Wettbewerb • eigenständiger Profisportverein • Hauptsponsor QSC mit 6,0 Mio. DM/Jahr • Umsatz (99/00): 76 Mio. DM
	FC Hansa Rostock	• keine Teilnahme an einem internationalen Wettbewerb • eigenständiger Profisportverein • über lange Zeit einziger „Ostverein" in der 1. Bundesliga • Hauptsponsor KIA Motors mit 4,0 Mio. DM/Jahr • Umsatz (99/00): 49 Mio. DM
Hoch	Hamburger Sportverein	• Teilnehmer an der UEFA Championsleague • Vollvermarktung durch die UFA Sports GmbH • Hauptsponsor UFA mit 12,5 Mio. DM/Jahr • Umsatz (99/00): 87 Mio. DM
	Hertha BSC Berlin	• Teilnehmer am UEFA Pokal • Vollvermarktung durch die UFA Sports GmbH • Hauptsponsor: o.Tel.o mit 12,0 Mio. DM/Jahr • Umsatz (99/00): 118 Mio. DM

Tab. 1: Rahmenvariable der Untersuchungsobjekte

3 Ergebnisse der Strukturanalyse

3.1 Arbeitsteilung und Professionalisierung

3.1.1 Spezialisierung des Aufgabenvollzuges

Grundsätzlich wird deutlich, dass die kleineren Bundesligavereine, speziell der Zweiten Liga, eine weniger ausgeprägte Spezialisierung verfolgen als die großen Vereine der Ersten Bundesliga. Generell ist eine Zweiteilung der Spezialisierung in den sportlichen und den kaufmännischen Bereich zu erkennen. Eine Ausnahme bilden die Vereine Hertha BSC Berlin und der Hamburger Sportverein, bei denen durch die Kooperation mit der UFA Sports GmbH eine Dreiteilung der Spezialisierung festzustellen ist. Der dritte Bereich beinhaltet die Marketing- und Vermarktungsaktivitäten des Vereins.

(i) Vereine mit einem geringen Professionalisierungsgrad

Beim FC St. Pauli werden die Aufgaben wenig spezialisiert bearbeitet. Die Tätigkeiten des sportlichen und kaufmännischen Bereichs werden alleine durch den Manager ausgeführt, welcher hoch qualifiziert sein muss, um mit den stetig komplexer werdenden Aufgaben fertig zu werden. Die Zukunft der Vereinsorganisation im Profifußball wird in einer stärkeren Berufsdifferenzierung infolge zunehmender Spezialisierung gesehen.

Arminia Bielefeld verfügt ähnlich wie der FC St. Pauli über einen geringen Spezialisierungsgrad beim Aufgabenvollzug. Der Manager übernimmt auch hier in Personalunion die Funktion des Entscheidungs- und Kontrollorgans für die Bereiche Finanzen, Lizenzabteilung, Marketing und Öffentlichkeitsarbeit. Durch Überlastung der Stelle sind suboptimale Ergebnisse im Prozess möglich. Außergewöhnlich ist das Anforderungsprofil, welches bei Arminia Bielefeld an die neuen Mitarbeiter gestellt wird. Neben der fachlichen Kompetenz sollen die Bewerber sich bereits im sportlichen oder kaufmännischen Bereich eines Vereins engagiert haben. Durch diese ungewöhnliche Vorgehensweise bei der Rekrutierung von neuen Mitarbeitern soll der Bezug zum Kerngeschäft „Sportverein“ erhalten bleiben. Diese traditionsbewusste Vorgehensweise führt jedoch zu einer sehr unflexiblen Struktur, welche neuen kompetenten Mitarbeitern den Zugang zu ausgeschriebenen Stellen erschwert.

(ii) Vereine mit einem mittleren Professionalisierungsgrad

Der FC Hansa Rostock und der SV Werder Bremen zeichnen sich bezüglich der Spezialisierung durch die klassische Zweiteilung zwischen sportlichem und kaufmännischem Bereich aus. Je eine Person aus beiden Bereichen findet seinen Platz im Vorstand des Vereins, wodurch eine klar nach Aufgabenbereichen strukturierte Unternehmensführung und eine optimale Erfüllung der Aufgaben gewährleistet wird.[1] In beiden Bundesligavereinen werden klassische Anforderungsprofile erstellt und Stellen durch die Personalabteilung ausgeschrieben. Die Stellenausschreibungen beziehen sich grundsätzlich nur auf die Sachbearbeiterposten. In Bezug auf die Stellen des sportlichen Bereichs und die Vorstandspositionen finden keine Stellenausschreibungen statt. Der Grund hierfür liegt in den schlecht zu formalisierenden Anforderungsprofilen dieser Bereiche. Die offenen Stellen im administrativen Bereich der Bundesligavereine werden infolge der zunehmenden Spezialisierung und Berufsdifferenzierung grundsätzlich mit hauptamtlichen Mitarbeitern besetzt, wodurch ein Rückgang der Ehrenamtlichkeit in den Bundesligavereinen zu verzeichnen ist.[2]

---

[1] Vgl. Eschenbach/Horak/Plasonig (1990), S. 116.

[2] Zur Problematik der Ehrenamtlichkeit im Profifußball vgl. den Beitrag von Michalik.

(iii) Vereine mit einem hohen Professionalisierungsgrad

Beim Hamburger Sportverein und Hertha BSC Berlin ist nicht zuletzt aufgrund des Einflusses der UFA Sports GmbH eine weitergehende Spezialisierung feststellbar. Neben dem kaufmännischen und dem sportlichen Bereich tritt ein dritter Bereich, der die Marketing- und Vermarktungsaktivitäten zentralisiert. Die Vereine mit dem höchsten Professionalisierungsgrad sind damit deutlich stärker spezialisiert.

Die sportliche Leitung dieser beiden Vereine hat sich grundsätzlich nur um die sportlichen Belange zu kümmern. Finanzielle oder rechtliche Angelegenheiten werden in anderen Abteilungen bearbeitet und dem sportlichen Bereich anschließend zur Verfügung gestellt. Der hohe Spezialisierungsgrad und die damit verbundene Professionalisierung setzen eine deutliche Optimierung der Mitarbeiterakquisition voraus. Bei Hertha BSC Berlin wird die Personalabteilung durch eine Unternehmensberatung unterstützt, die eine Vorauswahl der Bewerber vornimmt. Die Mitarbeiter sehen den Verein inzwischen als Unternehmen.

3.1.2 Spezialisierung der Führungsgremien

Die Vorgaben des Deutschen Fußball-Bundes führen dazu, dass die Spezialisierung der Führungsgremien in den Sportvereinen weitgehend ähnlich ist. So gibt es z. B. die Vorgabe von Seiten des Deutschen Fußball-Bundes, die Präsidiumswahlen nicht mehr direkt durch die Mitgliederversammlung durchführen zu lassen, sondern einen vorgeschalteten Aufsichtsrat oder Verwaltungsrat einzusetzen. Dieser wird durch die Mitgliederversammlung gewählt und bestellt seinerseits, ähnlich wie bei der Aktiengesellschaft, die Kandidaten für den Vorstand.[1]

Alle untersuchten Bundesligavereine verfügen über einen sechs- bis zwölfköpfigen, ehrenamtlich tätigen Aufsichtsrat, der oberstes Kontrollorgan ist. In seinen Aufgabenbereich fällt z. B. die Überwachung der Einhaltung des Saisonetats. Außerdem fungiert er im Rahmen der Vorstandswahlen als Puffer zwischen Vorstand und Mitgliederversammlung. Dem Aufsichtsrat unterstellt ist der Vorstand. Da den Vorgaben des Deutschen Fußball-Bundes zur Ausgestaltung des Vorstandes allerdings noch nicht alle Bundesligavereine nachgekommen sind, lassen sich hier aktuell noch Unterschiede erkennen, die jedoch über kurz oder lang behoben werden.

(i) Vereine mit einem geringen Professionalisierungsgrad

Beim FC St. Pauli setzt sich der Vorstand traditionell aus einem dreiköpfigen ehrenamtlich tätigen Präsidium zusammen. Der Verein hat es noch nicht geschafft, diese traditionelle Struktur abzulegen. Ein Grund liegt in der finanziellen Abhängigkeit des Vereins von seinem Präsidenten. Diese Form des Mäzenatentums ließ nötige

[1] Vgl. Müller (1999), S. 126.

Neustrukturierungen des Vereins überflüssig werden. Der Verein zeichnet sich – und das ist die auffälligste Konsequenz aus der Konzentration der wesentlichen Entscheidungen auf eine Person – durch überlastete Instanzen aus. Es stellt sich dabei jedoch die Frage, ob eine derartige Struktur wirklich eine Folge der geringen Professionalisierung – die möglicherweise gar nicht gewollt ist – darstellt, oder – und dies wäre sicherlich problematisch – ob die am Mäzenatentum ausgerichtete Spezialisierung der Führungsgremien die weitergehende Professionalisierung geradezu behindert.[1]

Beim FC St. Pauli werden die Entscheidungen grundsätzlich in den Abteilungen getroffen. Überschreitet eine Entscheidung den vorgegebenen finanziellen Rahmen, so ist diese in Rücksprache mit dem Präsidenten (Mäzen) zu treffen. Durch die Entscheidungsdelegation soll der Präsident vom operativen Geschäft entlastet werden. Ob dies jedoch wirklich stattfindet kann bezweifelt werden, denn der Präsident wird grundsätzlich über alle – auch operative – Entscheidungen informiert.

Auch Arminia Bielefeld wird durch einen vierköpfigen ehrenamtlichen Vorstand geführt. Die Struktur stellt jedoch nach Ansicht der Verantwortlichen kein zeitgemäßes Modell mehr da. Zukünftig soll sich der Vorstand nach DFB-Vorgaben aus zwei ehrenamtlichen und zwei hauptamtlichen Mitgliedern zusammensetzen.

Bei Arminia Bielefeld findet eine Entscheidungsdelegation auf ausführende Stellen nicht statt, da die entscheidungsbezogenen Kriterien dieses nicht zulassen. Allerdings trifft auch der Vorstand kaum noch Entscheidungen. Der Vorstand beschränkt sich auf die interpersonellen Aufgaben und die Verantwortung für die durch den Manager getroffenen Entscheidungen.[2] Dies stellt laut Aussage des Managements die Schwachstelle des Systems in Bielefeld dar. Die Vorgänge sind so komplex geworden, dass der ehrenamtliche Vorstand keine Möglichkeit mehr hat, Inhalte genau nachzuvollziehen. Die Verantwortung beruht alleine auf Vertrauen, was für ein Unternehmen mit einem 25 Mio. Etat sicherlich nicht unproblematisch ist. Die alleinige Entscheidungsdelegation auf den Manager basiert auf dem stellenbezogenen Kriterium der Fachkompetenz.

(ii) Vereine mit einem mittleren Professionalisierungsgrad

Beim FC Hansa Rostock besteht der Vorstand ebenfalls noch aus vier ehrenamtlichen Vorstandsmitgliedern. Ein Antrag auf Satzungsänderung, der einen zukünftigen Vorstand aus ehrenamtlichen, sowie hauptamtlichen Personen vorschlägt ist in die Tagesordnung der nächsten Mitgliederversammlung aufgenommen worden. An den Vorstand sind drei hauptamtliche Geschäftsführer gebunden, die die Bereiche Lizenz-

---

[1] Es ist an dieser Stelle darauf hinzuweisen, dass der FC St. Pauli am 20.10.2000, nach dem Erhebungszeitpunkt dieser Untersuchung, einen neuen Vorstand mit einem neuen Präsidenten gewählt hat. Damit hat sich der Verein von dem bisherigen Mäzenatentum gelöst und eine Neustrukturierung eingeleitet.

[2] Unter interpersonellen Aufgaben ist die Repräsentation des Unternehmens sowie die Wahrnehmung von Führungsaufgaben zu verstehen. Vgl. hierzu Jost (2000), S. 456.

abteilung, Geschäftstelle und Marketing betreuen. Der Vorstand stellt das letzte Entscheidungsorgan dar. Dieser erhält zur Genehmigung entscheidungsreife Vorschläge von den Geschäftsführern vorgelegt. Diese Vorschläge basieren auf einem von Bereichsleitern und Bereichsvorstand entwickelten Rahmenprogramm. Dieses gewährleistet das Mitwirken des Vorstands beim Entscheidungsprozeß.

Der SV Werder Bremen hat seine Führungsstrukturen bereits an die Vorgaben des DFB angepasst. Ehemals stand der Verein unter der Leitung von rein ehrenamtlichen Vorständen. Beim SV Werder Bremen sind jetzt die Vorstände Marketing und Profibereich hauptamtlich tätig. Die Entscheidungen werden im Vorstand getroffen. Bei Spielertransfers z. B., muss eine Einigung zwischen Trainer und dem Vorstand Lizenzbereich erfolgen. Diese Entscheidung muss den anderen Vorstandsmitgliedern durch den Vorstand Lizenzbereich überzeugend dargestellt werden. Sollte es im Rahmen der Aktivitäten zur Überschreitung des Budgetrahmens kommen, muss der Aufsichtsrat als höchste Kontrollinstanz die Entscheidung treffen.

(iii) Vereine mit hohem Professionalisierungsgrad

Ähnlich wie beim SV Werder Bremen hat auch Hertha BSC Berlin den Wandel vom ehrenamtlichen zum hauptberuflichen Vorstand bereits teilweise vollzogen. Hauptamtliche Vorstände sind für den Profibereich (Manager) und den finanziellen Bereich (Geschäftsführer) zuständig. Der Bereich Marketing- und Vermarktungsaktivitäten wird durch die UFA Sports GmbH hauptamtlich vertreten.

Der Hamburger SV wird als einziger Verein zum Zeitpunkt der Befragung bereits ausschließlich hauptamtlich geführt, worin die Vorstände vieler Bundesligavereine das Modell der Zukunft sehen. Der Vorstand des Hamburger SV besteht zur Zeit aus zwei Personen, womit eine deutliche Erleichterung der Koordination und Entscheidungsfindung verbunden ist. Hertha BSC Berlin und der Hamburger SV berücksichtigen bei der Entscheidungsfindung neben dem sportlichen und kaufmännischen Bereich noch den Vermarktungsbereich. Entscheidungen des sportlichen, bzw. kaufmännischen Bereichs müssen vorerst mit dem Vorstand abgestimmt und dann generell durch den Aufsichtsrat genehmigt werden.

Die UFA Sports GmbH hat ihrerseits grundsätzlich in den sportlichen Belangen der Bundesligavereine keine Entscheidungs- oder Mitbestimmungsrechte. Andererseits besteht aber auch nur bei wichtigen Vertragsabschlüssen (Hauptsponsor, Ausrüster) eine Zustimmungspflicht der Vereine gegenüber der UFA Sports GmbH. Darüber hinaus kann die UFA Sports GmbH alle weiteren Vermarktungsentscheidungen ohne Zustimmung des Vereins treffen. In der Regel werden die Verträge den Vereinen jedoch zur Abstimmung vorgestellt. Sollte sich der Vereinsvorstand aus Affinitätsgründen für einen finanziell minderwertigen Vertrag entscheiden, so ist die Differenzsumme aus dem Vertrag an die UFA Sports GmbH zu zahlen.

3.2 Prozesssteuerung und Professionalisierung

3.2.1 Management der Bereichsschnittstellen

Die Maßnahmen im Management der Bereichsschnittstellen sind in den untersuchten Vereinen in etwa gleich. Sie sind typisch für mittelgroße organisatorische Einheiten. Regelmäßig finden Vorstandssitzungen, sowie Büro- oder Abteilungssitzungen statt. Ausgehend von diesen Sitzungen kommt es zu persönlichen Weisungen der Geschäftsführung an die verantwortlichen Abteilungsleiter, welche ihrerseits diese Weisungen an ihre jeweiligen Abteilungen weitergeben. Die Mitarbeiter in den Abteilungen arbeiten selbstständig in klar definierten Zuständigkeitsbereichen und koordinieren ihre Arbeiten in Selbstabstimmung. Somit können kurze Informations- und Entscheidungswege gewährleistet werden. Bei Überschreiten der ihnen vorgegebenen Bandbreiten oder bei sonstigen unvorhergesehenen Situationen sind sie jedoch den leitenden Instanzen gegenüber reportpflichtig.

Beim FC St. Pauli und bei Arminia Bielefeld kommt es neben den Sitzungen zu täglichen Meetings zwischen Geschäftsführern und Manager. Dadurch soll das Tagesgeschäft für alle leitenden Angestellten transparent gemacht werden und eine bessere Reaktionsmöglichkeit auf sich verändernde Umweltsituationen geschaffen werden.

Der Hamburger SV und Hertha BSC Berlin sind durch ihre Kooperation mit der UFA Sports GmbH zusätzlich zu regelmäßigen Sitzungen mit dem Vermarkter verpflichtet. Bei Hertha BSC Berlin sitzen zehn Mitarbeiter der UFA Sports GmbH in der Geschäftsstelle des Vereins und gewährleisten so eine schnelle und zuverlässige Abstimmung zwischen Verein und Vermarkter. Dies führt zu einer guten Vorauskoordination, in deren Rahmen Marketingkonzepte formuliert und die Durchführungen abgestimmt werden. Außerdem sichert die räumliche Konzentration der Bereiche auch eine gezielte Feed-back-Koordination. Auftretende Probleme können gezielt angesprochen und behoben werden (Prinzip der kurzen Wege).

3.2.2 Formalisierung der Geschäftsprozesse

Der FC St. Pauli hält sich, wie die anderen befragten Bundesligavereine auch, an die indirekten Regelungen in Form von Richtlinien, die in seiner Vereinssatzung festgeschrieben sind. Diese Sachverhalte sind bspw. die Vereinsstruktur, Name, Sitz und Zweck des Vereins sowie Mitgliederformalitäten. Außerdem haben sich die Bundesligavereine an die vom Deutschen Fußballbund vorgegebenen Rahmenbedingungen für die Satzung eines Lizenzvereins zu halten. Diese schreibt den Vereinen bspw. vor, ihre Struktur an aktienrechtliche Organisationen anzulehnen.

Aktenmäßigkeit lässt sich in den befragten Bundesligavereinen in der Form erkennen, dass Protokolle von Vorstands- und Aufsichtsratssitzungen angefertigt werden und Aktennotizen über wichtige Telefonate, Briefverkehr und geldwerte Entscheidungen erstellt werden. Dies geschieht, um eine möglichst hohe Transparenz des Tagesgeschäfts sicherzustellen und die Vorgänge für den Fall eventueller Dissonanzen oder Personalwechsel bestmöglich dokumentieren zu können.

Leistungsdokumentationen in schriftlicher Form finden bislang bei keinem der befragten Bundesligavereine Anwendung. Die einzige schriftlich fixierte Einschätzung der Mitarbeiterleistung erhält dieser durch sein ausgewiesenes Gehalt im Arbeitsvertrag.

4 Konsequenzen für den Strukturwandel bei Vereinen des Profifußballs

4.1 Vereine mit noch nicht vollzogenem Strukturwandel

Die finanzielle Lage der Bundesligavereine ist ausschlaggebend für eine schnelle Neustrukturierung der Vereinsorganisation. Speziell die Vereine der zweiten Bundesliga sind häufig substanziell noch nicht in der Lage, zwei bzw. vier hauptamtliche Führungskräfte zu beschäftigen. Die Bezahlung professioneller Führungskräfte würde bei einigen Vereinen an die Vereinssubstanz gehen.

Typisch ist hierfür die Vereinsstruktur des FC St. Pauli. Der Verein zeichnet sich durch einen geringen Spezialisierungsgrad und ehrenamtliche Führung aus. Die organisatorische Struktur des Vereins hat sich in den letzten Jahren kaum geändert. Die Gründung einer Marketing-Tochtergesellschaft als Reaktion auf wachsende Anforderungen stellt hier die Ausnahme dar. Die Organisation, deren informale Strukturen erst langsam aufgelöst werden können, ist der Situation nicht mehr gewachsen. Die Folge des niedrigen Spezialisierungsgrads und der ausschließlich ehrenamtlichen Führung sind die suboptimalen Geschäftsprozesse. Indiz dafür ist die jahrelang defizitäre wirtschaftliche Lage des Vereins mit der Konsequenz des kleinsten Bundesligaetats der Saison 2000/2001. Außerdem fehlen dem Verein strukturelle Voraussetzungen wie bspw. ein festes Trainingsgelände und ein modernes Stadion.

Arminia Bielefeld hat eine eigene in den Verein integrierte Marketingabteilung. Die Abteilung vermarktet die Lizenzspielerabteilung und steht unter der Leitung von Manager und Präsident. Arminia Bielefeld zeichnet sich wie der FC St. Pauli durch traditionelle hierarchische Vereinsstrukturen aus. Das Leistungsprogramm des Vereins beschränkt sich auf Fußball. Die Diversifikation in neue Geschäftsbereiche ist nicht geplant, so dass der geringe Spezialisierungsgrad der Mitarbeiter zur Aufgabenerfüllung ausreicht. Arminia Bielefeld verfolgt bis auf die komplexe Akquisition des

Hauptsponsors, die mit der Sportagentur SportA durchgeführt wird, eine Eigenvermarktung. Laut Aussage des Managements bei Hertha BSC Berlin zeigen die Erfahrungen anderer Vereine, dass ein solches System im heutigen Profigeschäft unter Berücksichtigung der zunehmenden Aufgaben- und Verantwortungsbereiche kaum noch erfolgversprechend durchgeführt werden kann. Benötigt wird ein System mit hauptamtlich und ehrenamtlich tätigen Vorständen, die zur effektiven Bearbeitung klar voneinander abgegrenzte Aufgabenbereiche zugewiesen bekommen.

Beim FC Hansa Rostock ist ebenfalls eine traditionelle Vereinsstruktur zu erkennen, die jedoch aufgrund des Leistungsprogramms des Vereins nicht mehr zu erhalten sein wird. Hansa Rostock sieht sich gegenüber seinen Fans, Sponsoren und dem Fernsehen als Dienstleister. Der Bereich Marketing ist hauptamtlich besetzt und der Leiter dieses Bereichs ist gleichzeitig Geschäftsführer der Tochtergesellschaft Fanservice GmbH. Durch die Konkurrenzsituation zu den anderen Bundesligisten entstand in Rostock die Ostseestadion GmbH & Co. KG, die für den Neubau sowie für die anschließende Vermarktung des Stadions verantwortlich sein wird. Durch den Stadionneubau und die eigenständige Vermarktung des Stadions entstehen zudem eine Reihe neuer Verantwortungsbereiche, deren Bearbeitung mit den alten Strukturen nicht mehr möglich ist. Den Ansprüchen des heutigen Profigeschäfts wird der FC Hansa Rostock durch die zwei Tochtergesellschaften gerecht. Durch diese gelangt externes Know-how in den Verein. Grundsätzlich führt die Ausgliederung von Vereinsbereichen auch zu einer Professionalisierung innerhalb des Vereins, da eine zielführende Kommunikation zwischen den internen und externen Bereichen gewährleistet sein muss. Dies führt zur Rekrutierung hochqualifizierter Sachbearbeiter sowie hauptamtlich tätiger Vorstände, durch die eine eigenständige Bearbeitung des stetig wachsenden Tagesgeschäfts gesichert werden soll.

4.2 Vereine mit bereits vollzogenem Strukturwandel

Beim SV Werder Bremen wurde die Organisationsstruktur bereits an die veränderten Anforderungen angepasst. Die traditionelle Vereinsstruktur mit ehrenamtlichem Präsidium und hauptamtlichem Manager wurde aufgegeben und durch eine ehrenamtlich/hauptamtliche Struktur ersetzt. Ausschlaggebend für diesen Wandel war das Leistungsprogramm vom SV Werder Bremen. Der Verein betreibt, in Form von Tochtergesellschaften, auf dem Gelände des Weserstadions ein Rehabilitationszentrum und einige Fan- bzw. Merchandising-Shops. Um in diesen Bereichen effektiver sowie effizienter Handeln zu können, mussten die Positionen spezialisierter besetzt werden. Eine Bearbeitung der Stellen Marketing und Lizenzabteilung in Personalunion, wie es früher bei Werder Bremen durch den Manager geschah, war nicht mehr möglich. Die pflichtbewusste Bearbeitung des gewachsenen Aufgaben- und Verantwortungsfeldes erfordert mehrere festangestellte Mitarbeiter. Ein weiterer Grund für die Professionalisierung der Mitarbeiterstruktur liegt in der zielgerichteten Kommunikation zwischen kooperierenden und beteiligten externen Unternehmen und dem Verein.

Hertha BSC Berlin und der Hamburger SV haben ihre Organisationen an die zunehmende Kommerzialisierung angepasst. Durch den Neubau bzw. Umbau der Stadien und die damit verbundene Steigerung des Leistungsprogramms zu „Erlebnistempeln" mussten die kommerziellen Bereiche des Vereins ausgegliedert werden. Die Kooperation mit der UFA Sports GmbH hilft dem Verein Know-how-Defizite auszugleichen und gleichzeitig optimale Ergebnisse in der Bearbeitung der externen Bereiche zu erzielen, ohne die Eigenständigkeit des Vereins zu beschränken. Durch die optimale Vermarktung werden Gelder generiert, die sowohl dem sportlichen als auch dem wirtschaftlichen Konkurrenzverhältnis dienen.

Der Wandel in der Organisationsstruktur war zum einen eine Folge der zunehmenden Kommerzialisierung, zum anderen aber auch eine Reaktion auf die stärker werdende Professionalisierung. Ehrenamtliche Mitarbeiter und Führungspersonen waren häufig dem laufenden Geschäft ausgeliefert. Sie hatten nicht mehr die nötigen Einblicke in die komplexen Geschäftsprozesse, so dass Entscheidungen über ihre Köpfe hinweg getroffen wurden. Die neue Führungsstruktur zeichnete sich durch eine intensivere und qualitativ bessere Bearbeitung der Aufgaben aus. Gleichzeitig konnten flachere Hierarchien und ein hoher Delegationsgrad erreicht werden, wodurch insgesamt eine effizientere Ausgestaltung der Organisation möglich wurde. Die Rekrutierung von hochqualifiziertem Personal stellt für viele der befragten Bundesligavereine jedoch noch eine ungewohnte Aufgabe dar. Häufig basieren die Anforderungsprofile auf traditionellen Werten, welche den heutigen Anforderungen im Profifußball nicht gewachsen sind. Grund dafür sind die kaum systematisch und differenziert untersuchten Anforderungen der Praxis.[1] Die häufig unregulierten und offenen Systeme ohne feste Tätigkeitsfelder und berufliche Aufgaben lassen keine formalen Zugangsberechtigungen zu.

Literatur

Empacher, S. (2000): Die Vermarktung der Fußball-Bundesliga, Pforzheim.

Eschenbach, R./Horak, C./Plasonig, G. (1990): Modernes Sportmanagement – Beispiel Fußball, Band 9, Wien.

Horch, H.-D./Niessen, C./Schütte, N. (1999): Berufsfeldanalyse – Sportmanager in Sportvereinen und -verbänden, in: Horch, H.-D. (Hrsg.), Professionalisierung im Sportmanagement, Aachen, S. 102-114.

[1] Vgl. Horch/Niessen/Schütte (1999), S. 102.

Jost, P.-J. (2000): Organisation und Koordination – Eine ökonomische Einführung, Wiesbaden.

Müller, J. C. (1999): Fußball-Klubs als Kapitalgesellschaften, in: Horch, H.-D. (Hrsg.), Professionalisierung im Sportmanagement, Aachen, S. 122-144.

Rohlmann, P. (2000): Fußball-Aktien als neue Fanartikel?, in: Going Public Neuemissionsmagazin 4, Sonderausgabe „Fußball-Aktien", S. 73-75.

Schewe, G./Gaede, N./Küchlin, C. (2001): Strukturwandel im Profisport – Ergebnisse einer Expertenbefragung, Arbeitspapier Nr. 15 des Lehrstuhls für Betriebswirtschaftslehre, insb. Organisation, Personal und Innovation der Universität Münster, Münster.

Trosien, G. (1994): Die Sportbranche – Zur Einleitung, in: Trosien, G. (Hrsg.), Die Sportbranche – Wachstum, Wettbewerb und Wirtschaftlichkeit, Frankfurt a. M. et al., S. 11-47.

Wadsack, R./Wallerath, U. (1994): Wettbewerb im Sport – Sport im Wettbewerb, in: Trosien, G. (Hrsg.), Die Sportbranche – Wachstum, Wettbewerb, Wirtschaftlichkeit, Frankfurt a. M. et al., S. 48-62.

Verbandsrechtliche Grundlagen des Sportmanagements in der Fußball-Bundesliga

Christoph Brast / Tim Stübinger

1 Einleitung

Durch die in der jüngsten Vergangenheit stark zugenommene Bedeutung wirtschaftlicher Faktoren für die Fußball-Bundesliga sind die Vereine immer stärker gezwungen, professionelle Strukturen einzuführen, um eine Effizienzsteigerung der Planung und Durchführung des Spielbetriebs zu erreichen. Die zunehmende Professionalisierung schlägt sich nicht zuletzt auch in einer grundlegenden Änderung des Verbandsrechts nieder. Zwei Aspekte sind dabei von besonderer Wichtigkeit:

- *Ausweitung der Organstruktur:* Die sog. Profivereine der ersten und zweiten Fußball-Bundesliga haben ihren Einfluss innerhalb des Deutschen Fußball-Bundes (DFB) durch die Gründung neuer Organe erheblich ausbauen können.
- *Ausweitung der Rechnungslegungs- und Prüfungspflichten:* Durch die mittlerweile bestehende Möglichkeit für die Profivereine, sich mit ihrem professionellen Geschäftsbetrieb in Kapitalgesellschaften umwandeln zu können, hat der Umfang der verbandsrechtlichen Rechnungslegungs- und Prüfungspflichten für die Vereine deutlich zugenommen.

Ziel des Beitrags ist die Darstellung und Erörterung der beiden genannten Punkte. Im zweiten Kapitel werden zunächst die derzeit gültigen Rechtsverhältnisse zwischen den zentralen Organen innerhalb der Fußball-Bundesliga dargelegt. Inhalt des dritten und vierten Kapitels ist die Beschreibung der verbandsrechtlichen Rechnungslegungs- und Prüfungsvorschriften für die Vereine. Das fünfte Kapitel befasst sich mit der Rechnungslegungspraxis der Vereine. Im Schlusskapitel wird eine kritische Würdigung der behandelten Änderungen innerhalb des Verbandsrechts vorgenommen.

2 Rechtsverhältnisse in der Fußball-Bundesliga: Die zentralen Organe

Im deutschen Fußball werden die erste und die zweite Bundesliga als Lizenzligen durchgeführt. Die zentralen Organe für den Betrieb der Ligen sind der Deutsche Fußball-Bund, die Vereine und die Fußballspieler. Jedoch ist dieses unmittelbare Dreiecksverhältnis[1] mittlerweile durch die zunehmende Professionalisierung des Fußballs in seiner reinen Form abgelöst worden. Nachdem zunächst einige der Bundesligavereine durch die Ausgliederung der Lizenzabteilungen aus dem Mutterverein zu einem spezialisierten Betrieb des Profisports übergegangen sind, hat seit dem 1. Juli 2001 auch der DFB den Lizenzbereich als sog. Ligaverband zum Betrieb der Bundesligen aus dem Dachverband ausgegliedert, so dass die ursprünglichen Parteien nur noch mittelbar in ein Rechtsverhältnis treten. Die Auswirkungen der hierzu vorgenommenen Veränderungen der DFB-Statuten auf die Strukturen des Verbandes und der Vereine sollen im Folgenden näher erläutert werden.

2.1 Der Deutsche Fußballbund (DFB)

Der DFB besteht seit 1900 und ist eingetragener Verein mit Sitz in Frankfurt am Main.[2] Er vertritt die Interessen seiner Mitgliedsverbände im In- und Ausland. Zu den grundlegenden Aufgaben des DFB gehören gemäß § 4 der DFB-Satzung u. a. die Entwicklung und Förderung des Fußballsports, die Teilnahme an internationalen Wettbewerben durch Auswahlmannschaften sowie die Organisation der ersten und zweiten Bundesliga.

Im Gegensatz zu dem großen Spektrum gemeinnütziger Aufgaben ist der Betrieb der beiden Lizenzligen den profitablen Aufgabenbereichen des DFB zuzuordnen. Dem hohen finanziellen Stellenwert des Profifußballs wurde mit der Gründung des sog. Ligaverbandes Rechnung getragen. Damit macht der DFB von seinem Recht nach § 6 Nr. 3 seiner Satzung Gebrauch, Rechte ganz oder teilweise auf einen oder mehrere Mitgliedsverbände zu übertragen. Unter die Rechte des Ligaverbandes fällt seit dem 1. Juli 2001 nach § 16a der Satzung des DFB insbesondere die Durchführung der Bundesliga und 2. Bundesliga. Mit der Gründung des „Tochtervereins" Ligaverband ist der DFB nun der Dachverband der Regional- und Landesverbände auf der einen sowie des Ligaverbandes auf der anderen Seite. Die neuen Verbandsstrukturen verdeutlicht Abbildung 1.

Die Rolle des Ligaverbandes sowie der angegliederten Deutschen Fußball Liga GmbH (DFL) bei der Organisation der Fußball-Bundesligen soll in den folgenden Abschnitten herausgestellt werden. Dazu wird betrachtet, wie die Organe in das Geflecht des DFB eingebunden sind und welche Aufgaben Ihnen jeweils zugeordnet werden.

---

[1] Zum ursprünglichen Dreiecksverhältnis vgl. Littkemann/Sunderdiek (1998), S. 253 f.

[2] Die Geschichte des DFB wird ausführlich auf dessen Internetseite dargestellt. (http://www.dfb.de, letzter Zugriff: 20.11.2001).

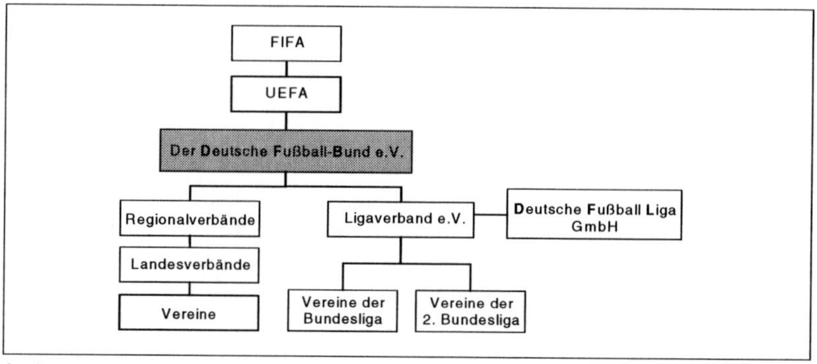

Abb. 1: Die Stellung des DFB bei der Organisation der Bundesliga und 2. Bundesliga

2.1.1 Der Liga-Fußballverband e. V. (Ligaverband)

Der Liga-Fußballverband e. V. (Ligaverband) ist der als Verein eingetragene Zusammenschluss der lizenzierten Vereine und Kapitalgesellschaften der Fußball-Lizenzligen Bundesliga und 2. Bundesliga[1] (im Folgenden unter „Vereine" zusammengefasst). Zur Wahrung der Interessen des DFB ist der Ligaverband nach § 3 Nr. 1 eigener Satzung ordentliches Mitglied des Dachverbandes DFB und erkennt dessen in den Statuten festgelegten Ziele an.

Die wichtigste Aufgabe des Ligaverbandes ist nach § 4 eigener Satzung, die ihm zur Nutzung durch den DFB exklusiv überlassenen Vereinseinrichtungen Bundesliga und 2. Bundesliga zu betreiben. Dazu vergibt der Ligaverband an die Vereine und Spieler die entsprechenden Lizenzen, wobei die vom Ligaverband aufgestellten sportlichen, technischen, organisatorischen und wirtschaftlichen Kriterien zur Vergabe maßgeblich sind. Der Geschäftsbereich des Ligaverbandes ist durch das sog. Ligastatut geregelt. Mit der Übertragung der Durchführung der Ligen auf den Ligaverband löst dieser den DFB als direkten Vertragspartner bei der Zulassung zum Spielbetrieb der Bundesligen ab.

Während sich an dem Prinzip der Lizenzvergabe mit der Gründung des Ligaverbandes nur wenig verändert hat, ist der Einfluss der Vereine auf die Durchführung der Lizenzligen größer geworden. Dieser Einfluss ergibt sich aus der Zusammensetzung der Mitgliederversammlung des Ligaverbandes. Ordentliche Mitglieder sind nach § 7 Nr. 2 der Satzung ausschließlich die Vereine der Bundesliga und der 2. Bundesliga. Pro Liga stellen sie jeweils fünf Mitglieder des Vorstandes sowie den Ligapräsidenten (aus der Bundesliga) und den Vizepräsidenten (aus der 2. Bundesliga). Geschäftsführer des Ligaverbandes ist die Deutsche Fußball Liga GmbH.

[1] Vgl. Ligaverband (2001), Satzung, Präambel.

2.1.2 Die Deutsche Fußball Liga GmbH (DFL)

Die Deutsche Fußball Liga GmbH (DFL) führt das operative Geschäft des Ligaverbandes. Gemäß § 4 der Satzung des Ligaverbandes bzw. § 2 der Satzung der DFL übernimmt die „Liga-GmbH" als Dienstleistungsgesellschaft, bis auf die Lizenzvergabe an die Vereine und Spieler, fast alle mit der Durchführung der Lizenzligen verbunden Aufgaben. Dazu gehören neben der Leitung des Spielbetriebs auch die exklusive Vermarktung der Bundesliga und 2. Bundesliga, z. B. durch die Vergabe von Übertragungsrechten im Fernsehen und Hörfunk sowie die Vermarktung des Logos der Bundesliga. Die DFL ist somit direkter Vertragspartner für alle Rechtsgeschäfte in diesem Zusammenhang.

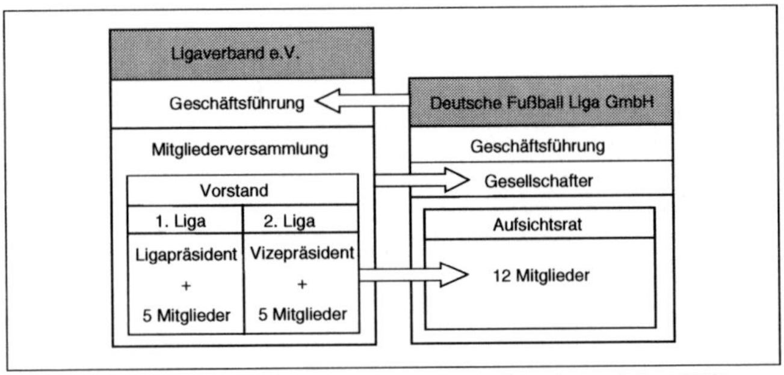

Abb. 2: Die Organisation des Ligaverbands und der DFL

Im Gegensatz zum DFB und zum Ligaverband wird die DFL nicht als gemeinnütziger Verein sondern als Kapitalgesellschaft (GmbH) mit einer Stammeinlage in Höhe von € 1 Mio. geführt. Als einziger Gesellschafter der DFL wird in der Präambel der Satzung der Ligaverband vorgeschrieben. Der zwölfköpfige Aufsichtsrat der DFL setzt sich gemäß § 7 Satzung DFL aus den Vorstandsmitgliedern des Ligaverbandes, also den gewählten Vertretern der Bundesliga und 2. Bundesliga, zusammen. Der Ligaverband wiederum bestimmt in § 19 seiner Satzung die DFL als sein geschäftsführendes Organ (zu den Verflechtungen zwischen Ligaverband und DFL vgl. Abbildung 2).

Mit der Gründung des Ligaverbandes und der DFL als Betreibergesellschaft der Lizenzligen haben die Vereine der Bundesliga und der 2. Bundesliga sichtbar an Macht gewonnen, da sie Kraft ihrer Ämter direkt mit der Kontrolle der Rechtsgeschäfte rund um die Ligen betraut sind. Allerdings ist dieser Machtbereich durch die Mitgliedschaft des Ligaverbandes im DFB durch die Anerkennung der Statuten seines Dachverbandes begrenzt. Auch die DFL ist nach § 2 Nr. 2 der Satzung an die Statuten des DFB gebunden.[1] Die in ihnen enthaltenen Regelungen sind folglich auch weiterhin für die Durchführung des Spielbetriebs durch den Ligaverband bzw. die DFL maßgeblich. Der

[1] Das Verhältnis des Ligaverbands zum DFB ist ausführlich in § 6 der Satzung des Ligaverbands geregelt.

entscheidende Vorteil für die Vereine durch die Veränderung der Machtverhältnisse ist darin zu sehen, dass sie nun die Rechte an der Bundesliga und der 2. Bundesliga aus ihrer Sicht „optimal" vermarkten können.[1]

2.2 Die Fußball-Clubs: Vereine und Kapitalgesellschaften

Laut Mitgliederstatistik waren im Jahr 2001 insgesamt 26.586 deutsche Fußballvereine im DFB organisiert. 36 dieser Mannschaften tragen jedes Jahr in der Bundesliga und 2. Bundesliga (zu je 18 Mannschaften) den Wettbewerb um die deutsche Fußballmeisterschaft aus. Voraussetzung für die Teilnahme am Spielbetrieb ist neben der spielerischen Qualifikation der Erwerb einer Spiellizenz. Deren Vergabe erfolgt nach DFB-Statuten und eigener Satzung durch den Ligaverband. Zur Regelung der Erteilung der Lizenz hat der Ligaverband eine Lizenzierungsordung (LO) erlassen, die in den §§ 2–7 LO die für eine Zulassung zum Spielbetrieb zu erfüllenden Kriterien in sportlicher, technischer, organisatorischer und wirtschaftlicher Hinsicht regelt.

Eine wichtige Voraussetzung für die Zulassung zum Spielbetrieb ist nach § 4 LO die organisatorische Gestaltung des Fußball-Clubs gemäß der Statuten des DFB. Neben der ursprünglichen Form der Führung als eingetragener Verein hat der DFB mit Beschluss vom 24.10.1998 den Clubs die Möglichkeit eröffnet, die Lizenzspielerabteilung durch die Umwandlung in eine Kapitalgesellschaft aus dem Mutterverein auszugliedern. Ziel dieser Lockerung der ansonsten streng die Rechtsform des Vereins propagierenden DFB-Statuten ist es, den Vereinen die Möglichkeit zu geben, auf die immer stärkeren wirtschaftlichen Herausforderungen im Profifußball zu reagieren. Die Genehmigung zusätzlicher Rechtsformen soll zum einen die Finanzierungsmöglichkeiten z. B. durch einen Börsengang erweitern und zum anderen die verbindliche organisatorische Einbindung verschiedener Interessengruppen wie z. B. Sponsoren erleichtern.[2]

Bei der Aufstellung der Richtlinien zur Rechtsformwahl hat der DFB den Vereinen jedoch enge Grenzen auferlegt, um durch die strukturellen Veränderungen den Wettbewerb der Bundesliga und 2. Bundesliga möglichst wenig zu beeinträchtigen und weiterhin eine starke Bindung zwischen der Lizenzabteilung auf der einen und dem Breitensportbereich der Vereine auf der anderen Seite zu bewahren. Grundsätzlich kommen nach § 16c Satzung DFB bzw. § 8 Satzung Ligaverband als Rechtsformen die Aktiengesellschaft (AG), die Gesellschaft mit beschränkter Haftung (GmbH) sowie die Kommanditgesellschaft auf Aktien (KGaA) in Betracht. Eine ausgegliederte Kapitalgesellschaft kann die Lizenz nur erwerben, wenn der Verein, der über eine eigene

[1] Vgl. zur ökonomischen Analyse der Vermarktung von Fernsehrechten den Beitrag von Schewe/Gaede.

[2] Vgl. zur Ausgliederung des Lizenzspielerbereichs Zacharias (1999), S. 195 ff., und WGZ-Bank (2001), S. 42 ff.; vgl. zur Umwandlung von Vereinen in Kapitalgesellschaften auch eingehend den Beitrag von Schewe.

Fußballabteilung verfügen muss, mehrheitlich an der Gesellschaft beteiligt ist. Dazu muss der Mutterverein über 50 % der Stimmenanteile zuzüglich eines Stimmenanteils in der Versammlung der Anteilseigner verfügen. Besondere Regelungen gibt es für die KGaA, bei der der Mutterverein (oder eine zu 100 % beherrschte Tochter) die Stellung des Komplementärs einnehmen muss. Eine Ausnahme von der zwingenden Stimmrechtsmehrheit bildet in diesem Zusammenhang die als „Lex Leverkusen" bekannt gewordene Regelung. Danach behält sich der DFB das Recht vor, einem Wirtschaftsunternehmen eine mehrheitliche Beteiligung an einer Lizenzgesellschaft zu genehmigen, wenn dieses den Fußballsport des Muttervereins seit mehr als 20 Jahren vor dem 1.1.1999 ununterbrochen und erheblich gefördert hat. Unter diese Bestimmung fallen z. B. die Vereine TSV Bayer Leverkusen und VfL Wolfsburg mit den langjährigen Förderern Bayer AG bzw. Volkswagen AG.

Neben den Regelungen über Stimmrechtsverhältnisse versucht der DFB durch zusätzliche Bestimmungen die Möglichkeiten der Einflußnahme von Sponsoren oder Vermarktungsgesellschaften auf die Lizenznehmer auszuschließen. So gilt für die Ausgliederung von Aufgaben der Vermarktung in eine eigene Gesellschaft nach § 8 Nr. 2 Satzung Ligaverband, dass der Mutterverein oder der Lizenznehmer an der Vermarktungsgesellschaft mehrheitlich beteiligt sein muss, sofern diese ohne vorherige Zustimmung des Vereins bzw. Lizenznehmers Verträge schließen darf. Zudem dürfen Unternehmen (bzw. deren Mitarbeiter), die mit mehreren Lizenznehmern gleichzeitig im Bereich Vermarktung und Sponsoring in erheblichem Umfang in vertraglicher Beziehung stehen, nach § 4 Nr. 1c) kein Mitglied in den jeweiligen Kontroll-, Geschäftsführungs- oder Vertretungsorganen der Lizenznehmer sein. Zudem ist es einzelnen Personen oder Unternehmen nicht gestattet, gleichzeitig Geschäftsführungs- oder Kontrollfunktionen in Organen verschiedener Lizenzmannschaften zu übernehmen.

2.3 Die Fußballspieler

Neben dem DFB und den Fußball-Clubs sind die Fußballspieler ein weitere wichtige Gruppe bei einer Betrachtung der zentralen Organe innerhalb der Fußball-Bundesliga. Die Zulassung der Spieler zum Spielbetrieb ist in der sog. Lizenzordnung Spieler (LOS) geregelt. Gemäß deren Präambel können grundsätzlich Amateure, Vertragsamateure und Lizenzspieler zum Spielbetrieb zugelassen werden. Die Mehrheit der Spieler der beiden höchsten deutschen Spielklassen ist jedoch der letzteren Gruppe zuzuordnen. Um am Spielbetrieb teilnehmen zu dürfen, muss der Spieler zwei wichtige Voraussetzungen erfüllen. Die erste ist ein gültiger Vertrag des Spielers mit einem Club der Bundesliga oder 2. Bundesliga. Bei der Vertragsgestaltung sind die beiden Parteien nach § 5 Nr. 2 LOS relativ frei, sie müssen jedoch darauf achten, dass die Vertragsinhalte nicht gegen die Statuten des DFB bzw. des Ligaverbands verstoßen. Die zweite Voraussetzung ist ein Lizenzvertrag zwischen Spieler und Ligaverband. Der Lizenzvertrag regelt nach § 1 LO die Rechte und Pflichten aller Lizenzspieler. Der

Spieler unterwirft sich mit dem Abschluss des Vertrages dem Ligastatut, den Ordnungen, den Satzungen und den Durchführungsbestimmungen des Ligaverbandes und des DFB. Ein Arbeitsverhältnis wird durch den Lizenzvertrag nicht begründet.

2.4 Internationale Rahmenbedingungen

Die internationalen Wettbewerbe werden durch die FIFA bzw. die UEFA auf europäischer Ebene organisiert. Der DFB ist Mitglied in beiden Verbänden und aufgrund dieser Mitgliedschaft deren Bestimmungen unterworfen. Die jeweiligen Statuten und Reglements sind somit auch für den Ligaverband und seine Mitglieder, d. h. die Vereine und Kapitalgesellschaften der Lizenzligen, verbindlich.

3 Rechnungslegungsvorschriften für die Fußball-Bundesligisten

Um die Mitgliedschaft im Sinne des § 8 Nr. 1 der Satzung des Ligaverbandes zu erlangen und somit am Spielbetrieb der ersten und zweiten Fußball-Bundesliga teilnehmen zu können, müssen die Vereine und Kapitalgesellschaften der Lizenzligen nach § 8 Nr. 3 o. g. Satzung i. V. m. § 1 Nr. 1 der LO des Ligaverbandes eine Lizenz durch den Abschluss eines Vertrages mit dem Ligaverband erwerben. Die Erteilung der Lizenz durch den Ligaverband erfolgt, wenn die Voraussetzungen nach § 2 LO durch den Bewerber erfüllt werden. Von besonderem Interesse ist in diesem Zusammenhang der zu erbringende Nachweis der wirtschaftlichen Leistungsfähigkeit. Die wirtschaftliche Leistungsfähigkeit wird den antragstellenden Vereinen und Kapitalgesellschaften bestätigt, wenn dem Ligaverband die in § 7 LO i. V. m. Anhang Nr. VII aufgeführten Unterlagen eingereicht und sowohl extern durch einen Wirtschaftsprüfer, als auch intern, nach § 9 Nr. 1 LO, durch den Ligaverband erfolgreich geprüft worden sind. Die einzureichenden Unterlagen umfassen im einzelnen:

- Bilanz zum 31.12. des vergangenen Jahres,
- Gewinn- und Verlustrechnung (GuV) für das abgelaufene Spieljahr (01.07.t-2 bis 30.06.t-1) sowie für die erste Hälfte des laufenden Spieljahres (01.07.t-1 bis 31.12.t-1),
- Anhang[1],
- Lagebericht[2],

---

[1] Obgleich die Einreichung des Anhangs nicht in § 7 LO gefordert wird, so verweist der Anhang VII LO explizit auf seine Notwendigkeit zum Nachweis der wirtschaftlichen Leistungsfähigkeit. Nach Anhang VII LO hat dieser aus Anlagen-, Forderungs-, und Verbindlichkeitsspiegel sowie aus einer detaillierten Gegenüberstellung der Erträge und Aufwendungen aus Ausbildungs- und Förderungsentschädigung zu bestehen. Vgl. Liga-Fußballverband (2001), Lizenzierungsordnung, S. 64 ff.

[2] Hinsichtlich des Lageberichtes fordert die LO keine Ausführungen, die sich auf die Besonderheiten der Rechnungslegung im Profifußball beziehen und verweist lediglich auf § 289 HGB, so dass auf die Bestimmungen zur Erstellung und Prüfung des Lagebericht hier nicht weiter eingegangen wird.

- Plan-GuV für die zweite Hälfte des laufenden Spieljahres (01.01.t bis 30.06.t) und für die kommende Spielzeit (01.07.t bis 30.06.t+1) sowie einen
- Bericht eines Wirtschaftsprüfers über die Prüfung der Unterlagen sowie über Feststellungen aus der Erweiterung des Prüfungsauftrages hinsichtlich der Plan-GuV, der Einhaltung von Auflagen aus vorangegangenen Lizenzierungsverfahren und der Erstellung eines Überschuldungsstatus bei bilanzieller Überschuldung und ein Bestätigungsvermerk der Zusammenfassung der Ergebnisse der Prüfung.

Darüber hinaus haben die Bewerber als Anlage des Prüfungsberichtes Erläuterungen hinsichtlich ihrer rechtlichen Verhältnisse sowie ihrer Beziehungen zu Beteiligungsunternehmen und verbundenen Unternehmen darzustellen.

Die Vorschriften der LO verpflichten somit jeden Bundesligisten, einen Jahresabschluss aufzustellen. D. h. jeder Lizenznehmer muss auf Grundlage des § 242 HGB zu Beginn und zum Schluss eines jeden Geschäftsjahres das Verhältnis seines Vermögens und seiner Schulden in Bilanzform darstellen sowie zum Ende jeden Geschäftsjahres eine Gegenüberstellung der Aufwendungen und Erträge des Geschäftsjahres erstellen. Darüber hinaus fordert Anhang VII LO gemäß § 264 HGB den Jahresabschluss um einen Anhang zu erweitern.[1] Die Erstellung der einzureichenden Unterlagen hat dabei grundsätzlich, entsprechend der Vorschriften für Kapitalgesellschaften im Sinne des HGB, nach den §§ 264 bis 289 i. V. m. §§ 242 ff. HGB sowie der §§ 317, 321 bis 323 HGB zu erfolgen. Darüber hinaus sind die ergänzenden Bestimmungen nach der Satzung, den Ordnungen und den Bestimmungen des Ligaverbandes maßgebend, die spezifische Besonderheiten bei der Erstellung des Jahresabschlusses bei Fußballvereinen bzw. Fußball-Kapitalgesellschaften, insbesondere bei Aufstellung der GuV, berücksichtigen und daher dem Inhalt und Umfang nach von den entsprechenden handelsrechtlichen Vorschriften abweichen.

3.1 Die Aufstellung der Bilanz

Die im Rahmen des Ligaverband-Lizenzierungsverfahrens einzureichende Bilanz entspricht der Gliederung der Bilanz für große und mittelgroße Kapitalgesellschaften nach den Bestimmungen des § 266 HGB und beinhaltet darüber hinaus einige spezifische Posten, die auf die Besonderheiten der Rechnungslegung im Profifußball eingehen und sich auf folgende Gliederungspunkte beziehen:

---

[1] Die Erweiterung des Jahresabschlusses durch einen Anhang, um ein den tatsächlichen Verhältnissen entsprechendes Bild der wirtschaftlichen Lage der Lizenznehmer zu erhalten, wird bereits eindringlich von Galli (1998), S. 58, gefordert, da seiner Zeit die Einreichung eines Anhangs keinen Pflichtbestandteil in den Rechnungslegungsbestimmungen des DFB darstellte.

- *Aktivierung von Spielerwerten*

Die handelsrechtliche Aufstellung immaterieller Vermögensgegenstände wird durch die Vorschriften des Ligaverbandes um die Position 3. „Spielerwerte" erweitert. Dem Urteil des BFH vom 26.08.1992 (I R 24/91) zur Folge wurde die Zahlung der Ablösesumme zu den Anschaffungskosten der Spielerlaubnis gezählt. Somit entsprach die Spielerlaubnis einem konzessionsähnlichen Recht nach § 266 Abs. 2 A. I. 1. HGB und damit einem immateriellen Vermögensgegenstand. Dies führt zu einer planmäßigen Abschreibung des Spielerwertes über die Nutzungsdauer, d. h. i. d. R. über die Laufzeit des Arbeitsvertrages des Spielers. Das Urteil des BFH wird insbesondere hinsichtlich der für immaterielle Wirtschaftsgüter notwendigen Eigenschaft der „selbständigen Bewertung" in der Literatur stark diskutiert[1]. Zudem besitzt die Position „Spielerwerte" hohen Einfluss auf das Bilanzbild der Vereine[2], so dass der Ligaverband bei der Darlegung der Entwicklung der einzelnen Posten des Anlagevermögens im Anlagenspiegel vorschreibt, die Position Spielerwerte namentlich aufzuschlüsseln.[3]

- *Bilanzierung der Kaution*

Gemäß handelsrechtlicher Bestimmungen ist nach § 266 Abs. 2 A. III. HGB für die Finanzanlagen eine Untergliederung in sechs Positionen vorgesehen. Der Ligaverband übernimmt diese Untergliederung in seinen Vorschriften zum Ausweis der Finanzanlagen und erweitert sie um eine siebte Position „Kaution – Ligaverband". Der Ausweis dieser Position folgt aus der Verpflichtung jedes Teilnehmers der Lizenzligen, beim Ligaverband gemäß § 7 Nr. 2 b) LO und den entsprechenden Anhängen I § 5 h) und VIII LO einen vom Ligaverband jährlich neu festzusetzenden Kautionsbetrag in bar zu hinterlegen, wobei sich die Höhe des Betrages nach den Personalaufwendungen der Lizenzspielerabteilung bemisst.[4] Den Charakter einer Finanzanlage erhält die Kaution dadurch, dass sie gemäß Anhang VIII Nr. 2 LO während des Spieljahres verzinslich festgelegt wird und dem Lizenznehmer die hieraus entstehenden Zinserträge nach Ende des Spieljahres zur Verfügung stehen. Zweck der hinterlegten Sicherheit ist es, auch bei einer etwaigen Zahlungsunfähigkeit einzelner Teilnehmer während einer Spielzeit, den reibungslosen Ablauf des Spielbetriebes der Lizenzligen zu sichern. Im Illiquiditätsfall eines Teilnehmers ist der Ligaverband dazu bemächtigt, die Kaution zur Tilgung von Verbindlichkeiten zu verwenden, die sich für den Lizenznehmer im Rahmen der vertraglichen Verpflichtungen aus seinem Spielbetrieb in der Lizenzliga ergeben.

---

1 Vgl. dazu eingehend den Beitrag von Littkemann/Schaarschmidt und die dort angegebene Literatur.

2 Vgl. Galli (1998), S. 58.

3 Vgl. Liga-Fußballverband (2001), Lizenzierungsordnung, S. 64.

4 Die Addition der Personalaufwendungen aus den GuV der abgelaufenen, der aktuellen und der kommenden Spielzeit stellt die Bemessungsgrundlage der Kaution dar. Die Division dieses Wertes durch 36 (Gesamt-Monate) ergibt die Höhe der zu hinterlegenden Kaution. Vgl. hierzu Anhang VII Nr. 2 LO.

- *Bilanzierung des Umlaufvermögens*

Für den Posten „Vorräte" ist nach der LO des Ligaverbandes, im Gegensatz zu den handelsrechtlichen Rechnungslegungsvorschriften, keine weitere Untergliederung vorzunehmen. Handelsrechtlich sind als Vorräte sowohl fertige und unfertige Erzeugnisse, also verkaufsfähige Vermögensgegenstände bzw. Erzeugnisse und Dienstleistungen, mit deren Herstellung begonnen wurde, als auch die Grundstoffe, die in ihre Produktion eingehen, sowie darüber hinaus geleistete Anzahlungen auf Gegenstände des Vorratsvermögens auszuweisen.[1] Diese Bilanzpositionen beziehen sich somit auf Kapitalgesellschaften des produzierenden Gewerbes und dürften daher im Rahmen des wirtschaftlichen Handelns von Profifußball-Vereinen und -Kapitalgesellschaften eine untergeordnete Rolle spielen, so dass eine weitere Differenzierung der Position „Vorräte" zum Nachweis der wirtschaftlichen Leistungsfähigkeit nicht vonnöten erscheint.

Im Gegensatz zum Ausweis der Vorräte verlangt die LO eine, über die Bestimmungen des HGB hinausgehende, weiter aufgefächerte Untergliederung der Forderungen und der sonstigen Vermögensgegenstände. So haben die Lizenznehmer in Erweiterung der Vorschriften des HGB zum einen „Forderungen aus Ausbildungs- und Förderungsentschädigungen" auszuweisen. Nimmt ein Verein oder eine Kapitalgesellschaft der ersten oder zweiten Bundesliga erstmalig einen Amateurspieler oder Vertragsamateur als Lizenzspieler unter Vertrag, so ist er nach § 15 LOS zur Zahlung einer Ausbildungs- und Förderungsentschädigung an den ersten Verein, für den der Spieler drei Jahre ununterbrochen, und an jeden weiteren Verein, für den der Spieler innerhalb der letzten fünf Jahre spielberechtigt war, verpflichtet. Stehen Forderungen dieser Art bei den Lizenznehmern aus, so sind sie in diesem fußballspezifischen Bilanzposten gesondert auszuweisen. Zum anderen sind in der Position 5 der Forderungen explizit Angaben zu den Forderungen zu machen, die gegenüber juristischen und/oder natürlichen Personen bestehen, die direkt mit Mitgliedern von Organen[2] des Lizenznehmers verbunden sind. Der Ausweis dieses Postens ist insbesondere dann zur Beurteilung der wirtschaftlichen Leistungsfähigkeit der Bewerber von Bedeutung, wenn die Mitglieder aus diesen Organen in erheblichem Umfang finanzielle Mittel zur Verfügung stellen. Die Entwicklung des gesamten Forderungsbestandes ist hierüber hinaus zusammen mit den Wertpapier-Positionen sowie den Positionen Kasse/Bank und Rechnungsabgrenzung in einem explizit verlangten Forderungsspiegel im Anhang dar zu stellen, wobei Forderungen über 100.000 DM einzeln auf zu führen sind. Der Forderungsspiegel enthält insbesondere Informationen über die Fälligkeit und Verfügbarkeit der einzelnen Positionen.

---

[1] Vgl. Baetge/Kirsch/Thiele (2001), S. 305 f.

[2] Die Organe, „Mitgliederversammlung", „Wahlausschuss", „Aufsichtsrat/Verwaltungsrat", und „Vorstand" werden den Teilnehmern der Lizenzligen durch die Rahmenbedingungen in Anhang III LO vorgegeben.

- *Bilanzierung des Vereinsvermögens/Eigenkapitals*

Für die Vereine der Lizenzligen erfolgt der Ausweis des Eigenkapitals in der Position „Vereinsvermögen", die sich nach Anhang VII Nr. 8 LO durch die Summe des Standes dieser Position zu Beginn der Rechnungsperiode und dem Überschuss bzw. den Fehlbetrag der abzuschließenden Periode ermittelt und dessen Entwicklung in dieser Weise im Jahresabschluss zu dokumentieren ist. Werden vom Verein Rücklagen gebildet, die dem Sinn nach den satzungsmäßigen Rücklagen von Kapitalgesellschaften nach § 266 Abs. 3 HGB i. V. m. § 272 Abs. 3 u. 4 HGB entsprechen, so kann sich der Ausweis des Vereinsvermögens um ein zusätzliches Konto erweitern. Die Entwicklung dieser Position ist ebenfalls zu dokumentieren.

Die Bestimmungen der LO zum Ausweis des Eigenkapitals für Kapitalgesellschaften der Lizenzligen orientieren sich an den einschlägigen handelsrechtlichen Vorschriften. Hinsichtlich der Höhe des gezeichneten Kapitals weichen die Vorschriften der LO jedoch von den Bestimmungen des Aktiengesetzes ab. So müssen Kapitalgesellschaften der Lizenzligen zum Nachweis ihrer wirtschaftlichen Leistungsfähigkeit gemäß § 7 LO vorweisen, dass sie über ein gezeichnetes Kapital in Höhe von € 2.500.000 verfügen. Die Erhöhung des Haftungskapitals um das 50fache dessen, was aktienrechtlich gefordert wird, lässt sich durch die Tatsache erklären, dass Spielerwerte aktiviert werden dürfen. Als immaterielle Vermögensgegenstände unterliegen sie einem höheren Risiko als materielle Vermögensgegenstände, so dass bereits wenige aber bedeutende Fehlinvestition in diesem Zusammenhang durch Totalabschreibungen auf die Spielerwerte zu einer wirtschaftlichen Krise führen können.[1]

Ferner weist die LO auf die Pflicht hin, bei einem negativen Vereinsvermögen bzw. negativen Eigenkapital einen Vermögensstatus zu erstellen, damit die Bewerber überprüfen können, ob ein Überschuldungsstatus insolvenzrechtlicher Art und somit die Pflicht zum Konkursantrag vorliegt.

- *Bilanzierung der Rückstellungen und Verbindlichkeiten*

Handelt es sich beim Eigenkapital um das von den Lizenznehmern selbst erwirtschaftete bzw. von Anteilseignern zur Verfügung gestellte Kapital, so stellen die Rückstellungen und Verbindlichkeiten die Schulden der Vereine und Kapitalgesellschaften dar. Ihr Ausweis richtet sich nach § 266 Abs. 3 HGB und wird in den Rechnungslegungsvorschriften des Ligaverbandes um die Position „Verbindlichkeiten aus Ausbildungs- und Förderungsentschädigung" ergänzt, die im Gegensatz zu ihrem aktivischen Pendant Zahlungsansprüche ehemaliger Vereine erstmalig verpflichteter Amateurspieler darstellen. Über den Ausweis in der Bilanz hinaus müssen auf Verlangen des Ligaverbandes zu den Rückstellungen zusammen mit den Verbindlichkeiten sowie den Rechnungsabgrenzungsposten im Verbindlichkeitsspiegel des Anhangs nähere Angaben zu

[1] Vgl. zur Bilanzierung von Transferentschädigungen den Beitrag von Littkemann/Schaarschmidt.

deren Fälligkeit und Besicherung gemacht werden. Insbesondere müssen die Lizenznehmer für die in Anspruch genommen Kontokorrentkredite Angaben über das entsprechende Kreditinstitut, den Stand des Kredites zum 31.12. des Vorjahres sowie die Höhe des zugesagten Kreditrahmens und den Zeitpunkt der verbindlichen Zusage des Kredites im Verbindlichkeitsspiegel machen.

3.2 Die Aufstellung der Gewinn- und Verlustrechnung

Zum Nachweis der wirtschaftlichen Leistungsfähigkeit sind die Bewerber nach Anhang VII LO des Weiteren zu einer Gegenüberstellung der Aufwendungen und Erträge des Geschäftsjahres im Sinne des § 242 Abs. 2 HGB verpflichtet. Bereits der Gliederungsvorschlag des DFB richtete sich nach den entsprechenden handelsrechtlichen Vorschriften, berücksichtigte die spezifischen Charakteristika des Profifußballs und wich somit deutlich von den beiden gesetzlich alternativ zulässigen Gliederungsschemata Umsatz- und Gesamtkostenverfahren ab.[1] Die nach der LO des Ligaverbandes aufzustellenden GuV ist auch weiterhin auf die Besonderheiten der Rechnungslegung der Vereine und Kapitalgesellschaften der Fußball-Lizenzligen zugeschnitten, orientiert sich jedoch jetzt am Aufbau des Gesamtkostenverfahrens nach § 275 Abs. 2 HBG. Das heißt, die Lizenznehmer haben den in einer Periode erzielten Umsatzerlösen die gesamten in dieser Periode entstandenen Aufwendungen in Staffelform gegenüberzustellen. Die GuV muss dabei nach Anhang VII LO nicht nur als Ist-GuV für das abgelaufene und die erste Hälfte des laufenden Spieljahres, sondern auch als Plan-GuV für die zweite Hälfte der laufenden und für die kommende Spielzeit aufgestellt werden. Die LO fordert dabei die Darstellung der Erfolgswerte dieser Perioden in nebeneinander stehenden Spalten.[2] Über die einschlägigen gesetzlichen Bestimmungen hinaus verlangt das Lizenzierungsverfahren einen detaillierteren Ausweis insbesondere folgender Positionen:

- *Umsatzerlöse*

Gegenüber den Vorschriften des HGB schreibt die LO eine detaillierte Aufschlüsselung der Umsatzerlöse vor. Diese sind danach auszuweisen, ob sie durch den Spielbetrieb, durch Werbung, durch Fernseh- und Hörfunkverwertung, durch Ausbildungs- und Förderungsentschädigung, durch Handel oder Vermietung und Verpachtung realisiert werden. Unter den Posten „Spielbetrieb" fallen Erträge, die durch Meisterschaftsspiele im Rahmen der entsprechenden Lizenzliga sowie durch Pokalspiele des DFB und Spiele in internationalen Wettbewerben erzielt werden. Durch „Werbung" realisierte Umsatzerlöse sind danach auszuweisen, ob die Werbeerträge dem Hauptsponsor der Bewerber, der Bandenwerbung in den Stadien, den sportlichen Ausstattern bzw.

[1] Sowohl die Ertrags- als auch die Aufwandspositionen waren nach den Oberpunkten „Lizenzabteilung", „Handel", „Verwaltung" und „Andere Bereiche" mit entsprechenden Unterpunkten gegliedert. Vgl. Deutscher Fußball-Bund (1996), Lizenzspielerstatut, S. 79 ff.

[2] Vgl. Liga-Fußballverband (2001), Lizenzierungsordnung, S. 70 ff.

Ausrüstern oder darüber hinaus weiteren Co-Sponsoren zuzurechnen sind. Die Erträge aus der Vermarktung der TV- und Hörfunk-Rechte sind, wie die Erträge aus dem „Spielbetrieb", in die Kategorien „Meisterschaft", „Pokal" und „internationale Wettbewerbe" zu gliedern und unter dem Posten „Fernseh- und Hörfunkverwertung" auszuweisen. Lassen sich einzelne Erträge innerhalb der drei Umsatzerlösarten „Spielbetrieb", „Werbung" sowie „Fenseh- und Hörfunkwerbung" nicht den entsprechenden Unterpunkten zuordnen, werden sie jeweils durch die Positionen „Sonstige" aufgefangen. Für die Erträge aus „Ausbildungs- und Förderungsentschädigung" sieht die LO in der GuV einen übergreifenden Sammelposten vor. Jedoch fordert das Lizenzierungsverfahren eine Aufschlüsselung dieser Erträge im Anhang des Jahresabschlusses. Dabei wird neben dem Namen des verkauften Spielers der aufnehmende Verein, die Summe der Entschädigung und deren Fälligkeit sowie die Höhe der bereits bezahlten Entschädigung und der Buchwert des Spielers bei dessen Abgang dokumentiert. Entstehen den Lizenznehmern Erträge aus Handelstätigkeiten, so haben sie diese in der GuV danach zu gliedern, ob sie durch Warenwirtschaft bzw. Merchandising, d. h. aus dem Verkauf von bspw. Fanartikeln jeglicher Art, durch die Überlassung von Nutzungsrechten oder durch Einnahmen aus Stadion-Catering entstehen. Ergänzt wird diese Gliederung ebenfalls durch einen Posten „Sonstige". Die Position „Vermietung und Verpachtung" erfährt keine weitere Differenzierung.

- *Sonstige betriebliche Erträge*

Über die Umsatzerlöse hinaus haben die Vereine und Kapitalgesellschaften der Lizenzligen detailliert offenzulegen, wie sich die „Sonstigen betrieblichen Erträge" eines Geschäftsjahres zusammensetzen. Gemäß handelsrechtlicher Vorschriften hat dieser Posten die Funktion eines Auffangbeckens für Positionen, für die § 275 Abs. 2 HGB keine besonderen Ertragsposten enthält.[1] Im Rahmen der Rechnungslegung der Vereine und Kapitalgesellschaften der Lizenzligen fallen unter diesen Posten Erträge aus der Abstellung einzelner Lizenzspieler an die Fußballnationalmannschaft, aus Einnahmen durch „Signing Fees", d. h. durch Vertragsabschluss-Gebühren, und aus der Zahlung von Beiträgen der Vereinsmitglieder. Ferner sind hier die Erträge durch Zuwendungen Dritter, aufgeteilt in Spenden und öffentliche Zuschüsse, Erträge aus den Bereichen des Amateur- und Jugendfußballs sowie anderer Abteilungen des Lizenznehmers auszuweisen. Mit dem Posten „Sonstige" schließt die Untergliederung.

- *Material- und Personalaufwand*

Wird in den Vorschriften des HGB der Ausweis unternehmenstypischer Aufwendungen, d. h. für Roh-, Hilfs- und Betriebsstoffe sowie für vom Unternehmen bezogenen

[1] Unter dem Posten „Sonstige betriebliche Erträge" sind nach handelsrechtlicher Interpretation die Erträge auszuweisen, die dem Unternehmen regelmäßig entstehen, sofern sie jedoch nicht unter dem Posten „Umsatzerlöse" fallen, d. h. typisch für das Unternehmen sind, das Ergebnis im Sinne der „Erhöhung oder Verminderung des Bestandes an fertigen und unfertigen Erzeugnissen" korrigieren oder sich auf das Finanzergebnis der Posten 9.-13. beziehen. Vgl. hierzu Baetge/Kirsch/Thiele (2001), S. 569.

Leistungen verlangt, fordert die LO den Ausweis von sport- insbesondere fußballspezifischen Materialaufwendungen. Posten Nr. 5. schreibt hier zum einen den gesonderten Ausweis jeglicher Aufwendungen vor, die durch die gesundheitliche Betreuung der Fußballspieler entstehen. Zum anderen interpretiert die LO die Aufwendungen für Kleidung und Sportmaterialien als Materialaufwand und verlangt auch deren gesonderte Darstellung in diesem Posten.

Der Ausweis der Aufwendungen für Mitarbeiter, die im abzuschließenden Geschäftsjahr in einem Dienstverhältnis zu den Vereinen und Kapitalgesellschaften der Lizenzligen standen, unterscheidet sich insbesondere dadurch vom handelsrechtlichen Bestimmungen, dass die Personalaufwendungen getrennt nach den Bereichen ausgewiesen werden müssen, in denen sie entstanden sind. Das bedeutet, dieser Posten ist nach Personalaufwendungen zu gliedern, die für die Entlohnung der Lizenzspieler, d. h. für den Spielbetrieb, für die Entlohnung der Mitarbeiter in dem Bereich Handel und Verwaltung, für den Amateur- und Jugendfußball und für andere Abteilungen der Lizenznehmer entstehen. Zudem wird, im Gegensatz zu den gesetzlichen Anforderungen, verlangt, dass der Personalaufwand in den einzelnen Bereichen so ausgewiesen wird, dass erkennbar ist, zu welchen Teilen er sich aus den Bestandteilen „Löhne und Gehälter“, also aus den Bruttoarbeitsentgelten, und aus den vom Bewerber zu zahlenden „Sozialen Abgaben“ zusammensetzt. Für die Position „Personalaufwand Spielbetrieb“ wird in diesem Zusammenhang eine vergleichsweise detaillierte Aufschlüsselung der Löhne und Gehälter gefordert. So muss aus der GuV deutlich werden, ob sie den Grundgehältern, Jahresleistungsprämien, Spielprämien, Sondervereinbarungen bzw. Handgeldern oder Abfindungen zuzuordnen sind. Die sozialen Abgaben sind in „Gesetzlich sozialer Aufwand“ und „Aufwand für VBG“, d. h. in Aufwendungen für die Verwaltungs- und Berufsgenossenschaft als Träger der gesetzlichen Berufsgenossenschaft, zu gliedern.

- *Abschreibungen*

Hinsichtlich des Ausweises der Abschreibungen gehen die Vorschriften der LO insofern auf fußballspezifische Besonderheiten ein, als dass sie explizit den Ausweis der Abschreibungen auf den immateriellen Vermögensgegenstand „Spielervermögen“ fordert und damit die bereits im Rahmen der Bilanzierung beschriebene hohe Bedeutung dieser Position unterstreichen. Des Weiteren sind die Abschreibungen auf „Sachanlagen“ und „Finanzanlagen“ auszuweisen. Für Abschreibungen auf Vermögensgegenstände des Umlaufvermögens, welche die bei Fußball-Bundesligisten üblichen außerordentlichen Abschreibungen überschreiten, sieht das Gliederungsschema der LO im Gegensatz zu der entsprechenden handelsrechtlichen Bestimmung keinen expliziten Ausweis vor. Sind dennoch Abschreibungen dieser Art vorzunehmen, so erscheint ein Ausweis unter der Unterposition 9. „Sonstige“ innerhalb der sonstigen betrieblichen Aufwendungen sinnvoll.

- *Sonstige betriebliche Aufwendungen*

Ähnlich wie der Posten „Sonstige betriebliche Erträge" dient dieser Posten als ein Auffangbecken. In ihn werden alle Aufwandspositionen eingestellt, für die das handelsrechtliche Gliederungsschema keine gesonderten Positionen aufweist.[1] In diesem Zusammenhang müssen die Teilnehmer der Lizenzligen diese Aufwendungen danach untergliedern, ob sie aus dem „Spielbetrieb" resultieren, durch „Werbung", „Fernseh- und Hörfunkverwertung" oder „Ausbildungs- und Förderungsentschädigung" entstanden sind, aus ihren Handelstätigkeiten stammen oder in den Bereichen „Verwaltung" oder „Amateur- und Jugendfußball" angefallen sind. Mit der Position „Sonstige" schließt diese Untergliederung. Sind die Aufwendungen im Rahmen des Spielbetriebes entstanden, so verlangt die LO eine weitere Aufschlüsselung. Demnach sind solche Aufwendungen einzeln auszuweisen, die aufgrund der Stadionbenutzung, der Inanspruchnahme von Kassen-, Ordnungs- und Sanitätsdiensten und der Entlohnung von Schiedsrichtern angefallen sind. Aufwendungen für Bewirtung und Repräsentation sind ebenso gesondert innerhalb des Posten „Spielbetrieb" auszuweisen wie anfallende Entschädigungen für die Spielgegner oder Verbandsabgaben. Zudem existiert eine eigenständige Position für Aufwendungen, die durch Reisekosten, Nutzung von Trainingslagern und Hotels entstehen. Ferner sind Aufwendungen aus der Nutzung öffentlicher Nahverkehrsmittel auszuweisen, die dem Lizenznehmer dadurch entstehen, dass er den Inhabern der Eintrittskarten die kostenlose Hin- und Rückfahrt zu seinen Veranstaltungen mit diesen Verkehrsmitteln gewährt. Entstehen den Bundesligisten Aufwendungen aus der Erfüllung der Voraussetzungen der Lizenzerteilung, die sich auf die Unterhaltung ihrer sportlichen Leistungszentren beziehen, so sind diese ebenfalls gesondert auszuweisen. In die Position „Sonstige" sind Aufwendungen einzustellen, die sich nicht diesen Kategorien zuordnen lassen. Durch die Dreiteilung in „Aufwand für Vertragsauflösung", „Spielervermittler und –beobachtungen" sowie „Sonstiger Aufwand" muss die Aufwandsart „Ausbildungs- und Förderungsentschädigung" im Rahmen der sonstigen betrieblichen Aufwendungen konkretisiert werden. Darüber hinaus verlangt die LO, wie für die Erträge aus Ausbildungs- und Förderungsentschädigung, eine detaillierte Aufschlüsselung dieser Aufwendungen als Anhang des Jahresabschlusses, aus der sowohl die Namen der entsprechenden Spieler, der abgebende Verein, die Höhe der Summe der Entschädigung als auch deren Fälligkeit sowie der bereits gezahlte Anteil der Entschädigung und der Buchwert zum Ende des Vorjahres dargestellt werden muss.

Durch die Orientierung am Gesamtkostenverfahren sind die einzelnen Posten der GuV in einer Reihenfolge angeordnet, die es nunmehr ermöglicht, Zwischensummen mit Kennzahlen-Charakter zu bilden. Das Gesetz schreibt in den Zeilen 14. und 17. die

[1] Nach handelsrechtlicher Interpretation grenzen sich vom Posten „Sonstige betriebliche Aufwendungen" die für ein Unternehmen untypischen und in unregelmäßigen Abständen anfallenden Aufwendungen des Posten „Außerordentliche Aufwendungen" sowie die Aufwandsposten des Finanzergebnisses ab. Vgl. hierzu Baetge/Kirsch/Thiele (2001), S. 578 f.

Zwischensummen „Ergebnis der gewöhnlichen Geschäftstätigkeit" sowie „Außerordentliches Ergebnis" als Differenz der „Außerordentlichen Erträge" und „Außerordentlichen Aufwendungen" vor. Darüber hinaus gilt die Bildung weiterer Zwischensummen in der Praxis als sinnvoll und ist somit auch für die Rechnungslegung der Lizenznehmer empfehlenswert. So lässt sich aus den Posten 1.-3. die „Gesamtleistung", nach der Zeile 4. die „Gesamten betrieblichen Erträge" sowie nach Zeile 8. die „Gesamten betrieblichen Aufwendungen" berechnen. Die Differenz aus den beiden letztgenannten Zwischensummen wird als „Betriebsergebnis" bzw. „Ergebnis der betrieblichen Tätigkeit" bezeichnet.[1]

Im Anschluss an die Gegenüberstellung von Erträgen und Aufwendungen im Rahmen der Ist- und Plan-GuV verlangt Anhang VII LO die Darstellung der geplanten Investitions- und Finanzierungstätigkeit für die zweite Hälfte des laufenden Spieljahres und für die kommende Spielzeit. Die Ein- und Auszahlungen sind dabei getrennt nach Investition und Finanzierung darzustellen und abschließend zu saldieren. Das folgende Schema zeigt, welche Zahlungsströme dargestellt werden müssen:[2]

Geplante Investitionstätigkeit	01.01.t bis 30.06.t (Plan)	01.07.t bis 30.06.t+1 (Plan)
21. + Einzahlungen aus Abgängen von Spielervermögen		
22. - Auszahlungen für Investitionen in das Spielervermögen		
23. + Einzahlungen aus Abgängen von Anlagevermögen		
24. - Auszahlungen für Investitionen in das Anlagevermögen		
25. = Saldo Investitionstätigkeit		
Geplante Finanzierungstätigkeit	01.01.t bis 30.06.t (Plan)	01.07.t bis 30.06.t+1 (Plan)
26. + Einzahlungen aus der Aufnahme von (Finanz-) Krediten und aus der Begebung von Anleihen		
27. - Auszahlungen für die Tilgung von (Finanz-) Krediten und Anleihen (bezogen nur auf Einzahlungen unter Punkt 26.)		
28. = Saldo Finanzierungstätigkeit		
29. Saldo aus Investitions-/und Finanzierungstätigkeit		

Tab. 1: Geplante Investitions- und Finanzierungstätigkeit
Quelle: Liga-Fußballverband (2001), Lizenzierungsordnung, S. 73.

3.3 Die Darstellung der rechtlichen Verhältnisse und Beziehungen zu Beteiligungsunternehmen

Die Vereine und Kapitalgesellschaften der Lizenzligen haben als Anlage des Prüfungsberichtes weiterhin sowohl Erläuterungen zu ihren rechtlichen Verhältnissen als auch zu bestehenden Beziehungen zu Beteiligungsunternehmen bzw. zu verbundenen

[1] Vgl. Bechtel (2001), S. 148 ff.
[2] Vgl. Liga-Fußballverband (2001), Lizenzierungsordnung, S. 73.

Unternehmen zu machen. Die LO geht in Anhang VII auf die entsprechende Gliederung und Inhalte ein.

Im Rahmen der Darstellung der rechtlichen Verhältnisse des Bewerbers sind zunächst die gesellschaftsrechtlichen Grundlagen in der Form darzustellen, dass Angaben wie Name und Sitz des Lizenznehmers sowie das Geschäftsjahr anzugeben sind. Im Falle einer Kapitalgesellschaft sind Angaben über deren Kapitalverhältnisse zu machen. Hinsichtlich der Organe der Bundesligisten werden insbesondere namentliche Angaben sowie Angaben über deren tatsächlich ausgeübte hauptberufliche Tätigkeit und Tätigkeiten für andere juristischen Personen, die zu den Bundesligisten oder deren Beteiligungsunternehmen eine vertragliche Beziehung haben. Des Weiteren wird die Vereins- bzw. Handelsregisternummer, Angaben über die Gewinnverwendung und –verteilung sowie Angaben über sonstige gesetzliche und satzungsmäßige bzw. gesellschaftsrechtliche Regelungen verlangt. Bezüglich der steuerlichen Verhältnisse haben die Bewerber über Steuernummer und zuständiges Finanzamt sowie über durchgeführte Außenprüfungen und deren Ergebnis und den Stand der eingereichten Steuererklärungen und durchgeführten Veranlagungen zu berichten. Während des Berichtszeitraumes wirksame oder im Berichtszeitraum neu abgeschlossen Verträge, insbesondere Werbe- und Sportverträge, die Rechte des Bewerbers an Dritte abtreten und somit die Möglichkeit besitzen, Einfluss auf die Bewerber zu nehmen, sind mit entsprechenden Erläuterungen darzustellen und in Kopie dem Bericht als Anhang zuzufügen. Gefordert werden solche Erläuterungen für Verträge mit einem Volumen von über 500.000 DM für Bewerber der Bundesliga und 100.000 DM für Bewerber der 2. Bundesliga. Gegenstand der Erläuterungen sind der Vertragspartner, -gegenstand, -laufzeit und wichtige -inhalte sowie die Vergütung mit vereinbarten Zahlungsmodalitäten.

Bestehen Beziehungen zu Beteiligungsunternehmen oder verbundenen Unternehmen, die den Vereinen und Kapitalgesellschaften der Lizenzligen Stimmrechte an diesen Gesellschaften sichern, so hat der Bewerber die Art der wirtschaftlichen Verbindungen zu erläutern. Gelten nach den Vorschriften des HGB Anteile an einer Kapitalgesellschaft, die insgesamt den fünften Teil des Nennkapitals dieser Gesellschaft überschreiten, als Beteiligungen, so verlangt die LO die Erläuterungen, sobald die Bewerber über 10 % der Stimmrechte an einer Gesellschaft besitzen. Über die Höhe und Verteilung des eingezahlten Kapitals und der damit verbundenen Beteiligungs- bzw. Stimmrechtsquote müssen insbesondere Angaben zu den Organen der Beteiligungsunternehmen, die Art der Einflussnahme des Bewerbers auf die Geschäftsführung der Gesellschaft und einer etwaigen Personenidentität zwischen Organen des Bewerbers und des verbundenen Unternehmens gemacht werden. Geforderte Angaben zu wirtschaftlichen Beziehungen müssen sich in erster Linie auf Mietverträge und die Art und Umfang der Überlassung von Rechten erstrecken.

4 Prüfungsvorschriften für die Fußball-Bundesligisten

Die wirtschaftliche Leistungsfähigkeit der Vereine und Kapitalgesellschaften der Fußball-Bundesligen wird in einem zweistufigen Prüfungsverfahren nachgewiesen. Die Überprüfung der von den Lizenznehmern zu erstellenden Unterlagen der Rechnungslegung ist zunächst durch einen Wirtschaftsprüfer vorzunehmen, bevor sie zusammen mit dessen Bericht über die Prüfung der Unterlagen beim Ligaverband eingereicht und dort einer internen Prüfung unterzogen werden.

4.1 Die externe Prüfung durch den Abschlussprüfer

4.1.1 Der Prüfungsauftrag und der Prüfungsbericht

Nach § 7 LO i. V. m. dem Anhang VII LO hat der Lizenzbewerber die Bilanz, die Ist- und die Plan-GuV, den Anhang und den Lagebericht von einem Wirtschaftsprüfer prüfen zu lassen. Somit handelt es sich bei dieser Prüfung um eine regelmäßig durchzuführende Pflichtprüfung, da sie im Rahmen des jährlichen Lizenzierungsverfahrens für die Teilnehmer der Lizenzligen vorgeschrieben ist. Im Einvernehmen mit dem Lizenzbewerber beauftragt der Ligaverband einen Wirtschaftsprüfer, der die Prüfung der entsprechenden Unterlagen vornimmt. Sollte es zu keiner Übereinstimmung zwischen Lizenzbewerber und Ligaverband kommen, so besitzt der Ligaverband das Recht, zusätzlich zu dem vom Bewerber bevollmächtigten Wirtschaftsprüfer einen weiteren Wirtschaftsprüfer zu bestellen. Die Person des bestellten Prüfers sollte nach Anhang III LO jedoch spätestens nach fünf Jahren gewechselt werden.

Bei der Durchführung der Prüfung hat sich der Wirtschaftsprüfer nach den in Anhang VII LO aufgeführten Anforderungen an die Berichterstattung über die Prüfung des Jahres- bzw. Zwischenabschlusses von Vereinen und Kapitalgesellschaften der Lizenzligen zu richten. Der Anhang verweist in diesem Zusammenhang einerseits auf die handelsrechtlichen Vorschriften der §§ 317 und 321 bis 323. Nach § 317 Abs. 1 HGB ist die Prüfung darauf ausgerichtet, im Rahmen der Prüfung des Jahresabschlusses die Einhaltung gesetzlicher Vorschriften und sie ergänzenden Bestimmungen des Gesellschaftsvertrages oder, wie in diesem Fall, der Satzung in Form der LO zu kontrollieren. Verstöße gegen diese Vorschriften, die sich auf die Darstellung der Vermögens-, Finanz- und Ertragslage der Bewerber auswirken, müssen demnach erkannt werden. Der Lagebericht ist darauf zu prüfen, ob er im Einklang mit dem Jahresabschluss und den bei der Prüfung gewonnenen Erkenntnissen steht und keine falsche Vorstellung der Unternehmenslage suggeriert. § 317 HGB schließt die Kontrolle der Buchführung mit ein. Andererseits sind die ergänzenden Bestimmungen der Satzung und Ordnungen des Ligaverbandes zu berücksichtigen, die sich insbesondere auf die Erweiterung des Prüfungsgegenstandes nach den Statuten des Ligaverbandes, d. h. auf Angaben über die Plausibilität der Plan-GuV, der Einhaltung von Auflagen sowie zu einer etwaigen bilanziellen Überschuldung beziehen. Ferner verweist die LO auf die Prüfungsstandards (PS) 400 und 450 des Instituts der Wirtschaftsprüfer (IDW). Die Prüfung ist somit derart zu gestalten, dass Verstöße gegen diese gesetzlichen sowie satzungsmäßigen Vorschriften bzw. wirtschaftlichen Grundsätze, sofern sie sich in starkem Maße auf die Darstellung der Vermögens-, Finanz-, und Ertragslage der Fußball-Bundesligisten auswirken, erkannt und beurteilt werden.

Hinsichtlich der Erstellung des Prüfungsberichtes und des Bestätigungsvermerkes verweist Anhang VII LO zum einen auf § 321 und § 322 HGB. Im Prüfungsbericht hat der Wirtschaftsprüfer hiernach das Ergebnis seiner Prüfung schriftlich festzuhalten und die Lage des Bewerbers insbesondere unter dem Aspekt seiner künftigen Entwicklung zu beurteilen sowie darzustellen, ob bei der Erstellung der einzureichenden Unterlagen Verstöße gegen die entsprechenden gesetzlichen Vorschriften vorliegen, die Bestand oder Entwicklung des Bewerbers gefährden. Zum anderen sind nach der LO die Grundsätze der Prüfungsstandards des IDW zu beachten. Den Prüfungsbericht betreffend stellt sie explizit auf den PS 450 „Grundsätze ordnungsmäßiger Berichterstattung bei Abschlussprüfungen" ab. Dieser Prüfungsstandard beinhaltet die vom Prüfer zu beachtenden Grundsätze hinsichtlich Form und Inhalt des zu erstellenden Prüfungsberichtes und soll dem Adressaten des Berichtes, in diesem Fall dem Ligaverband, seinen Inhalt verdeutlichen.[1]

Sind nach dem Ergebnis der Prüfung seitens des Wirtschaftsprüfers keine Einwendungen zu erheben, so ist das Gesamturteil über die Prüfung in einem Bestätigungsvermerk darzulegen, der in seiner Formulierung geeignet sein soll, den Adressaten in kurzer und prägnanter Form über den Gegenstand der Prüfung und eine Wertung zu informieren.[2] Die hierzu in § 322 Abs. 1 HGB vorgeschriebenen Inhalte werden für die Zwecke des Lizenzierungsverfahrens durch den Verweis auf den PS 400 „Grundsätze für die ordnungsmäßige Erteilung von Bestätigungsvermerken bei Abschlussprüfungen" sowie durch Vermerke, die aus der Erweiterung des Prüfungsgegenstandes resultieren, erweitert.[3]

4.1.2 Die Inhalte der Prüfung

Die Inhalte der Abschlussprüfung ergeben sich aus Anhang VII LO sowie aus § 321 HGB und PS 450. Allen Prüfungstatbeständen ist gemeinsam, dass ihr Einklang mit den entsprechenden gesetzlichen Vorschriften und den ergänzenden Bestimmungen der Satzung, d. h. der LO, geprüft werden muss.

[1] Vgl. HFA (Hauptfachausschuss) des IDW (2000b), Tz. 2.
[2] Vgl. Goerdeler (1993), Sp. 130 f.
[3] Vgl. Liga-Fußballverband (2001), Lizenzierungsordnung, S. 57 f.

- *Grundsätzliche Feststellungen*

Der Wirtschaftsprüfer hat in seinem Prüfungsbericht vorweg auf die jeweilige Lage der Vereine und Kapitalgesellschaften der Lizenzligen einzugehen. Dabei wird von ihm eine Stellungnahme und Beurteilung der Darstellung der Lage der Bundesligisten im Jahresabschluss und Lagebericht durch deren gesetzliche Vertreter gefordert. Insbesondere wird von ihm die Beurteilung der künftigen Entwicklung des Bewerbers verlangt. Diese Informationen kann der Wirtschaftsprüfer u. a. aus der von den Bundesligisten zu erstellenden Plan-GuV gewinnen. Im Hinblick auf die interne Prüfung durch den Ligaverband hat der Abschlussprüfer diejenigen Angaben aus Jahresabschluss und Lagebericht hervorzuheben, die für den Ligaverband zur Beurteilung der Lage des Bewerbers wesentlich sind. Auf die Feststellung entwicklungsbeeinträchtigender oder bestandsgefährdender Maßnahmen bei der Durchführung der Prüfung weist die LO gesondert hin.

Darüber hinaus sind Unregelmäßigkeiten darzustellen, die einerseits aus der Rechnungslegung resultieren. Zu diesen Unregelmäßigkeiten zählen Verstöße gegen diese Rechnungslegungsgrundsätze, also bewusste als auch unbewusste Abweichungen von allen für die Rechnungslegung geltenden Vorschriften einschließlich der Grundsätze ordnungsmäßiger Buchführung und der entsprechenden Vorschriften der LO.[1] Andererseits sind solche Verstöße gegen Vorschriften, die sich nicht direkt auf die Rechnungslegung beziehen, vom Prüfer darzustellen.

- *Feststellungen und Erläuterungen zur Rechnungslegung*

Im Rahmen der Überprüfung der Rechnungslegung sieht die LO zunächst vor, die Buchführung und die, nach PS 450 Tz. 28 des IDW genannten, weiteren geprüften Unterlagen auf ihre Ordnungsmäßigkeit zu überprüfen. Die Ordnungsmäßigkeit von Bilanz und GuV ist insbesondere dann zu bejahen, wenn sich diese aus den geprüften Unterlagen ableiten lässt und Ansatz-, Ausweis- und Bewertungsvorschriften beachtet sind. Die Aufgliederung und Erläuterung der Posten des Jahresabschlusses wird dann gefordert, wenn dadurch die Vermögens-, Finanz- und Ertragslage verbessert dargestellt werden kann und sich die entsprechenden Anlagen nicht im Anhang befinden. Zudem hat der Prüfer in einer Gesamtaussage darüber zu befinden, ob der Jahresabschluss ein den tatsächlichen Verhältnissen entsprechendes Bild dieser Lage vermittelt. Der Lagebericht entspricht dann den entsprechenden Vorschriften, wenn er mit dem Jahresabschluss und den bei der Prüfung gewonnen Erkenntnissen in Einklang steht und er eine zutreffende Vorstellung von der Lage des Bewerbers vermittelt.[2]

Prüfungstechnische Besonderheiten können sich dann ergeben, wenn sich der zu prüfende Tatbestand auf spezifische Charakteristika der Rechnungslegung im Profifußball

[1] Vgl. hierzu HFA des IDW (2000b), Tz. 41 ff.

[2] Vgl. HFA des IDW (2000b), Kapitel 3.4.

erstreckt. In diesem Zusammenhang könnte sich bspw. für die Bewertung von Spielerwerten hinsichtlich ihrer Abschreibung Besonderheiten ergeben, sobald sich Spieler verletzt haben oder es zu Leistungsabfällen kommt. Als immaterielle Vermögensgegenstände des Anlagevermögens gilt für sie das gemilderte Niederstwertprinzip, nach dem außerplanmäßige Abschreibungen nur dann vorzunehmen sind, wenn die Wertminderung, also die Verletzung oder der Leistungsabfall, von Dauer ist. Für Bundesligaspieler dürfte das jedoch nur die Ausnahme darstellen, so dass den Bundesligisten ein erheblicher bilanzpolitischer Spielraum entsteht.[1]

- *Feststellungen zum Risikofrüherkennungssystem*

Nach § 321 Abs. 4 HGB hat der Abschlussprüfer darüber Angaben zu machen, ob der Vorstand ein geeignetes Überwachungssystem eingerichtet hat und ob Maßnahmen zu ergreifen sind, um dieses Risikofrüherkennungssystem zu verbessern. Das System wird dann als geeignet angesehen, wenn es in der Lage ist, Entwicklungen zu erkennen, die den Fortbestand der Gesellschaft gefährden.[2] Im Rahmen der LO sind Feststellungen zum Risikofrüherkennungssystem nur bei börsennotierten Fußball-Kapitalgesellschaften notwendig.

- *Feststellungen aus Erweiterung des Prüfungsauftrages*

Zusätzlich zu den gesetzlichen Vorschriften und den Grundsätzen des IDW sind Feststellungen aus der Erweiterung des Prüfungsgegenstandes über die Plan-GuV, die Einhaltung von etwaigen Auflagen aus der abgelaufenen und aktuellen Spielzeit sowie über einen etwaigen Überschuldungsstatus bei bilanzieller Überschuldung zu treffen.

Die Plan-GuV hat die Plan-Erträge und -Aufwendungen der zweiten Hälfte des laufenden Spieljahres und der kommende Spielzeit abzubilden. Für diesen Zweck sind nach Anhang VII LO innerhalb des Prüfungsverfahrens die Annahmen aufzuzeigen, die zur Herleitung dieser prognostizierten Werte geführt haben. Insbesondere ist die Plausibilität der getroffenen Annahmen zu überprüfen. Hinsichtlich der Situation des Bewerbers in den vergangenen Spielzeiten, seiner bisher getroffenen Maßnahmen und Ressourcendispositionen sowie der abgeschlossenen Verträge gilt es zu überprüfen, ob die Planungen angemessen, realistisch und widerspruchsfrei durchgeführt wurden. Ferner ist zu prüfen, ob sämtliche Informationen, die zum Zeitpunkt der Erstellung verfügbar waren, in der Planung berücksichtigt wurden und ob die Zusammensetzung der ausgewiesenen Posten einen Vergleich im Zeitablauf zulassen.

Wurde der Bewerber in der abgelaufenen oder in der aktuellen Spielzeit durch den Ligaverband zu der Einhaltung von Auflagen verpflichtet, so ist es die Aufgabe des

[1] Vgl. zu Problemen der Bilanzierung von Transferentschädigungen ausführlich den Beitrag von Littkemann/ Schaarschmidt.

[2] Vgl. HFA des IDW (2000b), Tz. 84.

Wirtschaftsprüfer zu kontrollieren, ob der Bewerber die Auflagen beachtet hat und dies entsprechend im Prüfungsbericht zu vermerken. Für noch laufende Auflagen, die bis zum Ende der Spielzeit vom Bewerber einzuhalten sind, ist zu prüfen, ob besondere Maßnahmen eingeleitet werden müssen, um ihre Einhaltung sicherzustellen. Kommt die Prüfung zu dem Ergebnis, dass die Auflagen vom Bewerber nicht erfüllt wurden oder werden, ist zu ermitteln, wie sich diese Nichteinhaltung auf die Vermögens-, Finanz- und Ertragslage des Unternehmens ausgewirkt hat bzw. auswirken wird. Darüber hinaus ist im Rahmen dieser Beurteilung darauf einzugehen, ob die Nichteinhaltung der Auflagen vom Bewerber selbst zu verschulden ist oder durch Gründe hervorgerufen wurde, die nicht seinem Einfluss unterlagen.

Ist das Eigenkapital durch die Verluste vollständig aufgezehrt und kann es seine Verlustausgleichsfunktion[1] nicht mehr erfüllen, so liegt der Tatbestand der bilanziellen bzw. formellen Überschuldung vor. In diesem Fall ist nach Anhang VII LO durch den Wirtschaftsprüfer festzustellen, ob gleichzeitig mit der Überschuldung im externen Rechnungswesen der Tatbestand der materiellen bzw. insolvenzrechtlichen Überschuldung vorliegt. Diese Überprüfung kann anhand der Erstellung einer dem internen Rechnungswesen zuzuordnenden Überschuldungsbilanz durchgeführt werden, durch deren Erstellung bereits die Organe der Kapitalgesellschaften und Vereine der Lizenzligen ihre Pflicht zu einem etwaigen Konkursantrag überprüfen können.[2] Bei der Aufstellung des Überschuldungsstatus sind stille Reserven im Spielervermögen nur in der Höhe zu berücksichtigen, soweit bereits Transferverträge mit anderen Bundesligisten oder Vereinen abgeschlossen wurden.

Die LO fordert darüber hinaus eine Stellungnahme des Wirtschaftsprüfer zu den rechtlichen Verhältnissen des Bewerbers sowie zu seinen Beziehungen zu Beteiligungsunternehmen und verbundenen Unternehmen. Diese Stellungnahme geht zwar nicht explizit aus den Ausführungen zum Bericht über die Prüfung hervor, die Anlagen 3 und 4 zum Prüfungsbericht fordern jedoch, die vom Bewerber hierzu gemachten Angaben zu beurteilen.[3] Insbesondere hat der Wirtschaftsprüfer dabei die Angemessenheit von Leistung und Gegenleistung der wesentlichen Verträge zu würdigen und etwaige Risiken hinsichtlich der Vertragserfüllung darzustellen. Auch die wirtschaftlichen Beziehungen zu Beteiligungsunternehmen sind vom Prüfer hinsichtlich des Verhältnisses von Leistung und Gegenleistung zu prüfen und die Auswirkungen der wirtschaftlichen Situation der Beteiligungsunternehmen auf die Vermögens-, Finanz- und Ertragslage der Bewerber zu würdigen.

---

[1] Zu weiteren Funktionen des Bilanzpostens Eigenkapitals vgl. Baetge/Kirsch/Thiele (2001), S. 412 ff.

[2] Vgl. Galli (1997), S. 188 f.

[3] Vgl. Liga-Fußballverband (2001), Lizenzierungsordnung, S. 68 f.

4.2 Die interne Prüfung durch den Ligaverband

Die interne Prüfung der Vereine und Kapitalgesellschaften der Fußball-Bundesligen durch den Ligaverband wird mit dem Ziel durchgeführt, die Voraussetzung der wirtschaftlichen Leistungsfähigkeit der Bewerber auf deren Erfüllung hin zu überprüfen und somit über die Erteilung der Lizenz hinsichtlich wirtschaftlicher Aspekte zu entscheiden. Die Notwendigkeit der Prüfung wird neben der Aufrechterhaltung des Spielbetriebes insbesondere durch die zunehmenden wirtschaftlichen Aktivitäten der Bundesligisten und die hierdurch, für alle direkt oder indirekt am Spielbetrieb Beteiligten, steigenden Risiken begründet. Die Beurteilung erfolgt dabei anhand der beim Ligaverband jährlich[1] neu einzureichenden Unterlagen und orientiert sich an den in Anhang IX LO dargestellten „Richtlinien für die Beurteilung der wirtschaftlichen Leistungsfähigkeit". Sofern die einzureichenden Unterlagen nicht ausreichen, um sich ein Bild über die wirtschaftliche Lage der Bewerber zu machen, kann der Ligaverband jederzeit weitere Unterlagen und Erklärungen einfordern. Sind die Lizenznehmer nicht in der Lage, die geforderten Voraussetzungen zu erfüllen, so ist die Bestätigung der wirtschaftlichen Leistungsfähigkeit unter Auflagen möglich, über deren Vergabe und Einhaltung der Ligaverband nach § 9 LO i. V. m. Anhang IX LO im Einzelfall entscheidet. Kriterien für die Beurteilung sind die Liquiditätsverhältnisse, die Vermögenslage sowie ein abschließendes Urteil über die wirtschaftliche Leistungsfähigkeit.

4.2.1 Die Liquiditätsverhältnisse

Die Aufrechterhaltung des Spielbetriebes steht im Mittelpunkt der Beurteilung der Liquiditätsverhältnisse. Hierzu wird aus den beim Ligaverband eingereichten Unterlagen ein Liquiditätsberechnung für den Zeitraum 31.12.t-1 bis 30.06.t+1 durchgeführt. Der Ligaverband bedient sich dabei dem in Tabelle 2 dargelegten Grundschema.

Stellt der Ligaverband in diesem Rahmen eine Liquiditätsunterdeckung fest, zu deren Ausgleich versprochene Leistungen notwendig sind, so kann der Ligaverband Bankgarantien verlangen, welche die Erfüllung dieser Leistung bestätigen. Auf eine solche Absicherung kann nur dann verzichtet werden, wenn erkennbar ist, dass die Leistung kurzfristig ersetzt und von Dritten erbracht werden kann. Sind der Wert und die Verwertbarkeit des im Aktivvermögen der Bewerber gebundenen Kapitals sowie die Höhe etwaiger hieraus zu erzielender Beträge unsicher, so kann es bei der Liquiditätsberechnung keine Berücksichtigung finden. Von diesem Grundsatz kann nur dann abgewichen werden, wenn sachverständige Dritte die kurzfristig Verwertbarkeit nachprüfbar belegen.

---

[1] Über die jährliche Prüfung hinaus obliegt dem Ligaverband nach § 7 LO bei Bedarf auch die laufende Beobachtung der wirtschaftlichen Leistungsfähigkeit.

	Liquiditätsberechnung		
+	Flüssige Mittel zum 31.12.t-1 (Kasse, Bank, Ligaverband-Kaution)		
+	Forderungen per 31.12.t-1 (gemäß Forderungsspiegel bis zum 30.06.t+1 fällig)		
-	Verbindlichkeiten und Rückstellungen zum 31.12.t-1		
=	Zwischensumme 1		
+/-	Überschuss/Fehlbetrag	01-06/t	
+	Abschreibungen	01-06/t	
+	Auflösung aRAP	01-06/t	
-	Auflösung pRAP	01-06/t	
+/-	Saldo Investitionstätigkeit	01-06/t	
+/-	Saldo Finanzierungstätigkeit	01-06/t	
+/-	Ligaverband-Korrekturen der Plan-G+V	01-06/t	
=	Zwischensumme 2		
+/-	Abschreibungen	07-06/t+1	
+	Überschuss/Fehlbetrag	07-06/t+1	
+	Auflösung aRAP	07-06/t+1	
-	Auflösung pRAP	07-06/t+1	
+/-	Saldo Investitionstätigkeit	07-06/t+1	
+/-	Saldo Finanzierungstätigkeit	07-06/t+1	
+/-	Ligaverband-Korrekturen der Plan-G+V		
+	Kreditrahmen/lfr. Darlehen/Rückstellungen (fällig nach dem 30.06.t+1)		
+	revolvierender Kreditrahmen (1/12 der Personalkosten Lizenzspielerabteilung)		
=	Liquidität per 30.06.t+1		

Tab. 2: Liquiditätsberechnung
Quelle: Liga-Fußballverband (2001), Lizenzierungsordnung, S. 77.

4.2.2 Die Vermögenslage

Um den Anforderungen des Ligaverbandes hinsichtlich der Vermögenslage zu entsprechen, müssen die Vermögensverhältnisse der Bewerber transparent und geordnet sein, so dass die Verpflichtungen aus dem Spielbetrieb bis zum Ende der kommenden Spielzeit sicher gestellt sind. Gleichzeitig wird unterstellt, dass das Vermögen der Lizenznehmer dabei nicht nachhaltig gemindert werden soll. In Zweifelsfällen muss der Nachweis einer positiven Fortbestehungsprognose für die gesamte kommende Spielzeit erfolgen.

Wird eine Überschuldung des Bewerbers festgestellt, d. h. werden die Schulden nicht mehr durch das Vermögen gedeckt, so ermöglichen die Richtlinien zur Beurteilung der wirtschaftlichen Leistungsfähigkeit, zusätzlich zu den klassischen Eigenkapitalkomponenten, eigenkapitalähnliche Posten hinsichtlich der Haftungsfunktion zu berücksichtigen. Eigenkapitalähnlichen Status haben unter Erfüllung bestimmter Voraussetzungen in diesem Zusammenhang in der Regel nachrangige Verbindlichkeiten sowie Beteiligungen Dritter am Lizenznehmer. Insbesondere stellen die geforderten Voraussetzungen darauf ab, dass die aus den nachrangigen Verbindlichkeiten und Beteiligungen

Dritter resultierenden Auszahlungen mit entsprechendem zeitlichen Aufschub ausgestattet sind und dem Bewerber somit möglichst lange zur Verfügung stehen.[1] Im Einzelfall kann ein Gremium des Ligaverbandes ein bestimmtes Verhältnis zwischen Kernkapital und eigenkapitalähnlichen Posten verlangen, wobei das Eigenkapital nicht nur aus eigenkapitalähnlichen Posten bestehen sollte. Die Vermögenslage wird (nach Richtlinien des Ligaverbandes nicht anhand der Aktiv-, sondern) anhand der Passivseite folgendermaßen aufgeschlüsselt:

Vermögenslage	
1. Gezeichnetes Kapital	
2. Kapitalrücklagen	
3. Gewinnrücklagen	
3.1. Gesetzliche Rücklage	
3.2. Rücklage für eigene Anteile	
3.3. Satzungsmäßige Rücklagen	
3.4. Andere Gewinnrücklagen	
4. Gewinnvortrag/Verlustvortrag	
5. Jahresüberschuss/ -fehlbetrag	
Eigenkapital/Vereinsvermögen per 31.12.t-1	
+ Verbindlichkeiten mit Rangrücktritt, wenn Voraussetzungen erfüllt	
+ Beteiligungen, wenn Voraussetzungen erfüllt	
Vermögenslage per 31.12.t-1	

Tab. 3: Vermögenslage

Quelle: Liga-Fußballverband (2001), Lizenzierungsordnung, S. 78.

4.2.3 Das abschließende Urteil über die wirtschaftliche Leistungsfähigkeit

Das abschließende Urteil des Ligaverbandes stellt gleichzeitig auf die beiden Kriterien Liquidität und Vermögenslage ab. Wird eines der beiden Kriterien nicht erfüllt, so kann dies schon dazu führen, dass den Vereinen und Kapitalgesellschaften die wirtschaftliche Leistungsfähigkeit nicht bestätigt wird. Bei der Entscheidung über die Bestätigung bzw. Nichtbestätigung orientiert sich das Gremium des Ligaverbandes grundsätzlich an folgendem Schema:

	Variante 1	Variante 2	Variante 3	Variante 4
Liquidität - 30.06.t+1	Positiv	Positiv	Negativ	Negativ
Vermögenslage - 31.12.t-1	Positiv	Negativ	Positiv	Negativ
Entscheidung	**Positiv**	**Positiv + Auflage**	**Positiv + Bedingung**	**Negativ**

Tab. 4: Entscheidungsmatrix

Quelle: Liga-Fußballverband (2001), Lizenzierungsordnung, S. 79.

Die Liquiditätsverhältnisse müssen es dem Bewerber erlauben, die kommende Spielzeit wirtschaftlich durchzustehen. Können die Bewerber dieser Forderung nicht nach-

[1] Zu den einzelnen Voraussetzungen, die erfüllt sein müssen, um den eigenkapitalähnlichen Charakter nachrangiger Verbindlichkeiten und Beteiligungen Dritter am Lizenznehmer bestätigen zu können; vgl. Liga-Fußballverband (2001), Lizenzierungsordnung, S. 77 f.

kommen, so sind entsprechende Maßnahmen zu treffen, die dazu beitragen den Spielbetrieb zu sichern. Diesem Zweck kann die Forderung einer Bankgarantieerklärung nachkommen, deren liquiden Mittel zur Überbrückung der finanziellen Engpässe des Bewerbers verwendet werden. Dies dient der Aufrechterhaltung eines für alle Beteiligten wirtschaftlich stabilen Spielbetriebes. Reichen die liquiden Mittel des Bewerbers nicht aus bzw. kann er keine Kreditmittel nachweisen, so ist davon auszugehen, dass die Sicherung des Spielbetriebes nicht sicher gestellt werden kann und die wirtschaftliche Leistungsfähigkeit grundsätzlich nicht gegeben ist.

Wurde bei dem Bewerber ein negatives Vereinsvermögen bzw. negatives Eigenkapital festgestellt, so erhält er eine Auflage, nach der sich dieser Posten nicht weiter verschlechtern darf. Diese Maßnahme soll seine zukünftige Entwicklung positiv beeinflussen. Sollte diese Auflage nicht eingehalten werden, so kann dies auf die künftige Bestätigung der wirtschaftlichen Leistungsfähigkeit auswirken.

5 Rechnungslegungspraxis der Fußball-Bundesligavereine

Reichert stellte fest, dass kein Bundesligaverein seine Eintragung in das Handelsregister angemeldet hat.[1] Dass die Vereine Jahresabschlüsse aufstellen, resultiert wohl eher aus den Vorschriften des DFB und den steuerrechtlichen Vorschriften (auf Basis des § 140 AO i. V. m. § 5 EStG). Aufgrund der Verpflichtung des DFB, dass die Vereine ihre wirtschaftliche Leistungsfähigkeit anhand von geprüften Jahresabschlüssen nachweisen müssen, ist sichergestellt, dass jeder Bundesligaverein einen Jahresabschluss aufstellt, da er sonst keine Lizenz erteilt bekommt und nicht an den Bundesligaspielen teilnehmen kann. Es bestehen allerdings keine gesetzlichen oder verbandsrechtlichen Vorschriften, die einen Verein verpflichten, seinen Jahresabschluss offen zu legen.

Auf eine aktuelle schriftliche Anfrage bei allen Bundesligavereinen sandten nur fünf Vereine ihre Jahresabschlüsse zu. Die restlichen Vereine meldeten sich entweder gar nicht oder teilten schriftlich bzw. mündlich mit, dass sie entweder aus zeitlichen oder aus grundsätzlichen Gründen keine Jahresabschlüsse herausgeben. Ob die Vereine damit ihrer Rechenschaftspflicht gegenüber der Öffentlichkeit und insbesondere gegenüber ihren Mitgliedern gerecht werden, muss bezweifelt werden. Denn bei den Vereinen handelt es sich um wirtschaftlich starke Unternehmen mit einem Jahresumsatz von durchschnittlich ca. € 25 Mio., an deren wirtschaftlichen Lage die Öffentlichkeit ein berechtigtes Interesse hat.

Die Vereine werden von ehrenamtlichen Vorständen geführt, die häufig über nicht ausreichende kaufmännische Qualifikationen verfügen.[2] Der ehrenamtliche Vorstand

---

[1] Vgl. Reichert (1990), S.15.

[2] Vgl. zu den Funktionen des Ehrenamts im Profifußball auch den Beitrag von Michalik.

wird zwar mittlerweile von hauptamtlichen kaufmännischen Mitarbeitern unterstützt, doch diese sind gegenüber dem Vorstand weisungsgebunden. Der Vorstand selbst ist erst nach Ablauf seiner Amtszeit gegenüber der Mitgliederversammlung verpflichtet, Rechenschaft abzulegen.[1] Es wäre daher wünschenswert, wenn die Vereine nicht nur auf handelsrechtlicher Basis verpflichtet werden würden, ihre Jahresabschlüsse offen zu legen. Dies würde zu einer gewissen Kontrolle der Vereine durch die Öffentlichkeit führen. Mit einem Zusatzparagraphen in der Lizenzierungsordnung des DFB, der die Spielerlaubnis abhängig von der Veröffentlichung des Jahresabschlusses macht, würden alle Bundesligavereine gezwungen werden, ihre wirtschaftliche Lage den Mitgliedern und der Öffentlichkeit darzulegen.

6 Kritische Würdigung

Die wirtschaftliche Entwicklung der Fußballvereine wird durch die rechtlichen Rahmenbedingungen – wie z. B. das „Bosman-Urteil“ – stark beeinflusst. Aufgrund des „Bosman-Urteils" sind Transferentschädigungen nicht mehr zulässig. Nach Ablauf bzw. Auflösung des Vertrages kann jeder Spieler ohne Ablösesumme den Verein wechseln. Der Wegfall der Transfersummen bewirkt, dass die Vereine langfristige Verträge mit den Spielern abschliessen, um die Spieler lange an den Verein zu binden bzw. nur gegen eine entsprechend hohe Ablösesumme aus dem Vertrag zu entlassen. Die Gefahr für die Vereine besteht allerdings darin, dass sie häufig bis ans Ende ihrer finanziellen Möglichkeiten gehen und den Spielern überhöhte Gehälter zahlen, nur damit die Spieler im Verein gehalten werden können.[2]

Als zusätzliches Problem ergibt sich, dass die Bundesligavereine mit ihren Lizenzspielerabteilungen das ihnen zustehende Nebenzweckprivileg überschreiten. Dies könnte dazu führen, dass ihnen die Rechtsfähigkeit gemäß § 43 Abs. 2 BGB entzogen werden kann. Die Vereine wären dann als nichtrechtsfähige Vereine mit einer wirtschaftlichen Zielsetzung einzustufen und demnach als OHG anzusehen.[3] Jedes Mitglied des Vereins könnte Geschäfte für den Verein eingehen und müsste für die Schulden des Vereins haften. Diesen Status könnte kein Bundesligaverein lange beibehalten. Es bliebe nur der Ausweg in eine andere Rechtsform.

Dabei wird häufig die Aktiengesellschaft als geeignete Alternative zum Idealverein vorgeschlagen.[4] Bei einem Wechsel aller Bundesligavereine in die Rechtsform der Aktiengesellschaft müssten – einem Artikel der Zeitung „Die Woche" vom 04.04.97 zufolge – allerdings zehn der achtzehn Bundesligisten sofort Konkurs anmelden, da sie

---

1 Vgl. Sauter/Schweyer (1990), S. 204.

2 Vgl. zur weiteren Diskussion um die ökonomischen Folgen des „Bosman-Urteils“ Frick/Wagner (1996), S. 611 ff.

3 Vgl. Eisenhardt (1994), S. 85.

4 Vgl. Hopt (1991), S. 780 ff.

die Kriterien der Konkursantragspflicht des Aktienrechts erfüllen. Falls es zu einer Entziehung der Rechtsfähigkeit käme, würde diese Änderung vor allem die finanzschwachen Vereine betreffen, die nicht die Möglichkeiten haben, zum jetzigen Zeitpunkt eine Aktiengesellschaft zu gründen. Sie müssten auf eine andere Rechtsform zurückgreifen, die sie für die Lizenzspielerabteilung oder für den gesamten Verein gründen würden. Dies könnte beispielsweise ein wirtschaftlicher Verein sein, falls den Vereinen gemäß § 22 BGB die Rechtsfähigkeit verliehen wird. Sie hätten allerdings dann nach den derzeitigen Gegebenheiten nicht die Möglichkeit, sich durch die Ausgabe von Aktien Eigenkapital zu beschaffen.

Auf die sich ändernden rechtlichen Rahmenbedingungen haben die Vereine mittlerweile – in Absprache mit dem DFB – reagiert. Den Vereinen der Fußball-Bundesliga ist es nunmehr unter gewissen Bedingungen erlaubt, den professionellen Sportbetrieb in der Rechtsform einer Kapitalgesellschaft zu führen. Interessanter Weise haben bislang erst wenige Vereine (z. B. Borussia Dortmund, Bayer Leverkusen und der VfL Wolfsburg) von der Möglichkeit eines Rechtsformwechsels Gebrauch gemacht, wobei sich keiner der drei genannten Vereine in eine Aktiengesellschaft umgewandelt hat. Gewählt wurden die Rechtsformen der KGaA bzw. der GmbH. Dies mag als weiterer Hinweis dafür dienen, dass vielen Vereinen (noch) die finanziellen Voraussetzungen für die Umwandlung in eine Aktiengesellschaft fehlen.[1] Zudem scheint es fraglich, ob ein Rechtsformwechsel in eine Kapitalgesellschaft mit einem evtl. folgendem Börsengang überhaupt im Interesse der überwiegend nicht wirtschaftlich ausgebildeten Vereinsführung liegt. Auf der einen Seite mag die Möglichkeit der Kapitalbeschaffung über die Börse sehr verlockend sein, auf der anderen Seite könnten dadurch ökonomische Aspekte verstärkt in den Vordergrund treten, deren Bewältigung eher professionellen Managern als der bisherigen Vereinsführung zugetraut wird. Eine Ablösung der bisherigen Vereinsführung könnte die Folge sein.

Ferner unterlagen die über viele Jahrzehnte hinweg konstant gebliebenen Rechtsverhältnisse in der Fussball-Bundesliga derzeit gravierenden Änderungen. Der DFB bleibt zwar der Dachverband aller Fussballvereine in Deutschland, allerdings haben sich die Profivereine stärker von der Amateurvereinen abgekoppelt. Durch den ins Leben gerufenen Ligaverband besitzen die Profivereine nunmehr das Recht, über weitgreifende organisatorische und wirtschaftliche Gegebenheiten in ihrer Liga (z. B. Vermarktung der Fernsehrechte) selbstständig – ohne Abstimmung mit den Amateurvereinen – zu entscheiden. Die Position der Profivereine wird dadurch eindeutig gestärkt. Der DFB erleidet einen gewaltigen Machtverlust und scheint sich zukünftig zu einem Spielball der Profivereine zu entwickeln. Die großen Verlierer sind jedoch die Amateurvereine, die in eine noch stärkere wirtschaftliche Abhängigkeit von den Profivereinen geraten.

---

[1] Vgl. zur ökonomischen Analyse der Umwandlung eines Vereins in eine Kapitalgesellschaft den Beitrag von Schewe.

Zusammenfassend lässt sich festhalten, dass die Profivereine – zumindest auf den ersten Blick – als große Gewinner aus den vollzogenen Reformen hervorgehen. Das „Bosman-Urteil" hat bislang noch zu keinem einzigen wirtschaftlichen Zusammenbruch bei einem Profiverein geführt (im Gegensatz zu sich in der jüngsten Vergangenheit häufenden Insolvenzanträgen im Amateurbereich). Aufgrund der Tatsache, dass vermehrt langfristige Verträge mit den Spielern abgeschlossen werden und diese zumeist vor Ablauf ihres Vertrages wechseln, kommt es faktisch weiterhin zur Zahlung von Transferentschädigungen. Aufgrund des ständig wachsenden Medieninteresses fließt weiterhin viel Geld in die Kassen der Bundesligavereine, welches größtenteils direkt an die Spieler in Form von Gehältern, Prämien etc. weitergegeben wird. Einer zu befürchtenden Rechtsformverfehlung kann durch die Möglichkeit des Wechselns in eine Rechtsform der Kapitalgesellschaft aus dem Weg gegangen werden. Insbesondere die Rechtsform der KGaA ist hierbei von besonderem Interesse. Sie sichert die Machtstellung der bisherigen Vereinsführung und bietet darüber hinaus die Möglichkeit, durch einen evtl. Börsengang zusätzliches Kapital aufzunehmen. Zudem haben die Profivereine auf der Verbandsebene gegenüber dem DFB und den Amateurvereinen deutlich an Macht gewonnen.

Die Risiken des Missmanagements sind allerdings hoch.[1] Fließen die Einnahmen nicht mehr wie erwartet, geraten Profivereine schnell in die roten Zahlen, wenn nicht entsprechende Rücklagen existieren. Externe Kontrollfunktionen sind nur rudimentär vorhanden. Eine Offenlegungspflicht der Jahresabschlüsse für die Rechtsform des Vereins besteht nicht. Und das Lizenzierungsverfahren des DFB könnte zunehmends zur Farce werden, wenn die Vereine immer mehr Macht zu Lasten des DFB gewinnen.

Literatur

Baetge, J./Kirsch, H.-J./Thiele, S. (2001): Bilanzen, 5. Aufl., Düsseldorf.

Bechtel, W. (2001): Einführung in die moderne Finanzbuchführung, München.

Deutsche Fußball Liga GmbH (2001): Satzung, Stand 30.11.2001.

Deutscher Fußball-Bund (1996): Lizenzspielerstatut, in: DFB, Satzung und Ordnungen, Stand 01.07.1996.

Deutscher Fußball-Bund (2001): Satzung, Stand 31.05.2001.

Liga-Fußballverband (2001): Lizenzierungsordnung, in: Ligaverband, Ligastatut, Stand 01.07.2001.

Liga-Fußballverband (2001): Lizenzordnung Spieler, in: Ligaverband, Ligastatut, Stand 01.07.2001.

[1] Vgl. zur Analyse der wirtschaftlichen Lage von Fußball-Bundesligisten den Beitrag von Littkemann/Sunderdiek.

Liga-Fußballverband (2001): Satzung, Stand: 01.07.2001.

Eisenhardt, U. (1994): Gesellschaftsrecht, 6. Aufl., München.

Frick, B./Wagner, G. (1996): Bosman und die Folgen, in: Wirtschaftswissenschaftliches Studium, 25. Jg., S. 611-615.

Galli, A. (1997): Das Rechnungswesen im Berufsfußball, Düsseldorf.

Galli, A. (1998): Zur Ausgestaltung der Rechnungslegung von Vereinen – Die Vorgehensweise des Deutschen Fußball-Bundes, in: Die Wirtschaftsprüfung, 51. Jg., S. 56-63.

Goerdeler, R. (1993): Bestätigungsvermerk, in: Chmielewicz, K./Schweizer, M. (Hrsg.), Handwörterbuch des Rechnungswesen, Stuttgart, Sp. 130-137.

Hopt, K. (1991): Aktiengesellschaft im Berufsfußball, in: Betriebs-Berater, 46. Jg., S. 778-785.

HFA des IDW (2000a): Prüfungsstandard 400: Grundsätze für die ordnungsmäßige Erteilung von Bestätigungsvermerken bei Abschlußprüfungen, Stand 17.11.2000.

HFA des IDW (2000b): Prüfungsstandard 450: Grundsätze ordnungsmäßiger Berichterstattung bei Abschlußprüfungen, Stand: 17.11.2000.

Littkemann, J./Sunderdiek, B. (1998): Besonderheiten der Rechnungslegung von Vereinen der Fußball-Bundesliga, in: Wirtschaftswissenschaftliches Studium, 27. Jg., S. 253-255.

Reichert, B. (1990): Rechtsfragen beim Konkurs von Sportvereinen mit Profi- und Amateuerabteilungen, in: Grunsky, W. (Hrsg.), Der Sportverein in der wirtschaftlichen Krise, Recht und Sport, Bd. 12, Heidelberg, S. 1-24.

Sauter, E./Schweyer, G. (1990): Der eingetragene Verein, 14. Aufl., München.

WGZ-Bank/Deloitte & Touche (2001): FC €uro AG, Börsengänge Europäischer Fußballunternehmen – Chancen für den deutschen Bundesligafußball, Düsseldorf.

Zacharias, E. (1999): Going Public einer Fußball-Kapitalgesellschaft: rechtliche, betriebswirtschaftliche und strategische Konzepte bei der Vorbereitung der Börseneinführung eines Fußball-Bundesligavereins, Bielefeld.

Teil II

Management ausgewählter ökonomischer Prozesse

Steuerliche Anerkennung der Gemeinnützigkeit von Vereinen

Lutz Engelsing / Jörn Littkemann

1 Bedeutung von Vereinen im Wirtschaftsleben Deutschlands

Im öffentlichen Leben moderner Sozialstaaten spielen Vereine eine wichtige Rolle. Vereine verfolgen vor allem soziale, karitative und wissenschaftliche Zwecke. Es sind Einrichtungen wie das Deutsche Rote Kreuz, die kirchlichen und die freien Einrichtungen der Wohlfahrtspflege sowie die in dieser Schrift im Mittelpunkt stehenden Sportvereine. Sie nehmen vorwiegend öffentliche Aufgaben wahr, die hauptsächlich von ehrenamtlichen Mitarbeitern – hierzulande knapp 6 Mio. Menschen – ausgeführt werden.[1] Neben ihrer ideellen Tätigkeit werden Vereine oft auch unternehmerisch tätig, wodurch sie auch wirtschaftlich eine große Bedeutung erlangen. Einige Vereine, wie z. B. die Fußball-Bundesligavereine, erreichen dabei mittlerweile die Größe von mittleren oder großen Dienstleistungsunternehmen. Spezielle Vorschriften zur Besteuerung, Rechnungslegung und Publizität von Vereinen existieren nicht.[2] Allerdings ist eine Vielzahl gesetzlicher Besonderheiten und Ausnahmetatbestände zu berücksichtigen.

Entscheidend für die steuerrechtliche Behandlung von Vereinen ist die Frage der Gemeinnützigkeit.[3] Nur wenn ein Verein als gemeinnützig anerkannt worden ist, kommt er in den Genuss zahlreicher steuerlicher Vergünstigungen (vgl. Tabelle 1).[4] Damit ist sogleich die Erklärung dafür gegeben, dass zur Klärung des Vorliegens der Gemeinnützigkeit regelmäßig die Finanzgerichte sowie letztinstanzlich der Bundesfinanzhof bemüht werden.[5]

---

[1] Vgl. Littkemann/Sunderdiek (1999), S. 993 ff.
[2] Vgl. Galli (1998), S. 263 ff., und Hoppen (2000), S. 582.
[3] Vgl. Littkemann/Madrian (1999), S. 401 ff., Wengel (2001), S. 645 ff.
[4] Vgl. zur Besteuerung von Vereinen u. a. ausführlich Boochs (2001), Littkemann/Madrian (1999), Littkemann/Sunderdiek (1999), Madl (1994), Märkle (1992), Meyer (2000), Reichert/van Look (1995), Sauter/Waldner/Röseler (1994), Schleder (2000), Wallenhorst/Halaczinsky (2000), Wengel (2001) und Werner (1996).
[5] Vgl. bspw. Fidorra (1999), S. 559 f., und Wien (1998), S. 572 ff.

Tab. 1: Überblick über die Rechtsgrundlagen zur Besteuerung, Rechnungslegung und Publizität von Vereinen

Begriff	Ein Verein ist eine dauernde Verbindung einer größeren Anzahl von Personen, die, zur Erreichung eines gemeinsamen Zwecks, nach der Satzung körperschaftlich organisiert ist, einen Gesamtnamen führt und auf einen wechselnden Mitgliederbestand angelegt ist.		
Allgemeines	Art. 9 Abs. 1 GG: „Alle Deutschen haben das Recht, Vereine und Gesellschaften zu bilden.“ Art. 9 Abs. 2 GG: „Vereinigungen, deren Zwecke oder deren Tätigkeiten den Strafgesetzen zuwiderlaufen oder die sich gegen die verfassungsmäßige Ordnung oder gegen den Gedanken der Völkerverständigung richten, sind verboten.“ ⇒ Konkretisierung durch das Gesetz zur Regelung des öffentlichen Vereinsrechts (Vereinsgesetz) vom 05.08.1964		
Rechenschaft	§ 27 Abs. 3 i. V. m. § 666 BGB: Verpflichtung der Vereinsorgane, Rechenschaft über die Geschäftsführung abzulegen ⇒ Erfüllung der Rechenschaftspflicht (sofern Satzung nichts anderes bestimmt), indem die Einnahmen und Ausgaben vollständig aufgezeichnet und geordnet zusammengestellt werden und die anfallenden Belege vorhanden sind (§ 259 BGB)		
Zivilrecht			
Rechtsgrundlagen	§§ 21-88 BGB		
Vereinstypen	nichtwirtschaftlicher (ideeller) Verein ≈ Verein ist von seinem Zweck her nicht auf wirtschaftlichen Geschäftsbetrieb gerichtet (§ 21 BGB)	wirtschaftlicher Verein ≈ Vereinszweck ist auf einen wirtschaftlichen Geschäftsbetrieb gerichtet (§ 22 BGB) ⇒ sehr selten in Praxis	ausländischer Verein ≈ Verein mit Sitz im Ausland (§ 23 BGB)
Rechtsfähigkeit	Erlangung durch Eintragung ins Vereinsregister (Zusatz: e. V.)	Erlangung durch staatliche Verleihung vom Bundesland, in dem der Verein seinen Sitz hat	Erlangung durch Beschluss des Bundesrates
Steuerrecht			
Unterscheidung in	Gemeinnützige Vereine		Nicht gemeinnützige Vereine
Voraussetzungen	Anerkennung der Gemeinnützigkeit erfolgt durch Finanzamt, falls der Verein nach der Satzung und nach der tatsächlichen Geschäftsführung ausschließlich und unmittelbar gemeinnützig, mildtätig oder kirchlichen Zwecken dient (Generalklausel gem. § 52 Abs. 1 AO; Konkretisierung in §§ 52-63 AO) Ausnahmen von Gemeinnützigkeit (bspw. zur Finanzierung der gemeinnützigen Ziele) sind zulässig, solange sie nur einen Nebenzweck erfüllen und nicht als Zweck des Vereins in der Satzung festgelegt worden sind (Nebenzweckprivileg) ⇒ Unterscheidung in vier steuerlich unterschiedlich zu behandelnde Tätigkeitsbereiche		
Rechtsfolgen	In Abhängigkeit vom Tätigkeitsbereich Inanspruchnahme von Steuervergünstigungen, die sich aus den Einzelsteuergesetzen ergeben (KStG, GewStG, UStG, ErbStG, GrStG)		„normale“ Besteuerung (z. B. EStG, KStG, UStG)

Tätigkeitsbereiche	Ideeller Bereich Hauptzweck des Vereins sowie Erfüllung der Anforderung an Gemeinnützigkeit (z. B. Mitgliedsbeiträge, Spenden, Aufnahmegebühren, Zuschüsse)	Vermögensverwaltung Verwaltung des Vereinsvermögens (z. B. Zinserträge) [§ 14 Satz 3 AO]	Zweckbetrieb Einnahmen aus wirtschaftlicher Betätigung, die notwendig sind und unmittelbar helfen, den Satzungszweck zu erfüllen (z. B. Einnahmen aus kulturellen Veranstaltungen/wissenschaftlichen Kursen) [§§ 65 u. 68 AO]	Wirtschaftlicher Geschäftsbetrieb Einnahmen aus wirtschaftlicher Betätigung, die mittelbar helfen, den Satzungszweck zu erfüllen (z. B. Einnahmen aus Vereinsgaststätte bzw. geselligen Veranstaltungen) [§ 14 Sätze 1 u. 2 AO]	
Buchführungspflicht	Abgeleitete Aufzeichnungspflicht aus § 140 AO, da nach den Vorschriften des BGB eine Verpflichtung zur Führung von Büchern gegeben ist (§ 27 Abs. 3 i. V. m. § 666 BGB) ⇒ Aufzeichnung der Einnahmen und Ausgaben ausreichend			Derivative Buchführungspflicht gem. § 140 AO, falls Verein nach handelsrechtl. Vorschriften (§§ 238 ff. HGB ⇒ Bilanz und GuV) für einen wirtschaftl. Geschäftsbetrieb als Kaufmann Bücher und Aufzeichnungen führen muss ODER Originäre Buchführungspflicht gem. § 141 Abs. 1 AO, falls Geschäftsbetrieb (und nur dieser) mindestens eine der folgenden Voraussetzungen erfüllt (§ 141 subsidiär zu § 140 AO): - Umsätze (einschl. steuerfreier Umsätze) ≥ 260.000 € ODER - Gewinn aus Gewerbebetrieb bzw. Land- und Forstwirtschaft pro Wirtschaftsjahr ≥ 25.000 € ODER - Wirtschaftswert der selbstbewirtschafteten land- u. forstwirtschaftlichen Flächen > 20.500 € UND	
				- Einnahmen inkl. USt > 30.678 € (§ 64 Abs. 3 AO) mehrere wirtschaftl. Geschäftsbetriebe gelten als ein Betrieb (§ 64 Abs. 2 AO) ⇒ Verein max. einmal buchführungspflichtig ⇒ Buchführungspflicht beginnt mit Beginn des Wirtschaftsjahres, das auf die schriftliche Aufforderung des Finanzamtes folgt	
	zusätzlich eigenständige Aufzeichnungspflicht zum Nachweis, dass der Verein steuerbegünstigte Zwecke verfolgt (§ 63 Abs. 3 AO) ⇒ separater Ausweis der Einnahmen und Ausgaben für jeden Tätigkeitsbereich erforderlich				

Gewinnermittlung	Derivative (n. HGB) und originäre Buchführungspflicht: „vollständiger“ Betriebsvermögensvergleich gem. § 5 Abs. 1 EStG Nicht-Buchführungspflichtig (keine Führung von Büchern): Einnahmen-Überschussrechnung gem. § 4 Abs. 3 EStG				„vollständiger“ Betriebsvermögensvergleich gem. § 5 Abs. 1 EStG
Körperschaftssteuer Grundsatz	Verein ist unbeschränkt körperschaftsteuerpflichtig nach § 1 Abs. 1 Nr. 4 (rechtsfähiger Verein) bzw. Nr. 5 KStG (nichtrechtsfähige Vereine), ABER				
	steuerbefreit (§ 5 Abs. 1 Nr. 9 Satz 1 KStG)	steuerbefreit (§ 5 Abs. 1 Nr. 9 Satz 1 KStG)	steuerbefreit (§ 5 Abs. 1 Nr. 9 Satz 1 KStG)	steuerpflichtig (§ 5 Abs. 1 Nr. 9 Satz 2 KStG)	steuerpflichtig
Steuervergünstigungen	-	-	-	Freibetrag von 3.835 € nach § 24 Satz 1 KStG Freigrenze von 30.678 € (Einnahmen inkl. USt > 30.678 €) ⇒ steuerpflichtig für Gesamtbetrag; § 64 Abs. 3 AO)	Freibetrag von 3.835 € nach § 24 Satz 1 KStG; keine satzungsmäßigen Mitgliedsbeiträge bei Einkommensermittlung (§ 8 Abs. 6 KStG)
Gewerbesteuer Grundsatz	steuerbefreit (§ 3 Nr. 6 GewStG)	steuerbefreit (§ 3 Nr. 6 GewStG)	steuerbefreit (§ 3 Nr. 6 GewStG)	steuerpflichtig (§ 2 Abs. 3 GewStG)	steuerpflichtig (§ 2 Abs. 1 GewStG)
Steuervergünstigungen	-	-	-	Freibetrag von 3.835 € nach § 11 Abs. 1 Nr. 2 GewStG Freigrenze von 30.678 € (Einnahmen inkl. USt > 30.678 € ⇒ Steuerpflicht für Gesamtbetrag; § 64 Abs. 3 AO)	Freibetrag von 3.835 nach § 11 Abs. 1 Nr.2 GewStG
Umsatzsteuer Grundsatz	steuerbefreit (insbes. § 4 Nr. 16-18, 20, 22-25 UStG)	steuerpflichtig	steuerpflichtig	steuerpflichtig	steuerpflichtig
Steuervergünstigungen	-	ermäßigter Steuersatz v. 7 % (§ 12 Abs. 2 Nr. 8 UStG)	ermäßigter Steuersatz v. 7 % (§ 12 Abs. 2 Nr. 8 UStG) Besonderheit „Sportveranstaltungen“: nur Zweckbetrieb, falls Einnahmen inkl. USt < 30.678 €/Jahr (§ 67a Abs. 1 AO)	normaler Steuersatz v. 16 % (§ 12 Abs. 2 Nr. 8 Satz 2 i. V. m. Abs. 1 UStG) [u. U. ermäßigter Steuersatz gem. § 12 Abs. 2 Nr. 7 UStG]	normaler Steuersatz v. 16 % (§ 12 Abs. 1 UStG)
		keine Erhebung der USt, falls Umsatz d. Vorjahres < 16.620 € und erwarteter Umsatz laufendes Jahr < 50.000 € (Kleinunternehmerbesteuerung; § 19 UStG; Möglichkeit zur USt zu optieren)			Kleinunternehmerbesteuerung; § 19 UStG

Publizitätspflichten		
Publizitätspflichten	Keinerlei Publizitätspflichten (gewisse Publizität auf freiwilliger Basis, da spendensammelnde Organisationen das Spendensiegel des Deutschen Zentralinstitutes für soziale Fragen (DZI) nur bei Offenlegung ihrer Bücher und sonstigen Aufzeichnungen erhalten)	Publizitätspflicht, falls 2 der folgenden 3 Merkmale am aktuellen & nachfolgenden 2 Stichtagen erfüllt werden: Bilanzsumme > 65 Mio. € Umsatzerlöse > 130 Mio. € ∅-Abeitnehmerzahl > 5.000 (§ 1 Abs. 1 iVm § 3 Abs. 1 Nr. 3 PublG)

2 Rechtliche Grundlagen zur Gemeinnützigkeit von Vereinen

2.1 Beschluss des Bundesfinanzhofes (BFH)

Mit ihrem im September 1998 erlassenen Beschluss haben die Richter des BFH so deutlich wie nie zuvor zur Gemeinnützigkeit von Vereinen Stellung bezogen.[1] Ein Verein, der die Unterstützung hilfsbedürftiger Menschen zum Ziel hat und sich durch Spenden finanziert, muss – so der BFH – mit dem Verlust der Gemeinnützigkeit rechnen, wenn seine verwaltungsbedingten Aufwendungen oder seine Werbung für Spenden ein angemessenes Maß überschreiten.[2] Der Verlust der Gemeinnützigkeit stellt den Verein insofern vor ein zentrales Problem, als dass dadurch – abgesehen von dem Wegfall zahlreicher Steuervergünstigungen – für ihn die Möglichkeit entfällt, Spendenquittungen auszustellen. Dies macht einen steuerlichen Abzug der Spende nach den §§ 10b EStG bzw. 9 Abs. 1 Nr. 2 KStG für den Spender unmöglich.[3] Infolgedessen ist anzunehmen, dass sich mit dem Verlust der Gemeinnützigkeit die Höhe künftiger Spendeneinnahmen und damit die „Lebenserwartung" eines Vereins deutlich reduziert. Der Beschluss des BFH erfolgte aufgrund eines Rechtsstreites zwischen dem Finanzamt und einem 1995 gegründeten eingetragenen Verein, der gemäß seiner Satzung einen gemeinnützig-mildtätigen Zweck verfolgte und „auf christlicher Grundlage der Nächstenliebe und Verantwortung" Spenden sammelte und an Bedürftige weiterleitete. Im Vorfeld seiner Aktivitäten wurde dem Verein vom Finanzamt zunächst die Gemeinnützigkeit anerkannt. Nachdem der Verein allerdings seine erste Einnahmen-Ausgaben-Rechnung beim Finanzamt eingereicht hatte, revidierte es die vorläufige Anerkennung – und zwar aus folgendem Grund: Es sah den gemeinnützigen Zweck verfehlt, da den in zwei Jahren eingenommenen Spenden von 331.000 DM Ausgaben in Höhe von 421.000 DM gegenüberstanden, von denen die Spendenwerbung mit 198.000 DM und die Verwaltung mit 117.000 DM fast drei Viertel der Gesamtausgaben ausmachten. Lediglich 101.000 DM wurden über Spenden an Bedürftige weitergeleitet und somit dem originären Vereinszweck gerecht. In einem solchen Fall sei laut dem BFH eine Angemessenheit der Aufwendungen für Verwaltung und Spendenwerbung grundsätzlich nicht gegeben.

Der Verein hatte jedoch einen bedeutenden Einwand. Da er sich in der Aufbauphase befinde, wäre es unvermeidbar, anfangs einen überdurchschnittlich hohen Anteil der Spenden für Verwaltung und Spendenwerbung zu verwenden. Diesem Argument trugen die Richter des BFH Rechnung. Dem Verein wurde vorläufig die Gemeinnützigkeit wieder zuerkannt, seine Einnahmequelle vorerst gesichert. Auch wenn der Verein das laufende Verfahren nachträglich verlieren sollte, behält der Spender somit die steuerliche Abzugsfähigkeit seiner geleisteten Spenden. Allerdings

1 Vgl. hier und im folgenden BFH-Beschluss vom 23.09.1998 – I B 82/98, BStBl. 2000 II, S. 320.

2 Vgl. BFH-Pressemitteilung Nr. 19 vom 15.10.1998.

3 Ausführlich zur steuerlichen Abzugsfähigkeit von Spenden vgl. Kießling/Buchna (2000), S. 275 ff., und Wallenhorst/Halaczinsky (2000), S. 202 ff.

wurden dem betroffenen Verein bis zum Ende des Rechtsstreits strenge Auflagen gemacht, um in Zukunft eine Fehllenkung von Spendengeldern zu unterbinden.[1] Im Hauptverfahren musste der Verein schließlich seine überdurchschnittlich hohen Aufwendungen für Verwaltung und Spendenwerbung im Detail rechtfertigen. Insofern erging die finanzrichterliche Entscheidung in einem Verfahren zur Gewährung vorläufigen Rechtsschutzes, in dem noch über den Verlust bzw. die Gewährung der Gemeinnützigkeit des betroffenen Vereins zu entscheiden ist. Während der BFH allerdings bisher die Auffassung vertrat, dass zum Status der Gemeinnützigkeit keine einstweilige Anordnung der Finanzbehörden ergehen durfte, sieht er in Zukunft die vorläufige Aberkennung der Gemeinnützigkeit für zulässig an. Durch diese Änderung in der Rechtsprechung soll einem Missbrauch der Gemeinnützigkeit und einer damit einher gehenden Fehllenkung von Spendengeldern ex ante entgegengetreten werden. Denn sollte ein Verein erst einmal seine Gemeinnützigkeit verlieren, so kann es bis zur Klärung des Rechtsstreits Jahre dauern. Und selbst bei einem positiven Ausgang des Streits für den Verein bleibt es ihm während des laufenden Verfahrens untersagt, Spendenquittungen auszustellen. Mit dem daraus resultierenden Rückgang von Spendeneinnahmen würde dem Verein auf Dauer die notwendige Existenzgrundlage entzogen.

2.2 Verwaltungsanweisung des Bundesministeriums der Finanzen (BMF)

Auf obigen Beschluss des BFH haben die obersten Finanzbehörden mit einer verbindlichen Verwaltungsanweisung[2] an die Finanzämter reagiert. Nach dieser Anweisung wird den Vereinen auch in Zukunft im Falle der vorläufigen Aberkennung der Gemeinnützigkeit nicht die Existenzgrundlage entzogen. Dies ist damit zu begründen, dass eine vorläufige Bescheinigung über die Gemeinnützigkeit auch dann zu erteilen ist, wenn das Finanzamt das Vorliegen der Gemeinnützigkeit ablehnt. Gleichwohl wird diese vorläufige Bescheinigung nicht jedem Verein erteilt; es müssen vielmehr folgende drei Voraussetzungen kumulativ gegeben sein: Der Verein muss zunächst einmal gegen die Entscheidung des Finanzamtes Rechtsschutz begehrt haben. Des weiteren müssen ernstliche Zweifel bestehen, ob die Ablehnung der Gemeinnützigkeit im Klageverfahren bestätigt wird, und die wirtschaftliche Existenz des Vereins muss in Folge der Nichterteilung der vorläufigen Bescheinigung nach Maßgabe der Verhältnisse des jeweiligen Einzelfalls gefährdet sein.

In der Literatur wird der Beschluss des BFH als recht milde für einen Verein interpretiert,[3] da dieser die Obergrenze für zulässige Verwaltungsausgaben erst dann überschritten sieht, wenn der Verein mehr als 50 % seiner Einnahmen aus Geldspenden für allgemeine Verwaltungsausgaben einschließlich der Spendenwerbung

[1] Vgl. FAZ vom 16.10.1998.
[2] Vgl. hier und im folgenden BMF, Schreiben vom 15.05.2000 – IV C 6-S 0170-35/00, BStBl. 2000 II, S. 814.
[3] Vgl. Kießling/Buchna (2000), S. 188, und Schleder (2000), S. 102 ff. Wohl auch Schulz (1999), S. 355.

verwendet. Zwar sind nach der Auffassung des BMF keine allgemeingültigen Grenzen festzulegen, bei deren Überschreiten die Gemeinnützigkeit zu versagen ist – entscheidend seien vielmehr die Umstände des jeweiligen Einzelfalls –; gleichwohl könne entgegen dem BFH-Beschluss eine für die Gemeinnützigkeit schädliche Mittelverwendung schon bei einem deutlich geringeren prozentualen Anteil der Verwaltungsausgaben als der besagten 50 %-Grenze vorliegen. Dabei ist aber zu beachten, dass die Verwaltungsausgaben einschließlich der Spendenwerbung nicht wie beim Beschluss des BFH ins Verhältnis zu den Spendeneinnahmen, sondern ins Verhältnis zu den gesamten vereinnahmten Mitteln (Spenden, Mitgliedsbeiträge, Zuschüsse, Gewinne aus wirtschaftlichen Geschäftsbetrieben usw.) zu setzen sind; allein dadurch verringert sich der Prozentsatz wesentlich. Aber sogar wenn die Verwaltungsausgaben in einem angemessenen Verhältnis zu den gesamten vereinnahmten Mitteln stehen, ist die Gemeinnützigkeit immer dann zu versagen, wenn eine einzelne Verwaltungsausgabe unangemessen ist. Höhere Verwaltungsausgaben und Kosten für die Spendenwerbung billigen sowohl der BFH als auch das BMF aber jenen Vereinen zu, die sich in der Gründungs- bzw. Aufbauphase befinden. Während der BFH in dem besagten Beschluss jedoch eine Aufbauphase von vier Jahren anerkennt, sieht das BMF in einer Aufbauphase von vier Jahren eine absolute Obergrenze. In der Regel sei von kürzeren Aufbauphasen auszugehen.

Neben dem genannten Gründerbonus war der BFH bei dem entschiedenen Fall auch bei der Zuordnung der Ausgaben großzügig: Er hat u. a. einen Teil des Geschäftsführergehalts und der Reisekosten als unmittelbare Ausgaben für die Verwirklichung des ideellen Zwecks behandelt. Dieser Aussage tritt das BMF insofern entgegen, als die Kosten für die Beschäftigung des Geschäftsführers sowie die Reisekosten grundsätzlich als Verwaltungskosten anzusehen seien. Lediglich in den Ausnahmefällen, in denen der Geschäftsführer unmittelbar bei gemeinnützigen Projekten mitarbeite, können diese Kosten der steuerbegünstigten Tätigkeit zugeordnet werden. Keine Aussage wird jedoch darüber getroffen, welche Kostenarten generell zu den Verwaltungsausgaben gehören.

3 Konsequenzen für die Vereinsbuchführung

Alle den Verein betreffenden Angelegenheiten fallen zunächst grundsätzlich in den Zuständigkeitsbereich des Vorstandes. Dieser leitet die Geschäftsführung und vertritt den Verein nach innen und außen. Neben der Führung der laufenden Geschäfte und der Erledigung sonstiger Angelegenheiten, die Aufbau und Pflege des Mitgliederbestands betreffen, ist der Vorstand gemäß § 27 Abs. 3 i. V. m. § 666 BGB verpflichtet, Rechenschaft über die Geschäftsführung abzugeben; ein bestimmter Zeitraum, für den Rechenschaft abzulegen ist, ist nicht vorgegeben.[1] In diesem Zusammenhang ist jedoch

[1] Vgl. Hoppen (2000), S. 589.

festzuhalten, dass der Vorstand spätestens alle drei Jahre Rechenschaft ablegen muss. Dies liegt darin begründet, dass bei Vereinen, die nicht mit einem wirtschaftlichen Geschäftsbetrieb der laufenden Besteuerung unterliegen, spätestens alle drei Jahre die Voraussetzungen der Gemeinnützigkeit vom Finanzamt zu überprüfen sind.[1] Gleichwohl sollte der Vorstand bestrebt sein, zumindest einmal im Jahr Rechnung zu legen. Den Mitgliedern, dem Finanzamt und der interessierten Öffentlichkeit sollte offengelegt werden, für welche Zwecke die eingenommenen Mittel verwendet wurden. Eine detaillierte Auflistung der Einnahmen und Ausgaben hilft nicht nur, den Vorstand zu entlasten, sondern zudem nach außen zu belegen, dass der Verein gemeinnützige Zwecke verfolgt. An eine ordnungsmäßige Vereinsbuchführung sind i. a. folgende Anforderungen zu stellen:[2]

Aufgegliedert nach Einnahmen und Ausgaben ist über die im Verein anfallenden Geschäftsvorfälle regelmäßig Buch zu führen. Die Buchführung muss so beschaffen sein, dass sie jederzeit über den Vermögensstand des Vereins und sonstigen Tätigkeiten des Vorstandes Aufschluss geben kann. Zielsetzung der Buchführung ist zum einen die Information des Vorstandes, ob die Zwecke des Vereins erfüllt werden. Zum anderen dient sie der Kontrolle des Vorstandes. Anhand der Buchführung sollte nachgeprüft werden können, ob der Vorstand die Geschäfte im Sinne der Satzung führt. Eine ordnungsmäßige Buchführung ist dann gegeben, wenn sich ein sachverständiger Dritter innerhalb einer angemessenen Zeit einen Überblick über die Geschäftsvorfälle und über die Lage des Vereins verschaffen kann. Hierfür ist es erforderlich, die Einnahmen und Ausgaben lückenlos und geordnet, d. h. wahr, vollständig und zeitnah aufzuzeichnen.[3] Insofern sollte die Buchführung – auch wenn der Verein ausschließlich im ideellen Bereich tätig ist – möglichst monatlich erstellt werden. Dabei bietet es sich an, den Gemeinschaftskontenrahmen als Ausgangsbasis der Buchführung zu wählen und an die spezifischen Belange des Vereins anzupassen.

Der Kontenplan sollte zumindest derart ausgestaltet sein, dass bei den Einnahmen eigene Konten für Mitgliedsbeiträge, Spenden, Aufnahmegebühren, Zuschüsse und sonstige Einnahmen geführt werden. Auf der Ausgabenseite sollten eigene Konten für Spendenwerbung und -akquisition sowie Verwaltung und Organisation des Vereins eingerichtet werden.[4] Unterhält der gemeinnützige Verein neben dem ideellen Bereich noch weitere Tätigkeitsfelder, sollten noch zusätzliche Unterkonten gebildet werden. Da die Besteuerung von der Art des Tätigkeitsfeldes abhängig ist, muss anhand der Buchführung eindeutig belegbar sein, welchem Tätigkeitsfeld bestimmte Einnahmen und Ausgaben zuzuordnen sind (vgl. Tabelle 1). Wird der Kontenplan zu komplex, weil erhebliche Erfassungs- und Abgrenzungsprobleme auftreten, bietet es sich an, für

---

[1] Vgl. Tz. 6 Satz 2 Anwendungserlass zu § 59 AO.
[2] Vgl. bspw. Meyer (2000), S. 197 ff.
[3] Vgl. Hoppen (2000), S. 605 f.
[4] Zur Aufgliederung einer möglichen Einnahmen-/Ausgaben-Erfassung vgl. HFA des IDW (1995), S. 701.

jeden Tätigkeitsbereich eigenständig Bücher zu führen. Vorrangiges Gestaltungsziel ist das Erbringen des Nachweises, dass der ideelle Tätigkeitsbereich der eigentliche Hauptzweck des Vereins ist.

Der Verein sollte im Hinblick auf die Entlastung des Vorstandes, d. h. Freistellung von einer Haftung gegenüber dem Verein, und insbesondere vor dem Hintergrund der Informationspflicht gegenüber den Mitgliedern sowie der interessierten Öffentlichkeit einen Jahresbericht vorlegen. Aus diesem Jahresbericht sollte sich generell der Vereinszweck und speziell die Tätigkeit des abgelaufenen Geschäftsjahrs ergeben. Neben der eher verbal orientierten Berichterstattung sollte der Jahresbericht um ein Zahlenwerk ergänzt werden, welches Aufschluss über das Jahresergebnis in Form einer Einnahmen-Überschussrechnung – gesondert für jeden Tätigkeitsbereich des Vereins – gibt. Diese Tätigkeiten können vereinsintern bewältigt werden; evtl. ist es sinnvoll, einmal im Jahr die Unterlagen einem Steuerberater zur Fertigung des Jahresberichtes auszuhändigen. Diese Form des Jahresberichts wird bei kleineren Vereinen zur Information der Mitglieder über die wirtschaftliche Situation des Vereins ausreichend sein. Des Weiteren sollte die Erstellung des Jahresberichts an eine bestimmte in der Satzung verankerte Frist gebunden sein, damit ein rechtzeitiger Einblick und evtl. noch notwendige Nachforschungen möglich sind. Bei größeren Vereinen sollten nach Möglichkeit freiwillig Bücher im Sinne des HGB geführt werden, d. h. es sind eine Bilanz und eine Gewinn- und Verlustrechung aufzustellen (eine Pflicht besteht unter bestimmten Voraussetzungen nur bei wirtschaftlichen Geschäftsbetrieben; vgl. Tabelle 1). Nur auf diese Weise kann ab einer „kritischen" Größe des Vereins, die nicht zuletzt von der „Vereinsbranche" abhängt, die wirtschaftliche Situation sachgerecht dargelegt werden.[1] Dabei sollte insbesondere angegeben werden, welche finanziellen Verflechtungen zwischen Verein und Vorstand bzw. anderen Mitgliedern bestehen. Ebenso wie bei der Einnahmen-Überschussrechnung sind im Rahmen der Gewinn- und Verlustrechnung die Einnahmen nach Mitgliedsbeiträgen, Spenden, Zuschüssen und sonstigen Einnahmen aufzuspalten. Auf der Ausgabenseite sind die Kosten für die Spendenwerbung und die eigene Verwaltung anzugeben. Durch diese Angaben sollte ein Verein nach außen deutlich machen, dass er selbstlos handelt und die Anerkennung als gemeinnützige Institution nicht für eigene Zwecke missbraucht.

Die Aufstellung von Bilanz und Gewinn- und Verlustrechnung wird der Vorstand nicht selbst leisten können; vielmehr wird er sowohl die Aufgaben der Buchführung als auch die Erstellung der Jahresberichte externen Beratern übertragen (und darüber hinaus evtl. den Jahresbericht noch von einem Wirtschaftsprüfer testieren lassen). Ein solcher Aufwand wird für kleine und mittelgroße Vereine zu kostspielig sein. Dies gilt insbesondere dann, wenn man sich obige Rechtsprechung und Verwaltungsanweisung

[1] Vgl. Boochs (2001), S. 302, und Hoppen (2000), S. 613. Wohl auch HFA des IDW (1995), S. 701.

noch einmal vergegenwärtigt: Im schlimmsten Fall wäre es denkbar, dass durch die im Zusammenhang mit der Erstellung von Bilanz und Gewinn- und Verlustrechnung entstehenden Kosten und durch den damit verbundenen Anstieg der Verwaltungsausgaben die Gemeinnützigkeit aberkannt würde.

4 Fazit

Für die Zukunft muss der Vereinsvorstand dem BFH-Beschluss und vielmehr der Verwaltungsanweisung des BMF im Rahmen der Buchführung eine höhere Beachtung schenken. Denn unbeschadet ihrer sozialen und gesamtwirtschaftlichen Bedeutung wird jeder „gemeinnützige“ Verein in Zukunft damit rechnen müssen, dass er in deutlich höherem Maße über seine Einnahmen-, insbesondere aber über seine Ausgabenstruktur Rechenschaft ablegen muss. Bei letzterer wird zweifelsohne eine intensivere Prüfung der Verwaltungskosten und der Kosten der Spendenwerbung im Vordergrund stehen. Auch wird das Finanzamt im Sinne des Gesetzgebers vor strenger Auslegung der Verwaltungsanweisung nicht zurückschrecken, wenn es dadurch eine Fehllenkung bzw. einen Missbrauch von Spenden verhindern kann. Die Folgen für die Vereine wären von weitreichender Natur. Zur Aufrechterhaltung des Status der Gemeinnützigkeit und der damit verbundenen steuerlichen Vorteile wird eine Vielzahl deutscher Vereine künftig gezwungen sein, der Angemessenheit ihrer Ausgaben für Verwaltung und Werbung erhöhte Beachtung zu schenken.

Literatur

Boochs, W. (2001): Steuerhandbuch für Vereine, Verbände und Stiftungen, Grundlagen der Besteuerung und Bilanzierung, 3. Aufl., Neuwied et al.

Fidorra, G. (1999): Überschussbeteiligung als steuerpflichtige Einnahme einer gemeinnützigen Körperschaft, in: Der Betrieb, 52. Jg., S. 559 560.

Galli, A. (1998): Die Rechnungslegung nichtwirtschaftlicher gemeinnütziger Vereine, in: Deutsches Steuerrecht, 36. Jg., S. 263-268.

HFA des IDW (1995): Stellungnahme 4/1995: Zur Rechnungslegung und Prüfung spendensammelnder Organisationen, in: Die Wirtschaftsprüfung, 48. Jg., S. 698-705.

Hoppen, C. (2000): § 10 Rechnungslegung, in: Schauhoff, S. (Hrsg.), Handbuch der Gemeinnützigkeit, München, S. 582-625.

Kießling, H./Buchna, J. (2000): Gemeinnützigkeit im Steuerrecht, 7. Aufl., Achim.

Littkemann, J./Madrian, J.-P. (1999): Vereinsbesteuerung und Gemeinnützigkeit, in: Steuern und Bilanzen, 1. Jg., S. 401-407.

Littkemann, J./Sunderdiek, B. (1999): Der Verein – Rechtsgrundlagen zur Besteuerung, Rechnungslegung und Publizität, in: Buchführung, Bilanz, Kostenrechnung, Heft 21, S. 993-1004.

Madl, R. (1994): Der Sportverein als Unternehmen, Wiesbaden.

Märkle, R. W. (1992): Der Verein im Zivil- und Steuerrecht, 8. Aufl., Stuttgart et al.

Meyer, H. (2000): Steuern und Buchführung der Vereine, 2. Aufl., Freiburg et al.

Reichert, R./van Look, F. (1995): Handbuch des Vereins- und Verbandsrecht, 6. Aufl., Neuwied et al.

Sauter, E./Waldner, W./Röseler, D. (1994): Der eingetragene Verein, 15. Aufl., München.

Schleder, H. (2000): Steuerrecht der Vereine, 5. Aufl., Herne/Berlin.

Schulz, A. (1999): Aktuelle BFH-Rechtsprechung und Verwaltungsauffassung zum Gemeinnützigkeits- und Vereinsrecht, in: Deutsches Steuerrecht, 37. Jg., S. 354-358.

Wallenhorst, R./Halaczinsky, R. (2000): Die Besteuerung gemeinnütziger Vereine und Stiftungen, 4. Aufl., München.

Wengel, T. (2001): Der Sportverein im Steuerrecht, in: Steuern und Bilanzen, 3. Jg., S. 642-649.

Werner, O. (1996): Verein, Frankfurt a. M.

Wien, A. (1998): Sportliche Veranstaltungen und Gemeinnützigkeit, in: Deutsche Steuerzeitung, 86. Jg., S. 572-576.

Bilanzanalyse von Vereinen der Fußball-Bundesliga

Jörn Littkemann / Bernd Sunderdiek

1 Bundesligafußball als Wirtschaftsbranche

Der professionelle Fußball in der ersten Bundesliga konnte in den letzten Jahren einen regelrechten Boom verzeichnen. Der durchschnittliche Gesamtumsatz pro Verein in der ersten Fußball-Bundesliga stieg von 10,3 Mio. € in der Saison 1989/90 über 23,4 Mio. € in der Saison 1995/96 auf 48,5 Mio. € in der Saison 2000/01.[1] Insbesondere die Einnahmen aus dem Merchandising, z. B. aus dem Verkauf von Artikeln mit dem Emblem der Fußballvereine, stiegen in den neunziger Jahren stark an. Betrugen die Gesamteinnahmen aller Bundesligavereine aus diesem Bereich in der Saison 1989/90 noch 3,2 Mio. €, so stiegen diese Einnahmen in der Saison 1995/96 auf 51,1 Mio. € an.[2] Die Einnahmen aus dem Verkauf der Übertragungsrechte an den Spielen der ersten Bundesliga verzeichneten eine ähnliche Entwicklung. Sie stiegen von 40,9 Mio. € für die Saison 1991/92 auf 86,9 Mio. € in der Saison 1995/96. In der Spielzeit 2000/01 wurden über 383,5 Mio. € für die Übertragungsrechte gezahlt.[3] Die gesamte Fußballbranche wird mehr und mehr kommerzialisiert. Die Vereine haben wirtschaftlich die Größe von mittleren Industrieunternehmen erreicht. Sie haben aber zumeist immer noch ehrenamtliche Vorstände, die auf einer jährlichen Mitgliederversammlung gewählt werden.[4] Diese werden allerdings zum Teil von hauptamtlichen Managern und kaufmännischen Mitarbeitern bei der Wahrnehmung betriebswirtschaftlicher und administrativer Aufgaben unterstützt. Vor dem Hintergrund der zur Zeit laufenden Diskussion um die ökonomisch sinnvolle Umwandlung der Bundesligavereine in Kapitalgesellschaften interessiert umso mehr ein Blick auf die wirtschaftliche Lage der Fußball-Bundesligisten. Daher werden in diesem Beitrag die Bilanzen des Hamburger SV, der Eintracht Frankfurt und des SV Werder Bremen analysiert.

---

[1] Vgl. Kicker-Sportmagazin vom 30.07.2001, S. 20

[2] Vgl. Wirtschaftswoche vom 15.08.1996, S. 30.

[3] Vgl. zur Entwicklung der Vermarktung von Fernsehrechten auch den Beitrag von Schewe/Gaede.

[4] Vgl. zum Ehrenamt im Bundesliga-Fußball den Beitrag von Michalik.

2 Empirische Analyse der Jahresabschlüsse von Bundesligavereinen

2.1 Datenbasis

Das Geschäftsjahr der drei untersuchten Vereine läuft parallel zur Bundesligasaison, vom 01.07. bis zum 30.06. jeden Jahres. Es wurde jeweils der Jahresabschluss vom 30.06.1996 analysiert. Als Vergleichswerte wurden die Zahlen der Abschlüsse vom 30.06.1995 herangezogen. Um wichtige Entwicklungen aufzuzeigen, wurde ggf. auf frühere Jahresabschlüsse zurückgegriffen.[1] Die analysierten Vereine haben alle im betrachteten Zeitraum in der ersten Bundesliga gespielt und konnten daher miteinander verglichen werden. Der Analysezeitraum umfasste ausschließlich Spieljahre, die vor dem Inkrafttreten des „Bosman-Urteils" lagen. In dem sog. „Bosman-Urteil" hatte der Europäische Gerichtshof am 15.12.1995 entschieden, dass beim Wechsel eines Spielers zwischen Vereinen verschiedener EU-Mitgliedsstaaten (entweder nach Ablauf des Vertrages oder bei vorzeitiger Vertragsauflösung) keine – bis dato übliche – Transferentschädigung mehr gezahlt werden durfte. Transferentschädigungen für neuerworbene Spieler mussten ab der Saison 1996/97 im Jahr des Kaufes direkt als Aufwand in der Gewinn- und Verlustrechnung (GuV) verrechnet werden. Eine Aktivierung diesbezüglicher Transferentschädigungen, verbunden mit nachfolgender Abschreibung der Anschaffungskosten über die Vertragslaufzeit, war nicht mehr zulässig. Dieses Urteil wurde durch das Bundesarbeitsgericht auf nationaler Ebene bestätigt.[2] Zum Untersuchungszeitpunkt waren noch keine drei hintereinander liegenden Bilanzen nach der geänderten Rechtslage verfügbar, die für eine eingehende Beurteilung der wirtschaftlichen Lage notwendig wären. Nichtsdestotrotz erlauben die Ergebnisse der Einzelanalysen umfangreiche Aufschlüsse über die wichtigsten Risikofaktoren im wirtschaftlichen Geschäftsbetrieb von Fußball-Bundesligisten.

2.2 Darstellung der Analysemethoden

2.2.1 Die Erfolgsanalyse

Im Rahmen der Erfolgsanalyse wurde eine Analyse von Erfolgsquellen und Erfolgsverwendungen innerhalb des Vereins vorgenommen. Um die Quellen des Erfolges aufzuzeigen, wurde der Erfolg des Gesamtvereins in die folgenden Bereiche aufgeschlüsselt: Lizenzspielerbereich, sonstige Sportabteilungen, Verwaltungsbereich, außerordentliche Erträge und außerordentliche Aufwendungen. Der Lizenzspielerbereich umfasst die gesamten Erträge und die direkt zurechenbaren Aufwendungen der Bundesligamannschaft eines Vereins. Der Erfolg dieses Bereiches setzt sich zusammen aus dem ordentlichen Erfolg und der Differenz zwischen Transfererträgen und Trans-

---

[1] Zur Vorgehensweise bei der Bilanzanalyse vgl. grundlegend Baetge (1998) oder Hauschildt (1996). Ein Überblick über bedeutende Kennzahlen findet sich bei Littkemann/Krehl (2000).

[2] Vgl. zur Bilanzierung von Transferentschädigungen den Beitrag von Littkemann/Schaarschmidt.

feraufwendungen. Der ordentliche Erfolg ergibt sich aus der Differenz zwischen den regelmäßigen Erträgen (Spieleinnahmen, Werbung und Fernsehen) und den direkt zurechenbaren Aufwendungen (Personal- und Veranstaltungsaufwendungen sowie Nachwuchsförderung). Der Bereich sonstige Sportabteilungen beinhaltet die direkt zurechenbaren Erträge (Mitgliederbeiträge, Spenden usw.) und die direkt zurechenbaren Aufwendungen der Sportabteilungen außerhalb des Lizenzspielerbereiches. Der Verwaltungsbereich umfasst sämtliche regelmäßigen Ausgaben – insb. Personalkosten -, die in den Gewinn- und Verlustrechnungen der Vereine zur Führung der Lizenzspielerabteilung und den sonstigen Sportabteilungen als Aufwendungen verrechnet werden. Erträge und Aufwendungen, die nicht regelmäßig anfallen, werden den Bereichen außerordentliche Erträge und außerordentliche Aufwendungen zugewiesen.

Die Erfolgsverwendung wurde nach folgenden Positionen gegliedert: Gewerbe- und Körperschaftsteuern, Zinsaufwand und Veränderung des Eigenkapitals. Im Rahmen der Erfolgsanalyse wurde der Gewinn vor Steuern und Zinsen als maßgebender Erfolg betrachtet. Falls der Zinsaufwand in der GuV nicht gesondert ausgewiesen wurde, wurde er erfolgsmindernd auf der Erfolgsquellenseite als außerordentlicher Aufwand angesetzt. Eine potenzielle Gewinnausschüttung kommt als Erfolgsverwendung nicht in Betracht, da ein gemeinnütziger Verein keine Ausschüttung an die Mitglieder vornehmen darf.[1]

Bei der grafischen Darstellung sind die Zahlen ohne Klammern die absoluten Werte aus der Bilanz des untersuchten Jahres, die der jeweiligen Position des Analyseschemas zuzuordnen waren. Die absoluten Werte in den Klammern sind die Vorjahreswerte. Die Prozentzahlen zeigen die prozentuale Veränderung zwischen den aktuellen Zahlen und den Vorjahreswerten (Veränderungen über |1.000| % werden durch ein „!“ wiedergegeben).

2.2.2 Die Finanzanalyse

Im Rahmen der Finanzanalyse wurde die Kapitalstruktur des Vereins betrachtet. Die Analyse der Kapitalstruktur gibt Aufschluss über die Quellen und die Zusammensetzung des Kapitals. Daraus konnten Rückschlüsse über die finanzielle Stabilität eines Vereins gezogen werden. Bei der Analyse wurden die Aktivposten in Anlage- und Umlaufvermögen und die Passivposten in kurz- und langfristige Positionen (Fristigkeit unter bzw. über einem Jahr) aufgeteilt. Zusätzlich wurden außergewöhnliche Bilanzposten, die für die wirtschaftliche Lage des Vereins von besonderer Bedeutung sind, wie z. B. ein nicht durch Eigenkapital gedeckter Fehlbetrag, als besondere Positionen geführt. War die Fristigkeit einer Verbindlichkeit anhand des Jahresabschlusses nicht eindeutig zu bestimmen, so wurde sie im Zweifel als kurzfristig angesehen.

---

[1] Vgl. Madl (1994), S. 26.

Bei der grafischen Darstellung sind die absoluten Zahlen die Summen der Bilanzposten, die der jeweiligen Position in dem Analyseschema zuzuordnen waren. Die Prozentzahlen zeigen den Anteil der jeweiligen Position an der Bilanzsumme. Die Werte in Klammern sind die entsprechenden Vorjahreswerte.

3 Erfolgs- und Finanzanalyse ausgewählter Bundesliga-Vereine

3.1 Analyse des Hamburger SV

Der Hamburger Sportverein erspielte sich in der ersten Hälfte der neunziger Jahre beständig einen der mittleren Plätze zum Abschluss der jeweiligen Bundesligaspielzeiten. Wirtschaftlich gab er ein ähnliches Bild ab. Der Verein verzeichnete 1993 und 1994 recht hohe Gewinne, 1995 einen Verlust und 1996 wieder einen leichten Gewinn. 1991 gründete der Verein die HSV-Sport-AG, die erste Aktiengesellschaft im deutschen Profifußball. Diese Aktiengesellschaft hatte die Aufgabe, sich durch die Ausgabe von Aktien Geld zu besorgen, das sie dem Verein als Kredit zur Verfügung stellen sollte. Einen Anteil an der Lizenzspielerabteilung oder an dem gesamten Verein konnte man durch den Kauf der Aktien nicht erwerben. Im Nachhinein betrachtet ist dieses Konzept allerdings kläglich gescheitert.[1]

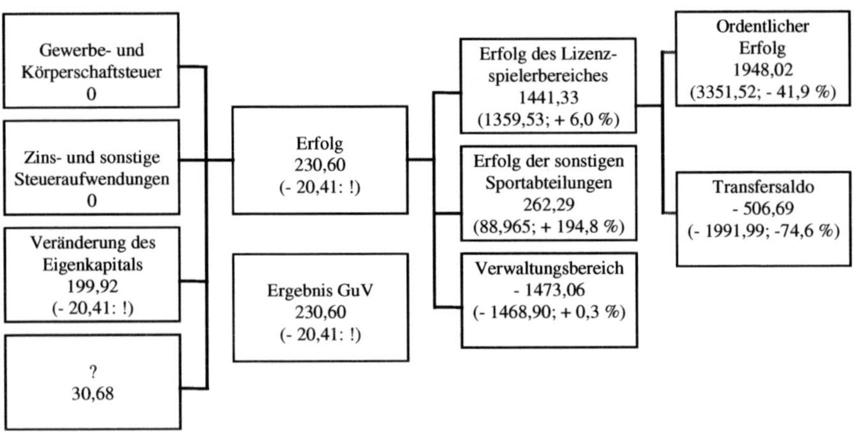

Abb. 1: Die Erfolgsanalyse des HSV zum 30.06.1996 (in T. €)

Nach einem Verlust im Vorjahr konnte der HSV im Geschäftsjahr 1995/96 wieder einen positiven Erfolg in Höhe von 230,60 T. € aufweisen (vgl. Abb. 1). Die Steige-

[1] Vgl. Handelsblatt vom 16.12.1995.

rung des Gesamterfolges resultierte hauptsächlich aus der positiven Entwicklung der „sonstigen Sportabteilungen". Der Lizenzspielerbereich konnte lediglich mit einer vergleichsweise geringen Zunahme von 6 % zur Erfolgssteigerung beitragen. Bedenklich ist jedoch, dass der Erfolg aus dem Lizenzspielerbereich in Höhe von 1.441,33 T. € mehr als vollständig durch Verluste aus dem Verwaltungsbereich aufgezehrt wurde. 199,92 T. € des Gesamterfolges dienten zur Aufstockung des Eigenkapitals. Was mit den übrigen 30,68 T. € des Gewinns geschehen war, war aus dem vorliegenden Jahresabschluss nicht erkenntlich. Es fällt zudem auf, dass der ordentliche Erfolg aus dem Profifußball gegenüber dem Vorjahr um 41,9 % abgenommen hat. Durch eine drastische Senkung des (weiterhin negativen) Transfersaldos konnte die Abnahme des ordentlichen Erfolgs jedoch mehr als ausgeglichen werden. Die Zusammensetzung des ordentlichen Erfolgs zeigt Abbildung 2.

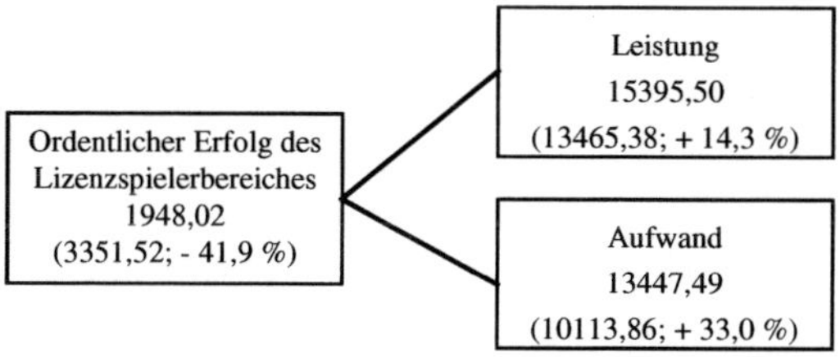

Abb. 2: Der ordentliche Erfolg des Lizenzspielerbereichs des HSV zum 30.06.1996 (in T. €)

Die Einnahmen konnten 1995/96 im Vergleich zur Vorsaison um 14,3 % gesteigert werden. Der Aufwand erhöhte sich im gleichen Zeitraum jedoch um 33,0 %. Ein (verlustreiches) Auseinanderfallen zwischen Aufwendungen und Erträgen kann auch beim Vergleich der Zahlen von 1994/95 mit denen von 1993/94 beobachtet werden. In diesem Zeitraum stiegen die Einnahmen um 11 %, während sich die Aufwendungen um 29 % erhöhten. Die dynamische Betrachtung zeigt somit eine überaus gefährliche Entwicklung auf. Der Verein scheint es mittelfristig nicht zu schaffen, seine Einnahmen aus dem Berufsfußball in dem Maße zu steigern, wie seine Aufwendungen in diesem Bereich wachsen.

Bei Betrachtung der Bilanzstruktur in Abbildung 3 ergibt sich, dass das Gesamtvermögen des HSV zu 55 % langfristig finanziert ist. Zudem übersteigt das langfristige Kapital das Anlagevermögen um mehr als das Doppelte. Dies ist aus statischer Sicht zunächst als recht positiv zu beurteilen. Es muss allerdings beachtet werden, dass der Anteil des langfristigen Kapitals an der Bilanzsumme von knapp 73 % auf 55 % zurückgegangen ist. Die Vermögenszunahme im Analysejahr wurde fast ausschließlich mit kurzfristigem Kapital finanziert. Dabei wurde zum größten Teil in das Umlaufvermögen investiert, was der Zunahme des kurzfristigen Kapitals einen Teil seiner Gefährlichkeit nimmt.

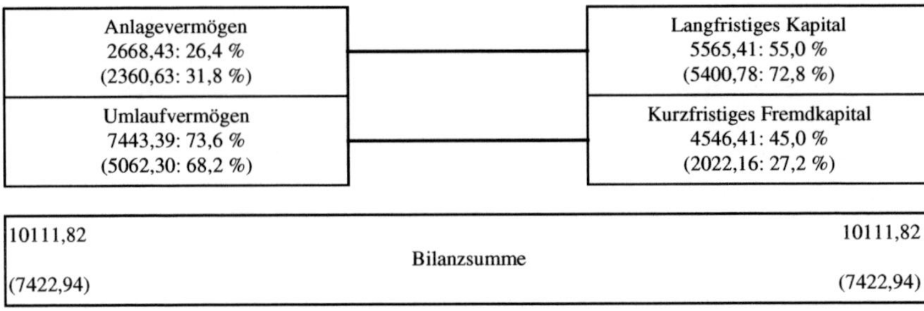

Abb. 3: Bilanzstruktur des HSV zum 30.06.1996 (in T. €)

Das langfristige Kapital besteht fast ausschließlich aus Eigenkapital, welches über 50 % am Gesamtkapital entspricht (vgl. Abb. 4). Die Eigenkapitalquote ist damit im Vergleich zu der von anderen Vereinen bzw. zu der von deutschen Industrieunternehmen, die durchschnittlich ungefähr 20 % beträgt, sehr hoch. Dies bedeutet eine hohe finanzielle Stabilität für den Verein. Selbst bei einer Totalabschreibung der aktivierten Transferentschädigungen für aus vergangenen Spielzeiten angeschafften Spieler aufgrund von Verletzungen oder des "Bosman-Urteils" könnte der Verein noch Eigenkapital in Höhe von über 3.068 T. € ausweisen. Unter dynamischer Betrachtung zeigt sich allerdings, dass die Eigenkapitalquote beständig zurückgegangen ist. Von 71,2 % im Jahre 1993/94 ist sie auf 54 % im Jahre 1995/96 gesunken. Dadurch zeichnet sich in Verbindung mit einem starken Rückgang des ordentlichen Erfolges aus dem Lizenzspielerbereich ein bedrohlich erscheinender Abwärtstrend ab.

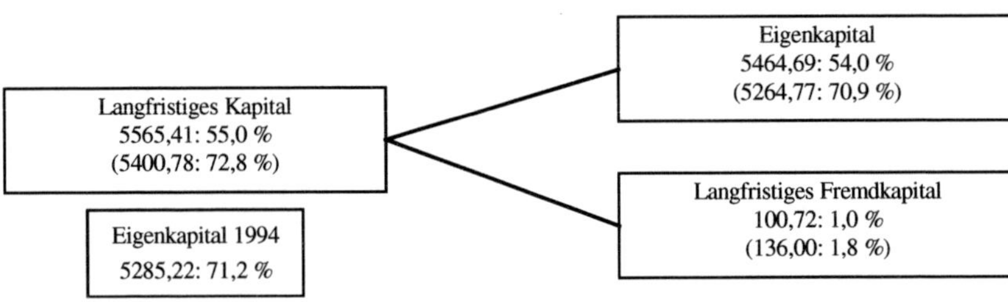

Abb. 4: Die Zusammensetzung des langfr. Kapitals des HSV zum 30.06.1996 (in T. €)

3.2 Analyse der Eintracht Frankfurt

Die Eintracht aus Frankfurt war Anfang bis Mitte der neunziger Jahre sportlich sehr erfolgreich. Es gelangen ihr in dieser Zeit zwar nie die ganz großen Erfolge, wie der Gewinn der Deutschen Meisterschaft oder des DFB-Pokals, aber zwischen 1989 und 1994 konnte die Eintracht immer einen der oberen Ränge in der Bundesliga-Abschlusstabelle einnehmen und an den UEFA-Cup-Spielen teilnehmen. Mit der Saison 1994/95 begann der sportliche Niedergang der Eintracht. Sie erreichte in dieser Saison keine vordere Platzierung, so dass sie nicht mehr an internationalen Wettbewerbsspielen teilnehmen konnte. Im Analysejahr 1995/96 erfolgte sogar der Abstieg in die zweite Bundesliga.

Die wirtschaftliche Lage ist für den Betrachtungszeitraum ähnlich schlecht zu beurteilen wie die sportliche. Auffallend ist, dass der Verein trotz sportlicher Erfolge seit 1989 ununterbrochen einen nicht durch Eigenkapital gedeckten Fehlbetrag aufwies. Für Schlagzeilen sorgte der Verein im November 1996, als die Steuerfahndung Ermittlungen wegen Steuerhinterziehung gegen die Eintracht durchführte. Daraufhin traten der Präsident und der Schatzmeister zurück. Beide waren erst seit wenigen Wochen im Amt und sollen laut Presseberichten die Steueraffäre angeblich genutzt haben, um sich jeglicher Verantwortung für die Eintracht zu entziehen.[1]

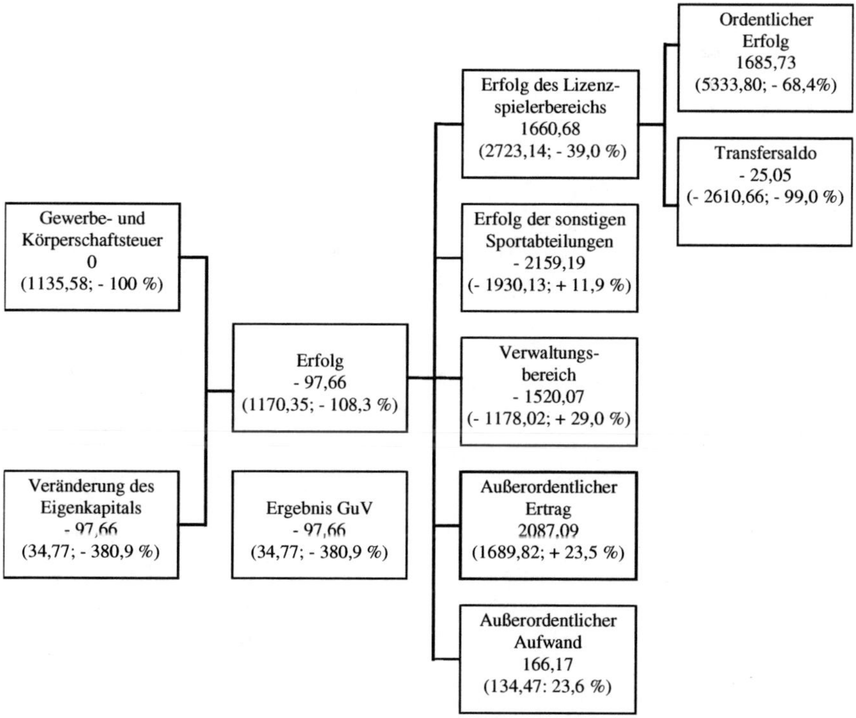

Abb. 5: Die Erfolgsanalyse der Eintracht Frankfurt zum 30.06.1996 (in T. €)

Die in Abb. 5 dargestellte Erfolgsanalyse zeigt ein düsteres Bild der wirtschaftlichen Lage des Vereins gegen Ende der Saison 1995/96. Der in der Gewinn- und Verlustrechnung ausgewiesene Verlust in Höhe von 97,66 T. € gibt noch nicht einmal das

[1] Vgl. Handelsblatt vom 06.11.1996.

wahre (negative) Ergebnis des betrachteten Spieljahres wieder. Nur durch eine Auflösung von Steuerrückstellungen in Höhe von über 2.045 T. € konnte der Verlust auf diesen geringeren Wert gedrückt werden. Durch die Rückstellungsauflösung sind dem Verein allerdings keine finanziellen Mittel zugeflossen.

Lässt man bei der Erfolgsbeurteilung das zumeist nicht zahlungswirksame außerordentliche Ergebnis außer Acht, verbleibt ein Verlust in Höhe von fast 2,05 Mio. €. Insbesondere die Sportbereiche außerhalb des Lizenzspielerbereichs und der defizitäre Verwaltungsbereich waren für dieses schlechte Ergebnis verantwortlich. Bei dynamischer Betrachtung sieht man zudem, dass der Erfolg des Lizenzspielerbereichs trotz des drastischen Rückgangs der Verluste aus dem Transfergeschäft stark abgenommen hat. Der ordentliche Erfolg aus dem Bereich des Bundesliga-Fußballs ist um fast 70 % im Vergleich zum Vorjahr zurückgegangen.

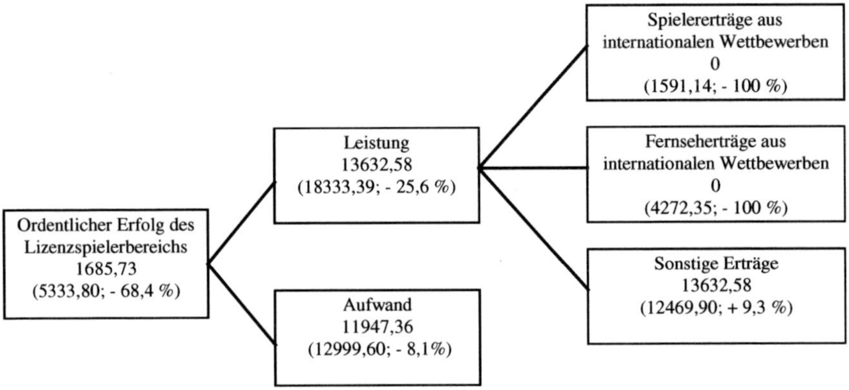

Abb. 6: Der ordentliche Erfolg der Lizenzspielerabteilung der Eintracht Frankfurt zum 30.06.1996 (in T. €)

Der Rückgang des ordentlichen Erfolgs resultiert aus einer starken Abnahme der Leistung (vgl. Abb. 6). Um die Ursachen dieses Rückgangs aufzudecken, wurden die Gesamterträge aufgeteilt in Spiel- und Fernseherträge aus internationalen Spielen und in sonstige Erträge aus dem alltäglichen Bundesligageschäft. Eintracht Frankfurt hat in der Saison 1995/96 zum ersten Mal seit der Saison 1988/89 an keinem internationalen Wettbewerb mehr teilgenommen. Dadurch sind die Spiel- und Fernseherträge aus internationalen Wettbewerben auf Null gesunken. Die Erträge aus den internationalen Spielen im Vorjahr betrugen 5.863,49 T. €. Diesen Erträgen steht – abgesehen von Spielerprämien und Reisekosten – kein weiterer nennenswerter Aufwand gegenüber. Dies macht deutlich, welche wirtschaftliche Bedeutung die Teilnahme an einem internationalen Wettbewerb für einen Verein hat. Eine mögliche Ursache für die schlechte wirtschaftliche Lage des Vereins könnte darin bestehen, dass die Einnahmen aus den internationalen Spielen fest eingeplant wurden, um mit diesen die hoch defizitären Amateurbereiche des Vereins auszugleichen. Die Folgen einer eventuellen Nichtteilnahme an einem internationalen Wettbewerb wurden anscheinend in der Saisonplanung nicht ausreichend berücksichtigt. Der Verein hatte womöglich keine Rücklagen für den Fall gebildet, dass er in der darauf folgenden Spielzeit an keinem internationalen Wettbewerb teilnehmen würde. Diese Rücklagen wären aber notwendig gewesen, um auf den Einnahmenrückgang reagieren zu können, da die Ausgaben der Amateurabteilungen in der Regel eher fixen Charakter haben und folglich kurz- bis mittelfristig nicht in ausreichendem Maße zurückgefahren werden können. Insgesamt gesehen hat es der Verein in den vergangenen Jahren nicht geschafft bzw. bewusst vernachlässigt, seinen Fehlbetrag auszugleichen und Eigenkapital aufzubauen.

Eine Analyse der Bilanzstruktur ergibt zudem ein dramatisches Bild der finanziellen Lage des Vereins (vgl. Abb. 7). Das gesamte Vereinsvermögen ist fast ausschließlich kurzfristig finanziert. Nur ein Bruchteil des Anlagevermögens ist langfristig finanziert. Auf der Aktivseite wird ein Fehlbetrag ausgewiesen, der nicht durch Eigenkapital gedeckt ist. Die Erhöhung des Umlaufvermögens resultiert hauptsächlich aus einer Zunahme der Forderungen gegenüber anderen Vereinen. Vermutlich war der Verein dabei, alle wertvollen Spieler an andere Vereine zu verkaufen. Von den 4,12 Mio. € des Anlagevermögens waren 2,91 Mio. € aktivierte Transferzahlungen, die in der folgenden Saison abgeschrieben werden mussten. Das Fortbestehen des Vereins war ernsthaft gefährdet. Eintracht Frankfurt besaß nur noch wenig stille Reserven. Zudem war der Verein fast ausschließlich durch Fremdkapital finanziert, was zu Liquiditätsengpässen führte. Das Weiterbestehen des Vereins wurde nur dadurch gesichert, dass neue Geldgeber zu einer langfristigen Kreditvergabe bereit waren, damit die defizitären Amateurabteilungen saniert bzw. aufgelöst werden konnten.

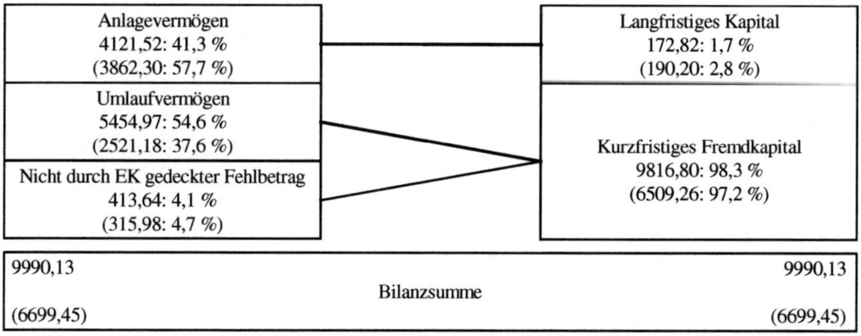

Abb. 7: Bilanzstruktur der Eintracht Frankfurt zum 30.06.1996 (in T. €)

3.3 Analyse des SV Werder Bremen

Der SV Werder Bremen war in der ersten Hälfte der neunziger Jahre der sportlich erfolgreichste von den drei untersuchten Vereinen. 1993 wurde er Deutscher Meister und in den Jahren 1991 und 1994 hatte er den DFB-Pokal gewonnen. 1992 wurde der Verein zudem Europapokalsieger. Wirtschaftlich war der Verein in den betrachteten Jahren ähnlich erfolgreich. Er konnte in seinen Abschlüssen von 1993 bis 1995 jeweils einen Jahresüberschuss nach Steuern in Millionenhöhe ausweisen. Im Untersuchungsjahr 1995/96 war der Verein dann in die Verlustzone geraten.

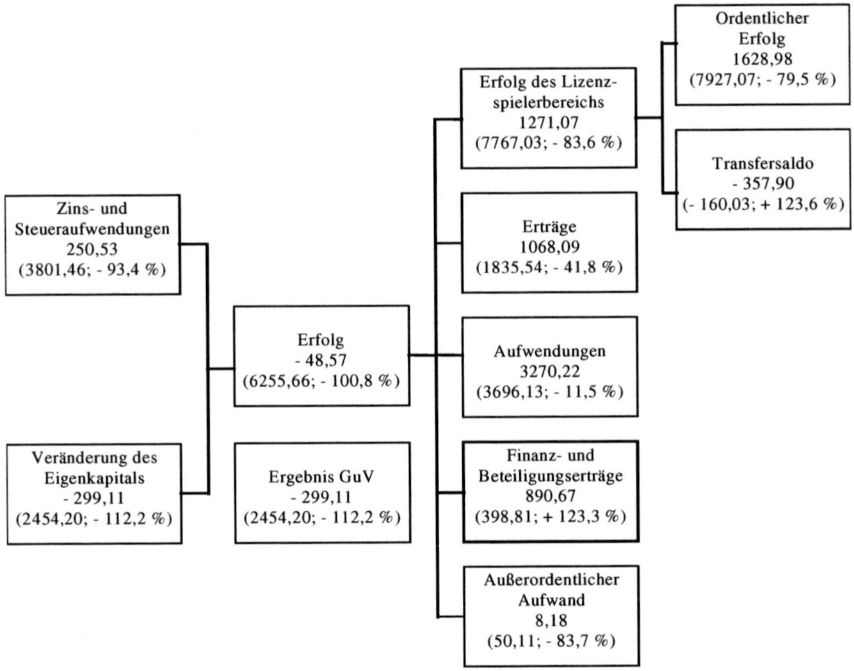

Abb. 8: Erfolgsanalyse des SV Werder Bremen zum 30.06.1996 (in T. €)

Bei der in Abbildung 8 dargelegten Erfolgsanalyse wird die Aufteilung nach Erfolgsquellen leicht abgeändert. Diese Änderung wurde notwendig, da die GuV des SV Werder Bremen im Gegensatz zu den beiden anderen untersuchten Vereinen anders gegliedert ist. Die Position „Erfolg des Lizenzspielerbereichs" umfasst alle direkt zurechenbaren Erträge und Aufwendungen aus dem Lizenzfußball. Finanzerträge sind in dem Posten „Zins- und Beteiligungserträge" zusammengefasst. Für außerordentliche Erträge und Aufwendungen gibt es hingegen jeweils einen eigenständigen Posten. Sämtliche Erträge, die keiner anderen Position direkt zurechenbar waren, wurden dem Posten „Erträge" zugerechnet. Die verbleibenden Aufwendungen wurden dem Posten „Aufwendungen“ zugeordnet. Seit 1995 hat der SV Werder Bremen sein Geschäftsjahr umgestellt und stellt seinen Jahresabschluss nicht mehr wie bis dato zum 31.12., sondern wie die anderen Vereine zum Saisonabschluss Ende Juni eines jeden Jahres auf. Um eine bessere Vergleichbarkeit in der Erfolgsanalyse zu schaffen, wurde der Jahresabschluss zum 30.06.1996 nicht mit dem Abschluss vom 30.06.1995 verglichen, dessen GuV sich nur auf ein halbes Jahr bezieht, sondern mit dem Abschluss vom 31.12.1994, der sich genau wie der zu analysierende Abschluss auf ein ganzes Jahr bezieht.

Der SV Werder Bremen verzeichnete in 1996 einen Verlust in Höhe von 48,57 T. €. Ein noch höherer Verlust wurde durch eine Zunahme der Finanz- und Beteiligungserträge verhindert. Im Zeitvergleich wird eine gefährliche Entwicklung deutlich. Der Erfolg sank von über 6.255,66 T. € für den Zeitraum vom 01.01.1994 bis 31.12.1994 auf -48,57 € für den Zeitraum vom 01.07.1995 bis zum 30.06.1996. Dieser starke Erfolgsrückgang resultierte hauptsächlich aus dem um fast 80 % gesunkenen ordentlichen Erfolg aus dem Lizenzspielerbereich (vgl. Abb. 9).

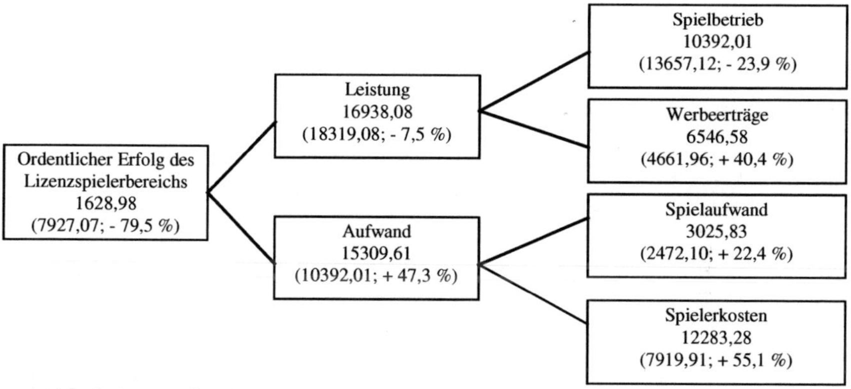

Abb. 9: Der ordentliche Erfolg des SV Werder Bremen zum 30.06.1996 (in T. €)

Der Aufwand war in der Saison 1995/96 um 47 % höher als im Jahre 1994. Gleichzeitig sind die Einnahmen um 8 % gesunken. Die Ursache für den Anstieg des Aufwands sind die stark gestiegenen Spielerkosten. Der überproportional starke Anstieg der Spielergehälter und laufenden Prämien ist beim SV Werder Bremen schon seit mehreren Spielzeiten zu beobachten. 1991 betrugen die Spielerkosten noch 4.600 T. € und haben sich dann anschließend bis 1996 nahezu verdreifacht. Die Einnahmen hielten mit dieser Entwicklung jedoch nicht Schritt, so dass sich Leistung und Aufwand – ähnlich wie beim HSV – immer mehr anglichen.

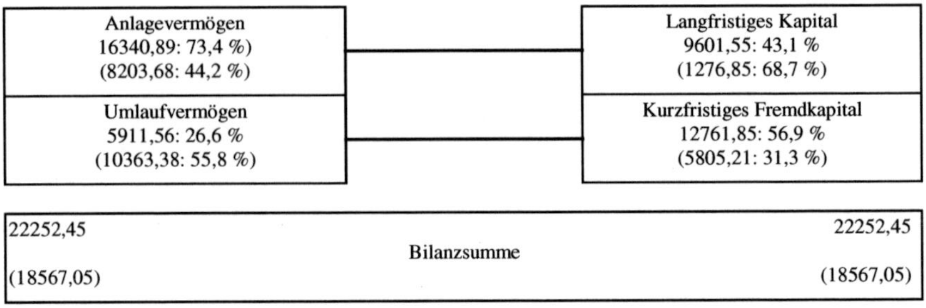

Abb. 10: Bilanzstruktur des SV Werder Bremen zum 30.06.1996 (in T. €)

Bei der Finanzanalyse wurde die Bilanz vom 30.06.1996 untersucht. Als Vergleichswerte wurden die Zahlen der Bilanz vom 30.06.1995 herangezogen. Die Analyse ergab ein nicht mehr zufriedenstellendes Bild (vgl. Abb. 10). Das Anlagevermögen wurde bei weitem nicht durch das langfristige Kapital gedeckt. Die Zunahme des Analagevermögens wurde größtenteils durch die Aufnahme kurzfristigen Kapitals finanziert. Insbesondere unter dynamischen Aspekten ist die Bilanzstruktur kritisch zu beurteilen. Das kurzfristige Kapital hat sich innerhalb eines Jahres mehr als verdoppelt. Das langfristige Kapital hat anteilsmäßig und absolut abgenommen. Gegenläufig hat sich die Aktivseite entwickelt. Das Umlaufvermögen ist fast um die Hälfte gesunken, während sich das Anlagevermögen fast verdoppelt hat.[1]

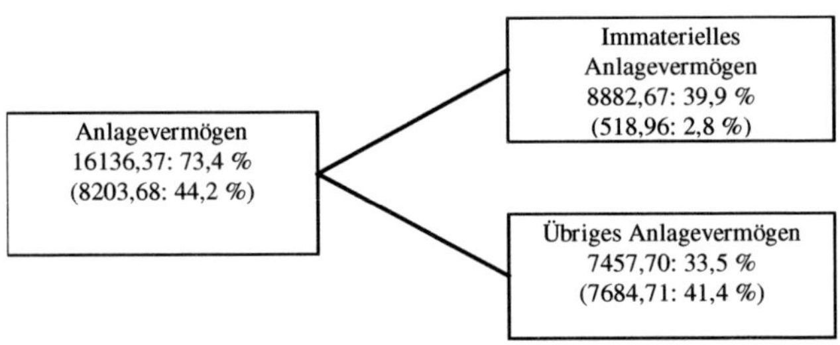

Abb. 11: Die Zusammensetzung des Anlagevermögens des SV Werder Bremen zum 30.06.1996 (in T. €)

Der starke Anstieg des Anlagevermögens resultiert allein aus einer Erhöhung des immateriellen Anlagevermögens, dessen Anteil an der Bilanzsumme von 3 % auf 40 % stieg (vgl. Abb. 11). Das immaterielle Anlagevermögen eines Fußballvereins besteht hauptsächlich aus den aktivierten Transferentschädigungen für die aufgenommenen Spieler. Zusätzlich zu der Steigerung in der Bilanz um absolut 7.932,96 T. € hatte der Verein im untersuchten Jahr noch Abschreibungen auf Transferentschädigungen in Höhe von 3.120 T. € vorgenommen. Der SV Werder Bremen hatte in der Saison

[1] Vgl. zum Investitionsverhalten in der Deutschen Industrie Littkemann (1995), S. 82 ff.

1995/96 überdurchschnittlich viel in neue Spieler investiert, die Amortisation der investierten Beträge war allerdings weitestgehend ausgeblieben.

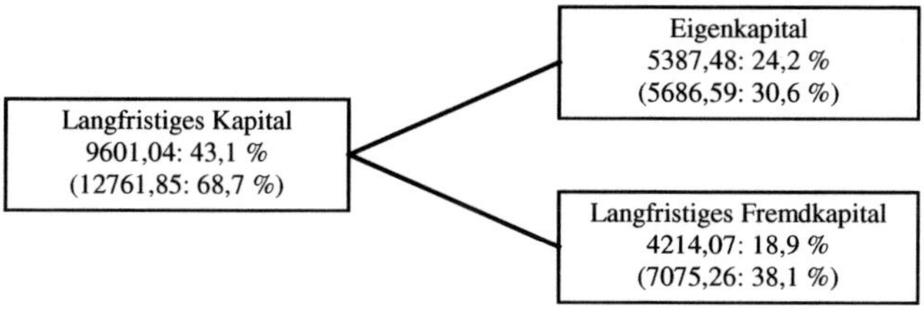

Abb. 12: Die Zusammensetzung des langfristigen Kapitals des SV Werder Bremen zum 30.06.1996 (in T. €)

Sowohl das langfristige Fremdkapital als auch das Eigenkapital sind absolut und relativ (am Gesamtkapital) gesunken (vgl. Abb. 12). Die Eigenkapitalquote ist von 30,6 % auf 24,2 % zurückgegangen. Dies zeigt eine gefährliche Entwicklung auf, insbesondere vor dem Hintergrund, dass nicht einmal mehr die aktivierten Spielerwerte durch das Eigenkapital gedeckt sind. Käme es bedingt durch Verletzungen oder aufgrund der Tatsache, dass Verträge vorzeitig gekündigt werden, zu einer Totalabschreibung der Transferentschädigungen, so müsste der Verein einen nicht durch Eigenkapital gedeckten Fehlbetrag in Millionenhöhe ausweisen. Sollte der SV Werder Bremen mit den neu gekauften Spielern relativ kurzfristige Verträge ausgehandelt haben, könnte dies negative Auswirkungen auf die wirtschaftliche Lage des Vereins haben.

4 Implikationen für ein erfolgreiches Sportmanagement

Die Analyse der wirtschaftlichen Lage der drei untersuchten Vereine hat gezeigt, wie stark im professionellen Fußball der wirtschaftliche Erfolg von der Erreichung sportlicher Zielsetzungen abhängig ist. Im Hinblick auf ein erfolgreiches kaufmännisch orientiertes Sportmanagement lässt sich im Einzelnen Folgendes festhalten.

4.1 Konsequenzen aus der Erfolgsanalyse

(1) Als problematisch stellt sich heraus, dass die Spielerkosten im Untersuchungszeitraum stärker angestiegen sind als die Einnahmen aus den Spielen. Bei allen drei Vereinen ist der ordentliche Erfolg des analysierten Abschlusses im Vergleich zum Vorjahr gesunken – eine Entwicklung, die schon seit längerem in der Bundesliga festzustellen ist (und immer noch anhält). Hier gilt es, den Hebel anzusetzen. Das kaufmännisch orientierte Sportmanagement hat darauf zu achten, dass (zumindest mittelfristig) die Einnahmen aus den Punktspielen über den Spielerkosten und den

sonstigen Kosten aus der Abhaltung der Pflichtspiele liegen. Dabei ist weniger die absolute Höhe der Beträge ausschlaggebend, als vielmehr ihr relatives Verhältnis zueinander.

(2) Im Hinblick auf eine erfolgreiche Investitionspolitik zeichnet sich ab, dass man auf einen – gemessen am Marktwert der Spieler – heterogenen Spielerkader setzen sollte. Teure „Superstars“ und durchschnittliche entlohnte „Wasserträger“ sollten ebenso wie hoffnungsvolle Talente und erfahrene Spieler in einem Spielerkader vertreten sein. Besteht ein Spielerkader überwiegend aus teuren „Superstars“, ist das Risiko eines wirtschaftlichen Verlustes hoch, wenn der sportliche Erfolg ausbleibt.

(3) Eine diesen Grundsätzen folgende moderate Investitionspolitik sollte sich auf mittlere Sicht in einem ausgeglichenen Transfersaldo niederschlagen. Alle drei untersuchten Vereine wiesen einen negativen Transfersaldo auf. Dies ist für sich genommen noch kein Krisensignal, wenn die Investitionen im Rahmen eines „natürlichen“ Investitionsprozesses vollzogen werden. Geschehen die Investitionen jedoch vor dem Hintergrund des anhaltenden sportlichen Misserfolgs, ist Vorsicht geboten. Die Gefahr ist groß, dass man – nicht zuletzt durch den gewaltigen Druck der Medien – zu Panikeinkäufen neigt. Spieler werden dann überteuert eingekauft, die mittel- bis langfristig keine Verstärkungen darstellen und somit wenig dazu beitragen (können), den sportlichen Niedergang zu verhindern. Überdies kommt Zeitdruck hinzu, so dass oftmals nicht genau überprüft wird, ob die neuen Spieler zum gegenwärtigen Mannschaftsgefüge und zur Vereinsphilosophie passen.

(4) Herauskristallisiert hat sich zudem die enorme wirtschaftliche Bedeutung, die die Teilnahme an einem internationalen Wettbewerb für einen Verein hat. Durch internationale Spiele lassen sich überproportionale Einnahmesteigerungen erzielen. Allerdings sollten die Einnahmen nicht langfristig dazu verwendet werden, Ausgaben des „normalen“ Lizenzspielerbereichs (z. B. in Form zukünftiger Aufstockung von fixen Spielergehältern) zu decken. Es empfiehlt sich, das Geschäft aus internationalen Spielen vom alltäglichen Bundesligageschäft weitgehend zu trennen. Ferner sollten internationale Einnahmen zur Rücklagenschaffung verwendet werden, um auf evtl. in der Zukunft liegende sportliche Krisensituationen flexibler reagieren zu können.

(5) Das Beispiel Eintracht Frankfurt zeigt, wie schwierig es ist, Profi- und Amateursparten in einem Gesamtverein zu führen. Zu unterschiedlich sind die Interessenslagen, wobei insbesondere ökonomische Aspekte eine bedeutende Rolle spielen. Daher empfiehlt es sich, Profi- und Amateursparten in rechtlich selbständigen Einheiten zu führen. Es besteht dann überdies die Möglichkeit der Wahl unterschiedlicher Rechtsformen. Verzichtet werden muss dann allerdings darauf, dass

der gesamte Verein – inkl. des Profisportes – faktisch als gemeinnützig laufen kann.[1] Die rechtliche Trennung sollte jedoch keinesfalls eine vollständige organisatorische Trennung nach sich ziehen. So ist es bspw. denkbar, dass es in der Nachwuchsförderung zur Kooperation zwischen Profi- und Amateurbereichen kommt.

(6) Auffällig ist nicht zuletzt der kostenintensive Verwaltungsbereich zur Führung der Bundesligavereine. Sowohl beim Hamburger SV als auch bei Eintracht Frankfurt wird der Gewinn aus dem Lizenzspielerbereich fast vollständig durch die Verwaltungskosten aufgezehrt. Dies verdeutlicht die Notwendigkeit der Einführung eines hauptamtlich tätigen professionellen Sportmanagements. Denn ein professionelles Sportmanagement dürfte im Gegensatz zu ehrenamtlich fungierenden Führungskräften eher in der Lage sein, die auftretenden Planungs- und Kontrollprozesse wirtschaftlicher zu gestalten. Insbesondere die Einführung effizienter Controllingsysteme scheint dringend erforderlich.

4.2 Konsequenzen aus der Finanzanalyse

(1) Im Hinblick auf die Vermögensfinanzierung zeigt sich im Bereich des Profifußballes wie auch in anderen Wirtschaftsbranchen, dass auf ein in der Summe ausgeglichenes Verhältnis zwischen Vermögens- und Kapitalstruktur geachtet werden sollte. Insgesamt betrachtet empfiehlt es sich, das (auch nach dem „Bosman-Urteil" weitgehend aus den Anschaffungskosten für neu erworbene Spieler bestehende) Anlagevermögen möglichst lang- und das Umlaufvermögen möglichst kurzfristig zu finanzieren. Probleme ergeben sich immer dann, wenn der Kauf neuer Spieler auf Basis einer kurzfristigen Finanzierung erfolgt. Amortisieren sich die Spielerinvestitionen nicht innerhalb kürzester Zeit, kann es zu Liquiditätsproblemen kommen, wenn die Gläubiger auf die fristgerechte Rückzahlung der Beträge drängen.

(2) Die Tatsache, dass sich das Anlagevermögen im professionellen Fußball überwiegend aus immateriellen Werten zusammensetzt, birgt ein hohes Substanzerhaltungsrisiko in sich. So führt bspw. schon ein über wenige Spiele anhaltendes Formtief eines „Superstars" dazu, dass dessen Marktwert (drastisch) sinkt. Daher sollten parallel zu Investitionen in Spielerwerte auch Investitionen in das materielle Anlagevermögen erfolgen, um insgesamt für eine stabilere Substanzerhaltung des langfristigen Vermögens zu sorgen. Ein Beispiel dafür wäre das Betreiben eines vereinseigenen Stadions, welches auch für andere Unternehmenszwecke, wie die Abhaltung von Konzertveranstaltungen u. ä., genutzt werden kann.

---

[1] Vgl. zur Anerkennung der Gemeinnützigkeit von Vereinen den Beitrag von Engelsing/Littkemann.

(3) Letztendlich sollte eine heterogene Gläubigerzusammensetzung, die möglichst viele Gläubiger mit unterschiedlichen Interessen umfasst, angestrebt werden. Insbesondere die starke finanzielle Abhängigkeit von einem Hauptsponsor birgt Risiken in sich, wenn der Hauptsponsor aufgrund seiner finanziellen Machtstellung Einfluss auf die Führung des Vereins nehmen will und dabei Zielsetzungen verfolgt, die nicht mit denen der Vereinsführung übereinstimmen.

Literatur

Baetge, J. (1998): Bilanzanalyse, Düsseldorf.

Hauschildt, J. (1996): Erfolgs-, Finanz- und Bilanzanalyse, 3. Aufl., Köln.

Littkemann, J. (1995): Das Investitionsverhalten von Unternehmen des Verarbeitenden Gewerbes, in: Die Betriebswirtschaft, 55. Jg., S. 77-94.

Littkemann, J./Krehl, H. (2000): Kennzahlen der klassischen Bilanzanalyse – nicht auf Krisendiagnose zugeschnitten, in: Hauschildt, J./Leker, J. (Hrsg.), Krisendiagnose durch Bilanzanalyse, 2. Aufl., Köln, S. 19-32.

Madl, R. (1994): Der Sportverein als Unternehmen, Wiesbaden.

Probleme der bilanziellen Behandlung von Transferentschädigungen in der Fußball-Bundesliga

Jörn Littkemann / Peter Schaarschmidt

1 Problemstellung

Der Wert der vereinseigenen Fußballspieler stellt *das* zentrale Vermögen eines Fußball-Bundesligisten dar. So eindeutig die Wichtigkeit der Ressource Fußballspieler für den sportlichen und damit auch für den wirtschaftlichen Erfolg eines Vereins ist, desto umstrittener ist jedoch die bilanzielle Behandlung von Fußballspielern nach Handels- und Steuerrecht. Insbesondere die Frage nach einer möglichen Aktivierbarkeit von Ausgaben für neu erworbene Fußballspieler im Fall eines Vereinswechsels steht dabei im Diskussionsmittelpunkt. Bis Mitte der neunziger Jahre begründete gemäß § 29 Abs. 1 Lizenzspielerstatut (LSpSt) des Deutschen Fußball-Bunds (DFB) der Vereinswechsel eines Spielers der Fußball-Bundesliga (hervorgerufen durch Ablauf seines Vertrages oder bei vorzeitiger Vertragsbeendigung) einen verbandsrechtlichen Anspruch des abgebenden Vereins auf Zahlung einer Transferentschädigung durch den aufnehmenden Verein. Die Höhe der Transferentschädigung (bzw. Ablösesumme) konnte zwischen dem aufnehmenden Verein und dem abgebenden Verein gemäß § 30 LSpSt frei vereinbart werden. Die Fälligkeit der Forderung trat gemäß § 29 Abs. 1 LSpSt mit Inkrafttreten des neuen Arbeitsvertrages ein, sofern die Vereine keine andere Vereinbarung hinsichtlich des Zahlungstermins getroffen hatten. Durch die Beendigung des Arbeitsvertrages zwischen dem abgebenden Verein und dem Spieler erlosch gemäß § 26 Nr. 4 LSpSt die Spielerlaubnis des Spielers. Der aufnehmende Bundesligaverein musste im Anschluss daran mit dem Spieler einen neuen Arbeitsvertrag abschließen und danach die Erteilung einer neuen Spielerlaubnis gemäß § 26a LSpSt beim DFB beantragen. Die Zahlung einer Transferentschädigung war u. a. für den aufnehmenden Verein eine Pflichtvoraussetzung zur Erlangung einer Spielerlaubnis durch den DFB. Nach einem abschließenden Urteil des Bundesfinanzhofes (BFH) vom 26.08.1992 (I R 24/91)[1], das einen jahrelangen Rechtsstreit zwischen einem Bundesligaverein und dem Finanzamt beendet hatte,[2] war die Spielerlaubnis – nicht die Transferzahlung als solche – als immaterieller Vermögensgegenstand im Sinne eines konzessionsähnlichen Rechts gemäß § 266 Abs. 2 A. I. 1. HGB zu interpretieren und

---

[1] Vgl. BFH-Urteil vom 26.08.1992, BStBl. II 1992, S. 977 ff.

[2] Vgl. zum Rechtsstreit über die bilanzielle Behandlung von im Zusammenhang mit Ablösezahlungen stehenden Spielerlaubnisse auch den BFH-Beschluss vom 13.05.1987, BStBl. II 1987, S. 777 ff. (AdV-Verfahren) und das Urteil des Finanzgerichts (FG) Düsseldorf vom 28.11.1990, EFG 1991, S. 521 (erstinstanzliche Entscheidung). Von beiden Rechtsprechungsorganen wurde eine Aktivierung von Spielerlaubnissen abgelehnt.

folglich steuerrechtlich als immaterielles Wirtschaftsgut zu behandeln. Die Anschaffungskosten für die Spielerlaubnis entsprachen weitgehend dem Wert der geleisteten Transferentschädigung und waren vom aufnehmenden Verein im Jahr des Spielerwechsels zu aktivieren und in den folgenden Geschäftsjahren planmäßig abzuschreiben. Die betriebsgewöhnliche Nutzungsdauer bemaß sich in der Regel nach der Laufzeit des Arbeitsvertrages zwischen dem aufnehmenden Verein und dem Fußballspieler, da die Spielerlaubnis mit Ablauf der Vertragsdauer ihre Gültigkeit verlor.[1]

Die letztinstanzliche Einstufung der im Zusammenhang mit Transferentschädigungen stehenden Spielerlaubnis als immateriellen Vermögensgegenstand durch den BFH war in der Literatur allerdings stark umstritten.[2] Insbesondere die für die Behandlung von Ausgaben als immaterielle Wirtschaftsgüter notwendigen Eigenschaften der selbständigen Bewertung und der Verkehrsfähigkeit sah man bei der vom DFB erteilten Spielerlaubnis nicht gegeben. Nichtsdestotrotz waren die Bundesligavereine steuerrechtlich an das BFH-Urteil gebunden und setzten ihre bis dato größtenteils ausgeübte Bilanzierungspraxis der Aktivierung von Transferausgaben zur Erlangung der Spielerlaubnisse weiter fort.[3]

Am 15.12.1995 entschied der Europäische Gerichtshof (EuGH) in dem sog. „Bosman-Urteil“[4], dass nach Ablauf des Arbeitsvertrages beim Wechsel eines Fußballspielers zwischen zwei Vereinen keine Transferentschädigung mehr gezahlt werden muss. Das Urteil des EuGH wurde im November 1996 auf nationales Recht ausgedehnt. Das Bundesarbeitsgericht in Kassel hat Ablösesummen im Profisport für unzulässig erklärt, da sie die Berufsfreiheit der Sportler beschränken. Für Spieler, die während eines laufenden Vertrages den Verein wechseln, werden in der Praxis allerdings weiterhin Transferentschädigungen gezahlt. Ansonsten würde der abgebende Verein seinen Spieler höchstwahrscheinlich nicht aus seinem Vertrag entlassen. Da seit Inkrafttreten des „Bosman-Urteils“ die Vereine bestrebt sind, mit den Spielern vermehrt langfristige Verträge abzuschließen, um im Falle eines eventuellen Vereinswechsels noch eine Ablösesumme zu erhalten, ist die Zahlung einer Ablösesumme nicht wie angenommen wurde die Ausnahme, sondern weiterhin die Regel. Der DFB hat insofern auf die neue Rechtslage reagiert, als dass er die Zahlung einer Transferentschädigung im Fall eines Vereinswechsels nicht mehr zwingend für die Erteilung einer Spielerlaubnis vorsah. Durch den Wegfall der verbandsrechtlich vorgeschriebenen Voraussetzung der Zahlung einer Transferentschädigung zwecks Erlangung der Spielerlaubnis ist ein maßge-

---

[1] Vgl. Söffing (1996), S. 523.

[2] Vgl. Jansen (1992), S. 1785 ff., und Ziegler (1991), S. 280 ff.; abweichend Hüttemann (1994), S. 490 ff.

[3] Die aktivierten Spielerlaubnisse haben in den Bilanzen der Fußballbundesligisten eine vergleichsweise hohe Bedeutung. Ihr Wert beträgt bisweilen über 50 % des GesamtvermögenS. Vgl. zur Bilanzanalyse ausgewählter Bundesligavereine den Beitrag von Littkemann/Sunderdiek.

[4] Die Aussage des „Bosman-Urteils“ besteht – verkürzt – darin, dass die Zahlung von Ablösesummen für Spieler nicht mit der Freizügigkeit der Europäischen Union vereinbar ist.

bender Grund für die Aktivierung von Transferausgaben weggefallen. Folglich sind Transferzahlungen für den aufnehmenden Verein nicht mehr zu aktivieren, sondern müssen im Jahr des Spielererwerbs in einer Summe als Aufwand in der Gewinn- und Verlustrechnung verrechnet werden.[1]

Davon unberührt ist es jedoch weiterhin gängige Praxis der Fußball-Bundesligisten, Transferausgaben zu aktivieren und über die Vertragslaufzeit des Spielers abzuschreiben.[2] Weder der BFH noch der mittlerweile für die Organisation des Profifußballs innerhalb des DFB zuständige Ligaverband haben bislang in ihrer Rechtsprechung bzw. in ihrer Satzung auf die durch das „Bosman-Urteil" hervorgerufene Änderung der Rechtslage reagiert. Der Ligaverband geht im Lizenzierungsverfahren weiterhin davon aus, dass Transferzahlungen – auch ohne verbandsrechtliche Bindung an die Spielerlaubnis – in der Bilanz der Bundesligaclubs unter dem eigenständigen Bilanzposten „Spielerwerte" als immaterielle Vermögensgegenstände gemäß § 266 Abs. 2 A. I. HGB aktiviert werden (Anhang VII Nr. 8.1.1 zur Lizenzierungsordnung LO). Dabei wird explizit auf das BFH-Urteil vom 26.08.1992 verwiesen.

Ziel des vorliegenden Beitrags ist es, die bilanziellen Probleme der (nicht sachgerecht erscheinenden) Behandlung von Transferzahlungen als immaterielle Vermögensgegenstände[3] zu erörtern. Abschließend werden die Vor- und Nachteile der derzeit geltenden Bilanzierungspraxis sowohl aus Vereinssicht als auch aus der Sicht des Fiskus und des Instituts der Wirtschaftsprüfer beleuchtet.

2 Bilanzielle Probleme der Aktivierung von Transferentschädigungen

2.1 Das BFH-Urteil vom 26.08.1992 und bilanzielle Auswirkungen

Am 26.08.1992 wurde ein jahrelanger Rechtsstreit um die bilanzielle Behandlung von Transferentschädigungen zwischen einem Bundesligaverein und dem Finanzamt letztinstanzlich durch den I. Senat des BFH entschieden. In dem entsprechenden Urteil (I R 24/91)[4] heißt es wie folgt:

1. Die Spielerlaubnis, die der DFB gemäß § 26a LSpSt einem Verein der Fußball-Bundesligen nach Abschluss eines Arbeitsvertrags mit einem Fußballspieler erteilt,

[1] Vgl. Söffing (1996), S. 524.

[2] Telefoninterview mit Ingo Schiller, Geschäftsführer von Hertha BSC Berlin.

[3] Zum Begriff und zur Bilanzierung von immateriellen Vermögensgegenständen vgl. eingehend u. a. ADS (1998), S. 191 ff., Baetge/Kirsch/Thiele (2001), S. 255 ff., Federmann (2000), S. 272 ff., Knobbe-Keuk (1989), S. 78 ff., und Veit (1990), S. 170 ff. Zur Bilanzierung von immateriellen Vermögensgegenständen nach US-amerikanischen Recht und nach den Vorschriften des IASC vgl. eingehend von Keitz (1997), S. 83 ff. und S. 173 ff., und Fülbier/Honold/Klar (2000), S. 833 ff.

[4] Vgl. BFH-Urteil vom 26.08.1992, BStBl. II 1992, S. 977 ff.

ist ein Vermögensgegenstand i. S. d. § 266 Abs. 2 A. I. 1. HGB und damit ein immaterielles Wirtschaftsgut im steuerlichen Sinne.
2. Die Transferentschädigungen, die ein Verein nach § 29 LSpSt beim Vereinswechsel zu zahlen hat, sind Anschaffungskosten der Spielerlaubnis.
3. Die Anschaffungskosten auf die Spielerlaubnis sind nach § 7 Abs. 1 EStG entsprechend der betriebsgewöhnlichen Nutzungsdauer abzusetzen; diese richtet sich ausschließlich nach der Dauer des Arbeitsvertrags zwischen Verein und Spieler.

Durch das – bis heute für die Steuerbilanz gültige – Urteil bestätigte der BFH die langjährige Bilanzierungspraxis der Bundesligavereine. Bereits am 26.07.1974 waren in einem Erlass des Finanzministers von Nordrhein-Westfalen „Ablöseentschädigungen" einkommensteuerlich als immaterielle Wirtschaftsgüter eingestuft worden. Nach dem Wegfall des Freigabeerfordernisses,[1] welches besagte, dass der aufnehmende Verein für die Erteilung der Spielerlaubnis die Freigabe des neuen Spielers durch den abgebenden Verein benötigt, kamen in den 80er Jahren erste Zweifel an der bisherigen Bilanzierungspraxis auf. So kamen 1987 sowohl der BFH[2] als auch 1990 das FG Düsseldorf[3] zu dem Schluss, dass es sich bei Transferentschädigungen steuerlich um Betriebsausgaben im Sinne des § 4 Abs. 4 EStG handelt, die im Jahr ihres Entstehens in voller Höhe als gewinnmindernde Aufwendungen zu verrechnen sind. Mit seinem Urteil vom 26.08.1992 revidierte der BFH allerdings die vorhergehenden Entscheidungen. Transferentschädigungen bzw. die damit im Zusammenhang stehenden Spielerlaubnisse gelten nach wie vor als immaterielle Wirtschaftsgüter. Tabelle 1 fasst auf Grundlage des BFH-Urteils die handels- und steuerrechtliche Behandlung von Transferentschädigungen zusammen.

Für die Bundesligavereine hat die Einstufung von Transferentschädigungen als immaterielle Wirtschaftsgüter enorme bilanzpolitische Bedeutung. Die bilanzierten Spielerwerte machen nicht selten den Großteil des Gesamtvermögens eines Vereins aus. Lediglich die aus den eigenen Jugend- und Amateuermannschaften kommenden Spieler, deren Wert ohnehin vergleichsweise gering sein dürfte, dürfen (als originäres Anlagevermögen) handels- und steuerrechtlich nicht bilanziert werden. Müssten Transferentschädigungen sofort als Betriebsausgaben abgesetzt werden, besteht schnell die Gefahr der Überschuldung.

---

[1] Diese Änderung war notwendig geworden, nachdem das LAG Berlin 1979 die bisherige Praxis für unvereinbar mit Art. 12 GG erklärt hatte.
[2] Vgl. BFH-Beschluss vom 13.05.1987, BStBl. II 1987, S. 777 ff.
[3] Vgl. FG Düsseldorf vom 28.11.1990, EFG 1991, S. 521.

		Handelsbilanz	Steuerbilanz
Ansatz	originäres Anlagevermögen	Verbot	Verbot
	derivatives Anlagevermögen	Gebot	Gebot
	originäres Umlaufvermögen	Gebot	Gebot
	derivatives Umlaufvermögen	Gebot	Gebot
Bewertung	planmäßige Abschreibung	alle das Vorsichtsprinzip berücksichtigende zeit- und nutzungsorientierte Verfahren sowie Kombinationen dieser Verfahren	nach herrschender Meinung ausschließlich linear
	außerplanmäßige Abschreibung bzw. Teilwertabschreibung:		
	a) dauerhafte Wertminderung		
	- Anlagevermögen	Gebot	Gebot
	- Umlaufvermögen	Gebot	Gebot
	b) vorübergeh. Wertminderung		
	- Anlagevermögen	Wahlrecht	Wahlrecht
	- Umlaufvermögen	Gebot	Wahlrecht
Ausweis	Ansatz im Anlagevermögen:		keine eigenständigen Ausweisvorschriften
	a) kleine Kapitalgesellschaften	zusammen mit allen anderen immateriellen Vermögensgegenständen	
	b) mittelgroße und große Kapitalgesellschaften	zusammen mit allen anderen Konzessionen und ähnlichen Rechten	
	Abschreibungen in der Gewinn- und Verlustrechnung:		
	a) nach dem Gesamtkostenverfahren	zusammen mit den Abschreibungen auf Sachanlagen (und ggf. auf aktivierte Ingangsetzungs- und Erweiterungsaufwendungen)	
	b) nach dem Umsatzkostenverfahren	zusammen mit den nach Funktionsbereichen getrennten betrieblichen Aufwendungen	

Tab. 1: Bilanzierung von Transferentschädigungen als immaterielle Vermögensgegenstände (nach dem BFH-Urteil vom 26.08.1992)

Durch Aktivierung und Verteilung der Anschaffungskosten über mehrere Perioden jedoch werden die Investitionsausgaben als Abschreibungen über die Vertragslaufzeit gewinnmindernd verrechnet. Gelingt es, die Finanzierung des neuen Spielers an die Vertragslaufzeit anzupassen, stehen durch die Verrechnung der Abschreibungsbeträge liquide Mittel zur entsprechenden Darlehenstilgung zur Verfügung. Ferner stellt der Posten „Spielerwerte" für die Bundesligavereine nahezu die einzige Möglichkeit zur Bildung stiller Reserven dar.

Das durch das „Bosman-Urteil" des EuGH vom 15.12.1995 ausgesprochene Verbot der Zahlung von Ablösesummen nach Vertragsbeendigung bzw. nach Vertragsauflösung im Profisport hat bei den Fußball-Bundesligisten folglich eine Welle der Empörung ausgelöst. Der Wegfall diesbezüglicher Transferentschädigungen ist mittlerweile nicht nur juristisch,[1] sondern auch ökonomisch[2] weitgehend unumstritten. Durch den Abschluss bis dato eher seltener langfristig orientierter Verträge mit den Spielern haben die Bundesligavereine auf die neue Situation reagiert. Da die Spieler zumeist vor Ablauf der nunmehr über weit mehr als zwei bis drei Spielzeiten laufenden Vertragsdauer den Verein wechseln, kommt es faktisch weiterhin zur Zahlung von Ablösesummen, damit der abgebende Verein den Spieler aus seinem bisherigen Vertrag entlässt. Die Bundesligavereine haben zwar vermehrt darauf hingewiesen, dass die Spieler die eigentlichen Gewinner des Urteils seien, da das wirtschaftliche Risiko einer Fehlinvestition durch den Abschluss von langfristigen Verträgen weitgehend vom Verein getragen werden muss und die Zahlungen von – steuerlich unumstritten als Betriebsausgaben zu behandelnden – Wechselprämien[3] (sog. „Handgelder") an die Spieler ansteigen dürften. Da aber gleichzeitig die „Fußball-Branche" seit Mitte der neunziger Jahre einen wahren Boom erlebt und insbesondere die Einnahmen aus Fernsehgeldern stark gestiegen sind, verfügen die Bundesligavereine – zumindest kurz- bis mittelfristig – über genügend Kapital, den gestiegenen Gehaltsforderungen der Spieler nachzukommen.

Die Gefahr besteht dann allerdings darin, dass die Vereine in starke Abhängigkeiten zu den Spielern geraten. Die Tatsache, dass die Spielerwerte bilanziert werden dürfen, kann leicht dazu führen, dass man vergisst, dass immaterielle Güter einem weitaus stärkeren Risiko als materielle Güter unterliegen. Schon wenige, aber bedeutende Fehlinvestitionen können eine schwere wirtschaftliche Krise hervorrufen, wenn Totalabschreibungen auf die Spielerwerte vorgenommen werden müssen und die Zinsen für noch nicht zurückgezahlte Kredite das Bilanzergebnis zusätzlich belasten. Von daher sollte ein Verein quasi aus Selbstschutz Transferentschädigungen im internen Controllingsystem sofort im Jahr der Anschaffung vollständig als Aufwand verbuchen. Diese Vorgehensweise trübt dann nicht den Blick dafür, dass die Vermögenssituation besser aussieht als sie eigentlich ist. In diesem Zusammenhang gilt es zu bedenken, dass faktisch die angenommene Leistungsfähigkeit von Menschen bilanziert wird. Allerdings wird nicht zuletzt aufgrund der Tatsache, dass die Würde des Menschen als höchstes Verfassungsgut gilt, die Bilanzierung von Humanvermögen jeglicher Art generell abgelehnt. Abgesehen davon sprechen eine Reihe weiterer ökonomischer sowie juristischer Gründe dafür, Spielerwerte nicht als immaterielle Güter zu behandeln.

---

1 Vgl. Gutzeit/Reimann (1996), S. 366 f.

2 Vgl. Frick/Wagner (1996), S. 611 ff.

3 Vgl. Söffing (1996), S. 524.

2.2 Zweifel an der Aktivierbarkeit

2.2.1 Spielerlaubnis als konzessionsähnliches Recht

Der BFH sieht die Spielerlaubnis als konzessionsähnliches Recht an.[1] Die Spielerlaubnis werde befristet erteilt und habe insofern Erlaubnischarakter, als sie den Einsatz eines bestimmten Lizenzspielers in Spielen der Lizenzspielermannschaft eines Vereins durch den DFB gestatte. Dem ist allerdings entgegenzuhalten, dass allenfalls die Ausübung einer Tätigkeit durch einen Dritten, den Erwerber des Rechts oder Wertes, nicht aber die Ausübung des Berufs durch einen Arbeitnehmer des Dritten Gegenstand eines konzessionsähnlichen Rechts sein kann. Auch verfassungsrechtlich wird es für unzulässig gehalten, dass die Ausübung eines Berufes durch eine bestimmte Institution, wie z. B. der DFB, gestattet wird. Ferner wird der Erlaubnischarakter der Erteilung eines konzessionsähnlichen Rechts damit verbunden, dass die für die Erteilung zuständige Stelle das Vorliegen der Erfordernisse für die Erteilung der Erlaubnis geprüft und bejaht hat (z. B. vor der Erteilung der Güterfernverkehrskonzession nach § 10 Güterkraftverkehrsgesetz). Diese Prüfung setzt die Würdigung nicht einfacher rechtlicher und tatsächlicher Fragen (z. B. fachliche Eignung), aber auch die Beachtung von Höchstzahlen für vergebene konzessionsähnliche Rechte voraus. Eine derartige Prüfung findet durch den DFB allerdings nicht statt. Die Spielerlaubnis ist daher ihrem Wesen nach nichts anderes als eine Bestätigung durch den DFB, dass die formellen Erfordernisse für eine Spielberechtigung – nämlich die arbeitsvertragliche Regelung und die Sporttauglichkeit – erfüllt sind. Die Vereine erwerben – wie es dem Arbeitsrecht entspricht – die Erlaubnis, einen Fußballspieler in Fußballspielen einsetzen zu dürfen, allein aufgrund des Arbeitsvertrags mit dem Spieler. Alleiniger Sinn der Spielerlaubnisregelung ist es, zu gewährleisten, dass eine sich etwa ein Jahr lang hinziehende Meisterschaftssaison sportlich ordnungsgemäß abgewickelt wird. Die Registrierung aller für einen Verein spielberechtigten Spieler beim DFB garantiert, dass die Spieler während einer Spielzeit nicht wahllos den Verein wechseln. Hinzu kommt, dass durch den aus dem „Bosman-Urteil“ erfolgten Wegfall der verbandsrechtlich geforderten Zahlung einer Transferentschädigung als Voraussetzung zur Erlangung der Spielerlaubnis Tranferentschädigung und Spielerlaubnis nicht mehr in einem eindeutigen inneren Zusammenhang zueinander stehen.[2]

2.2.2 Verkehrsfähigkeit

Die Annahme eines Vermögensgegenstandes bzw. Wirtschaftsguts setzt dessen Verkehrsfähigkeit, d. h. Einzelveräußerbarkeit oder aber zumindest Veräußerbarkeit im Rahmen des Gesamtbetriebs, voraus.[3] Dabei bestehen ernsthafte Zweifel daran, ob ein

[1] Vgl. hierzu und im Folgenden Jansen (1992), S. 1785 f.

[2] Vgl. z. B. die Argumentation von Hüttemann (1994), S. 491 f., der die Interpretation des BFH – der Einstufung der Spielerlaubnis als konzessionsähnliches Recht – stützt.

[3] Vgl. zu der die Verkehrsfähigkeit ablehnenden Argumentation Jansen (1992), S. 1786 f.; abweichend Hüttemann (1994), S. 492.

Bundesligaverein für die Laufzeit des Arbeitsvertrags mit dem Spieler eine Rechtsposition inne hat, über die er wirtschaftlich frei verfügen kann. Für den BFH ist die Verkehrsfähigkeit der Spielerlaubnis bereits dadurch gegeben, dass der Verein für die Dauer des Vertrags mitbestimmen könne, ob ein Spieler vorzeitig aus seinem Arbeitsvertrag entlassen werde. Die Spielerlaubnis ist als solche allerdings nicht übertragbar, z. B. durch eine Abtretung entsprechend § 398 BGB. Sie wird einem Verein auf Antrag vom DFB erteilt und erlischt mit Beendigung des mit dem Spieler geschlossenen Arbeitsvertrages. Eine über formale Vorschriften hinaus gehende Sicherung der Vereinsrechte durch das Verbandsrecht ist nicht erkennbar. Insbesondere das Recht, der vorzeitigen Auflösung des Vertrags zuzustimmen, wird vom Verein allein durch den Abschluss des Arbeitsvertrags erworben. Wirtschaftlich übertragen im Sinne einer Verkehrsfähigkeit können aber nur Sachen, Rechte und Werte sein, die von einer Person auf eine andere Person durch Vereinbarung zwischen beiden übergehen können. Dies kann nicht für das Recht gelten, von einem Menschen eine Arbeitsleistung aufgrund eines Arbeitsvertrags verlangen zu können. Dieses Recht kann auch nicht wirtschaftlich von einem Arbeitgeber auf einen anderen übergehen. Allein der Umstand, dass vor Ablauf der Vertragsdauer der alte Verein „mitbestimmen" kann, ob ein Vereinswechsel zustande kommt, kann nicht ausreichen, die wirtschaftliche Übertragbarkeit zu begründen. Wäre dies anders, müssten auch Abfindungen aktiviert werden, die der neue Arbeitgeber bei der vorzeitigen Auflösung des Arbeitsvertrags von Angestellten zahlt, die keine Fußballspieler sind (also z. B. bei der Auflösung der Arbeitsverträge von leitenden Angestellten); diese Konsequenz wird aber nach ständiger Verwaltungspraxis nicht gezogen.

2.2.3 Selbständige Bewertbarkeit

Ebenfalls zweifelhaft ist die für einen Vermögensgegenstand bzw. für ein Wirtschaftsgut geltende Annahme, dass die Spielerlaubnis als konzessionsähnliches Recht selbständig bewertbar sei, d. h. nach der Verkehrsauffassung einer selbständigen Bewertung zugänglich sei.[1] Dies bestimmt sich danach, ob ein gedachter Erwerber des ganzen Unternehmens in dem Recht einen gegenüber dem gesamten Geschäftswert abgrenzbaren Einzelwert sehen würde, für den er im Rahmen des Gesamtkaufpreises ein besonderes Entgelt ansetzen würde. Diese Voraussetzung hat der BFH bejaht. Das lizenzmäßige Recht, einen bestimmten Spieler einsetzen zu können, habe für einen gedachten Erwerber einen eigenen Wert in Höhe der Transferentschädigung und konkretisiere sich in den vom DFB und den Vereinen entwickelten Grundsätzen zur Bestimmung von Ablösesummen. Die Bewertbarkeit der Spielerlaubnis sei losgelöst vom Wert der Arbeitsleistung des Spielers, wie sie Gegenstand des Arbeitsvertrags sei, und hänge von einem an einem freien Transfermarkt erzielbaren Transferwert ab. Das FG Düsseldorf hat allerdings in dem erstinstanzlichen Urteil vom 28.11.1990 aufgrund von

[1] Vgl. zu der die selbständige Bewertungssfähigkeit ablehnenden Argumentation wiederum Jansen (1992), S. 1787; abweichend wiederum Hüttemann (1994), S. 492.

Zeugenaussagen festgestellt, dass die Transferentschädigung nicht zur Erlangung des wirtschaftlichen Vorteils, einen Spieler einsetzen zu können, aufgewendet wird. Es handelt sich vielmehr um eine Entschädigungszahlung zur Abgeltung von Nachteilen, die der abgebende Verein durch den Verlust erleidet, ohne dass er eine Leistung an den aufnehmenden Verein erbringt.

Hinzu kommt, dass nach den tatsächlichen Gegebenheiten die Transferentschädigung oftmals nicht frei zwischen den Vereinen ausgehandelt werden kann. Dies hängt damit zusammen, dass der DFB für den nicht selten vorkommenden Streitfall um die Höhe der Ablösesumme Richtlinien zur Ermittlung der Höhe der Transferentschädigung erlassen hat, an die sich die Bundesligavereine zu halten haben. Demnach spricht viel dafür, dass die Transferzahlung eine Entschädigungszahlung ist, die der Abgeltung von Nachteilen dient, die der abgebende Verein erleidet. In ihr drückt sich vor allem der Wert der Arbeitsleistung des Spielers aus. Kommt man zu dem Schluss, dass die Transferentschädigung keine Gegenleistung für den „Transfer“ ist, ist überdies der für die Aktivierung eines Vermögensgegenstandes zwingend erforderliche Entgeltscharakter der Transferentschädigung in Frage zu stellen.

2.3 Probleme der Abschreibung

2.3.1 Schätzung der Nutzungsdauer

Der BFH hat entschieden, dass sich die betriebsgewöhnliche Nutzungsdauer des immateriellen Wirtschaftsguts Spielerlaubnis ausschließlich nach der Dauer des Arbeitsvertrags zu richten hat.[1] Dabei kommt es für die Beurteilung der Nutzungsdauer allein auf die Umstände im Zeitpunkt des Beginns der Nutzung an. Eine evtl. über die angenommene Vertragslaufzeit hinausgehende geplante Vertragsverlängerung ist demnach bei der Schätzung der ursprünglichen Nutzungsdauer nicht zu berücksichtigen. Eine spätere Vertragsverlängerung stellt ein Ereignis dar, das am Stichtag tatsächlich noch nicht bestanden hat und dessen späteres Eintreten völlig ungewiss ist. Selbst in den Fällen, in denen die Verträge eine Verlängerungsklausel mit dem Inhalt enthalten, dass sich die Vertragsdauer automatisch verlängert, falls nicht zu einem bestimmten Termin eine Kündigung ausgesprochen wird, ist davon auszugehen, dass die betriebsgewöhnliche Nutzungsdauer nach der ursprünglich vereinbarten Vertragsdauer zu ermitteln ist. Denn die Nichtkündigung zu dem vertraglich festgelegten Termin ist wirtschaftlich nichts anderes als der Abschluss eines neuen Arbeitsvertrags zu gleichen Bedingungen. Zu Problemen bei der Schätzung der Nutzungsdauer kommt es aber immer dann, wenn im Arbeitsvertrag eine Optionsklausel vorgesehen ist. In diesen Fällen hat sich der BFH dafür ausgesprochen, dass nach allgemeinen Wahrscheinlichkeitsberechnungen, unter besonderer Berücksichtigung der Verhältnisse im Bundesliga-Fußball (Verlet-

[1] Zu Problemen bei der Schätzung der Nutzungsdauer und der Behandlung von Optionsklauseln vgl. Jansen (1992), S. 1788.

zungsanfälligkeit, Formschwankungen, Umstellungsschwierigkeiten aufgrund der Einführung eines neuen Spielsystems, Anzahl der um die relevante Position konkurrierenden Spieler etc.), zu bestimmen sei, ob von der Option voraussichtlich Gebrauch gemacht werde und danach zu entscheiden sei, ob die Option zur betriebsgewöhnlichen Nutzungsdauer zu zählen sei oder nicht. Vergegenwärtigt man sich die aufgezählten Beispiele, kann man allerdings nur zu dem Schluss kommen, dass es nur in seltenen Ausnahmefällen möglich sein wird, vorherzusagen, ob ein neuer Spieler die in ihn gesetzten Erwartungen erfüllt und wie sich sein Leistungsbild in der Zukunft entwikkeln wird. Um die Schätzung der Nutzungsdauer in den Fällen mit Optionsklauseln nicht zur vollkommenen Willkür werden zu lassen, bietet es sich bei der Ermittlung der betriebsgewöhnlichen Nutzungsdauer – abgesehen von begründeten Ausnahmen – an, die Optionsklausel außen vor zu lassen.

2.3.2 Wahl der Abschreibungsmethode

Von den vom Steuerrecht zur planmäßigen Abschreibung zur Verfügung gestellten Abschreibungsmethoden sind die leistungsabhängige und die degressive Abschreibung nach dem Wortlaut des Gesetzes nur auf bewegliche Wirtschaftsgüter anzuwenden, während für die lineare Abschreibung eine Beschränkung auf die beweglichen Wirtschaftsgüter nicht vorgesehen ist (§ 7 Abs. 1 i. V. m. Abs. 2 EStG). Da die Finanzverwaltung in Anlehnung an die BFH-Rechtsprechung der Auffassung ist, immaterielle Wirtschaftsgüter gehören nicht zu den beweglichen Wirtschaftsgütern, können immaterielle Wirtschaftsgüter nur linear abgeschrieben werden.[1] Eine Analyse der BFH-Rechtsprechung zeigt jedoch, dass das Tatbestandsmerkmal „bewegliches Wirtschaftsgut" in der Rechtsprechung des BFH bisher nur dann zum Ausschluss immaterieller Wirtschaftsgüter führte, wenn über eine steuerliche Begünstigungsvorschrift entschieden wurde. Da es sich bei der leistungsabhängigen sowie bei der degressiven Abschreibung nicht um eine steuerliche Begünstigungsvorschrift handelt, wäre auch eine degressive oder – bei entsprechendem Leistungsnachweis – auch eine leistungsabhängige Abschreibung der Spielerlaubnis möglich. Attraktiv sind diese Abschreibungsmethoden insbesondere bei längerer betriebsgewöhnlicher Nutzungsdauer (ungefähr ab drei Jahren), die durch das „Bosman-Urteil" durchaus die Regel geworden sind, da Verträge mit längerer Laufzeit abgeschlossen werden. Bei einer kürzeren betriebsgewöhnlichen Nutzungsdauer führt zumeist die lineare Abschreibung auch anfänglich zu einer höheren Jahresabschreibung. Die Anwendung der degressiven oder der leistungsabhängigen Abschreibung in der Steuerbilanz setzt jedoch voraus, dass die jeweilige Methode auch in der Handelsbilanz gewählt wird (umgekehrte Maßgeblichkeit).

---

[1] Vgl. hierzu und im folgenden Söffing (1996), S. 525.

2.3.3 Teilwertabschreibungen

Teilwertabschreibungen können für immaterielle Wirtschaftsgüter nach § 6 Abs. 1 Nr. 1 Satz 2 EStG in Frage kommen. Dies gilt auch für die vom DFB erteilte Spielerlaubnis, soweit sie nach den Grundsätzen des BFH-Urteils zu aktivieren ist. Da die Spielerwerte einen beträchtlichen Anteil am Gesamtvermögen eines Bundesligavereins ausmachen und als konzessionsähnliche Rechte unter dem Anlagevermögen zu bilanzieren sind, für das lediglich das gemilderte Niederstwertprinzip nach § 253 Abs. 2 HGB gilt, verfügen die Bundesligavereine bei der Vornahme außerplanmäßiger Abschreibungen über ein gewaltiges bilanzpolitisches Potenzial. Das gemilderte Niederstwertprinzip sieht vor, dass außerplanmäßige Abschreibungen beim Anlagevermögen nur vorzunehmen sind, wenn die Wertminderung von Dauer ist. Dies dürfte jedoch bei Bundesligaspielern der Ausnahmefall sein (z. B. schwere invaliditätsähnliche Verletzungen, starker Leistungsabfall bei älteren Spielern). Bei nur vorübergehender Wertminderung, die den Regelfall darstellen (z. B. mittelschwere Verletzungen oder Leistungsabfall aufgrund einer Spielsystemumstellung), besitzt der Verein jedoch ein Abschreibungswahlrecht.[1]

In Tabelle 2 sind abschließend die bilanziellen Probleme der Behandlung von Transferentschädigungen als immaterielle Vermögensgegenstände dargestellt.

[1] Vgl. dazu das Beispiel bei Jansen (1992), S. 1789.

		Probleme der vorherrschenden Bilanzierungspraxis
Ansatz	Spielerlaubnis als konzessionsähnliches Recht	• Erlaubnischarakter setzt die Prüfung rechtlicher und tatsächlicher Fragen voraus • durch Verbandsrecht werden lediglich Formalien abgeprüft • Spielerlaubnisregelung gewährleistet lediglich sportliche ordnungsgemäße Abwicklung
Ansatz	Verkehrsfähigkeit	• Spielerlaubnis ist nicht rechtlich übertragbar • keine erkennbare verbandsrechtliche Sicherung der Vereinsrechte • spielerbezogene Vereinsrechte werden allein durch Abschluss des Arbeitsvertrages mit dem Spieler erworben • Transferentschädigung entspricht eher dem Charakter von nicht-bilanzierungsfähigen Abfindungszahlungen • Bilanzierung eines evtl. entstehenden Anspruchs auf eine zukünftig zu erzielende Ablösesumme ist vor dem Hintergrund des Realisationsprinzips zweifelhaft • es kommt faktisch zur Bilanzierung rechtlich nicht zulässigen Humanvermögens
Ansatz	Selbständige Bewertbarkeit	• Transferentschädigungen dienen nicht zur Erlangung eines wirtschaftlichen Vorteils, sondern zur Abgeltung von Nachteilen, die der abgebende Verein durch den Verlust des Spielers erleidet • Entgeltscharakter steht in Frage, da der abgegebene Vereine keine Gegenleistung erbringt • in der Transferentschädigung drückt sich vor allem die Arbeitsleistung des Spielers aus • nach den tatsächlichen Gegebenheiten werden Transferentschädigungen nur begrenzt zwischen den Vereinen ausgehandelt, da verbandsrechtliche Richtlinien zur Ermittlung von Ablösesummen existieren
Bewertung	Schätzung der Nutzungsdauer	• Schätzung ist schwierig, insb. bei der Vereinbarung von Optionsklauseln
Bewertung	Wahl der Abschreibungsmethode	• u. U. sind steuerlich auch die degressive und leistungsabhängige Methode zulässig
Bewertung	Teilwertabschreibung	• durch die in der Praxis vergleichsweise oft vorkommenden Formschwankungen von Spielern sind Teilwertabschreibungen mit hohem bilanzpolitischen Potenzial möglich

Tab. 2: Problemfelder der Bilanzierung von Transferentschädigungen als immaterielle Vermögensgegenstände

3 Bilanzierungsinteressen der Beteiligten und Betroffenen

Auf der Suche nach Erklärungen, warum trotz der bestehenden Zweifel an der Aktivierbarkeit der Spielerwerte und der problematischen Bestimmung diesbezüglicher Abschreibungsdeterminanten am BFH-Urteil vom 26.08.1992 festgehalten wird, empfiehlt es sich, das Bilanzierungsinteresse der wichtigsten Interessensgruppen – Bundesligavereine, Fiskus und Wirtschaftsprüfer – näher zu beleuchten.

3.1 Bundesligavereine

Bis heute bestehen keine gesetzlichen oder verbandsrechtlichen Vorschriften, die einen Bundesligaverein verpflichten, seinen Jahresabschluss offenzulegen.[1] Dass die Vereine überhaupt einen Jahresabschluss aufstellen, resultiert daher weniger aus handelsrechtlichen Vorschriften,[2] als vielmehr aus den Vorschriften des DFB bzw. mittlerweile des Ligaverbandes[3] und den steuerrechtlichen Vorschriften.[4] Aufgrund der Verpflichtung des DFB, dass die Vereine ihre wirtschaftliche Leistungsfähigkeit anhand von extern geprüften Jahresabschlüssen nachweisen müssen, ist sichergestellt, dass jeder Bundesligaverein einen Jahresabschluss aufstellt, da er sonst keine Lizenz erteilt bekommt und nicht an den Bundesligaspielen teilnehmen kann. Ferner müssen die Vereine im Rahmen der Abgabe der jährlichen Steuererklärungen gemäß § 140 AO eine Steuerbilanz beifügen, aus der der Gewinn des wirtschaftlichen Geschäftsbetriebs auf Basis der Gewinnermittlung nach § 5 EStG hervorgeht. Somit stehen die Bilanzierungsinteressen eines Bundesligavereins vornehmlich im Spannungsfeld zwischen den Vorschriften des DFB und dem Steuerrecht des Fiskus.

Auf der einen Seite wird ein Verein im Rahmen des Lizenzierungsverfahrens des DFB bestrebt sein, seine Vermögenslage möglichst positiv darstellen zu wollen. Die Aktivierung von Spielerlaubnissen ist dafür ein wirkungsvolles bilanzpolitisches Instrument, da sie eine Verteilung der Ausgaben für den Erwerb neuer Spieler über mehrere Perioden gestattet. Der Ausweis eines hohen Verlustes innerhalb einer Periode kann dadurch wesentlich besser kaschiert werden.

Auf der anderen Seite entstehen durch diese Vorgehensweise steuerliche Nachteile, da Transferentschädigungen im Jahr der Anschaffung nicht in voller Höhe als Betriebsausgaben geltend gemacht werden können und sich folglich keine Steueraufschiebungseffekte erzielen lassen. Bedenkt man allerdings, dass die Erteilung der Lizenz

---

[1] Vgl. Littkemann/Sunderdiek (1998), S. 254.

[2] So konnte Reichert (1990), S. 15, feststellen, dass gegen Ende der 80er Jahre noch kein Verein seine pflichtgemäße Eintragung ins Handelsregister gemäß § 33 HGB vollzogen hat.

[3] Vgl. zu den verbandsrechtlichen Vorschriften in Bezug auf die Rechnungslegung eingehend den Beitrag von Brast/Stübinger.

[4] Vgl. zu den Rechtsgrundlagen der Besteuerung von Vereinen die tabellarische Übersicht im Beitrag von Engelsing/Littkemann.

durch den DFB für einen Bundesligaverein existenznotwendig ist, dürften die steuerlichen Nachteile der Aktivierungspflicht von Transferentschädigungen weniger stark ins Gewicht fallen. Im Endeffekt dürfte ein Bundesligaverein mit der Tatsache, dass Transferentschädigungen aktiviert werden müssen, sehr gut leben können.

3.2 Fiskus

Obgleich heutzutage unumstritten ist, dass sich das Verständnis des im Steuerrecht verwandten Begriffs des Wirtschaftsgutes an dem Verständnis des Vermögensgegenstandes im Sinne des Handelsrechts zu orientieren hat, zeigt sich in der Steuerrechtspraxis, dass das Bekenntnis zur Identität des Wirtschaftsgutsbegriffs mit dem des Vermögensgegenstands oftmals nur ein Lippenbekenntnis ist.[1] Das Handelsrecht ist vornehmlich dem Prinzip des Gläubigerschutzes unterworfen. Der Begriff des Vermögensgegenstandes wird daher statisch interpretiert. Im Steuerrecht herrschte hingegen lange Zeit ein dynamisches Verständnis des Wirtschaftsgutsbegriffs vor. Damit verbunden war die Zielsetzung, eine Ausgabe, die Nutzen für den Betrieb auch in späteren Jahren verspricht, nicht im Jahre der Zahlung als Betriebsausgabe mit gewinn- und damit steuermindernder Wirkung voll zum Abzug zuzulassen, sondern durch Aktivierung der Ausgabe diese in dem betreffenden Wirtschaftsjahr erfolgsunwirksam zu machen und auf die Jahre der Nutzung zu verteilen. Obgleich durch die Neufassung des § 6 EStG im Jahre 1969 der Wirtschaftsgutsbegriff ebenfalls statisch zu interpretieren ist, zeigen eine Reihe von BFH-Urteilen, dass die Steuerrechtspraxis wiederholt dynamische Aspekte in das Handelsrecht hinein trägt. Dazu muss man wohl auch das Urteil vom 26.08.1992 zur Bilanzierungspflicht von entgeltlich erworbenen Spielerlaubnissen zählen. Da es sich bei der Fußball-Bundesliga um einen besonderen Wirtschaftszweig mit einer monopolähnlichen Stellung handelt, sind die gesetzlichen Eingriffsmöglichkeiten in die wirtschaftlichen Abläufe beschränkt. Vor diesem Hintergrund lässt es sich erklären, dass der Gesetzgeber der Unterhaltungsbranche Fußball-Bundesliga in der organisatorischen Gestaltung einigermaßen freie Hand lässt, dieser Vorteil von den Vereinen allerdings wohl mit der Nicht-Behandlung der Transferentschädigungen als Betriebsausgaben im Jahr der Anschaffung „erkauft" werden muss.

3.3 Institut der Wirtschaftsprüfer

Die vornehmlich dem aus dem Handelsrecht abgeleiteten Gläubigerschutzprinzip verpflichteten Wirtschaftsprüfer sehen allerdings die Behandlung von Transferentschädigungen als immaterielle Vermögensgegenstände sehr kritisch. Nach einem Gutachten des Instituts der Wirtschaftsprüfer (IdW) dient die Transferentschädigung als Ersatz für den durch den Weggang eines Spielers entstandenen oder vermeintlichen Schaden.[2] Das Recht, einen Spieler einzusetzen, stützt sich ausschließlich auf den Spielervertrag

[1] Vgl. Knobbe-Keuk (1989), S. 74 ff.
[2] Vgl. dazu Ziegler (1991), S. 283.

und nicht auf die Zahlung einer Entschädigung. Damit fehlt es an der selbständigen Verkehrsfähigkeit der Spielerlaubnis. Das IdW führt in seinem Gutachten dazu aus: „Eine Veräußerung des mit der Entschädigungszahlung vom abgegebenen Verein Erworbenen ist nicht möglich. Veräußerbar ist bei einem späteren Wechsel des Spielers allenfalls ein sich mit dem Fortgang des Spielers realisierender, eigenständiger Anspruch auf eine Entschädigung für den Schaden aus dem Fortgang des Spielers. Die bloße Möglichkeit, dass bei einem späteren Vereinswechsel ein Anspruch auf die Transferentschädigung entsteht, begründet im Hinblick auf das Realisationsprinzip bis zum Eintritt des (ungewissen) Ereignisses noch keinen bilanzierungsfähigen Vermögensgegenstand."

Bis vor kurzem hat die handelsrechtliche Position im Fußball-Bundesligageschäft jedoch nur eine untergeordnete Rolle gespielt. Als maßgebende Fremdkapitalgeber fungieren Kreditinstitute, die in der Regel mit den Verhältnissen in der Fußball-Bundesliga vertraut sind und des handelsrechtlichen Gläubigerschutzes nicht unbedingt bedürfen. Dies könnte sich allerdings ändern, wenn sich mehrere Vereine entschließen sollten, sich in Kapitalgesellschaften umzuwandeln und ggf. an die Börse zu gehen (wie z. B. Borussia Dortmund).[1] Für die Bilanzen solcher Vereine gelten dann primär die handelsrechtlichen und ggf. die aktienrechtlichen Vorschriften, die vorrangig dem Gläubigerschutz dienen. Auf der Eigenkapitalgeberseite kommt hinzu, dass Aktionäre im Gegensatz zu Vereinsmitgliedern einen Renditeanspruch stellen dürften. Die Fußball-Bundesligavereine sind dann mehr denn je gezwungen, einen wirtschaftlichen Überschuss zu erwirtschaften. Dieser Überschuss sollte allerdings aus dem ordnungsmäßigen Geschäftsbetrieb stammen und nicht daraus resultieren, dass Ausgaben, wie die Transferentschädigungen, bilanziert werden, die eigentlich keine Vermögensgegenstände im Sinne des Handelsrechts darstellen. Vor diesem Hintergrund läßt sich abschließend festhalten, dass der BFH aufgefordert werden sollte, seine Position zur Aktivierung von Transferentschädigungen zu überdenken und Ablösezahlungen steuerlich im Jahr ihres Entstehens in voller Höhe als sofort abzugsfähige Betriebsausgaben zu behandeln.

Literatur

ADS (1998): Rechnungslegung und Prüfung der Unternehmen: Kommentar zum HGB, AktG, GmbHG, PublG nach den Vorschriften des Bilanzrichtlinien-Gesetzes, 6. Aufl., Stuttgart.

Baetge, J./Kirsch, H.-J./Thiele, S. (2001): Bilanzen, 5. Aufl., Düsseldorf.

Federmann, R. (2000): Bilanzierung nach Handelsrecht und Steuerrecht, 11. Aufl., Berlin.

[1] Vgl. zur Vermarktung von Fernsehrechten den Beitrag von Schewe/Gaede.

Frick, B./Wagner, G. (1996): Bosman und die Folgen: Das Fußballurteil des Europäischen Gerichtshofes aus ökonomischer Sicht, in: Wirtschaftswissenschaftliches Studium, 25. Jg., S. 611-615.

Fülbier, R. U./Honold, D./Klar, A. (2000): Bilanzierung immaterieller Vermögenswerte (Bilanzierung nach US-GAAP und IAS), in: Recht der Internationalen Wirtschaft, Heft 11, S. 833-844.

Gutzeit, M./Reimann, M. (1996): Zur Freizügigkeit von Berufsfußballspielern in der EU: Das „Bosman-Urteil" des EuGH im Überblick, in: Wirtschaftswissenschaftliches Studium, 25. Jg., S. 366-367.

Hüttemann, R. (1994): Transferentschädigungen im Lizenzfußball als Anschaffungskosten eines immateriellen Wirtschaftsguts, in: Deutsches Steuerrecht, 32. Jg., S. 490-495.

Jansen, R. (1992): Zur Aktivierung von Transferentschädigungen nach den Vorschriften des Lizenzspielerstatuts des Deutschen Fußball-Bundes, in: Deutsches Steuerrecht, 30. Jg., S. 1785-1789.

Kählert, J.-P./Lange, S. (1993): Zur Abgrenzung immaterieller von materiellen Vermögensgegenständen, in: Betriebs-Berater, 48. Jg., S. 613-619.

Knobbe-Keuk, B. (1989): Bilanz- und Unternehmenssteuerrecht, 7. Aufl., Köln.

Littkemann, J./Sunderdiek, B. (1998): Besonderheiten der Rechnungslegung von Vereinen der Fußball-Bundesliga, in: Wirtschaftswissenschaftliches Studium, 27. Jg., S. 253-255.

Moxter, A. (1979): Immaterielle Anlagewerte im neuen Bilanzrecht, in: Betriebs-Berater, 34. Jg., S. 1102-1109.

Reichert, B. (1990): Rechtsfragen beim Konkurs von Sportvereinen mit Profi- und Amateuerabteilungen, in: Grunsky, W. (Hrsg.), Der Sportverein in der wirtschaftlichen Krise, Recht und Sport, Bd. 12, Heidelberg, S. 1-24.

Söffing, A. (1996): Bilanzierung und Abschreibung von Transferzahlungen im Lizenzfußball, in: Betriebs-Berater, 51. Jg., S. 523-526.

Veit, K.-R. (1990): Die Behandlung immaterieller Vermögensgegenstände bzw. Wirtschaftsgüter in Handels- und Steuerbilanz, in: Steuer und Studium, Heft 5, S. 170-174.

von Keitz, I. (1997): Immaterielle Güter in der internationalen Rechnungslegung, Düsseldorf.

Ziegler, F. (1991): Aktuelle Fragen aus der Praxis der Außenprüfung, in: Die steuerliche Betriebsprüfung, Heft 12, S. 280-283.

Ehrenamtliches Engagement im Profifußball - ein Auslaufmodell?

Claudia Michalik

1 Problemstellung

Das Geschäft mit dem runden Leder boomt. Fußball erfreut sich hierzulande wachsender Beliebtheit. Dabei wird der Fußballsport in Deutschland hauptsächlich durch die beiden Säulen Profi- und Amateurfußball getragen. Viele Fußballvereine können ihren zahlreichen gesellschaftlichen Aufgaben jedoch oftmals nur gerecht werden, wenn sie auf ein angemessenes ehrenamtliches Engagement ihrer Mitglieder bauen können. Die Leistung der Ehrenamtlichen im organisierten Fußballsport sichert nicht nur die Existenz der Vereine und Verbände, sondern gewährleistet auch in großem Maße deren Selbständigkeit und Autonomie. Insbesondere im Bereich des Amateurfußballs, aber auch in professionellen Fußballvereinen ist das Ehrenamt zu einem wichtigen Erfolgsfaktor geworden. Die aktuelle Situation des Fußballs ist durch zunehmende Professionalisierung und Kommerzialisierung geprägt. Viele Sportvereine sind in den letzten Jahren verstärkt dazu übergegangen, in den ökonomischen Wettbewerb sowohl untereinander als auch zu anderen Sportanbietern zu treten. Dies führt nicht nur zu veränderten politischen, rechtlichen und finanziellen Rahmenbedingungen, sondern geht oftmals auch mit einem Wandel der Organisationsstruktur innerhalb der Vereine einher.[1] Das wiederum kann unter Umständen zur Folge haben, dass das Engagement von Vereinsmitgliedern in ehrenamtlichen Tätigkeiten als idealtypisches Merkmal von Fußballvereinen dann zur Disposition steht.

Genau das führt zu Problemen: Auf der einen Seite klagen Sportvereine und -verbände bereits seit vielen Jahren darüber, dass zu wenig ehrenamtliche Mitarbeit zur Verfügung steht. Zahlreiche Aufgaben können nicht oder nur unzureichend erfüllt werden, weil die bestehende Anzahl ehrenamtlich tätiger Personen überlastet ist und neue Freiwillige sich äußerst schwer gewinnen lassen. Auf der anderen Seite zwingt der Professionalisierungsdruck Vereine und Verbände dazu, (weitere) Hauptamtliche einzustellen bzw. das vorhandene Personal zu qualifizieren. So sinnvoll und notwendig das in vielen Fällen auch sein mag, wird dennoch zuweilen übersehen, dass gerade Hauptamtlichkeit bzw. Erwerbstätigkeit eine Gefährdung für eine der Grundlagen der freiwilligen Vereinigungen darstellen kann. Eine hauptamtliche Tätigkeit steht nämlich im Gegensatz zur freiwilligen Mitgliedschaft und der Unentgeltlichkeit des Engage-

---

[1] Vgl. zum Strukturwandel im Profifußball den Beitrag von Schewe/Gaede/Küchlin.

ments.[1] Aus Sicht der Fußballvereine stehen der zunehmenden Professionalisierung aber auch weitere Hindernisse gegenüber. Neben oftmals fehlenden Finanzierungsmöglichkeiten für neues Personal existiert zudem die Angst, dass die Ehrenamtlichen durch das Einstellen von Hauptamtlichen demotiviert werden und ihre Arbeitskraft nicht weiter unentgeltlich zur Verfügung stellen.[2] Es besteht sogar die Möglichkeit, dass neben die eigentlich gewünschte Solidarität von Vereinsmitgliedern nun Individualismus und ein neues Anspruchsdenken in den Vordergrund treten.[3]

Die Ausführungen verdeutlichen, dass das Ehrenamt in seiner Stellung im Fußballverein einem Wandel unterworfen ist. Formen der ehrenamtlichen Tätigkeit sind im Begriff, sich den veränderten Rahmenbedingungen anzupassen. Fragen der Motivation, der Mitarbeitergewinnung und -betreuung treten in den Vordergrund. Es bedarf generell verstärkter professioneller Bemühungen um freiwillige Mitarbeiter.[4] Dabei ist die Rolle ehrenamtlicher Mitarbeit im Bereich des Amateurfußballs immer noch klar definiert. Fraglich ist, welche Rolle derartiges Engagement in Zukunft noch im Profifußball spielen wird. Stirbt das Ehrenamt mit zunehmender Professionalisierung aus oder wird es in veränderter Form neben der Hauptamtlichkeit auch weiterhin bestehen bleiben?

Der vorliegende Beitrag zeigt auf, was unter ehrenamtlichem Engagement zu verstehen ist und welche Erscheinungsformen, Aufgaben und Ziele insbesondere in Fußballvereinen damit verbunden sind. Des Weiteren wird der Frage nachgegangen, durch welche Motive ehrenamtlich tätige Personen zu ihrem Einsatz bewegt werden und worin dieses nachhaltige Engagement begründet liegt. Vor dem Hintergrund des *Internationalen Jahres des Ehrenamtes 2001* gilt es zudem, Anreize und Aktivitäten zur Förderung des ehrenamtlichen Engagements zu entwickeln, um der prekären Lage Herr zu werden. Dabei wird neben dem Ehrenamt im Bereich des Amateurfußballs vor allem auch die durch den Strukturwandel bedingte Situation im Profifußball betrachtet.

2 Grundlagen des ehrenamtlichen Engagements

2.1 Erscheinungsformen

Das maßgebliche Bestimmungskriterium ehrenamtlicher Arbeit besteht darin, dass sie nicht auf finanziellen Gewinn gerichtet ist. Ehrenamtliche Mitarbeit ist somit „unbezahlte" und zugleich „unbezahlbare" professionelle Arbeit. Gelingt es in Vereinen und Verbänden nicht, ständig Menschen zu freiwilligem und unentgeltlichem Engagement

---

[1] Vgl. Jütting (1996), S. 82.
[2] Vgl. Schütte/Horch (1998), S. 65.
[3] Vgl. Heinemann/Schubert (1992), S. 19 ff.
[4] Vgl. Pressemitteilung des Ministeriums für Bildung, Jugend und Sport des Landes Brandenburg vom 29.09.2000.

zu motivieren, geht ihnen ein großes Maß an Leistungsfähigkeit verloren. Dies gilt besonders für den Bereich Amateurfußball, aber auch im Profifußball ist das Ehrenamt als dritte Säule des deutschen Fußballs stützend tätig. Das verdeutlicht auch die Ausweitung des ehrenamtlichen Engagements im Deutschen Fußballbund (DFB) auf die soziale Integration und Gesellschaftspolitik.[1]

Ehrenamtliche Arbeit muss immer ergänzende Funktionen haben; dies bedeutet, dass im Falle der Entscheidung von Ehrenamtlichen, ihre Tätigkeit zu beenden, hieraus keinerlei organisatorische Probleme entstehen. Wegen des informellen Charakters ist die Bezeichnung Ehrenamt bzw. ehrenamtlich zudem mit rechtlichen Unsicherheiten und Unklarheiten behaftet. Sie tritt vereinzelt in Gesetzen auf, ansonsten wird der Begriff offensichtlich stillschweigend vorausgesetzt, ohne dass es eine allgemeingültige gesetzliche Definition gibt.

Ehrenamtliches Engagement hat viele Facetten. Zum einen gibt es unterschiedliche Ausrichtungen nach der konkreten Tätigkeit, z. B. öffentliches, wirtschaftliches sowie soziales Ehrenamt. Zum anderen ergeben sich aus der Abgrenzung zur beruflichen Tätigkeit vielgestaltige Unterschiede. Diese Vielfältigkeit und Unüberschaubarkeit der tatsächlichen Erscheinungsformen von ehrenamtlicher Tätigkeit macht es nahezu unmöglich, den Begriff genau und einheitlich zu definieren.[2] In Fußballvereinen findet sich dieses Engagement sowohl im dispositiven und administrativen Bereich als auch im Bereich der operativen Tätigkeiten.

Im Idealfall bilden ehren- und hauptamtliche Mitarbeiter ein gemeinsames Team, das den jeweiligen Arbeitsauftrag in enger Kooperation umsetzt.[3] Dabei wird gerade das Ehrenamt als Möglichkeit interpretiert, gesellschaftliche Verantwortung zu übernehmen. Dieses zeigt sich auch im Sozialprofil der Ehrenamtlichen im Bereich der Sportverbände: die betroffenen Personen verfügen durch ihre zumeist hohe berufliche und gesellschaftliche Stellung über ein hohes soziales Prestige und sind im Besitz einer gewissen Art von Ehre.[4] Eine Abgrenzung des Ehrenamtes gegenüber beruflicher Tätigkeit kann anhand der folgenden strukturellen Merkmale vorgenommen werden:[5]

- *Freiwilligkeit*: Es liegt kein Arbeitsvertrag zugrunde,
- *Organisatorische Anbindung*: Aktivität im Rahmen einer Vereinsorganisation,
- *Nebenberuflichkeit*: Engagement außerhalb der Hauptamtlichkeit,
- *Unentgeltlichkeit*: Einkommenserzielung ist nicht Hauptzweck der Tätigkeit,

---

[1] So ist z. B. die DFB-Stiftung Egidius Braun im Rahmen zahlreicher Spendeninitiativen auf die Unterstützung durch Ehrenamtliche angewiesen.

[2] Eine ausführliche Definition des Begriffs Ehrenamt findet sich bei Beher/Liebig/Rauschenbach (1998), S. 105 ff.

[3] Vgl. Bakarinow (o. J.), S. 5.

[4] Vgl. Winkler (1985), S. 163.

[5] In Anlehnung an Höflacher (1998), S. 53; vgl. hierzu auch die dort angegebene Literatur.

- *Laienarbeit*: Oftmals keine fachspezifische Ausbildung der Ehrenamtlichen,
- *Fremdhilfe*: Die Arbeit kommt – zumindest teilweise – Dritten zugute.

2.2 Gründe für mangelnde Bereitschaft

Auch wenn in der ehrenamtlichen Tätigkeit eines der idealtypischen Merkmale von Fußballvereinen liegt, ist seit einigen Jahren ein abnehmender Trend zu verzeichnen. Viele Vereine und Verbände sind mit einer stark nachlassenden Bereitschaft ihrer ehrenamtlichen Mitarbeiter konfrontiert. An die Gewinnung neuer engagierter Personen ist vielfach gar nicht erst zu denken. Da aus Sicht der Vereine von einer zunehmenden Bedeutung ehrenamtlicher Tätigkeit gesprochen wird, ist es wichtig, zunächst einige Gründe für die mangelnde Bereitschaft zu ehrenamtlichem Engagement aufzuzeigen:[1]

- Zunahme der zeitlichen und fachlichen Beanspruchung der Ehrenamtlichen,
- ungünstige wirtschaftliche, berufliche und private Rahmenbedingungen,
- geringere Bindung der Mitglieder an ihren Sportverein,
- verändertes Freizeitverhalten als mögliche Alternative zu ehrenamtlicher Mitarbeit,
- unangemessene Strukturen und Führungsformen sowie unterschiedliche Interessenlagen innerhalb der Sportorganisationen,
- Veränderung und Differenzierung der Bewertung ehrenamtlichen Engagements in der Öffentlichkeit, teilweise auch innerhalb der Sportorganisationen,
- zunehmende Kommerzialisierung, die das Bild des Sports in der Öffentlichkeit immer stärker prägt.

Die aufgezählten Gründe für die mangelnde Bereitschaft zu ehrenamtlichem Engagement stellen lediglich einen Ausschnitt dar. Es muss berücksichtigt werden, dass sie von verschiedenen Personen in unterschiedlicher Art und Weise wahrgenommen werden und jeweils eine unterschiedliche Gewichtung erfahren. Demnach muss ein gezielt angelegtes Handlungsprogramm zur Stärkung ehrenamtlicher Bereitschaft die einzelnen Bedingungen und Auswirkungen sehr differenziert betrachten. Nur so können Konsequenzen gezogen werden. Gerade im Hinblick auf den einsetzenden Strukturwandel im Profifußball ist das Bild der ehrenamtlich Engagierten auch nicht immer als positiv zu bezeichnen: Zu viele Querulanten werden in den Vorständen ausgemacht; das Bild der sozial engagierten, aber inkompetenten Ehrenamtlichkeit bestimmt häufig die Einstellung der bezahlten, fest angestellten Mitarbeiter. Ungerechte Behandlung und das Gefühl, unerwünscht zu sein sowie fehlendes Management für die freiwillige unbezahlte Mitarbeit lassen viele Ehrenamtler verzweifeln.[2]

---

[1] Vgl. Grundsatzerklärung "Ehrenamt im Sport in Nordrhein-Westfalen"; vgl. hierzu auch Schütte/Horch (1998), S. 70 ff.

[2] Vgl. Bakarinow (o. J.), S. 1.

2.3 Ziele des DFB zur Förderung des Ehrenamtes

Auch der DFB hat die enorme Wichtigkeit ehrenamtlichen Engagements erkannt und mit seinen Landesverbänden die Arbeitsgruppe Ehrenamt gegründet. Mit Hilfe zahlreicher Aktionen soll sie maßgeblich dazu beitragen, die freiwillige Tätigkeit in Fußballvereinen verstärkt zu fördern. Das gilt nicht nur für die zahlreichen kleinen Sportvereine, die zum Dachverband des DFB gehören, sondern vor allem auch für Vereine der ersten und zweiten Bundesliga. Neben der wichtigsten Aufgabe des DFB als Ausübung des Fußballsports in Meisterschaftsspielen und Wettbewerben der Spielklassen der Regional- und Landesverbände sowie der Lizenzligen kommt auch die Bedeutung ehrenamtlicher Arbeit gesondert zum Ausdruck. So ist gemäß § 4 Punkt m) der DFB-Satzung das Ehrenamt zu pflegen und zu fördern. Doch auch in anderen Punkten des § 4 finden sich Aufgaben, die zu einem großen Teil nur durch ehrenamtliche Tätigkeiten zu bewerkstelligen sind.[1] In seiner Aktion Ehrenamt zur Förderung ehrenamtlicher Tätigkeiten in den Fußballvereinen versucht der DFB, folgende Ziele zu erreichen:[2]

- Die Bedeutung ehrenamtlichen Engagements hervorzuheben und zum Thema ihrer Öffentlichkeitsarbeit zu machen.
- Verantwortung für ihre Vereine zu übernehmen, indem sie ihnen bei der Bewältigung der aktuellen und zukünftigen Aufgaben im Bereich Mitarbeitergewinnung Hilfestellung bieten.
- Ihren mehr als 6 Mio. Mitgliedern jetzt und in Zukunft ermöglichen, den Fußballsport im Verein auszuüben.
- Die Stärkung der Vereine, ehrenamtliche Mitarbeiter langfristig an den Verein zu binden.
- Die Anerkennung der Leistungen ehrenamtlicher Vereinsmitarbeiter in der Öffentlichkeit zu erhöhen.
- Erhöhung der Bereitschaft zu ehrenamtlicher Mitarbeit in Sportvereinen und -verbänden.
- Vergrößerung der Zahl ehrenamtlicher Mitarbeiterinnen und Mitarbeiter.
- Nachwuchsförderung "sozialer Talente".
- Verbesserung der politischen, gesetzlichen, finanziellen und sportinternen Rahmenbedingungen.

---

[1] Vgl. hierzu insbesondere § 4 Punkt a), c), i), k), l). Die in diesen Punkten genannten Aufgaben des DFB sind zu einem großen Teil nur durch die Mithilfe von ehrenamtlich Tätigen im Fußballverein zu bewerkstelligen.

[2] Vgl. Ehrenamtsbroschüre des DFB zur Ideenbörse.

3 Motive und Anreize im Ehrenamt

3.1 Motive des ehrenamtlichen Engagements

In der Motivation zum Ehrenamt ist in den letzten Jahrzehnten eine Werteverschiebung zu beobachten: War früher für die Übernahme von Ehrenämtern häufig ein gewisses Pflichtgefühl maßgebend, so hat heute die durch die ehrenamtliche Tätigkeit vermittelte persönliche Befriedigung und Erfüllung einen höheren Stellenwert erhalten. Wichtiger ist den Menschen heute vielfach die Berücksichtigung persönlicher Fähigkeiten und Neigungen. Die gestiegene Professionalisierung im Bereich Profifußball hat dabei zur Folge, dass die Freiräume der ehrenamtlich Tätigen in Fußballvereinen drastisch eingeschränkt werden. Die Parallelität von bezahlter und unentgeltlicher Arbeit geht zu Lasten des Selbstverständnisses der ehrenamtlich Tätigen und führt dazu, dass immer mehr Ehrenamtliche ihre Arbeit in Frage stellen.[1] Dabei liegt der ehrenamtlichen Mitarbeit generell eine andere Motivation zugrunde als der hauptamtlichen Tätigkeit. Viele Fußballvereine sind nach wie vor auf eine große Bereitschaft an aktivem Engagement ihrer Mitglieder angewiesen. Von daher soll zunächst der Frage nachgegangen werden, aus welchen Gründen bestimmte Personen ehrenamtlich tätig sind. Durch welche Motive werden diese Personen zu ihrem nachhaltigen und oftmals völlig unentgeltlichen Engagement bewegt?

3.1.1 Materielle Motive

Ein Merkmal ehrenamtlicher Tätigkeit ist, dass sie *der Ehre halber* ausgeübt wird und nicht aufgrund einer materiellen Entschädigung. Die Aufwandsentschädigung, die mit ehrenamtlichen Aufgaben verbunden ist, stellt in der Regel eine Entschädigung für entstandene Kosten und kein Einkommen dar. Somit existiert auch kein Leistungsaustausch zwischen Arbeit und Entgelt, wie es bei hauptamtlicher Tätigkeit der Fall ist. Aufgrund des abnehmenden Trends ehrenamtlicher Arbeit wird vermutet, dass die traditionellen Anreize zur ehrenamtlichen Tätigkeit nicht mehr ausreichen. Und selbst wenn ehrenamtliches Engagement in der Regel ohne unmittelbar materielle Motive geleistet wird, so werden diese auch nicht ausgeschlossen.

Unter steuerrechtlichen Aspekten kann aus Sicht der Mitarbeiter die Regelung des § 3 Nr. 26 EStG zu ehrenamtlichem Engagement motivieren. Sie behandelt Einkünfte aus verschiedenen nebenberuflichen Tätigkeiten als steuerfreie Aufwandsentschädigungen, wenn diese den Betrag von 1.848 € jährlich nicht übersteigen.[2] Voraussetzung ist jedoch, dass die Tätigkeit entweder im Auftrag einer öffentlichen Stelle oder einer als gemeinnützig anerkannten privaten Körperschaft geleistet wird. Aufgrund dieser immer noch geringen Ausdehnung des steuerfreien Aufwandsersatzes ist der Bereich

---

[1] Vgl. Höflacher (1998), S. 60.

[2] Ersetzt die bis dato gültige Regelung einer Deckelung des steuerfreien Anteils von bisher DM 3.600.

steuerlicher Vergünstigungen als materielles Motiv ehrenamtlichen Engagements eher zweitrangig. Je schwieriger es wird, qualifizierte Personen für eine ehrenamtliche Tätigkeit zu gewinnen, desto attraktiver müssen solche Tätigkeiten sein. Attraktivität umfasst nicht nur Geldleistungen, aber sie umfasst sie auch und in zunehmendem Maß.

3.1.2 Personelle Motive

Da ehrenamtlich tätige Personen in der Regel kein finanzielles Entgelt für ihre Arbeit erhalten, wird angenommen, dass sie vorwiegend intrinsisch motiviert sind. Das heißt, dass der Spaß am Arbeitsinhalt sowie die Freude am Arbeitsergebnis im Vordergrund ihrer Tätigkeit stehen. Jedoch hängt die Bereitschaft ehrenamtlich Tätiger von einer Vielzahl sich wechselseitig beeinflussender Faktoren ab. Auch können sich die verschiedenen Motive im Zeitablauf oder mit Wahrnehmung neuer Tätigkeiten verändern und somit Auswirkungen auf die jeweilige Motivation zeigen. So kann ein Vereinsmitglied sich zwar durch überwiegend intrinsische Motivation auszeichnen, mögliche Konflikte innerhalb des Vereines bzw. seiner Struktur können sich jedoch nachteilig auf sein Engagement auswirken. Neben Motiven wie Unternehmergeist, Risikobereitschaft und Eigeninitiative treten dabei folgende Aspekte grundsätzlich als persönliche Motive zu ehrenamtlicher Tätigkeit hervor:[1]

- *Selbstverwirklichungsmotive*
  Möglichkeit, Talente und Fähigkeiten in sportlicher und organisatorischer Sicht einzubringen, Spaß, Weiterentwicklung eigener Fähigkeiten und Kenntnisse, Bekanntschaft mit interessanten Menschen.
- *Persönliche Wertvorstellungen*
  Ein ehrenamtliches Engagement wird subjektiv dann als besonders sinnvoll empfunden, wenn es im Einklang mit persönlichen Wertvorstellungen steht und somit auch eine visionäre Dimension mit altruistischen Motiven aufweist.[2]
- *Soziale Kontaktmotive*
  Bedürfnis nach Harmonie, Geselligkeit, Gemeinschaft, Freundschaft, Kollegialität.
- *Imagemotive*
  Wunsch nach Mitarbeit in einem bestimmten Verein aufgrund eines hohen Imageeffektes.
- *Sonstige Vorteile*
  Ausweitung von social skills wie Teamfähigkeit, Verhandlungsgeschick, rhetorische Kompetenz, Netz an sozialen Beziehungen.

---

[1] Vgl. zu unterschiedlichen Motiven für ehrenamtliches Engagement u.a. Pankoke (1996), S. 34 f., und Wehling (1996), S. 110.

[2] Vgl. hierzu Badelt (1997), S. 370 f.

Geht man davon aus, das materielle Motive jeglicher Art fehlen, so ist die Bereitschaft zu aktiver ehrenamtlicher Tätigkeit in Fußballvereinen besonders beeinflusst durch:[1]

- die vom *Verein gebotenen individuellen Anreize*, die auf ein individuelles Motiv des Mitgliedes treffen. Diese haben vor allem eine Auswirkung auf die grundsätzliche Bereitschaft zur Teilnahme am ehrenamtlichen Engagement;
- die *Vielfalt der sozialen Rollen*, die das Mitglied insgesamt spielen muss und welche insbesondere einen Einfluss auf das Ausmaß des Engagements ausüben;
- *Gruppenprozesse im Verein*, die für die Nachhaltigkeit des Engagements von großer Bedeutung sind.

Vor dem Hintergrund einer gezielten Förderung des ehrenamtlichen Engagements in Fußballvereinen müssen die unterschiedlichen Motive der einzelnen Personen verstärkt berücksichtigt werden. Durch das Setzen individueller Anreize können Vereine die Bereitschaft zu ehrenamtlicher Tätigkeit bei ihren Mitgliedern erhöhen. Jedoch ist es auch möglich, das Engagement der Mitarbeiter durch ungeeignete oder zu einem falschen Zeitpunkt eingesetzte Anreize nachträglich zu verringern. Um dies zu vermeiden, werden im Folgenden unterschiedliche Anreizgestaltungen zur Förderung des ehrenamtlichen Engagements aufgezeigt.

3.2 Anreize des ehrenamtlichen Engagements

Ohne das Engagement ehrenamtlich tätiger Menschen ist das moderne Vereinsleben im Fußball nicht denkbar. Der Verein muss diesen Einsatz immer wieder herausstellen und würdigen. Viele Fußballvereine beschäftigen sich mit der Frage, wie dem abnehmenden Trend der ehrenamtlichen Tätigkeit zu begegnen ist.[2] Oftmals beklagt wird dabei das fehlende Management für Ehrenamtliche und die fehlende Aufwertung der unentgeltlichen Mitarbeit. Offensichtlich wird davon ausgegangen, dass traditionelle Anreize wie Ehre, Anerkennung, Gemeinschaft sowie Selbstentfaltungsmöglichkeiten nicht mehr ausreichen. Es müssen weitere Anreize geschaffen werden, mit denen das vorhandene Potenzial der ehrenamtlich Tätigen aktiviert werden kann. Dadurch, dass materielle Belohnungen für außerordentliche Leistungen nicht zur Verfügung stehen, sind in Vereinen immaterielle Belohnungen tendenziell von höherer Bedeutung. Sollte der Solidaritätsgedanke tatsächlich abnehmen, so steigt die Bedeutung extrinsischer Anreize, die einen mittelbaren Erfolg des Engagements in Aussicht stellen. Besonderes Augenmerk muss aber auf der Steuerung und Koordination von Anreizen liegen, damit

[1] In Anlehnung an Andeßner (1998), S. 33 f.

[2] Es gibt vielfältige Ursachen für die zunehmenden Klagen und Schwierigkeiten von Sportvereinen bei der Gewinnung neuer ehrenamtlicher Personen sowie bei der Haltung bereits vorhandener Freiwilliger. Diese Aussagen werden durch die Finanz- und Strukturanalysen des Deutschen Sportbundes (DSB) von 1986 und 1991 unterstützt. In der Analyse von 1991 wurden von ca. 86 % der Vereine noch häufiger als 1986 (ca. 50 %) Schwierigkeiten bei der Gewinnung von Ehrenamtlichen genannt.

es keine negativen Rückwirkungen auf die Leistungsbereitschaft der ehrenamtlichen Mitarbeiter gibt.

3.2.1 Steuerrechtliche Anreize

Zur Verbesserung der Anreizsituation ehrenamtlicher Tätigkeit ist vielfach eine weitere Ausdehnung des steuerfreien Aufwandsersatzes gefordert. Des Weiteren sollte aus Sicht des EStG der Abzug eines fiktiven Arbeitslohnes ermöglicht werden. Dieser fiktive Arbeitslohn würde durch die Bewertung der jeweils geleisteten und vom Verein bestätigten Arbeitsstunden mit einem vorgegebenen Stundensatz ermittelt werden. Ziel wäre es, diesen errechneten Betrag dann als Aufwandsspende vom ehrenamtlichen Mitarbeiter als Sonderausgabe bei der Ermittlung seines zu versteuernden Einkommens abzuziehen.[1]

Allerdings ist ein solcher Abzug nach geltendem Recht nicht möglich. Vielmehr sieht der § 10b Abs. 3 EStG vor, dass Nutzungen und Leistungen nicht als Spenden abzugsfähig sind. So sind Aufwendungen zugunsten einer zum Empfang steuerlich abzugsfähiger Zuwendungen berechtigten Körperschaft nur dann abzugsfähig, wenn ein Anspruch auf die Erstattung der Aufwendungen durch Vertrag oder Satzung eingeräumt und auf die Erstattung verzichtet worden ist. Dieser Anspruch darf nicht unter der Bedingung des Verzichts eingeräumt worden sein. Jedoch wären diese Einkünfte beim Mitarbeiter wiederum einkommenssteuerpflichtig, wodurch kein Steuerspareffekt entsteht. Weiterhin steht eine Anrechnung von Zeiten ehrenamtlichen Engagements in der Rentenversicherung zur Diskussion. Dabei soll auf Basis eines geleisteten Arbeitswertes dann ein Beitrag zur gesetzlichen Rentenversicherung angerechnet werden. So entsteht eine weitere Forderung zur Anerkennung der ehrenamtlichen Tätigkeit.

3.2.2 Organisatorisch-strukturelle Anreize

Auch der DFB ist der Frage nachgegangen, wie Menschen für ehrenamtliches Engagement gewonnen werden können und welche Unterstützung innerhalb der Vereinsorganisation sie benötigen. Dabei ist es von großer Bedeutung, welche Anreize dieses Engagement konkret fördern. Die DFB-Arbeitsgruppe Ehrenamt hat diesbezüglich bei einem Ideenwettbewerb aus ca. 600 Einsendungen erprobte Ideen übernommen und ist zudem durch viele Vereinsvertreter auf bestimmte Grundsätze aufmerksam gemacht worden, denen oft jahrelange persönliche Erfahrungen zu Grunde liegen. Die wesentlichen Maßnahmen des DFB zur Förderung des ehrenamtlichen Engagements seien im Folgenden genannt:[2]

---

[1] Vgl. Höflacher (1998), S. 55 f.

[2] Vgl. Ehrenamtsbroschüre des DFB zur Ideenbörse.

- Aufbau eines Netzes von 400 Ehrenamtsbeauftragten, die in allen Fußballkreisen Deutschlands aktiv sind. Sie sind Ansprechpartner und Berater für die Vereine in allen Fragen zum Thema Ehrenamt.
- Seit 1997 Verleihung des DFB-Ehrenamtspreises an jährlich über 360 Vereinsmitarbeiter für herausragende ehrenamtliche Leistungen.
- Belohnung von 100 ehrenamtlichen Mitarbeitern mit Mitgliedschaft im DFB-Ehrenamtsclub (u. a. freier Eintritt zu Spielen der deutschen Nationalmannschaft als Anreiz).
- Seit 1998 bundesweit Fortbildungsmaßnahmen und Modellprojekte zu Methoden der Mitarbeitergewinnung und Verbesserung der Vereinsstrukturen.
- Seit 1999 Sonderehrung zur Förderung des Engagements.
- Erhöhung der gesellschaftlichen Anerkennung durch z. B. Gratifikationsprogramme.
- Vereins- und Personalmanagement in Sportvereinen.
- Dankeschön-Veranstaltungen, Vereinszeitung zur Information, Ideenbörse.
- Verbesserung der Rahmenbedingungen für ehrenamtliche Arbeit.
- Verstärkte Öffentlichkeitsarbeit zur Gewinnung neuer Personen.
- Berücksichtigung ehrenamtlicher Tätigkeiten bei Einstellungen und Bewerbungen als zusätzliches Qualifikationsmerkmal.
- Gewährung von Sonderurlaub für die Teilnahme an besonders herausragenden Sportveranstaltungen.
- Aus- und Fortbildung der Mitarbeiter bei Übernahme eines Amtes.
- Aufteilung der Vorstandsarbeit in verschiedene Ressorts.

Arbeitszufriedenheit und das Gefühl, die eigenen Fähigkeiten einbringen zu können, fördern das Engagement. Ehrenamtliche, die mit ihren Interessen und Fähigkeiten richtig und gezielt eingesetzt werden, steigern die Leistungsfähigkeit der Fußballvereine. Nicht zuletzt ist die Zeit- und Arbeitskraftspende durch Ehrenamtliche ein wirtschaftlicher Faktor. Umgerechnet in Geldwert erwirtschaftet ehrenamtliches Engagement nicht unerhebliche Beträge. Allerdings braucht Ehrenamtlichkeit neben einer kontinuierlichen Entwicklung auch immer wieder neue Impulse. Klarheit über mögliche Wünsche und Motive potenzieller Zielgruppen hilft den Vereinen, ihre Programme entsprechend darauf abzustellen. Kenntnisse und Interessen der Person sollen mit dem Anforderungsprofil der Aufgabe übereinstimmen. Im Sinne des Selbstverständnisses von ehrenamtlicher Tätigkeit ist zu beachten, dass die Förderung von unbezahlten und freiwilligen sozialen Engagements nicht bzw. nicht in erster Linie durch finanzielle Aspekte erfolgen kann.[1] Ehrenamtliche Vereinsarbeit schließt eine finanzielle Zuwendung bzw. Gratifikation nicht grundsätzlich aus. Hier muss aber auch das Selbstver-

[1] Beschluss des Landtages des Saarlandes vom 14.02.1996.

ständnis der anderen Ehrenamtler berücksichtigt werden. Die Schaffung eines positiven Vereinsklimas ist Voraussetzung für effiziente ehrenamtliche Tätigkeit.

4 Besonderheit des Ehrenamts in Bundesligavereinen

4.1 Ausgangssituation

Bis 1998 waren alle deutschen Bundesligisten eingetragene Vereine (e. V.). Der Hauptzweck eines Fußballvereins ist dabei gemäß seiner Satzung regelmäßig als gemeinnützig anzusehen.[1] Das heißt unter anderem, dass die Mitglieder bei einem Verein keinerlei Verpflichtungen, beim gemeinnützigen Verein allerdings auch keine Rechte am Vereinsvermögen haben. Auch in der aktuellen Situation ist die Mehrheit der Bundesligavereine immer noch im Rahmen eines eingetragenen, nicht auf einen wirtschaftlichen Geschäftsbetrieb gerichteten Vereins gemäß § 21 BGB organisiert. Viele wollen diesen Zustand in der Rechtsform des Idealvereins auch in Zukunft beibehalten.[2]

Die Organisationsstrukturen eines Vereins sind jedoch in der Regel nicht dazu geeignet, ein Fußballunternehmen professionell zu führen. Vielfach stellt sich gerade bei Vereinen der ersten und zweiten Bundesliga die Frage, ob diese noch als Idealvereine oder schon als wirtschaftliche Vereine im Sinne des § 22 BGB anzusehen sind. Aus diesem Grund sind bereits einige Vereine dazu übergegangen, sich von einem nichtprofitorientierten, eingetragenen Fußballverein zu einem ertragsorientierten Wirtschaftsunternehmen zu wandeln. Diese Entwicklung beruht nicht zuletzt auf Vorgaben des DFB, der 1995 Rahmenbedingungen für die Satzung eines Lizenzvereins aufstellte, um eine einheitliche und den gewachsenen Erfordernissen des Lizenzfußballs gerecht werdende Führungsstruktur im Lizenzfußball zu erreichen.

Die Notwendigkeit einer Professionalisierung der Führungsstrukturen im Profifußball wird am besten durch die Rechtsform der Kapitalgesellschaft entsprochen.[3] Allerdings gibt es viele Bundesligavereine, die die Gründung einer Aktiengesellschaft (noch) nicht in Erwägung ziehen. Doch auch in solchen Fällen können professionellere Führungsstrukturen geschaffen werden. Das flexible Vereinsrecht gemäß § 40 BGB erlaubt nämlich, die Vereinsfassung an spezielle Organisationsbedürfnisse anzupassen. Diese Anpassung an veränderte Rahmenbedingungen geht vielfach auch mit einem Wandel zu hauptamtlichen Mitarbeitern und spezialisiertem Aufgabenvollzug einher.

1 Vgl. zur steuerlichen Anerkennung der Gemeinnützigkeit den Beitrag von Engelsing/Littkemann.
2 Vgl. Süßmilch et al. (2001), S. 49 f.
3 Vgl. zur Umwandlung eines Vereins in eine Kapitalgesellschaft den Beitrag von Schewe.

4.2 Ehrenamtlichkeit im Rahmen des Strukturwandels

Das wachsende Geschäft mit dem Fußball erfordert nicht nur im sportlichen sondern auch im kaufmännischen Bereich Vollprofis. Das Management eines Fußballvereins zeichnet sich jedoch häufig noch durch die Ehrenamtlichkeit der Entscheidungsträger aus, die für ihre Tätigkeit eine vergleichsweise geringfügige Aufwandsentschädigung erhalten. Durch die veränderten Rahmenbedingungen sind viele Mitarbeiter dem laufenden Geschäft ausgeliefert. Ihnen fehlen oftmals Einblicke in die zunehmende Komplexität vieler Geschäftsprozesse, die mit der zur Verfügung stehenden Zeit auch nicht ohne weiteres gewonnen werden können. Dies ist besonders gravierend bei Führungspersonen, die ehrenamtlich tätig sind.

Viele Bundesligavereine verfügen (noch) über einen sechs- bis zwölfköpfigen Vorstand, der zum größten Teil ehrenamtlich tätig ist. Als oberstes Kontrollorgan fällt damit zum einen die Überwachung der Einhaltung des Etats einer Saison in seinen Aufgabenbereich. Weiterhin fungiert er im Rahmen von Vorstandswahlen als Puffer zwischen Vorstand und Mitgliederversammlung. Allerdings geht der Trend verstärkt dahin, die offenen Stellen im administrativen Bereich der Bundesligavereine infolge der zunehmenden Spezialisierung und Berufsdifferenzierung grundsätzlich mit hauptamtlichen Mitarbeitern zu besetzen.[1] Dieses macht insofern Sinn, als dass in Vereinen, die Umsätze wie mittelständische Unternehmen aufweisen, tragende Entscheidungen nicht allein der damit häufig überforderten Mitgliederversammlung überlassen werden dürfen. Es ist für einen Fußballverein nicht erstrebenswert, dass ehrenamtliche Präsidiumsmitglieder die volle Haftung für alle Geschäfte tragen. Dies macht eine striktere Trennung der Verantwortungsbereiche dringend notwendig. Allerdings geht damit auch ein Rückgang der Ehrenamtlichkeit einher.

Nach Vorgaben des DFB soll der Vorstand im Idealfall mit zwei ehrenamtlichen sowie zwei hauptamtlichen Mitgliedern besetzt werden. Die Vorstände vieler Bundesligavereine sehen jedoch viel eher in einer ausschließlich hauptamtlichen Führung des Vereins das Modell der Zukunft.[2] Allerdings ist die finanzielle Lage der Bundesligisten ausschlaggebend für eine schnelle Neustrukturierung der Vereinsorganisation. Viele Vereine der zweiten Bundesliga sind häufig nicht in der Lage, die geforderten zwei bzw. vier hauptamtlichen Führungskräfte zu beschäftigen. Somit profitieren zahlreiche Vereine noch von der unentgeltlichen Leistung ihrer ehrenamtlich Tätigen, da die Bezahlung professioneller Führungskräfte bei manchen Vereinen an die Substanz gehen würde. Tabelle 1 zeigt auf, welche Bundesligavereine bereits dazu übergegangen sind, ihre Führungsorganisation ganz oder zumindest teilweise nach den Vorgaben des DFB auszurichten.

---

[1] Vgl. zum Strukturwandel im Profifußball den Beitrag von Schewe/Gaede/Küchlin.

[2] Vgl. Klemm (1999), S. 86 ff.

Bundesligaverein	**bisherige Organisation von Vorstand und Aufsichtsrat**			**zukünftige Organisation von Vorstand und Aufsichtsrat**			**Vollzug des Wandels**
	Organ	Ehrenamt	Hauptamt	Organ	Ehrenamt	Hauptamt	
1. FC Kaiserslautern	Vorstand: AR:	3 7	2 0	Vorstand: AR:	0 7	2 0	ganz abgeschlossen
1. FC Saarbrücken	Vorstand: AR:	3 7	0 0	Vorstand: AR:	3 7	0 0	noch nicht angefangen
1. FSV Mainz 05	Vorstand: AR:	9 0	0 0	Vorstand: AR:	9 0	0 0	noch nicht angefangen
Bayer 04 Leverkusen	Vorstand: AR:	4 0	1 0	Vorstand: AR:	0 4	2 0	ganz abgeschlossen
DSC Arminia Bielefeld	Vorstand:	4	0	Vorstand:	2	2	teilweise abgeschlossen
Eintracht Frankfurt	Vorstand: Verw.rat:	4 8	0 0	Vorstand: AR:	0 12	3 0	ganz abgeschlossen
FC Hansa Rostock	Vorstand:	4	0	Vorstand:	0	1	teilweise abgeschlossen*
Hamburger SV	Vorstand: AR:	0 12	2 0	Vorstand: AR:	0 12	3 0	teilweise abgeschlossen
Hertha BSC Berlin	Vorstand:	rein ehrenamtlich		Vorstand:	Profi und Finanzen hauptamtlich		teilweise abgeschlossen
LR Ahlen	Vorstand: AR:	3 5	0 0	Vorstand: AR:	3 5	0 0	teilweise abgeschlossen
SC Freiburg	Vorstand: AR:	3 0	0 0	Vorstand: AR:	3 0	0 0	noch nicht angefangen
SpVgg Unterhaching	Vorstand: AR:	4 0	0 0	Vorstand: AR:	4 0	0 0	noch nicht angefangen
SV Babelsberg 03	Vorstand: AR:	8 9	0 0	Vorstand: AR:	4 9	1 0	teilweise abgeschlossen
SV Waldhof Mannheim	Vorstand: AR:	6 8	1 0	Vorstand: AR:	6 0	1 0	teilweise abgeschlossen
SV Werder Bremen	Vorstand: AR:	3 0	0 0	Vorstand: AR:	1 7	3 0	teilweise abgeschlossen
VfB Stuttgart	Vorstand: AR:	2 17	3 0	Vorstand: AR:	1 12	3 0	ganz abgeschlossen**

* Antrag auf Satzungsänderung in der Tagesordnung der nächsten Mitgliederversammlung
** Angleichung an die Führungsstruktur von Kapitalgesellschaften

Quelle: Eigene Erstellung

Tab. 1: Ehrenamtlichkeit des Vorstandes bei Bundesligisten, Stand November 2001

Die Tendenz vieler Bundesligisten geht zu einer zunehmenden Auseinandersetzung mit Fragen des Strukturwandels. Dabei fällt auf, dass ein Großteil der Vereine verstärkt dazu übergeht, Mitglieder des Vorstands gemäß den Vorgaben des DFB eher hauptamtlich zu beschäftigen. Dies trifft insbesondere bei Vereinen zu, die den Strukturwandel nach eigenen Angaben bereits ganz vollzogen haben. Hier ist das reine Ehrenamt offenbar kein zeitgemäßes Modell mehr; es lässt sich vielmehr ein fast ausschließlich hauptamtlicher Vorstand konstatieren. Gleichwohl ist zu vermerken, dass kaum ein Verein der ersten und zweiten Bundesliga auf eine unterstützende ehrenamtliche Tätigkeit des Vorstands verzichten kann oder will. Dies zeigt sich speziell bei Vereinen, die den Wandel noch nicht angefangen oder erst teilweise abgeschlossen haben. Doch auch hier ist zu vermuten, dass eine der nächsten Mitgliederversammlungen einen Antrag auf Änderung der Satzung in der Tagesordnung verzeichnen wird.

Bei einer Binnenverfassung, die ausschließlich an den Interessen der Lizenzabteilung ausgerichtet ist, kann es jedoch innerhalb des Vereins zu Konflikten mit den Amateuren kommen. So ist es möglich, dass es bei der Umsetzung der vom DFB gemachten Vorgaben für die Satzung des Vereins zu Widerstand bei besonders mitgliederstarken Amateurabteilungen kommt. Hier muss jeweils im Einzelfall entschieden werden, inwieweit Mitspracherechte eingeräumt werden. Eine strikte organisatorische Trennung von Amateur- und Profiabteilung lässt sich demnach nicht in jedem Verein durch eine Anpassung der Satzung erreichen. Fraglich ist auch, welche Rolle ehrenamtliches Engagement dann in Zukunft noch im Bereich des Profifußballs spielen wird. Die nächsten Jahre werden zeigen, ob das Ehrenamt mit zunehmender Professionalisierung ausstirbt oder ob und in welchem Maße es in einer eventuell veränderten Form neben der Hauptamtlichkeit auch weiterhin bestehen bleibt.

5 Fazit

Betrachtet man die Umstrukturierungsmaßnahmen vieler Vereine der ersten und zweiten Bundesliga, so scheint gerade im Führungsbereich das Ehrenamt zu einem Auslaufmodell zu werden. Dabei ist Professionalität keineswegs mit einer Tätigkeit im Hauptamt gleichzusetzen. Sie bezeichnet vielmehr eine bestimmte Qualität des Handelns, die nicht an die Berufsförmigkeit gebunden ist. Auch Ehrenamtliche und Freiwillige können in diesem Sinne professionell handeln und zeigen dies auch in ihrer täglichen Vereinspraxis.[1] Das Ehrenamt ist also weiterhin auch für Bundesligisten interessant. Es stellt nach wie vor eine nicht ersetzbare Leistung zur Bewältigung der anfallenden Aufgaben im sportlichen wie organisatorischen Bereich dar, die durch besondere Anreize gefördert werden muss.

Jedoch kann das System vieler Vereine im deutschen Profifußball weder auf Hauptberuflichkeit noch auf Professionalität verzichten. Beide Aspekte müssen sich in die Logik der Non-Profit-Organisationen einfügen und werden durch diese begrenzt. Die damit verbundenen Chancen und Risiken erfordern aber besondere Managementleistungen, die an die veränderten Bedingungen angepasst werden müssen.[2] Übergangs-

---

[1] Vgl. Jütting (1996), S. 82.
[2] Vgl. Pankoke (1996), S. 34 ff., sowie Kappler (1996), S. 52 ff.

weise wird somit ein System benötigt, das sowohl haupt- als auch ehrenamtliche Vorstände nebeneinander beschäftigt, die zur effektiven Bearbeitung klar voneinander abgegrenzte Aufgabenbereiche zugewiesen bekommen. Das Ehrenamt ist hier insbesondere für weite Verbreitung, Vielfalt, gesellschaftlichen Rang und Unabhängigkeit verantwortlich. Von daher gilt es, ehrenamtliches Engagement auch im Profifußball in jeder erdenklichen Form zu unterstützen. Dabei ist es auch in Vereinen der Fußball-Bundesliga wichtig, dass gewisse Rahmenbedingungen und ein soziales Klima vorherrschen, in dem sich ehrenamtliches Engagement auch weiterhin entwickeln kann.

Literatur

Andeßner, R. (1998): Ehrenamtliches Engagement in Vereinsinitiativen – Einflussfaktoren und Konsequenzen für das Management, in: Witt, D./Blümle, E.-B./Schauer, R./Anheier, H. K. (Hrsg.): Ehrenamt und Modernisierungsdruck in Nonprofit-Organisationen: Eine Dokumentation, 3. Internationales Colloquium der NPO-Forscher, Wiesbaden, S. 29-42.

Badelt, C. (1997): Ehrenamtliche Arbeit im Nonprofit Sektor, in: Badelt, C. (Hrsg.): Handbuch der Nonprofit Organisation, Stuttgart, S. 370 ff.

Bakarinow, K. (o. J.): Ehrenamtliche sind ein Schatz im Vereinsvermögen, in: http://www.fh-fulda.de/bldw/bakrino.htm.

Beher, K./Liebig, R./Rauschenbach, T. (1998): Das Ehrenamt in empirischen Studien – ein sekundäranalytischer Vergleich, Stuttgart et al.

Höflacher, S. (1998): Wird ehrenamtliche Tätigkeit im Nonprofit-Sektor durch zunehmende Professionalisierung verdrängt?, in: Witt, D./Blümle, E.-B./Schauer, R./Anheier, H. K. (Hrsg.): Ehrenamt und Modernisierungsdruck in Nonprofit-Organisationen: Eine Dokumentation, 3. Internationales Colloquium der NPO-Forscher, Wiesbaden, S. 51-63.

Jütting, D. H. (1996): Mitarbeitende Mitglieder und verbandliche Qualifizierungssysteme im deutschen Sportvereinswesen: Struktureigenschaften und Modernisierungserwartungen, in: Jütting, D. H./Jochinke, M. (Hrsg.): Standpunkte und Perspektiven zur Ehrenamtlichkeit im Sport, Münster, S. 73-87.

Kappler, E. (1996): Zum strukturellen und normativen Wandel des Ehrenamtes, in: Jütting, D. H./Jochinke, M. (Hrsg.): Standpunkte und Perspektiven zur Ehrenamtlichkeit im Sport, Münster, S. 49-63.

Klemm, H.-G. (1999): Die bezahlte Ehre, in: Kicker Sportmagazin vom 2.11.1999, S. 86-88.

O.V. (2001): Grundsatzerklärung „Ehrenamt im Sport in Nordrhein-Westfalen", LandesSportBund.

Pankoke, E. (1996): ‚Ehre‘ und ‚Engagement‘ im Sport. Zwischen ‚starker Kultur‘ und ‚aktiver Gesellschaft‘, in: Jütting, D. H./Jochinke, M. (Hrsg.): Standpunkte und Perspektiven zur Ehrenamtlichkeit im Sport, Münster, S. 32-48.

Schütte, N./Horch, H.-D. (1998): Professionalisierungsdruck und -hindernisse im selbstverwalteten Sport, in: Witt, D./Blümle, E.-B./Schauer, R./Anheier, H. K. (Hrsg.): Ehrenamt und Modernisierungsdruck in Nonprofit-Organisationen: Eine Dokumentation, 3. Internationales Colloquium der NPO-Forscher, Wiesbaden, S. 65-78.

Süßmilch, I./Selbach, R./Hußmann, B./Thyll, A./Nickel, L. (2001): FC €uro AG: Börsengänge europäischer Fußballunternehmen – Chancen für den deutschen Bundesligafußball, Studie der WGZ-Bank und Deloitte & Touche.

Wehling, M. (1996): Zum Problem der Honorierung und Gratifikation: Anmerkungen aus betriebswirtschaftlicher Sicht, in: Jütting, D. H./Jochinke, M. (Hrsg.): Standpunkte und Perspektiven zur Ehrenamtlichkeit im Sport, Münster, S. 109-113.

Winkler, J. (1985): Die ehrenamtliche Tätigkeit im Sport: Kompensation oder gesellschaftliches Engagement?, in: Kölner Beiträge zur Sportwissenschaft, Jahrbuch der deutschen Sporthochschule Köln, Bd. 14, S. 163-182.

Leistungsanreize im Profifußball

Gerhard Schewe / Nicolas Gaede / Julia Haarmann

1 Problemstellung

Mit dem dritten Jahrtausend ist das „Zeitalter der Sportgesellschaft“[1] angebrochen. Sportereignisse sind Publikumsmagneten. Mit ihrer zunehmenden gesellschaftlichen wächst auch ihre wirtschaftliche Bedeutung. Diese Entwicklung wirkt sich gleichermaßen auf die Verdienstmöglichkeiten von Sportlern, Sportvereinen und Turnierveranstaltern aus.

Bei den Sportlern werden Berufssportler (Profis) und Amateure unterschieden. Während ein Amateur seinen Lebensunterhalt nicht mit dem Sport verdient, betreibt ein Profi seine Sportart berufsmäßig. Profis sind bezüglich ihrer Verdienstmöglichkeiten nicht an Grenzen gebunden, wie dies bei Amateuren der Fall ist. Im Fall des Profifußballs werden die Spieler von den Fußballvereinen für die Teilnahme an verschiedenen Wettkämpfen und die Erbringung von Leistungen im Rahmen eines Vertrages entlohnt. Gleichzeitig erzielen Veranstalter und Vereine im Rahmen von Wettkämpfen Einnahmen aus Fernsehübertragungsrechten, Eintrittsgeldern und Sponsorenverträgen. Folglich existieren im Profisport Beziehungen, die denen zwischen Arbeitgeber und Arbeitnehmer in einem Unternehmen ähneln.

Die theoretische Basis der Untersuchung bildet somit die sog. *Agency-Theorie*, die sich mit Auftraggeber-/Auftragnehmer-Beziehungen beschäftigt. Im vorliegenden Fall beauftragt der *Fußballverein (Prinzipal)* jeden einzelnen spezialisierten *Spieler (Agent)* mit der Erstellung sowohl einer spezifischen Individualleistung (z. B. stürmen, verteidigen etc.) als auch mit einer teambezogenen Kooperationsleistung (Teamgeist etc.), um in der Summe ein optimales Mannschaftsresultat zu erzielen. Der Einsatz von Anreizsystemen ist für den Verein dabei grundsätzlich nur dann erforderlich, wenn der einzelne Spieler nicht hinreichend motiviert ist, dauerhaft seine bestmögliche Leistung im Sinne der Zielsetzung des Vereins zu erbringen. Der Spieler muss also aufgrund seines individuellen Nutzenkalküls ein Eigeninteresse daran besitzen, in seinem Verhalten von den Erwartungen des Vereins abzuweichen. Dieser potenzielle *Interessenkonflikt* kommt jedoch aus Sicht des Vereins nur dann zum Tragen, wenn der Spieler darüber hinaus aufgrund der Existenz von *Handlungsfreiräumen* auch die Möglichkeit besitzt, seine persönlichen Ziele zu Lasten des Vereins zu verfolgen.

---

[1] Vgl. Hackforth/Schaffrath (1998), S. 248.

Der Verein ist zwar, nicht zuletzt durch die Beauftragung eines darauf spezialisierten Trainers, in der Lage den Aufgabenbereich jedes Spielers exakt festzulegen und dessen Leistungen weitestgehend zu beobachten. Dennoch ist es auch dem Trainer aufgrund der fachspezifischen Kompetenz- und Informationsvorteile der Spieler bezüglich ihrer eigenen Leistungsfähigkeit, ihrer körperlichen Fitness oder auch ihres Gesundheitszustands nicht möglich, die beobachteten Leistungen vollständig korrekt zu beurteilen. Infolge dessen ergeben sich für den Spieler also diskretionäre Handlungs- und Entscheidungsfreiräume, innerhalb derer er potenziell von den Vereinsinteressen abweichen kann. In der Literatur spricht man hier von der Gefahr der „hidden action“.

Als oberste Zielsetzung des Bundesligavereins kann allgemein anerkannt die langfristige Maximierung des sportlichen und damit in der Regel auch wirtschaftlichen Erfolgs unterstellt werden. Dabei ist zu berücksichtigen, dass der Profifußball speziellen operativen zyklischen Zwängen unterliegt, da jeweils nach Ablauf eines Jahres über die Zugehörigkeit zu einer Spielklasse sowie die Teilnahme an internationalen Wettbewerben entschieden wird. Die Interessen der angestellten Spieler hingegen begründen sich auf ein befristetes, kündbares Arbeitsverhältnis. Ihre Tätigkeit ist mit erheblichen physischen und infolge des öffentlichen Interesses auch psychischen Belastungen verbunden. Hierfür werden sie durch ein Arbeitseinkommen entlohnt.[1] Folglich maximieren die Spieler ihren individuellen Nutzen aus dem Arbeitsverhältnis, wenn sie zum einen ihre finanziellen Erträge erhöhen und/oder zum anderen ihre Arbeitsanstrengungen c. p. verringern.[2] Dieses Verhalten der Spieler verringert den Nutzen der Delegationsbeziehung für den Verein und läuft somit seinen Zielen entgegen.

In dieser als *Agency-Beziehung* zu bezeichnenden Situation, erscheint die Forderung nach einer gezielten Verhaltensbeeinflussung daher durchaus zulässig, um Opportunismus seitens der Spieler a priori einzuschränken bzw. die Leistungs- und Kooperationsbereitschaft der Spieler zu fördern. Ein hierzu in der Literatur und Praxis gleichermaßen diskutiertes Instrument ist der Einsatz von *Anreizsystemen*, insbesondere das der *monetären Erfolgsprämie*.

---

[1] Grundlage für die Verhaltensannahmen der Spieler in dieser Situation ist das Verhaltensmodell der Anreiz-Beitrags-Theorie nach March/Simon. Im Rahmen dieser Theorie bewertet ein Mitarbeiter (Spieler) die von der Unternehmensseite (Vereinsseite) angebotenen Anreize im Verhältnis zu dem von ihm geforderten Leistungsbeitrag. Anschließend entscheidet er entsprechend seiner Bedürfnisstruktur und seines Anspruchsniveaus über den Eintritt in das Unternehmen (Verein) und sein Leistungsverhalten. Es besteht also ein Gleichgewicht zwischen den dem Individuum (Spieler) angebotenen Anreizen und seinen Beiträgen zur unternehmensinternen (teaminternen) Leistungserstellung. Vgl. hierzu March/Simon (1958), S. 84 f.

[2] In der Literatur spricht man in diesem Zusammenhang von den Phänomenen des „*shirking*“ – nachträgliche Verringerung der vor Vertragsabschluss zugesicherten Leistung durch Drückebergerei, indem sie weniger oder schlechter als vereinbart arbeiten – und des „*consumption on the job*“ – zusätzliches nichtpekuniäres Einkommen durch erhöhten Konsum nicht erforderlicher Nebenleistungen am Arbeitsplatz. Vgl. hierzu Elschen (1988), S. 248 ff.

Es ist daher das Ziel des vorliegenden Beitrags, die folgenden Forschungsfragen zu untersuchen:

- Welche Formen von Erfolgsprämien werden in den Vereinen der Ersten und Zweiten deutschen Fußball-Bundesliga eingesetzt?
- Erfüllen die eingesetzten Erfolgsprämien in bezug auf das Leistungsverhalten des Sportlers ihre Anreizfunktion?

Zur Beantwortung dieser Fragen wurden insgesamt vierzehn strukturierte Interviews mit exponierten Vertretern von sieben Vereinen der Ersten und Zweiten Fußball-Bundesliga durchgeführt, die sowohl auf der Spielerseite die Sicht aktiver und ehemaliger Sportler als auch des Managements und Vorstands auf Vereinsseite exemplarisch wiedergeben. Aus der Ersten Fußball-Bundesliga waren dies der Hamburger SV, Borussia Dortmund, der SC Freiburg und der 1.FC Kaiserslautern. Die Zweite Bundesliga wurde vertreten durch Arminia Bielefeld, Fortuna Köln sowie den FC St. Pauli. Befragungszeitpunkt war die Spielzeit 1999/2000, genauer: Frühjahr 2000.[1]

2 Theoretische Überlegungen zur Gestaltung von Anreizsystemen

Durch den Einsatz verschiedener Anreize sollen grundsätzlich von Vereinsseite erwünschte Verhaltensweisen bei den Spielern gefördert und ihr Interesse am Verein insgesamt verstärkt werden. Im Profifußball kommen den monetären Anreizsystemen diesbezüglich im wesentlichen zwei Funktionen zu:

- zum einen die Förderung der *individuellen Motivation* jedes Spielers und
- zum anderen die Förderung der *Kooperationsleistung* des gesamten Teams.

Die *Motivation* gehört neben den Fähigkeiten und Fertigkeiten zu den wesentlichen Bestimmungsfaktoren des menschlichen Handelns.[2] Als Arbeitsmotivation bezeichnet man die Summe von Kräften, die arbeits- bzw. leistungsbezogenes Verhalten einleitet und dessen Form, Zielrichtung, Stärke und Dauer bestimmt. Neben individuellen Fähigkeiten fördert die Stärke individueller und gruppenbezogener Motivation maßgeblich den Erfolg des Handelns. Da Motivation ein Ergebnis bestehender Anreize darstellt, ist ein geeignetes Anreizsystem für den sportlichen Erfolg einer Mannschaft unerlässlich. Neben der Arbeitsmotivation soll durch die Etablierung eines Anreizsystems auch das langfristige Verbleiben der Spieler im Verein und die Verringerung ihrer Fehlzeiten – hier zu verstehen als möglichst schnelle Regeneration nach Verletzungen – gefördert werden. Strittig ist hierbei jedoch bislang, inwiefern monetäre Erfolgsprämien diese motivierende Wirkung bei in der Regel überdurchschnittlich gut

---

[1] Die vollständigen Interviews sind nachzulesen bei Schewe/Gaede/Haarmann (2001).

[2] Vgl. hierzu Kleinbeck/Quast (1992), Sp. 1420 f.

verdienenden Profifußballern zeigen. Während HERZBERG allgemein die Entlohnung als sog. „Hygienefaktor" charakterisiert, der allenfalls dazu geeignet sei, Unzufriedenheit abzubauen, nicht aber Zufriedenheit zu fördern,[1] kommt WINTER zu dem Schluss, dass Geld grundsätzlich der effektivste Anreiz zur Bedürfnisbefriedigung sei.[2] Einig ist man sich lediglich darin, dass die unterschiedlichen Komponenten der Anreizsysteme aufgrund der Vielschichtigkeit menschlicher Bedürfnisse flexibel eingesetzt werden müssen. Die Anreizkomponenten sollten im Idealfall von der Vereinsführung so aufeinander abgestimmt werden, dass positive Wechselwirkungen erzielt werden können.

Zur Förderung der Teamleistung muss das Anreizsystem neben der individuellen Motivation auch die *Kooperation der Spieler* fördern, um die Quantität und Qualität der Teamleistung positiv zu beeinflussen. Da zudem die im Rahmen der Teamarbeit „Profifußball" erzielten Resultate den Spielern nicht vollständig individuell zurechenbar sind, kommt als monetäre Anreizkomponente z. B. die Auszahlung von Team-Boni in gleicher Höhe an alle Teammitglieder in Frage.[3] In der wissenschaftlichen Diskussion liegen auf Unternehmensebene bislang keine empirischen Untersuchungen zur Anreiz- und Kooperationswirkung der Teamarbeit vor. Es wurde lediglich der Zusammenhang zwischen Gehaltsstreuung innerhalb des Unternehmens und individueller Produktivität analysiert. Daraus resultiert die Erkenntnis, dass die Zufriedenheit der Mitarbeiter mit zunehmenden Gehaltsdifferenzen abnimmt.[4] Somit kann vermutet werden, dass im Sinne der Kooperationsförderung darauf geachtet werden sollte, die Gehälter der Spieler innerhalb einer Mannschaft nicht zu stark zu differenzieren.

Wichtigste *Voraussetzung* für die erhoffte Verhaltensbeeinflussung ist die *Leistungsorientierung* des Anreizsystems.[5] Spieler akzeptieren eine Ungleichverteilung der Einkommen innerhalb des Teams nur dann, wenn sie diese aufgrund der gezeigten Leistungen als „gerecht" empfinden. Das Grundprinzip der Lohngerechtigkeit besteht darin, dass der Beitrag, den ein Mitarbeiter zum Unternehmenserfolg leistet, entsprechend seines Wertes für das Unternehmen und seiner Grenzproduktivität entlohnt werden muss. Soll die Leistung gesteigert werden, so ist auch die Höhe der Entlohnung zu steigern. Aufgrund der Lohngerechtigkeit besteht eine Interdependenz zwischen Lohn und Leistung. Eine höhere Entlohnung ist dabei sowohl Folge als auch Voraussetzung guter Leistungen und kann durch das Verhalten des Spielers selbst unmittelbar beeinflusst werden.

---

[1] Danach ist die Entlohnung zwar notwendige Grundbedingung für die Leistungsbereitschaft eines Mitarbeiters, schafft aber im Gegensatz zu Motivatoren nach Überschreitung einer gewissen Höhe keinen weiteren Leistungsanreiz mehr Vgl. Herzberg (1968), S. 57. Ergänzend wird von einigen Autoren der Demotivationseffekt im Fall eines zu niedrig gewählten monetären Anreizes betont. Vgl. z. B. Sprenger (1993), S. 8 ff.

[2] Vgl. hierzu Winter (1997), S. 618.

[3] Vgl. Knorr/Scheppach (1998), S. 166 f., Reichert/Stöbe/Wohlfahrt (1996), S. 223.

[4] Vgl. Cowherd/Levine (1992), S. 302 ff.

[5] Vgl. Becker (1991), S. 285.

Damit ein Anreizsystem von den Betroffenen als gerecht angesehen wird, besteht zudem die Notwendigkeit der *Transparenz* des Systems. Ein Motivationseffekt erfolgt nur, wenn sich der Spieler über die Konsequenzen seines Verhaltens bewusst ist. Entscheidend ist demnach, dass der Spieler die Bemessungsgrundlage seiner Leistung kennt und versteht.[1] Er sollte dazu im Stande sein, seine Leistungsbeiträge mit denen anderer Spieler zu vergleichen und die entsprechenden Prämien miteinander in Verhältnis zu setzen. Hierzu bedarf es eines konsistenten Systems, dass für alle Teammitglieder in gleicher Weise angewendet wird. Aus Vereinssicht muss außerdem die *Wirtschaftlichkeit* des Systems gewährleistet sein. Der Aufwand, der dem Verein durch das Etablieren und den Einsatz des Systems entsteht, darf den daraus resultierenden Nutzen nicht übersteigen. Da jedes Unternehmen ständigen Veränderungen seiner in- und externen Situation unterworfen ist, muss darüber hinaus eine schnelle Anpassung des Systems an neue Gegebenheiten erfolgen können. Ein Anreizsystem sollte daher stets *flexibel* sein. Ansonsten könnte das System bei Umweltveränderungen dysfunktionale Wirkungen zeigen. Möglicherweise können nicht alle Anforderungen an das Anreizsystem gleichzeitig erfüllt werden. In solchen Fällen besteht für den Verein die Notwendigkeit, die Anforderungen nach ihrer situationsspezifischen Bedeutung zu gewichten.[2]

3 Analyse der Anreizsysteme in der Fußball Bundesliga

3.1 Der Einsatz von Erfolgsprämien als Anreizsystem

Ein Handlungsparameter des Managements zur ex ante Verhinderung von unerwünschten Verhaltensweisen der Spieler ist die vertragliche Einbeziehung von monetären Anreizmechanismen z. B. in Form von Erfolgsprämienzahlungen. Insbesondere bei langer Vertragslaufzeit besteht für den Verein die Notwendigkeit der Risikoteilung durch solche variablen Gehaltsbestandteile, um das Risiko potenzieller Formschwankungen oder Verletzungen besser tragen zu können.[3] Bereits die Festlegung der *Kombination von Grundgehalt und Erfolgsprämien* kann der Vereinsführung erste Hinweise bzw. Signale liefern, die Rückschlüsse über verschiedene sportliche aber auch persönliche Eigenschaften des Spielers zulassen. So ist es z. B. wahrscheinlich, dass motivierte, von ihrer eigenen Leistungsfähigkeit überzeugte Spieler eher ein niedriges Grundgehalt und hohe Prämienanteile akzeptieren werden. Während Spieler, die gesundheitliche Probleme verbergen oder an ihrem zukünftigen Leistungspotenzial zweifeln, eine geringere Risikobeteiligung in Form eines hohen Grundgehaltes mit niedrigen Prämienanteilen fordern werden. Diese Informationen wären auf anderem Wege häufig nur schwer zu ermitteln und können für den sportlichen Erfolg des Vereins unter Umständen von erheblicher Bedeutung sein.

---

[1] Vgl. Bühner (1997), S. 172, Schweizer (1990), S. 163.

[2] Vgl. Guthof (1995), S. 38 ff, Schweizer (1990), S. 222 ff.

[3] Vgl. hierzu Frick/Wagner (1996), S. 612 f.

In der Praxis des Profifußballs ist allgemein die Grundregel anerkannt, dass der Anteil variabler, leistungsabhängiger Zahlungen durchschnittlich 2/3 des Gesamteinkommens eines Spielers betragen sollte, um eine bestmögliche Anreizwirkung erzielen zu können.[1] Von den befragten Vereinen realisiert nach eigenen Angaben nur der SC Freiburg eine solche Verteilung. Bei den anderen betrachteten Vereinen kann bestenfalls von einem 50-prozentigen Anteil variabler Einkommensbestandteile ausgegangen werden. Als Ursache hierfür wird unter anderem immer wieder das sog. „Bosman-Urteil" genannt, welches die Verhandlungsmacht der Spieler nachhaltig gestärkt hat und damit den Vereinen eine Durchsetzung ihrer Interessen erschwert. Je nach individuellem Erfordernis der Risikoaufteilung zwischen Verein und Spieler gibt es aber auch Extremfälle, in denen ausschließlich variables oder nur fixes Gehalt gezahlt wird. Die Entscheidung über die Aufteilung der Gehaltskomponenten erfolgt in jedem Einzelfall durch ein Abwägen des erwarteten Nutzens eines Spielers für den Teamerfolg und seines Risikopotenzials (Alter, Verletzungsanfälligkeit etc.) für den Verein. Bislang erfolgreiche und weitgehend unverletzte Spieler mittleren Alters können demnach die höchsten Garantiebezüge erzielen. Im Folgenden werden verschiedene Typen von Erfolgsprämien, die in der Bundesliga zur Zeit Anwendung finden, detailliert vorgestellt. Dabei wird anhand der Ergebnisse der Expertenbefragung jeweils zunächst auf ihre theoretische Funktionsweise und anschließend auf ihre praktische Funktionsfähigkeit eingegangen.

3.2 Eingesetzte Erfolgsprämien und ihre Anreizwirkung

3.2.1 Punktprämie

Die Ausschüttung der sog. Punktprämie ist an den *„sportlichen Erfolg"* der Mannschaft *in jedem einzelnen Bundesligaspiel* gekoppelt. Der konkrete Inhalt der Prämienregelung wird vor Saisonbeginn zwischen der Vereinsführung und dem von Spielerseite gewählten Mannschaftsrat für den Zeitraum einer Spielzeit verbindlich ausgehandelt. Die Punktprämie wird im Erfolgsfall grundsätzlich unabhängig von Einzelpersonen *an alle Mannschaftsmitglieder* sowie den Trainer *in identischer Höhe* ausgezahlt.[2] Da der Begriff des „sportlichen Erfolgs" je nach spezifischer Situation und Zielsetzung des jeweiligen Vereins jedoch unterschiedlich interpretiert werden kann, kommt es in der Praxis zu zahlreichen alternativen Modellen der Punktprämien.

Die folgende Tabelle gibt einen Überblick über die Regelung der Punktprämien in den Vereinen der Ersten Bundesliga in der Spielsaison 1998/1999.

---

[1] Vgl. hierzu und im folgenden ausführlich Schewe/Gaede/Haarmann (2001), insbesondere Anhang II-2 und Anhang II-5.

[2] Vgl. o. V. (1997), Blatt 30.

Tabellen-plazierung[1)]	Bundesligaverein	Prämie für Siege in DM	Prämie für Unent-schieden in DM
1.	FC Bayern München	12.000,-	5.000,- (nur auswärts)
2.	1. FC Kaiserslautern	12.000,-	3.000,-
3.	Bayer 04 Leverkusen	10.000,-	--
4.	BV Borussia Dortmund	10.000,-	4.000,-
5.	Hertha BSC Berlin	Individuell 2.000,- bis 20.000,-	
6.	TSV 1860 München (Heim-/Auswärtsspiel)	7.500,- / 5.500,-	2.500,- / 3500,-
7.	VFL Wolfsburg	6.000,-	2.500,-
8.	VFB Stuttgart	7.000,-	3.000,-
9.	MSV Duisburg	4.000,-	2.000,-
10.	Hamburger SV	7.000,- [2)]	3.000,-
11.	SC Freiburg	5.500,-	2.500,-
12.	SV Werder Bremen	6.000,-	2.000,-
13.	VFL Bochum	9.000,-	3.000,-
14.	FC Schalke 04	5.000,-	2.000,-
15.	Eintracht Frankfurt	9.000,-	6.000,-
16.	1. FC Nürnberg [3)]	4.000,-	2.000,-
17.	FC Hansa Rostock	4.000,-	2.000,-
18.	VFL Borussia Mönchengladbach	7.000,-	3.000,-

1) Platzierungen nach dem 23. Spieltag 1998/99.
2) Bei mehr als vierzig Punkten rückwirkende Ausschüttung von zusätzlich DM 1.000,- pro Sieg.
3) Keine Prämienausschüttung auf einem Abstiegsplatz.

Tab. 1: Punktprämien in der 1. Fußball-Bundesliga
Quelle: Eigene Erstellung; Daten in Anlehnung an o. V. (1999).

Allen Modellen gemeinsam ist eine höhere Prämierung eines Sieges gegenüber einem Unentschieden. Allerdings unterscheiden sich die Zahlungen nicht nur hinsichtlich der absoluten Höhe, sondern auch bezüglich der Relation der Beträge zueinander. Nur in wenigen Fällen entspricht das Verhältnis der Prämienzahlungen für Siege und Unentschieden, das als Indikator für die strategische Ausrichtung der Vereinsführung angesehen werden kann, dem Verhältnis der mit dem Spielergebnis zu erzielenden Punkte. So müsste bei einer Gleichgewichtung jedes Punktes ein Sieg (bedeutet 3 Punkte) exakt mit dem dreifachen Betrag der Prämie für ein Unentschieden (bedeutet 1 Punkt) belohnt werden. Dies ist nur bei den Heimspielen des TSV 1860 München, bei Werder Bremen und beim VFL Bochum der Fall. In den übrigen Vereinen sind sowohl Prämienmodelle mit einer relativen Präferenz für Siege als auch für Unentschieden zu beobachten.

Zudem ist die Ausschüttung der Punktprämien oftmals abhängig vom Tabellenplatz, und damit von der eigenen Teamleistung im bisherigen Saisonverlauf in Relation zu den Leistungen der Ligakonkurrenten. Diesbezüglich wird aus der vorangegangenen Tabelle deutlich, dass die sportlich erfolgreichen Vereine die höchsten Siegesprämien aussetzen. Die Prämienhöhe entspricht weitgehend dem Leistungsverhältnis, das durch die Bundesliga-Tabelle vorgegeben ist.

Desweiteren sind in der untersuchten Spielzeit 1998/99 folgende vereinsinterne Besonderheiten in bezug auf die Regelung der Punktprämien festzustellen:

- Bayer 04 Leverkusen schüttet Prämien ausschließlich bei Siegen aus. Bei Heimspielen gilt eine solche Regelung auch für Bayern München.
- Hertha BSC Berlin setzt für jedes Spiel individuelle Prämien zwischen einem Mindest- und einem Höchstbetrag (von DM 2000,- bis 20.000,-) aus.
- Der TSV 1860 München zahlt für Siege bei Heimspielen höhere Prämien aus als bei Auswärtsspielen. Dafür wird ein Unentschieden bei Auswärtsspielen höher als bei Heimspielen prämiert.
- Der Hamburger SV schüttet bei einer Überschreitung der Vierzigpunktegrenze in der Bundesliga-Tabelle rückwirkend zusätzlich DM 1.000,- pro Sieg aus.
- Der 1. FC Nürnberg leistet auf einem Abstiegsplatz keine Prämienzahlungen. Neben Nürnberg wendet auch Zweitligist FC St. Pauli ein striktes Verfahren der tabellenplatzabhängigen Prämiengestaltung an. Befindet sich der Verein auf einem Abstiegsplatz der Bundesliga-Tabelle, so wird die Punktprämie komplett gestrichen. Dafür sind die Prämien auf einem Aufstiegsplatz etwa doppelt so hoch wie kurz vor den Abstiegsplätzen.[1] Auch bei Borussia Dortmund kann es zu sportlichen Situationen kommen, in denen die Punktprämien wegen schlechter Leistungen „eingefroren“ werden.

In Bezug auf die verletzten Spieler lehnen sich alle befragten Vereine an die Stammspielerregelung des DFB an, die besagt, dass einem Stammspieler[2] im Verletzungsfall sechs Wochen lang die vollen Prämien weiter ausgezahlt werden. Es ist allerdings nach Aussagen der Experten davon auszugehen, dass vor allem in der Zweiten Bundesliga diese Regelung nicht von allen Vereinen befolgt wird. Auch die Prämienregelungen für die Auswechselspieler sind in den meisten der befragten Vereine ähnlich, obwohl grundsätzlich individuelle Gestaltungsmöglichkeiten für jeden Spielervertrag bestehen. Sowohl bei Borussia Dortmund als auch bei St. Pauli erhalten Spieler, die insgesamt 45 Minuten eingesetzt wurden, 100% der Prämien. Spieler, die während des gesamten Spiels nicht eingewechselt wurden oder weniger als 45 Minuten auf dem Platz standen, erhalten nur 50% der Punktprämie. Bei Arminia Bielefeld erhalten Auswechselspieler ebenfalls 50% der Punktprämie. Bei einem Einsatz über 45 Minuten erhöht sich der Anteil auf 75%, bei einem Einsatz über 60 Minuten auf 100%. Eine Besonderheit liegt bei Fortuna Köln vor: Spieler, die nicht eingewechselt wurden, erhalten genau 1/3 der

---

[1] Zu den Details in den Regelungen der jeweiligen Vereine sowie zu deren subjektiven Beurteilungen vgl. die entsprechenden Interviews mit den Vereinsvertretern und Spielern bei Schewe/Gaede/Haarmann (2001).

[2] Als Stammspieler gilt je nach vereinsinterner Regelung, wer 100 % der Prämien in den letzten drei bis fünf aufeinanderfolgenden Spielen bezogen hat.

Prämie. Bei einer Einwechselung wird zusätzlich minutengenau bezahlt. Kaderspieler, die zwar durch ihre Teilnahme am Training im weiteren Sinne zur Mannschaft gehören, aber in der Aufstellung nicht berücksichtigt wurden, erhalten grundsätzlich keine Punktprämie.

Ziel der Kopplung der Punktprämie an den Teamerfolg und der Auszahlung eines identischen Betrages an alle aktiv beteiligten Teammitglieder ist in erster Linie die Förderung der *teaminternen Kooperationsbereitschaft während des Spiels.* Der Spieler erhält einen finanziellen Anreiz, sich in jedem Spiel während der gesamten Spielzeit bestmöglich für den Erfolg seiner Mannschaft einzusetzen. Dieser Anreiz wird somit *regelmäßig* in jedem einzelnen Saisonspiel aufs Neue eingesetzt. Überdurchschnittliche Leistungen einzelner Akteure werden hierbei nicht explizit berücksichtigt, sondern nur dann prämiert, wenn sie zum Erfolg der Mannschaft führen. Folglich liegt es im ökonomischen Interesse jedes einzelnen Spielers, seine individuellen Fähigkeiten in den Dienst der Mannschaft zu stellen und so durch einen möglichst guten Kooperationsbeitrag die Teamleistung zu fördern. Durch die Punktprämie wird die Mannschaft am sportlichen und dem damit verbundenen wirtschaftlichen Erfolg des Vereins mittelbar beteiligt.

Bezüglich der Relation der Prämien für Siege und Unentschieden zeigt es sich, dass insbesondere die Spitzenvereine der Liga ein Unentschieden (vor allem in Heimspielen) nicht als einen großen, ihrer strategischen Zielsetzung entsprechenden, sportlichen Erfolg werten, den es durch überdurchschnittliche Prämien zu fördern gilt.[1] Leistungsschwächere Teams hingegen betrachten ein solches Resultat eher als erstrebenswert und setzen entsprechend relativ höhere finanzielle Anreize zum Erreichen eines Unentschiedens. Die grundsätzliche Differenzierung der Prämienhöhe bei Heim- und Auswärtsspielen, wie sie z. B. der TSV 1860 München praktiziert, zielt darauf ab, insbesondere im eigenen Stadion den Zuschauern ein möglichst attraktives Spiel der gastgebenden Mannschaft bieten zu wollen. Folglich wird hier ein Sieg relativ höher bewertet.

Dadurch, dass die Regelungen auf verschiedene Weise auch den Tabellenplatz oder ein bestimmtes Saisonziel (z. B. Klassenerhalt) der Vereine berücksichtigen, soll der Punktprämie neben der regelmäßigen zusätzlich auch eine *dauerhafte Anreizfunktion* zukommen. Zum Erzielen möglichst hoher Prämienbezüge muss jedes Teammitglied nicht nur in einzelnen Spielen, sondern über die gesamte Saison hinweg konstante Leistungen zeigen, um mit der Mannschaft einen möglichst guten Tabellenplatz zu erzielen. Ähnliches gilt für das Erreichen einer Mindestpunktzahl, wie dies z B. beim Hamburger SV der Fall ist.

[1] Dies gilt insbesondere für Bayern München und Bayer 04 Leverkusen.

Die individuelle Festlegung der Prämienhöhe für jedes Spiel, wie sie bei Hertha BSC Berlin zu beobachten ist, verleiht der Punktprämie darüber hinaus eine *punktuelle Anreizfunktion*. Die Spieler sollen in einzelnen Spielen entsprechend der momentanen Situation des Vereins mit Hilfe einer überdurchschnittlichen Prämie zusätzlich motiviert werden. Fraglich ist jedoch, wie der Verein dieses Instrument konkret einsetzt. Da davon auszugehen ist, dass die Spieler in besonders bedeutsamen Spielen ohnehin in hohem Maße intrinsisch motiviert sind erscheint es zunächst zweckmäßig, überdurchschnittlich hohe Punktprämien insbesondere in eher „unbedeutenden" Spielen gegen weniger attraktive Gegner auszusetzen. Dem könnte jedoch entgegenhalten werden, dass Spiele gegen vermeintlich „schwächere" Gegner auch mit durchschnittlichen Leistungen ohne zusätzliche Anreize gewonnen werden können, während Erfolge gegen Spitzenmannschaften zusätzlicher Anreize zum Erzielen besonderer Leistungen bedürfen.

3.2.2 Jahresleistungs- und Auflaufprämie

Jahresleistungs- und Auflaufprämien sind zwei monetäre Anreizkomponenten, deren Ausschüttung ausschließlich an die *Aufstellung eines Spielers* in den Bundesligaspielen gekoppelt ist. Anders als die Punktprämie sind sie also unabhängig vom Spielausgang und damit vom sportlichen Erfolg des Teams. Ein weiterer wesentlicher Unterschied besteht darin, dass sie nicht an alle Teammitglieder in gleicher Höhe ausgezahlt werden, sondern die konkreten Inhalte der Prämienregelungen von jedem Spieler vor Saisonbeginn *individuell* mit der Vereinführung ausgehandelt werden. Dies ist auch der Grund dafür, dass über die Gestaltung dieser Prämien kaum allgemeingültige Aussagen getroffen werden können und dass weder über ihre absolute Höhe noch über ihren relativen Anteil am Gesamteinkommen der Spieler empirische Daten vorliegen. Ein Bekanntwerden deutlicher Unterschiede in der teaminternen Verteilung der Prämien könnte für „Unruhe" innerhalb der Mannschaft sorgen und somit den sportlichen Erfolg unter Umständen gefährden.

Die *Jahresleistungsprämie* stellt einen Betrag dar, der in Abhängigkeit einer bestimmten *Summe von absolvierten Spielen* eines Fußballers ausgezahlt wird. Als Bezugsgröße dient hierbei die gesamte Saison, also maximal 34 Spiele. Die zu erzielenden Mindestwerte von Bundesligaeinsetzen, die Höhe sowie die Staffelung der Zahlungen wird in den jeweiligen Spielerverträgen festgelegt. Für eine vollständige Prämienausschüttung müssen in der Regel zwischen 20 und 30 Saisonspiele bestritten werden. Wird dieser Grenzwert nicht erreicht, so wird je nach individueller Vertragsgestaltung entweder in Abhängigkeit von einer festgelegten Staffelung entsprechend weniger oder sogar gar keine Jahresleistungsprämie ausgezahlt.

Die meisten Vereinsführungen präferieren allerdings mittlerweile die *pro Spiel* ausgeschütteten *Auflaufprämie*, auch Einsatz-, Aktivitäts- oder Spielprämie genannt. Dies wird mit der „Ungerechtigkeit" des Jahresleistungsprämienkonzeptes begründet, die darin zu sehen ist, dass einzelne Spiele unberücksichtigt bleiben, falls die Summe der absolvierten Spiele nicht zufällig genau einem durch die Staffelung vorgegebenen Grenzwert entspricht. Die Auflaufprämie begegnet dieser Problematik, in dem sie nicht die gesamte Saison, sondern das einzelne Bundesligaspiel als Bezugsgröße für die Prämienzahlung verwendet. Auf diese Weise wird sichergestellt, dass jedes einzelne Spiel für die Berechnung der Prämien gleichermaßen relevant ist. Grundsätzliche Unterschiede bei der Gestaltung der Auflaufprämien ergeben sich insbesondere bezüglich der Regelungen für Ein- und Auswechselspieler. Während einige Vereine einen „Sokkelbetrag" unabhängig von der Dauer der Spielzeit an jeden eingesetzten Spieler zahlen, legen andere Vereine Mindestzeiten fest. So werden bei Borussia Dortmund und dem FC St. Pauli die Auflaufprämien ausschließlich ab einer Einsatzdauer von mindestens 45 Minuten ausgeschüttet, bei Fortuna Köln erfolgt hingegen wie schon bei der Punktprämie eine anteilige Auszahlung entsprechend einer minutengenauen Abrechnung der Einsatzzeiten.

Primäres *Ziel* des Einsatzes sowohl der Jahresleistungs- als auch der Auflaufprämie ist es, den *Leistungsaspekt im Training* durch die Unsicherheit eines Einsatzes im Spiel in den Vordergrund zu stellen. Das individuelle Engagement jedes Spielers während der kompletten Trainingswoche wird durch die Aufstellung im anschließenden Bundesligaspiel belohnt. Da jeder Mannschaftskader über mehr Mitglieder verfügt, als in einem Spiel eingesetzt werden können und die sportliche Leitung in der Regel bemüht ist, jede Spielposition innerhalb des Kaders mindestens doppelt zu besetzen, befinden sich sämtliche Spieler im Rahmen des Trainings in einer ständigen Konkurrenzsituation um die elf zu vergebenen Plätze in der Anfangsformation des nächsten Spiels. Dieser interne Wettbewerb wird durch das Aussetzen einer Prämie für die Aufstellung bewusst forciert. Hierbei wird nicht die absolute Leistung, sondern die *relative Trainingsleistung* im Verhältnis zu den anderen Mitgliedern des Kaders finanziell belohnt. Folglich liegt es im ökonomischen Interesse der Spieler, sich im Training so stark zu engagieren, dass man zu den besten elf Akteuren des Kaders zählt.[1]

Die *Jahresleistungsprämie* soll für die Spieler einen *dauerhaften Anreiz* während der gesamten Saison bieten, da sie nur bei konstanten Trainings- und auch Spielleistungen über einen längeren Zeitraum hinweg und entsprechend vielen Einsetzen ausgezahlt wird. Ein solches Modell birgt jedoch stets auch die Gefahr einer dysfunktionalen Anreizwirkung, da Spieler, die im Laufe der Saison keine Möglichkeit mehr besitzen die Mindesteinsatzzahl für die nächste Prämienstufe zu erreichen, keine weitere Motivation zu einer Leistungssteigerung erhalten.

Die *Auflaufprämie* hingegen belohnt die Leistungen auf Basis kürzerer Zeitabschnitte und besitzt daher eher eine *regelmäßig wiederkehrende Anreizfunktion*. Dadurch behält sie ihre Wirkung während der gesamten Saison für jedes Spiel in gleichem Umfang. Die beiden Prämien sind jedoch keineswegs als einander ausschließende Alternativen anzusehen. Vielmehr ergänzen sich ihre Anreizfunktionen, so dass es für einen Verein durchaus sinnvoll sein kann, in seinem Anreizsystem als Basis eine Auflaufprämie pro Spiel und als zusätzliche Komponente eine Jahresleistungsprämie ab einer gewissen Anzahl von Saisonspielen zu integrieren.

3.2.3 Sonstige Prämien

Ähnlich wie die Jahresleistungs- und die Auflaufprämie sind auch die Regelungen der meisten weiteren *„Sonderprämien"* Bestandteil der *individuellen* Vertragsverhandlungen zwischen dem Spieler und der Vereinsführung und werden daher aus den genannten Gründen von allen Beteiligten in der Regel vertraulich behandelt. Obgleich ein Großteil der befragten Vereine den Einsatz individueller Sonderprämien „prinzipiell" mit dem Hinweis darauf ablehnt, dass dadurch der Mannschaftserfolg in den Hintergrund treten würde, räumen sie dennoch ein, dass solche Anreizkomponenten in der Fußball-Bundesliga durchaus „üblich" seien.

Als Beispiel hierfür sei die sog. *„Torprämie"* genannt, die ausschließlich dem Schützen eines Tores zufällt. Sie führt zwangsläufig dazu, dass jeder Spieler unabhängig von der Vorteilhaftigkeit in der jeweiligen Spielsituation es vorziehen wird, selber einen Torschuss abzugeben, anstatt einem eventuell besser postierten Mitspieler eine Torvorlage zu geben. Dies wirkt sich nicht nur negativ auf die Kooperationsleistung des Teams aus, sondern wird zudem als „ungerechte" Entlohnungsform beurteilt, da aus Gerechtigkeits- und auch Plausibilitätsgründen die Verhinderung von Gegentoren oder andere für den Spielerfolg relevante Einzelaktionen in ähnlicher Weise prämiert werden müssten. Diesen Überlegungen zum Trotz ist dennoch festzustellen, dass Torprämien bei vielen Vereinen ausgesetzt werden. Über die Details der Torprämienregelungen sind allerdings keine Daten verfügbar.

Ziel der Torprämie ist es im Gegensatz zur Auflaufprämie nicht, die relative Leistung im Verhältnis zu den Teammitgliedern während des täglichen Trainings zu belohnen, sondern die *absolute Einzelleistung* eines Spielers *während des Spiels* bzw. in konkreten Spielsituationen zu fördern. Für den Spieler ist es folglich finanziell erstrebenswert, möglichst viele Tore für sein Team zu erzielen. Die Vereinsführung erhofft sich durch diesen Anreiz möglichst viele Tore der eigenen Mannschaft und in folge dessen auch ein möglichst attraktives sowie erfolgreiches Spiel. Die Gefahren einer dysfunktiona-

[1] Dieser Aspekt ist Gegenstand der sog. *„Turnier-Theorie"*, die sich mit der Rangfolge von Mitarbeitern hinsichtlich ihrer relativen Leistung beschäftigt. Vgl. hierzu ausführlich Green/Stokey (1983), S. 350, Nalebuff/ Stiglitz (1983), S. 21 ff.

len Anreizwirkung hinsichtlich der Kooperationsleistung und potenzieller mannschaftsinterner Konflikte werden dabei bewusst in Kauf genommen und die Vereine versuchen diesen durch die Geheimhaltung solcher Prämienvereinbarungen zu begegnen.

Neben den bislang erläuterten Erfolgsprämien werden oftmals weitere *„Sonderprämien“* für das Erreichen vereinsspezifischer Saisonziele in entsprechender Höhe festgelegt. Ein Teil der Sondereinnahmen, die dem Verein durch unerwartete *sportliche Erfolge* zufließen, wird damit an die Spieler weitergegeben. Die Zahlung von Sonderprämien ist z. B. bei der Qualifikation einer Mannschaft für internationale Wettbewerbe wie Champions League, UEFA Cup oder UI Cup,[1] aber auch im Fall der Realisierung von Zielen in der Bundesliga wie z. B. Klassenerhalt, Meisterschaftsgewinn oder für Siege bei besonders wichtigen Spielen üblich. Solche Sonderprämien können vom Verein sowohl mit dem Mannschaftsrat für alle Teammitglieder gleichermaßen (vergleichbar der Punktprämie) als auch mit einzelnen Spielern individuell vereinbart werden. Bemerkenswert ist dabei in erster Linie die Anreizfunktion solcher *individuellen* Prämienregelungen mit Einzelspielern.

Dadurch dass ein einzelner Spieler für den *Erfolg der gesamten Mannschaft* überdurchschnittlich belohnt wird, soll sich seine Aufmerksamkeit in besonderem Masse auf die Kooperationsleistung sämtlicher Teammitglieder richten. Eine solche Regelung wird in erster Linie mit sog. „Führungsspielern“ getroffen, von denen der Verein erwartet, dass sie die Leistungen der anderen Teammitglieder nachhaltig fördern können. Sie sollen aufgrund ihrer exponierten Stellung innerhalb der Mannschaft nicht nur ihre eigene Leistung optimieren, sondern zudem die *Mitspieler* bewusst zu besseren Leistungen *motivieren.* Diese Form der Prämierung ist in etwa vergleichbar mit Anreizsystemen, wie sie oftmals Bestandteil der Vertragsvereinbarungen zwischen einem Verein und dem Trainer sind, da dieser ebenfalls die gesamte Mannschaft gezielt im Sinne der Vereinsführung beeinflussen soll.

3.3 Tatsächliche Anreizwirkung der eingesetzten Erfolgsprämien

3.3.1 Wirtschaftlichkeit der Prämiensysteme

Hinsichtlich der Wirtschaftlichkeit der vorgestellten Anreizkomponenten kann an dieser Stelle keine eindeutige Aussage gemacht werden. Eine Beurteilung der Kosten-Nutzen-Relation scheitert daran, dass eine Quantifizierung des Nutzens der Anreizsysteme nicht möglich ist. Hierzu müsste als Vergleichsmöglichkeit ein Bundesligaverein mit identischen situativen Einflüssen ohne jede Form der Prämierung vorliegen. Zudem müsste jede Anreizkomponente isoliert betrachtet werden, was jedoch die verschiedenen Synergieeffekte zwischen den einzelnen Komponenten vernachlässigen

[1] Vgl. Lemke (1999), S. 114.

würde. Festzuhalten ist lediglich, dass sowohl der zeitliche als auch der finanzielle Aufwand zur Ermittlung der relevanten Daten bei sämtlichen Anreizmodellen extrem gering sind, da die Bezugsgrößen (Einssatzzeiten und -häufigkeiten, Punkte, Tore, Tabellenrang etc.) für jeden Beobachter gut zu ermitteln sind.

3.3.2 Transparenz der Prämiensysteme

Der Einsatz leicht nachvollziehbarer Bezugsgrößen für die Pramienausschüttung fördert grundsätzlich auch die Transparenz der Anreizmodelle. Die praktizierten Modelle sind allesamt für die Spieler leicht verständlich, so dass sich die Spieler der Konsequenzen ihrer Handlungen sowohl im Training als auch im Spiel weitgehend bewusst sind. Allerdings wird die Transparenz der individuell gestalteten Anreize dadurch erheblich eingeschränkt, dass ein Großteil der Vereinbarungen nicht gegenüber allen Spielern offengelegt wird. Die Spieler haben somit nicht die Möglichkeit ihre Prämienbezüge mit denen anderer Teammitglieder systematisch zu vergleichen. Dieses Vorgehen der Vereine erscheint nicht immer zweckmäßig, zumal seitens der Spieler durchaus Verständnis für gewisse Gehaltsdifferenzen besteht, soweit diese auf Qualitätsunterschieden der Spieler beruhen. Die Geheimhaltung der Informationen fördert sowohl innerhalb der Mannschaft als auch in der Öffentlichkeit Spekulationen über nicht gerechtfertigte Ungleichverteilungen der Prämien. Da die Presse fast täglich angebliche Vertragsinterna von Fußballprofis veröffentlicht, besteht die Gefahr, dass hier der Eindruck einer Verletzung der Lohngerechtigkeit entsteht, was zu Neid und schließlich zur Demotivation der „benachteiligten“ Spieler führt.

3.3.3 Flexibilität der Prämiensysteme

Anders ist die Situation hingegen bezüglich der Flexibilität der Anreizsysteme. Hier sind die individuellen Vereinbarungen grundsätzlich den allgemeinen Regelungen für alle Mannschaftsmitglieder überlegen. Da das Ausmaß der intrinsischen Motivation bei jedem Spieler unterschiedlich ist, bedarf auch jeder Spieler einer spezifischen „Motivationshilfe“ durch extrinsische Anreize. Folglich ist es für den Verein zweckmäßig die Prämiengestaltung flexibel an jeden Spieler und seine Bedürfnisse individuell anzupassen. Demnach wären insbesondere die Punktprämie und teambezogene Sonderprämien als inflexibel zu beurteilen, da sie unabhängig von der individuellen Vertragsgestaltung an jeden Spieler in gleicher Höhe gezahlt werden. Neben der individuellen Gestaltung wird von einem effizienten Anreizsystem auch zeitliche Flexibilität gefordert. In der Literatur wird häufig darauf hingewiesen, dass Prämien nicht zu häufig oder gar ununterbrochen eingesetzt werden sollten, um ihre Wirksamkeit zu bewahren. Diesbezüglich kann insbesondere bei den punktuellen Anreizkomponenten eine hohe Effizienz vermutet werden. Dieser Forderung trägt bspw. das Modell der Punktprämienvergabe von Hertha BSC Berlin Rechnung, das für jedes Spiel eine Festlegung der spezifischen Prämienhöhe vorsieht, wodurch sich der Verein ein

Höchstmaß an Flexibilität erhält. Ähnliches gilt für die Vereinbarung von individuellen Handgeldern bei Vereinswechseln oder für Sonderprämien in einzelnen Spielen.

3.3.4 Leistungsorientierung der Prämiensysteme

Bedeutendster Aspekt für die Effizienz von Anreizsystemen im Profifußball ist die Leistungsorientierung. Die erhoffte Verhaltensbeeinflussung erfolgt nur, wenn der Spieler durch sein verändertes Leistungsverhalten unmittelbare finanzielle Vorteile erzielen kann. Das Verhalten des Spielers muss also einen möglichst direkten Einfluss auf die Bezugsgröße der Prämienregelung haben. Hier ist zunächst wieder einmal zu unterscheiden zwischen individuellen und mannschaftsbezogenen Anreizsystemen. Während die individuellen Prämien (z. B. Tor-, Auflauf-, Jahresleistungsprämie) von der Leistung des einzelnen Spielers abhängen, berücksichtigen Mannschaftsprämien lediglich die Gesamtleistung aller Spieler. Da jeder Spieler jedoch nur einen geringen Anteil zu dieser Gesamtleistung beiträgt, kann es für ihn unter ökonomischen Gesichtspunkten sinnvoller sein, sein Engagement zu reduzieren und darauf zu hoffen, dass die übrigen zehn Mitspieler eine gute Leistung zeigen, um dennoch die Teamprämie zu beziehen. Bei der Punktprämie kommt hinzu, dass ein Spiel auch bei guter Teamleistung nicht zwangsläufig gewonnen wird, da hier auch die Leistung der Gegner sowie verschiedene Kontextfaktoren (z. B. Zuschauer, Austragungsort, Schiedsrichterleistung, Verletzungspech) von Bedeutung sind, die von dem betroffenen Spieler nicht zu beeinflussen sind. Dieser Kritikpunkt gilt grundsätzlich für alle Prämiensysteme, die nicht die absolute Leistung (z. B. Torprämie) eines Spielers, sondern die relative Leistung im Verhältnis zu anderen Spielern (Auflaufprämie, Jahresleistungsprämie etc.) beurteilen. Hier wird die Anreizfunktion dadurch eingeschränkt, dass eine Steigerung der eigenen Leistung nur dann zu einer höheren Entlohnung führt, wenn sich dadurch auch die interne Rangfolge, also das relative Leistungsgefüge der Mannschaft, ändert. Der Spieler kann also die Bezugsgröße der Prämienregelung nur in begrenztem Umfang durch sein Verhalten unmittelbar beeinflussen.

Neben der Frage, ob es sich bei der Bezugsgröße um ein relatives oder eine absolutes Maß handelt, sind hinsichtlich der Leistungsorientierung die Anreizsysteme danach zu unterscheiden, welche Bezugsobjekte sie beinhalten. Während sich die Punkt- und die Torprämie auf das Verhalten im Spiel richten, beschäftigen sich die Auflauf- und Jahresleistungsprämie mit dem täglichen Training. Andere Modelle – wie die Beteiligung der Spieler am Fanartikelgeschäft – versuchen sämtliche Leistungskomponenten auf und neben dem Spielfeld zu integrieren und wieder andere Modelle abstrahieren vollständig von der zukünftigen Leistungsbereitschaft des Spielers, wie dies z. B. bei der Zahlung von Handgeldern der Fall ist. Diesbezüglich geht aus der Expertenbefragung hervor, dass die Leistung von Spielern in erster Linie im täglichen Training durch Prämien beeinflusst werden kann. Im Spiel hingegen kommt finanziellen Anreizen nur eine untergeordnete Bedeutung zu. Aufgrund des Wettkampfcharakters eines Bundesligaspiels steht auf dem Platz der Wille, ein gutes und erfolgreiches Spiel zu absolvieren, im Vordergrund. Zudem stellt auch das Verhalten des Publikums bei einem Bundesligaspiel je nach Persönlichkeit des Spielers einen zusätzlichen immateriellen Anreizfaktor dar.

Trotz dieser Aussagen räumen die Spieler ein, dass die Punktprämie auch während der Spiele einen „Schub in kämpferischer Hinsicht" bietet und einer eventuellen „Gleichgültigkeit" bei einer Niederlage vorgebeugt wird.[1] Es wird zwar betont, dass das individuelle Spielverhalten durch eine Prämie grundsätzlich nicht beeinflusst wird, aber dennoch wird von den meisten Spielern eine positive Auswirkung der Punktprämie auf die interne Kooperation und den „Mannschaftsgeist" bestätigt. Damit erfüllt die Punktprämie im Kern die ihr zugedachte Anreizfunktion. Über das Ausmaß der Zahlungen kann lediglich gesagt werden, dass die Punktprämie nach Auskunft der Befragten möglichst höher als die Auflaufprämie sein sollte.

4 Fazit

Grundsätzlich besteht ein Einfluss der Entlohnungskomponenten auf die Motivation sowie auf die Kooperationsbereitschaft der Spieler. Über die Erfüllung der Anforderungen der Transparenz, Flexibilität und Leistungsorientierung der Anreizsysteme gibt die Tabelle 2 Aufschluss. Da hinsichtlich des Kriteriums der Wirtschaftlichkeit aus den oben genannten Gründen keine Beurteilung der verschiedenen Prämien möglich ist, wurde dieser Aspekt in der Tabelle bewusst vernachlässigt. Wie die Übersicht zeigt, erfüllt keine der Prämien die verbleibenden drei Anforderungskriterien in vollem Umfang. Dies widerspricht jedoch nicht ihrer grundsätzlichen Eignung als Anreizinstrument. Vielmehr sollten die Vereine durch eine entsprechende Kombination der Prämien versuchen, ein ihre Ziele unterstützendes Anreizsystem zu gestalten, indem positive Synergien zwischen den Elementen genutzt und mögliche Schwächen ausgeglichen werden.

Im Hinblick auf die optimale Aufteilung der Komponenten zur Erreichung des Leistungsmaximums wurden bislang noch keine empirischen Ergebnisse ermittelt.[2] Dies kann nur durch empirische Analysen der Wirkung verschiedener Kombinationen von Prämien erfolgen. Eine Untersuchung mit repräsentativer Beispielmenge ist jedoch aufgrund der Verfügbarkeit des Datenmaterials über Preisgeldniveaus und –strukturen lediglich im Individualsport durchführbar. Im Gegensatz dazu werden Fußballvereine die absolute Höhe ihrer Anreizkomponenten angesichts der individuellen Verträge nicht preisgeben. Hier kann nur eine vereinsinterne Analyse verschiedener Spielerver-

[1] Schewe/Gaede/Haarmann (2001), Anhang I-3.
[2] Vgl. auch Frick/Klaeren (1997), S. 1129.

träge im Hinblick auf ihre Motivations- und Kooperationswirkung erfolgen, die der Öffentlichkeit und vor allem anderen Vereinen vorenthalten bleibt.

Anreizsystem	Zielsetzung	Flexibilität	Transparenz	Leistungsorientierung
Punktprämie	Kooperationsbereitschaft im Spiel fördern, jedes Spiel isoliert betrachten	Teambezogen, regelmäßig wiederkehrend, z.T. mit dauerhaften und punktuellen Aspekten insgesamt: – –	Teambezogen, leicht nachvollziehbar, konkrete Inhalte bekannt insgesamt: + +	Relative Leistungsbeurteilung, teamspezifisch, Bezugsobjekt: Spiel Insgesamt: – –
Auflaufprämie	Leistungsbereitschaft im Training fördern, jedes Spiel isoliert betrachten	Individuell geregelt, regelmäßig wiederkehrend insgesamt: + –	Individuell geregelt, leicht nachvollziehbar, konkrete Inhalte nicht bekannt insgesamt: + –	Relative Leistungsbeurteilung, spielerspezifisch, Bezugsobjekt: Training insgesamt: +
Jahresleistungsprämie	Leistungsbereitschaft und -konstanz im Training fördern, Summe von Spielen pro Saison betrachten	Individuell geregelt, dauerhaft insgesamt: –	Individuell geregelt, leicht nachvollziehbar, konkrete Inhalte nicht bekannt insgesamt: + –	Relative Leistungsbeurteilung, spielerspezifisch, Bezugsobjekt: Training insgesamt: +
Torprämie	Besonders erfolgswirksame absolute Einzelleistungen im Spiel fördern	Individuell geregelt, punktuell in bestimmten Situationen, aber regelmäßig in jedem Spiel wiederkehrend insgesamt: + –	Individuell geregelt, leicht nachvollziehbar, konkrete Inhalte nicht bekannt insgesamt: + –	Absolute Leistungsbeurteilung, spielerspezifisch, Bezugsobjekt: Spiel, bzw. einzelne Spielsituationen insgesamt: +
Individuelle Zusatzprämien	Verantwortung für das Team fördern / Positive Beeinflussung der Mitspieler forcieren	Individuell geregelt, dauerhaft insgesamt: –	Individuell geregelt, Einfluss nicht quantifizierbar, konkrete Inhalte nicht bekannt insgesamt: – –	Beurteilung eines Einzelspielers anhand von Teamleistungen, Bezugsobjekt: Spiel Insgesamt: – –
Legende: Anforderung...+ + voll erfüllt, + überwiegend erfüllt, + – teilweise erfüllt, – überwiegend nicht erfüllt, – – gar nicht erfüllt				

Tab. 2: Effizienzbeurteilung der Erfolgsprämien in der Fußball-Bundesliga

Insgesamt ist jedoch davon auszugehen, dass in der Bundesliga die Prämienzahlungen im Verhältnis zu den fixen Gehältern zu gering sind, um eine optimale Anreizfunktion auszuüben.[1] Hohe Garantiezahlungen können eine finanzielle Sättigung der Sportler bewirken, die sich leistungshemmend auswirkt. Für die Vereine ist es daher zweckmäßig, den Prämienanteil am Einkommen der Profifußballer zu maximieren. Dieser Forderung ist jedoch angesichts der Verhandlungsmacht der Spieler, die seit dem Bosman-Urteil deutlich zugenommen hat, nur schwer nachzukommen. Neben der erhofften Leistungssteigerung bewirkt die variable Vergütung gleichzeitig eine Risikoteilung zwischen Verein und Spieler im Hinblick auf die in den letzten Jahren drastisch gestie-

[1] Vgl. Lehmann/Weigand (1997), S. 396. Danach verdienen viele Spieler durch Werbung und Autogrammstunden ein Vielfaches ihrer Prämieneinnahmen.

genen Spielereinkommen. So schaffte z. B. Fortuna Köln vor einigen Jahren die Aktivitätsprämie ab, führte sie aber aus dem vorgenannten Grunde kürzlich wieder ein.

Neben der Leistungsmotivation soll im Mannschaftssport auch die Kooperationsbereitschaft durch spezielle Anreize beeinflusst werden. So ist eine aktuelle Bestrebung der befragten Vereine die Einführung eines gruppenspezifischen Gehaltsniveaus mit vergleichsweise geringen Gehaltsdifferenzen. Dadurch soll das Bewusstsein gefördert werden, dass kein Leistungsträger innerhalb der Mannschaft ein Vielfaches eines anderen Spielers verdient. Pro Spieler wird eine fixe Summe der Gehaltszahlungen nicht überschritten. Zu bedenken ist jedoch, dass durch eine solche teaminterne Gehaltsobergrenze die Auswahl auf dem internationalen Spielermarkt erheblich eingeschränkt ist. Im Sinne der mannschaftsinternen Kooperation wird außerdem gefordert, die Auflaufprämie zugunsten der Punktprämie zu senken, um der Teamleistung einen höheren Stellenwert zu geben. Die Aussetzung von individuellen Prämien, wie z. B. Torprämien ist hingegen zu vermeiden, um den Erfolg des Einzelnen nicht in den Vordergrund zu stellen. Auch die Punktprämie sollte als Mannschaftsprämie erhalten bleiben, statt sie bspw. durch Verdoppelung bei einzelnen Spielern individuell zu gestalten.

Da bislang keine empirischen Erhebungen über die Anreizwirkung von Prämien im Fußball vorliegen, kann die Frage, wie stark sich Prämien in Abhängigkeit von ihrer Höhe auf das Spielverhalten auswirken, nicht vollständig beantwortet werden. Fraglich ist, ob die Erfolgsprämien angesichts der überdurchschnittlich hohen Einkommen von Bundesligaspielern eine zusätzliche Anreizwirkung erzielen können. Unterstellt man einen abnehmenden Grenznutzen des Geldes, so ist zumindest für die Spitzenspieler der Vereine mit entsprechend hohen Garantiebezügen zu vermuten, dass sie den Prämien nur wenig Beachtung schenken. Vielmehr liegt für solche Spieler der Anreiz darin, Meisterschaften zu gewinnen und damit ihren Marktwert zu erhöhen, um daraus resultierende Einnahmemöglichkeiten im Bereich des Sponsoring oder bei neuen Vereinen abschöpfen zu können, die in ihrer Höhe bedeutender als Prämien sind. Für die anderen Spieler mit geringen Festbezügen stellen die Erfolgsprämien jedoch durchaus einen relevanten Anreizfaktor dar, da sie mit ihrer Hilfe einen Teil ihres Lebensunterhaltes verdienen und so ihr Streben nach Sicherheit und Unabhängigkeit erfüllen können. Die grundsätzliche Rechtfertigung des Einsatzes von Prämien als Anreizsystem wird dadurch belegt, dass sowohl die meisten Spieler als auch die Vereinsführungen leistungsabhängige Verträge als insgesamt sinnvoll erachten.

Literatur

Becker, F. G. (1991): Mitarbeiter zukunftsorientiert motivieren – Strategische Anreizsysteme, in: K. F. Ackermann/H. Scholz (Hrsg.), Personalmanagement für die 90er Jahre, Stuttgart, S. 279-297.

Bühner, R. (1997): Personalmanagement, 2. Aufl., Landsberg am Lech.

Cowherd, D. M./Levine, D. I. (1992): Product Quality and Pay Equity Between Lower-Level Employees and Top Management, in: Administrative Science Quarterly, Vol. 37, S. 302-320.

Elschen, R. (1988): Agency-Theorie, in: Die Betriebswirtschaft, 48. Jg., S. 248–250.

Frick, B./Klaeren, R. (1997): Die Anreizwirkungen leistungsabhängiger Entgelte, in: Zeitschrift für Betriebswirtschaft, 67. Jg., S. 1117-1138.

Frick, B./Wagner, G. (1996): Bosman und die Folgen, Das Fußballurteil des Europäischen Gerichtshofes aus ökonomischer Sicht, in: Wirtschaftswissenschaftliches Studium, 25. Jg., S. 611–615.

Green, J. R./Stokey, N. L. (1983): A Comparison of Tournaments and Contracts, in: Journal of Political Economy, Vol. 91, S.349-364.

Guthof, P. (1995): Strategische Anreizsysteme – Gestaltungsoptionen im Rahmen der Unternehmungsentwicklung, Wiesbaden.

Hackforth, J./Schaffrath, M. (1998): Sportjournalismus im Dritten Jahrtausend, in: Hackforth, J./ Schaffrath, M. (Hrsg.), Ein Blick zurück nach vorn – Sportjournalisten erinnern sich, Berlin, S. 248-252.

Herzberg, F. (1968): One More Time: How Do You Motivate Employees?, in: Harvard Business Review, Vol. 46, S. 53-62.

Kleinbeck, U./Quast, H.-H. (1992): Motivation, in: Frese, E. (Hrsg.), Handbuch Organisation, Stuttgart, Sp. 1419-1434.

Knorr, F./Scheppach, M. (1998): Leistungsbezogene Entgeltsysteme für Wohlfahrtsverbände und Non-Profit-Organisationen, Regensburg/Bonn.

Lehmann, E./Weigand, J. (1997): Money Makes the Ball Go Round, in: Ifo-Studien, Heft 3, S. 381-409.

Lemke, W. (1999): Alle Macht den Spielern, oder: Die Ohnmacht der Vereine – Das Bosman-Urteil und die Folgen für die Liga, in: Schaffrath, M. (Hrsg.), Die Zukunft der Bundesliga, S. 111-126.

March, J. G./Simon, H. A. (1958): Organizations, New York.

Nalebuff, B./Stiglitz, J. E. (1983): Prizes and Incentives. Towards a General Theory of Compensation and Competition, in: The Bell Journal of Economics, S. 21-43.

o. V. (1999): Prämien gibt es nur bei Sieg – Macht das Beispiel von Leverkusen in der Liga Schule?, in: Sportbild vom 24.03.1999.

o. V. (1997): Für die Fußball-Bundesliga „wird es eng", SID 19.12.1997, Blatt 29-30.

Reichert, J./Stöbe, S./Wohlfahrt, N. (1996): Personalsteuerung durch Leistungsanreizsysteme?, in: Reichard, C./Wollmann, H. (Hrsg.), Kommunalverwaltung im Modernisierungsschub, Berlin, S. 220-240.

Schewe, G./Gaede, N./Haarmann, J. (2001): Der Einsatz von Anreizsystemen im Profifußball – Ergebnisse einer Expertenbefragung, Arbeitspapier Nr. 19 des Lehrstuhls für Betriebswirtschaftslehre, insb. Organisation, Personal & Innovation, der Westfälischen Wilhelms-Universität Münster, Münster.

Schweizer, G. (1990): Die Bedeutung von Leistungsanreizen für das Innovationsmanagement wissenschaftlicher Verlage, Göttingen.

Sprenger, R. K. (1993): Mythos Motivation, Frankfurt am Main.

Winter, S. (1997): Möglichkeiten der Gestaltung von Anreizsystemen für Führungskräfte, in: Die Betriebswirtschaft, 57. Jg., S. 615-629.

Vermarktung von Fernsehübertragungsrechten: Eine ökonomische Analyse

Gerhard Schewe / Nicolas Gaede

1 Problemstellung

„Für neuen Zündstoff in der Diskussion um die zentrale Vermarktung der Fernsehrechte hat Dr. Gerd Niebaum, Präsident des Bundesligisten Borussia Dortmund, gesorgt. Bei einer Anhörung vor dem Europäischen Parlament in Brüssel bezeichnete der Jurist die Vermarktung durch den Deutschen Fußball-Bund (DFB) als rechtswidrigen Zustand. Niebaums Aussagen bestätigen den EU-Wettbewerbskommissar Mario Monti, der die zentrale Vermarktung von Bundesliga und Champions League für ein Kartell hält, das Artikel 81 im Amsterdamer Vertrag der EU widerspricht."

Eine zentrale Herausforderung des Profifußballs liegt darin, die stetig steigenden sportlichen, wirtschaftlichen und rechtlichen Anforderungen, die an das Fußballspiel und seine Organisation im Zuge der immer weiter voranschreitenden Professionalisierung und Kommerzialisierung gestellt werden, miteinander in Einklang zu bringen. Spätestens seit dem sogenannten „Bosman Urteil" wurde deutlich, dass Regulierungsmechanismen des Profifußballs nicht isoliert von ihrem sportlichen, wirtschaftlichen sowie rechtlichen Kontext zu sehen sind.[1] Ein von allen Beteiligten kontrovers diskutiertes Problem stellt in diesem Zusammenhang die Vermarktung der Fernseh-Übertragungsrechte dar. Ausgelöst durch ein BGH-Urteil vom 11.12.1997, in welchem auf die Unzulässigkeit der Zentralvermarktung der Fernsehrechte für Europapokal spiele durch den DFB verwiesen wird, wird immer wieder auch aus Kreisen einzelner Bundesligavereine die Frage gestellt, ob sich hieraus auch Konsequenzen für die Vermarktung der Fernsehübertragungsrechte der Ersten und Zweiten Fußball-Bundesliga ergeben. Ist es zulässig, dass der DFB diese Rechte zentral veräußert und den Erlös dann an die Vereine verteilt oder sollte vielmehr jeder Verein das Recht besitzen, die Fernsehrechte derjenigen Spiele, an denen er beteiligt ist selbst zu vermarkten?

---

[1] Im Dezember 1995 verbietet der Europäische Gerichtshof mit dem Urteil im Fall „Jean-Marc Bosman" Ablösesummen für Fußballspieler, die nach Vertragsablauf einen grenzüberschreitenden Teamwechsel innerhalb der EU vornehmen wollen. Vgl. hierzu Frick/Wagner (1996), Parensen (1998). Zu den Auswirkungen des Urteils auf die Praxis der Bundesliga-Vereine vgl. Lemke (1999), S. 111 ff.

Diese kartellrechtliche Fragestellung ist zumindest für den Ligawettbewerb auf nationaler Ebene bislang unbeantwortet. Diesem schwebenden Verfahren Rechnung tragend, werden die juristischen Aspekte dieser Thematik im Rahmen des vorliegenden Beitrags bewusst ausgeklammert.[1] Vielmehr wird der noch offene Ausgang dieses Rechtstreits zum Anlass genommen, denkbare Alternativen zur gegenwärtig praktizierten Form der Fernsehrechtevermarktung aufzuzeigen und zu diskutieren.

Die ökonomische Tragweite der zu untersuchenden Fragestellung für die gesamte Branche wird erst bei Betrachtung der Preisentwicklung für die Fernseh-Übertragungsrechte seit Bestehen der Fußball-Bundesliga (Abb. 1) deutlich.

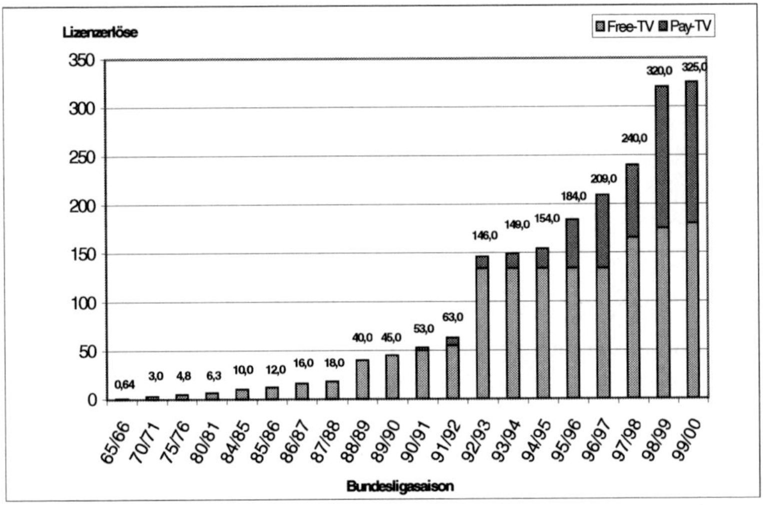

Abb. 1: Entwicklung der Lizenzerlöse für die Fernseh-Übertragungsrechte der Ersten und Zweiten Fußball-Bundesliga

Quelle: Amsinck (1997), S. 62 ff sowie eigene Recherchen.

Bezüglich der finanziellen Dimension, der durch den Verkauf erzielten Lizenzerlöse, lassen sich im wesentlichen drei Phasen unterscheiden, die sich durch spezifische Marktverhältnisse und fernsehtechnische Möglichkeiten der Rechteverwertung auszeichnen.[2]

In der ersten Entwicklungsphase von 1963 (Gründung der Bundesliga) bis 1984 kann man nicht von der Existenz eines funktionsfähigen Sportrechtemarktes in Deutschland

[1] Vgl. zur rechtlichen Debatte um die Vermarktung der Übertragungsrechte der Fußball-Bundesliga z. B. Westerholt (1996), Springer (1998) und Seitel (1999).

[2] Vgl. hierzu und im folgenden Amsinck (1997), S. 62.

sprechen. Dem DFB als einzigem Anbieter von Übertragungsrechten stand auf der Nachfrageseite das Monopol der öffentlich-rechtlichen Sendeanstalten gegenüber. Während die Vereine in den ersten Spielzeiten der Bundesliga noch Geld für die Übertragungsleistung bezahlen mussten, erhielten sie ab der Saison 1965/66 erstmals geringfügige Lizenzerlöse. Diese Zahlungen hatten jedoch eher den Charakter einer finanziellen „Unterstützung“ der Verbandsarbeit denn eines regulären Marktpreises.

Mit dem Sendebeginn privater Fernsehanstalten (RTL und SAT.1) im Jahr 1984 änderten sich die Marktverhältnisse schlagartig dahingehend, dass nun ein reger Wettbewerb auf der Nachfrageseite entstand. Die besondere Bedeutung sportlicher Großereignisse wie der Fußball-Bundesliga als „Zugpferd“ für die Etablierung der jungen Sendeanstalten auf dem Fernsehmarkt führte zu ersten deutlichen Sprüngen in der Preisentwicklung. In der Saison 1988/89 erwarb mit RTL erstmals ein privater Fernsehsender einen Teil der Übertragungsrechte. Hinzukommt, dass seit diesem Zeitpunkt die Rechte nicht mehr direkt vom Verband an die Fernsehsender verkauft werden. Der DFB vergibt die gesamten Übertragungsrechte seither an Sportrechteagenturen, die sich auf die Vermarktung und den Verkauf von Verwertungsrechten an Sportereignissen spezialisiert haben und dementsprechend deutlich höhere Verkaufserlöse erzielen.

Eine dritte Phase der Preisentwicklung wurde 1991 mit der Einführung des zunächst analogen Pay-TV (Premiere) in den deutschen Fernsehmarkt eingeläutet. Die Erzielung direkter Einnahmen durch den Fernsehzuschauer und der Ausschluss nicht zahlungswilliger Kunden durch die Vergabe von zeitlich befristeten Abonnements stellte ein weiteres, zusätzliches Refinanzierungspotenzial dar und erlaubte somit weitere Preissteigerungen. Die bislang letzte bedeutende Änderung erfuhr der Sportrechtemarkt durch die technische Weiterentwicklung hin zu digitalen Fernsehübertragungen und die damit verbundene Möglichkeit, dem Zuschauer einzelne Sendungen (Fußballübertragungen) gegen eine Gebühr im sog. Pay-per-View-Verfahren (Premiere World) anzubieten.

Als gegenwärtiges Resultat und vorläufigen Höhepunkt dieser gesamten Entwicklung, die durch anhaltende, zum Teil sprunghafte Preissteigerung gekennzeichnet ist, erwarb die Kirch-Gruppe im Jahr 2000 für eine Gesamtsumme von drei Milliarden Mark die exklusiven Free- und Pay-TV Rechte an sämtlichen Spielen der Ersten und Zweiten Fußball-Bundesliga für vier Jahre, also bis zum Jahr 2004. Das damit zur Verteilung auf die Profi-Vereine stehende Einnahmepotential von 750 Millionen Mark pro Saison[1] unterstreicht eindrucksvoll, warum die Frage der Vermarktungsform immer wieder so kontrovers und engagiert diskutiert wird. Da die aktuelle Auseinandersetzung letztlich von handfesten wirtschaftlichen Interessen aller Beteiligten dominiert wird, soll im vorliegenden Beitrag untersucht werden, ob durch einen Wandel der Vermarktungsform der Übertragungsrechte an den Spielen der Fußball-Bundesliga tatsächlich eine Steigerung der ökonomischen Effizienz zu erzielen ist. Als individuelle Interessen der beteiligten Akteure in diesem Streit wären hier im Einzelnen zu nennen:

- *Die Interessenlage der Fußballvereine*: Unabhängig von der Art der Vermarktung der Fernsehübertragungsrechte möchten die Vereine den für sie individuell erzielbaren direkten Lizenzerlös maximieren. Zudem möchten sie durch eine möglichst zeitintensive und weitverbreitete Präsenz beim Fernsehpublikum ihren Bekanntheitsgrad steigern, um so ihre indirekt mit den Übertragungsrechten verbundenen Einnahmepotenziale im Sponsoring- und Merchandisingbereich auszubauen. Dabei kann zwischen diesen beiden Einnahmezielen der Vereine ein „trade-off" bestehen, d.h. eine geringere Sendereichweite (z. B. im Pay-TV) kann durch eine höhere Zahlungsbereitschaft des Senders kompensiert werden. Entscheidend für die Vereine ist letztlich die Optimierung der Gesamtsumme aus direkten und indirekten Lizenzerlösen. Insbesondere die erfolgreichen Vereine der jüngeren Vergangenheit, wie Bayern München, Bayer Leverkusen oder auch Borussia Dortmund, erhoffen sich dabei, wie das oben angeführte Zitat unterstreicht, von der dezentralen Selbstvermarktung auf Vereinsebene eine Verbesserung ihrer gegenwärtigen Erlössituation. Neben der absoluten Höhe der Einnahmen ist für die Bundesligavereine auch eine gewisse Planungssicherheit bezüglich der Zahlungen von Relevanz. Die Vereine sind zunehmend bemüht ihre wirtschaftliche Stabilität zumindest kurzfristig vom sportlichen Erfolg zu emanzipieren. Hierzu bedarf es sicherer, vom sportlichen Abschneiden im Ligawettbewerb unabhängiger Erlöse.[2]
- *Die Interessenlage des Verbandes*[3]: Als Veranstalter und Organisator des Spielbetriebes steht die Funktionsfähigkeit und Attraktivität der Fußball-Bundesliga im Zentrum des Interesses. Nur eine erfolgreiche und international renommierte Fußball-Bundesliga sichert dem Deutschen Fußball-Bund (DFB) eine einflußreiche Stellung im Europäischen- (UEFA) sowie im Welt-Fußballverband (FIFA). Auf nationaler Ebene sichert die Entscheidungsgewalt über die Vergabe der Fernseh-

---

[1] 500 Millionen Mark sind dabei Pay-TV Einnahmen vom Sender Premiere, 250 Millionen Mark werden im Free-TV eingenommen, wobei der Hauptanteil von ca. 200 Millionen Mark vom Sender Sat1 gezahlt wird. Vgl. Steinkirchner/Olbermann (2001), S. 47.

[2] Vgl. hierzu den Beitrag von Schewe.

[3] Mit der Neugründung der Liga GmbH, die am 01.07.2001 ihre Arbeit aufgenommen hat, haben die deutschen Profifußball-Vereine eine eigene Dachinstanz gegründet, welche die Interessen der Liga vertreten soll. Gegenwärtig existieren Tendenzen, wonach zunehmend Kompetenzen vom DFB auf die Liga GmbH übergehen. Da diese Entwicklung noch nicht abgeschlossen ist, soll hierauf in der vorliegenden Untersuchung nicht näher eingegangen werden. Die Verhandlungsposition der Liga GmbH wird sich in allen behandelten Fragestellungen deutlich näher an den Interessen der Bundesligavereine ausrichten, als dies beim DFB der Fall ist. Folglich würde eine Vermarktung durch die Liga GmbH anstelle des DFB die Voraussetzungen nicht grundlegend ändern, sondern lediglich die Effizienz der Zentralvermarktung aus Sicht der Vereine aufgrund geringerer Interessenkonflikte und damit auch geringerer Streuverluste steigern.

rechte den Funktionären des DFB ein erhebliches „medienpolitisches Machtpotenzial“, welches sie zur Verfolgung ihrer Ziele instrumentalisieren können. Direkte monetäre Interessen sind für den Verband nicht von Bedeutung, da die Finanzierung seiner Leistungen unabhängig von der Form der Rechtevergabe sichergestellt ist.

- *Die Interessenlage der Fernsehprogramm-Anbieter*: Vordergründiges Ziel für die Wirtschaftsunternehmen[1] muss die langfristige Erwirtschaftung von Gewinnen durch eine Maximierung des Refinanzierungspotenzials der Lizenzzahlungen sein. Hierzu bedarf es eines für den Fernsehzuschauer möglichst attraktiven Programms. Dabei gilt es zu berücksichtigen, dass die Refinanzierung keineswegs unmittelbar durch die Sportübertragung erfolgen muss, vielmehr ist hierbei die gesamte Verwertungskette zu betrachten.[2] Auch in diesem Fall muss ebenfalls von einer „trade-off“-Beziehung ausgegangen werden. Es ist hier das Refinanzierungspotenzial aus direkten Zahlungen der Fernsehzuschauer und aus Zahlungen von Wirtschaftsunternehmen für Werbebotschaften gegeneinander abzuwägen. Ein werbefinanziertes Programm, das keine Abgaben von den Zuschauern verlangt, wird in der Regel über höhere Einschaltquoten verfügen. Die Werbetreibenden werden in sofern auch bereit sein, hohe Ausgaben für die Platzierung ihrer Werbespots zu tätigen. Ein Programm, das sich hauptsächlich aus Benutzerzahlungen finanziert (Pay-TV) wird weniger Zuschauer besitzen und somit für Werbetreibende kaum attraktiv sein. Ein optimaler Mix aus Sicht der Fernsehprogrammanbieter wird höchstwahrscheinlich auf beide Formen der Programmausstrahlung zurückgreifen, in dem zeitlich gestaffelte Mehrfachübertragungen durchgeführt werden.
- *Die Interessenlage der Fernsehprogramm-Nachfrager*: Die Gruppe der Fernsehzuschauer setzt sich zusammen aus den allgemein sport- bzw. fußballbegeisterten Zuschauern und den Fans bestimmter, einzelner Bundesligavereine. Während die Teilgruppe der Sportbegeisterten primär an einem Gesamtüberblick über das aktuelle Bundesligageschehen (in Form einer Live-Konferenz oder durch zeitversetzte Spielzusammenschnitte) interessiert ist, steht für den Fan das jeweilige Spiel „seiner Mannschaft“ im Vordergrund. Sein Interesse richtet sich folglich auf eine möglichst große Auswahl von Einzelspielberichten (in Form von Live-Übertragungen oder ausführlichen zeitversetzten Beiträgen). Dennoch ist es auch für die Fans be-

[1] Im Gegensatz zu den Privatsendern haben die öffentlich-rechtlichen Sendeanstalten in ihren Planungen neben den wirtschaftlichen Anforderungen, die in ihrem Fall aufgrund der Gebührenfinanzierung nur in abgeschwächter Form gelten, einen staatlichen Auftrag zur Informationsversorgung der Bevölkerung zu berücksichtigen. Vgl. zum Streit um die freie Berichterstattung von Sportveranstaltungen ausführlich Brinkmann (1998), S. 98 ff., sowie Beck/Prinz (1998), S. 224 ff.

[2] Die Zahlungen für die Übertragungsrechte der Fußballbundesliga haben bereits eine Dimension erreicht, in der eine Refinanzierung durch unmittelbar der Sportübertragung zurechenbare Zahlungen nicht mehr realisierbar ist. Vielmehr fungiert die Fußballbundesliga als „Zugpferd“ für das gesamte Programmangebot. Und dient diesbezüglich u. a. der Steigerung des allgemeinen Bekanntheitsgrades und als Plattform für eigene Programmhinweise sowie dem gezielten Imagetransfer. Vgl. Trosien/Preuß (1999), S. 219.

deutsam, die Leistung der eigenen Mannschaft in den Kontext des jeweiligen Spieltages und damit auch des gesamten Meisterschaftsrennens einordnen zu können. Beiden Teilgruppen ist gemeinsam, dass sie die nachgefragte Leistung möglichst zeitnah, ohne Werbeunterbrechungen, kompetent aufbereitet sowie preisgünstig erhalten möchten.

Eine Beurteilung der ökonomischen Effizienz – verstanden als Maß der relativen Zielerreichung – der Vermarktungsregelungen ist definitionsgemäß nur vor dem Hintergrund einer einzelnen konkreten Zielsetzung möglich. Folglich müssen sich die weiteren Ausführungen auf die Sichtweise und die Ziele eines der vorgenannten beteiligten Akteure beschränken. Die Effizienzanalyse soll sich daher auf eine optimale Ausgestaltung der Vermarktungsregelungen aus Sicht der Bundesligavereine konzentrieren. Dieser Blickwinkel erscheint zweckmäßig, da die Vereine als Produzenten der Ware Profifußball die Träger des wirtschaftlichen Risikos und somit auch die Inhaber der originären Rechte an der Veranstaltung „Fußballspiel" sind. Folgerichtig sollte es in ihrem Ermessen liegen, diese Rechte möglichst effizient zu nutzen. Zudem ist auch die Kritik an der derzeitigen Vermarktungsregelung in ersten Linie aus den Reihen einzelner Vertreter der Bundesligavereine zu vernehmen.

2 Vermarktung der Fernseh-Übertragungsrechte an den Spielen der Fußball-Bundesliga

2.1 Akteure des Marktes für Fernseh-Übertragungsrechte

Will man sich einen Überblick über die generellen Möglichkeiten zur Änderung der Vermarktungsform verschaffen, so werden diese stark von der existenten Marktstruktur geprägt. Der Markt für Fernseh-Übertragungsrechte im Bereich des Profifußballs wird dabei im Wesentlichen von den vier bereits genannten Akteuren bzw. Akteursgruppen und ihrer Stellung im Wertschöpfungsprozess bestimmt:

- Die professionellen *Fußball-Vereine*: Sie können als Produzenten der Ware Fußball verstanden werden. Der Konsum des Produktes erfolgt entweder direkt an der Produktionsstätte, d. h. durch die Zuschauer im Stadion, oder indirekt, indem das Produkt von einem Fernsehprogramm-Anbieter in die Haushalte der Konsumenten geliefert wird.
- Der *Deutsche Fußball-Bund (DFB)*: Als Dachverband aller deutschen Amateur- und Profifußball-Vereine organisiert und kontrolliert er den Spielbetrieb der Ersten und Zweiten Fußball-Bundesliga. Durch die Vergabe von Lizenzen, die an zahlreiche verschiedene Bedingungen geknüpft ist, entscheidet der DFB darüber, ob ein Verein am Profi-Spielbetrieb teilnehmen darf oder nicht. Er wertet damit das „einfache Produkt Fußball-Spiel" zweier Vereine, dass isoliert betrachtet lediglich den Charakter eines unterhaltsamen „Showkampfes" hat und nicht mit den Leistungen

anderer Vereine in Verbindung gebracht werden kann, durch seine Einbindung in ein umfassendes nationales Meisterschaftsrennen zu dem „Markenprodukt Bundesliga-Spiel“ auf.

- Die *Fernsehprogramm-Anbieter*: Sie sind die primären Nachfrager nach Fernseh-Übertragungsrechten von Bundesliga-Spielen. Mit Hilfe der Fernsehübertragung eines Spiels oder von Spielausschnitten wird das angebotene Fernsehprogramm mit Inhalt gefüllt. Aktuell sind drei Gruppen von Fernsehprogramm-Anbietern zu unterscheiden: Die öffentlich-rechtlichen Fernsehanstalten, die sich aus Zwangsgebühren und Werbeeinnahmen finanzieren, die privaten Fernsehanstalten im Free-TV, die sich fast ausschließlich aus Werbeeinnahmen finanzieren und schließlich die privaten Fernsehanstalten im Pay-TV, die sich fast ausschließlich über Pay-TV-Abonnements oder Pay-per-View-Einnahmen finanzieren.

- Die *Fußball-Nachfrager*: Hierbei handelt es sich zum einen um die Besucher eines Fußballspiels im Stadion[1] und zum anderen um die Konsumenten einer Fußball-Übertragung im Fernsehen. Bei einer zeitversetzten Übertragung ist dabei auch der Fall denkbar, dass ein Konsument sowohl das Spiel im Stadion verfolgt als auch später die Fernsehübertragung. Bedeutsam für den Markt der Übertragungsrechte ist eigentlich ausschließlich die Gruppe der Fernsehzuschauer, es muss jedoch darauf hingewiesen werden, dass sich die von Vereinsseiten häufig geäußerte Befürchtung eines Kannibalisierungseffektes zwischen der Anzahl von Fußballübertragungen im Fernsehen und den Zuschauerzahlen in den Stadien bislang nicht bestätigt hat.[2]

Da die Fußball-Vereine (noch) nicht über eigene Fernsehprogramm-Anbieter und umgekehrt die Fernsehprogramm-Anbieter (noch) nicht über eigene Fußball-Vereine verfügen, können die Vereine nur einem relativ kleinen Kreis von Konsumenten ihre Ware direkt anbieten. Man ist hier limitiert durch die Größe des Stadions und somit angewiesen auf die Dienste der Fernsehprogramm-Anbieter, will man seine Ware einem größeren Kreis von Konsumenten zugänglich machen.

[1] Die Stadionbesucher eines Fußballspiels werden als „primäre Nachfrager“ der Ware „Profifußball“ angesehen. Auch wenn der Anteil der Eintrittsgelder an den Gesamteinnahmen in den letzten Jahren kontinuierlich sinkt, bleiben sie dennoch eine bzw. die zentrale Zielgröße in den wirtschaftlichen Kalkülen der Vereine. Schließlich sind grundsätzlich nur publikumswirksame Sportereignisse langfristig medienwirksam zu vermarkten und induzieren somit eine Nachfrage seitens der Werbewirtschaft und Medien. Die von den Zuschauern im Stadion erzeugt Atmosphäre beeinflusst nicht nur die Motivation der beteiligten Spieler sondern dient zudem auch den Fernsehzuschauern als Indikator für die Qualität des übertragenen Sportveranstaltung. Vgl. hierzu sowohl die Aussagen von W. Straub in Hermanns/Riedmüller (2001), S. 258 f., als auch Riedmüller (2001), S. 270 f.

[2] Das Gegenteil ist der Fall, in den letzten Jahren verbuchen die Vereine trotz steigenden Umfangs der Fernsehübertragungen von Bundesligaspielen wachsende Zuschauerzahlen in den Stadien. Vgl. Parlasca (1999), S. 98 f.

2.2 Grundlegende Vermarktungsmodelle

Bei der Vermarktung der Fußball-Spiele über die Fernsehprogramm-Anbieter sind zwei grundlegende Fragestellungen zu unterscheiden: Zum einen gilt es zu untersuchen, ob der Verkauf der Übertragungsrechte seitens der Rechteanbieter *dezentral* auf der Ebene der einzelnen Vereine *oder zentral* auf einer übergeordneten Verbandsebene erfolgen soll. Zum anderen ist die Frage zu stellen, ob es zweckmäßig ist *Einzelleistungen* (in Form einzelner Bundesliga-Spiele) *oder Leistungsbündel* (in Form mehrerer Spiele) am Markt anzubieten. Die erste Frage beschäftigt sich also damit, wer als Anbieter der Rechte auftritt, während sich die zweite Fragestellung mit dem konkreten Inhalt bzw. dem Umfang der angeboten Leistung befasst. Die Kombinationsmöglichkeiten dieser beiden Dimensionen spannen das gesamte Spektrum alternativer Vermarktungsmodelle auf, die im Folgenden zu untersuchen sind (vgl. Abb. 2).

		Anbieter der Leistung / Form der Vermarktung	
		Verein / Dezentral	**Verband / Zentral**
Inhalt / Umfang der angebotenen Leistung	**Einzelleistung**	(1) Jeder Verein bietet *dezentral* die Rechte an jedem seiner Spiele *einzeln* zum Kauf an	(2) Der DFB bietet *zentral* die Rechte an jedem Spiel jedes Vereins *einzeln* zum Kauf an
	Leistungsbündel	(3) Jeder Verein bietet *dezentral* die Rechte an mehreren seiner Spiele gemeinsam *als „Bündel"* zum Kauf an z.B. alle Heimspiele, alle Saisonspiele etc.	(4) Der DFB bietet *zentral* die Rechte an mehreren Spielen gemeinsam *als „Bündel"* zum Kauf an z.B alle Spiele eines Spieltages, alle Spiele einer Saison etc.

Abb. 2: Alternative Modelle der Vermarktung der Übertragungsrechte an den Spielen der Fußball-Bundesliga

Quelle: Eigene Abbildung in Anlehnung an Franck/Müller (2001), S. 238.

Dabei kann jedoch eine Alternative bereits a priori an Hand von Plausibilitätsgründen aus der Analyse ausgeschlossen werden. Eine zentrale Vermarktung jedes einzelnen Spiels durch den DFB (Fall 2) erscheint wenig zweckmäßig, da nicht ersichtlich ist, warum eine übergeordnete Instanz – deren individuelle Interessen durchaus von denen der vertretenen Vereine abweichen können – die Interessen der einzelnen Vereine besser vertreten soll, als die jeweils an dem Spiel beteiligten Vereine selbst im Fall dezentraler Vermarktung. Zumal die für die Verhandlungen anfallenden Transaktionskosten bei beiden Alternativen in etwa gleicher Höhe zu erwarten wären.[1] Somit verbleiben nur noch drei Varianten, die im Folgenden vorzustellen sind.

---

[1] Gleiches gilt im Fall 4, falls der DFB nur Rechtebündel einzelner Vereine anbieten würde. Daher wird hier nur der Fall betrachtet, in dem der DFB mehrere Spiele (sei es zu einem Zeitpunkt oder in einem bestimmten Zeitraum) verschiedener Vereine gemeinsam als Bündel vermarktet.

2.2.1 Dezentrale Vermarktung einzelner Spiele auf Vereinsebene

Die dezentrale Einzelvermarktung der Fernseh-Übertragungsrechte durch jeden einzelnen Verein (Fall 1) stellt die „marktwirtschaftliche" Lösung des Problems dar. Für jede Spielpaarung ergibt sich ein Marktpreis für das Fernseh-Übertragungsrecht, der sich letztlich als Ergebnis eines ökonomischen Kalküls von Angebot und Nachfrage herausbildet. Sportlich attraktive Begegnungen werden dabei höchstwahrscheinlich einen höheren Preis erzielen als sportlich weniger attraktive Begegnungen, da für die Nachfrage, also für die Fernsehprogramm-Anbieter, das Refinanzierungspotenzial einer Begegnung die Zahlungsbereitschaft bestimmt. Eine attraktive Begegnung wird von mehr Zuschauern gesehen und bietet insofern auch die Möglichkeit zu höheren Werbeeinnahmen oder lässt sich sogar erfolgreich im Pay-TV anbieten. Der so zustande kommende Marktpreis ermöglicht damit eine effiziente Räumung des Marktes für Fernseh-Übertragungsrechte. Es wird sich solange ein Fernsehprogramm-Anbieter für die Übertragung eines Fußballspiels finden, solange die (langfristige) Refinanzierung gesichert scheint. Es müsste also von Spieltag zu Spieltag jedes Fernseh-Übertragungsrecht wöchentlich einem neuen marktwirtschaftlichen Preisbildungsprozess unterworfen werden. Nur dann ist der Preis ein Abbild der relativen Knappheit des Gutes Fußball, hier verstanden als Attraktivität des Fußballspiels. Aus Sicht des Endkonsumenten, also des Fernsehzuschauers, wäre dies sicherlich die effizienteste Lösung, da sie verhindert, dass überhöhte Preise für die Ware Fußball gezahlt werden.
Ob sich ein solcher klassischer Marktprozess in der Realität allerdings institutionalisieren lässt und ob er aus der Perspektive der Vereine betrachtet überhaupt wünschenswert ist, erscheint fraglich.

- Zum einen ist die Nachfrageseite nach Fernseh-Übertragungsrechten nur durch wenige potente Fernsehprogramm-Anbieter gekennzeichnet, als da wären: die öffentlich-rechtlichen Programmanbieter, die privaten Fernsehanstalten der RTL-Bertelsmann-Gruppe sowie die Fernsehprogramm-Anbieter der Kirch-Gruppe. Eine derartige Nachfragestruktur impliziert mit hoher Wahrscheinlichkeit oligopolistische Verhaltensweisen. Absprachen unter den Nachfragern werden die Folge sein. Aktuell sind solche im Regelfall vertraglichen Absprachen bereits bei den Fernsehübertragungsrechten für die Spiele der UEFA Champions League zu beobachten. Die RTL-Bertelsmann-Gruppe verzichtet auf ihr Recht, an sämtlichen Spieltagen der Champions League ein Spiel live im Free-TV zu übertragen und räumt der Kirch-Gruppe damit das Recht der Live-Übertragung im Pay-TV ein.

- Zum anderen muss in Betracht gezogen werden, dass sich in der praktischen Umsetzung höchstwahrscheinlich nicht jedes einzelne Fernseh-Übertragungsrecht effizient individuell vermarkten lässt. Die dabei entstehenden immensen Transaktionskosten führen aus Sicht der Vereine zu einer erheblichen Verringerung der wirtschaftlichen Effizienz dieses Vermarktungsmodells. Zudem besäßen die Vereine bei dieser Form der Vermarktung keinerlei Sicherheit über die Größenordnung ihrer Einnahmen aus dem Verkauf der Übertragungsrechte. Wöchentlich deutlich schwankende Lizenzeinnahmen würden eine solide wirtschaftliche Planung ihrer Aktivitäten – insbesondere ihrer langfristigen und kostenintensiven Investitionen[1] – deutlich erschweren.

2.2.2 Dezentrale Vermarktung von Leistungsbündeln auf Vereinsebene

Vor dem Hintergrund der Verringerung der Transaktionskosten und der Erhöhung der Planungssicherheit seitens der Vereine erscheint die Möglichkeit einer dezentralen Vermarktung von „Leistungsbündeln" (Fall 3) erstrebenswert. Hierbei werden die Übertragungsrechte an mehreren Einzelspielen, an denen ein bestimmter Verein in einem begrenzten Zeitraum (z. B. eine Saison oder eine Halbserie) beteiligt ist, zu einem „Leistungsbündel" zusammengefasst. Der Verein bietet dann dieses „Rechtepaket" als ein einziges Produkt auf dem Markt für Übertragungsrechte den verschiedenen Sendeanstalten zum Kauf an.

Grundsätzlich erscheint es dabei zweckmäßig, möglichst große „Pakete zu schnüren", um die geschilderten positiven Effekte der Leistungsbündelung optimal zu nutzen. Allerdings ist eine Zusammenfassung der gesamten Saisonspiele eines einzelnen Vereins kaum realisierbar. Für die Übertragung der Rechte an den verschiedenen Auswärtsspielen wären bilaterale Verträge mit dem jeweils gastgebenden Verein erforderlich, was zusätzliche Transaktionskosten verursachen und somit die Effizienz der Leistungsbündelung einschränken würde. Dies gilt allerdings nicht zwangsläufig, wenn das angebotene Leistungsbündel ausschließlich Heimspiele eines Vereins umfasst. In diesem Fall könnte eine Stabilisierung der Lizenzerlöse über eine Saison hinweg sowie eine Verringerung der Transaktionskosten gegenüber der dezentralen Vermarktung einzelner Spiele erreicht werden.

Allerdings verfügen die Vereine bei beiden bislang geschilderten Formen der dezentralen Vermarktung aufgrund der Konkurrenzsituation auf Seiten der Rechteanbieter zwangsläufig über eine verringerte Marktmacht. Dies lässt in der Summe über alle Vereine ceteris paribus geringere Verkaufserlöse als bei einer zentralen Vermarktung der Rechte durch eine einzige, monopolistisch agierende übergeordnete Instanz als Rechteanbieter erwarten.

2.2.3 Zentrale Vermarktung von Leistungsbündeln auf Verbandsebene

Das Modell der zentralen Vermarktung von Leistungsbündeln (Fall 4) – wobei als Leistungsbündel hier grundsätzlich sowohl die Begegnungen einzelner Spieltage als auch die Gesamtheit aller Spiele einer Saison in Betracht kommen[1] – geht von einer kartellähnlichen Stellung auf Seiten der Anbieter von Fernseh-Übertragungsrechten

---

[1] Zu denken wäre hierbei z. B. an Langzeitverträge mit Spitzenspielern mit hohen Gehaltsansprüchen oder an die Finanzierung von Stadionprojekten, die nur mit Hilfe der Aufnahme von Fremdkapital zu realisieren sind.

aus. Ein Kartell kann nur dann als effizient aus der Sicht der Kartellteilnehmer bezeichnet werden, wenn folgende Bedingungen erfüllt sind:

- Die Kartellabsprachen richten sich nicht nur auf den Preis eines Gutes sondern auch auf die produzierte bzw. abgesetzte Menge des Kartellgutes.
- Es muss sichergestellt sein, dass kein Kartellmitglied in der Lage ist, den Kartellverbund zu verlassen.
- Es muss eine von den Interessen einzelner Kartellmitglieder unabhängige Organisation existieren, die das Kartell nach außen hin vertritt.
- Es muss ein Verteilungsmechanismus für die Einnahmen des Kartells gefunden werden, der von allen Kartellmitgliedern akzeptiert wird.

Betrachtet man diese Bedingungen, so wird deutlich, dass die Organisationsform des deutschen Profifußballs gut geeignet ist für eine solche Kartellstruktur. Nicht ohne Grund war der BGH der Ansicht, dass es sich bei der gewählten Form der Vermarktung der Fernseh-Übertragungsrechte von UEFA-Cup Spielen um ein wettbewerbsfeindliches Kartell handelt. Über das Lizenzierungsverfahren stellt der DFB sicher, dass die Struktur des Kartells erhalten bleibt. Ein Austritt aus dem Kartell ist faktisch nicht möglich, da außerhalb des Zuständigkeitsbereiches des DFB zur Zeit kein Profifußball statt findet und der Aufbau einer Parallelorganisation bislang höchst unwahrscheinlich erscheint. Ferner lässt sich auch die angebotene Menge der Ware Fußball sehr einfach zentral vom DFB steuern, da genau dort die Spielplanung angesiedelt ist. Insofern ist auch nicht zu befürchten, dass der Kartellpreis durch eine Änderung der Angebotsmenge unterlaufen wird.

Das einzige Problem, welches sich bei dieser Kartellorganisation ergibt, ist die Frage nach der Aufteilung der Kartellerlöse. Für den Fall, dass das Kartell ein homogenes Gut vertreibt, ist die Aufteilung kein Problem. Sie wird sich an den von den Kartellmitgliedern jeweils produzierten Mengen orientieren. Da alle Mannschaften der Fußball-Bundesliga die gleiche Anzahl von Spielen in einer Spielzeit absolvieren, müsste jeder Verein somit einen gleich hohen Anteil der Kartellerlöse erhalten. Leider ist die Situation im Profifußball jedoch eine andere, so dass dieser einfache Verteilungsmechanismus auf Dauer wohl kaum von allen Kartellmitgliedern akzeptiert wird. Bei den Spielen der Fußball-Bundesliga ist die Homogenitätsbedingung nicht erfüllt. Die übertragenen Fußball-Spiele weisen eine unterschiedliche a priori Qualität auf, da die Spiele aufgrund ihrer unterschiedlichen Attraktivität für den Konsumenten auf unterschiedliche Resonanz stoßen werden. Attraktive Spiele mit einer hohen Zuschauerzahl

---

[1] Es ist jedoch nicht ersichtlich, warum eine zentrale Vermarktung einzelner Spieltage der zentralen Vermarktung einer ganzen Saison aus Sicht der Vereine überlegen sein sollte. Vielmehr steigen bei sonst gleichen Rahmenbedingungen die Transaktionskosten der Vermarktung durch die wesentlich häufiger erforderlichen Vertragsverhandlungen (vierunddreißig anstelle von einer). Zudem sinkt für die Vereine aufgrund der häufigen Neuverhandlungen die Planbarkeit der Einnahmen. Daher wird im weiteren Verlauf der Untersuchung lediglich die zentrale Vermarktung aller Saisonspiele betrachtet.

bieten wesentlich bessere Möglichkeiten der Refinanzierung auf Seiten der Fernsehprogramm-Anbieter. Mithin rechtfertigt dies somit auch einen höheren Preis. Entsprechend werden diejenigen Vereine, deren Spiele als attraktiv eingestuft werden, daraus einen Anspruch auf einen höheren Anteil der Kartellerlöse ableiten. Folglich wird ein solches Kartell nur dann langfristig stabil bleiben, wenn es gelingt einen Verteilungsschlüssel zu finden, der in der Lage ist, die unterschiedliche Attraktivität der Fußball-Spiele abzubilden. Wie ein solcher Schlüssel aussehen könnte, wird an dieser Stelle nicht weiter vertieft. Es wird vielmehr im Folgenden derjenige Verteilungsmodus vorgestellt, wie er aktuell bei der Verteilung der Fernsehhonorare zur Anwendung gelangt, denn nur dieses Modell soll anschließend auf seine ökonomische Vorteilhaftigkeit hin überprüft werden.

2.3 Status Quo der Vermarktung der Fernseh-Übertragungsrechte an Spielen der Fußball-Bundesliga

Ausgangspunkt der rechtlichen Auseinandersetzung um die Form der Vermarktung der Übertragungsrechte war 1994 eine Entscheidung des Bundeskartellamtes, mit der dem DFB untersagt wurde, die Fernseh-Übertragungsrechte an Heimspielen deutscher Mannschaften im UEFA-Pokal zentral zu vermarkten. 1995 bestätigte das Berliner Kammergericht die Entscheidung des Kartellamtes. Schließlich wurde 1997 vom Bundesgerichtshof entschieden, dass das praktizierte Vermarktungsmodell ein „wettbewerbswidriges Kartell" darstellt, welches sich zum Nachteil der Fernsehkonsumenten auswirken kann. Durch die zentrale Vermarktung würde insgesamt ein zu hoher Preis realisiert, der über erhöhte Fernsehgebühren und höhere Werbeeinnahmen, d.h. letztlich mehr und/oder längere Werbeunterbrechungen zu refinanzieren wäre.

Im Nachgang zu diesem Urteil wurde argumentiert, dass auch die Zentralvermarktung der Übertragungsrechte an den Spielen der Fußball-Bundesliga durch den DFB ein „wettbewerbswidriges Kartell" darstelle. Der Gesetzgeber sah sich nun gefordert und novellierte das Gesetz gegen Wettbewerbsbeschränkungen (GWB). Es wurde der § 31a aufgenommen, der die zentrale Vermarktung von „satzungsgemäß durchgeführten Sportveranstaltungen" vom Kartellverbot ausnimmt. Die Spiele der Fußball-Bundesliga stellen dabei eine im Sinne des § 31a GWB satzungsgemäß durchgeführte Sportveranstaltung dar. Gegen diese Ausnahme vom Kartellverbot sind aktuell noch Prüfungen auf europäischer Ebene anhängig.

Mit Beginn der Saison 2000/01 haben sich der DFB und die Vereine der Ersten und Zweiten Fußball-Bundesliga auf eine neue Verteilung der Fernseh-Honorare geeinigt. Damit ist der Streit über die Frage der zentralen oder dezentralen Vermarktung der Fernseh-Übertragungsrechte zwar nicht abschließend beigelegt aber doch zumindest vorläufig geschlichtet. Ausgelöst wurde dieser Streit durch die beiden Vereine Bayern München und Bayer Leverkusen, die beim Lizenzantrag für die Saison 2000/01 den

§ 3 Nr. 3 des DFB-Lizenzstatuts eigenmächtig gestrichen hatten. Dieser Paragraph sichert dem DFB das alleinige Vermarktungsrecht der Fernseh-Übertragungsrechte zu. Beide Vereine unternahmen damit den Versuch, trotz des § 31a GWB, die Rechtssprechung des BGH zur Vermarktung der Europapokalspiele auf die Spiele der Fußball-Bundesliga zu übertragen.

Die gefundene Einigung zwischen den Vereinen und dem DFB sieht aktuell wie folgt aus: Die Fernseh-Übertragungsrechte werden auch weiterhin zentral vom DFB als Leistungsbündel für alle Spiele mindestens einer Saison vermarktet. Neu ist jedoch der Modus der Aufteilung der Honorareinnahmen. Während bei der bis zur Saison 1999/00 geltenden Regelung die Honorare gleichmäßig auf die Vereine aufgeteilt wurden,[1] hat man sich jetzt auf eine neue leistungsorientierte Verteilung geeinigt. Als Verteilungsschlüssel dient dabei der sportliche Erfolg im Ligawettbewerb.[2] Danach erzielen sportlich erfolgreiche Vereine im Durchschnitt bis zu zweimal so hohe Einnahmen aus der Vermarktung der Fernsehübertragungsrechte wie die sportlich weniger erfolgreichen Vereine. Dem FC Bayern München als Deutschem Meister der Saison 2000/01 wurden in dieser Spielzeit bspw. mehr als 40 Mio. Mark an Fernsehhonoraren vom DFB zugeteilt, während die in dieser Saison abgestiegene Mannschaft der SpVgg Unterhaching nur ca. 20 Mio. Mark aus dem zentralen Pool der Lizenzerlöse erhielt.

Der sportliche Erfolg ist dabei interessanterweise nicht an Sieg oder Niederlage gebunden sondern wird ausschließlich vom jeweils erreichten Tabellenplatz bestimmt. D.h. auch eine Spielniederlage ist unschädlich, solange dadurch nicht der Tabellenplatz gefährdet ist. Nicht der absolute Erfolg, d.h. die Gesamtzahl der erreichten Punkte ist damit die Basis für die Verteilung der Fernsehhonorare sondern der relative Erfolg, d.h. die Veränderung der erreichten Punkte im Vergleich zu den direkten Tabellennachbarn. Eine solche Regelung erlaubt es, die Aufteilung der Gelder bereits vor Saisonbeginn verbindlich festzulegen, da eine Belegung sämtlicher Tabellenplätze von 1 bis 18 aufgrund der Rangarithmetik des Meisterschaftsrennens grundsätzlich gewährleistet ist.[3]

---

[1] Die Vereine der Ersten Bundesliga erhielten unabhängig von ihren sportlichen Leistungen zu gleichen Teilen 65 % der erzielten Einnahmen, den Vereinen der Zweiten Bundesliga wurden die verbleibenden 35 % gleichmäßig zugeteilt. Vgl. o. V. (1999).

[2] Die Verteilung bemisst sich zum einen anhand der Platzierungen der Vereine in den letzten drei Jahren. Zum anderen wird wöchentlich ein Betrag von zwei Millionen Mark an Platzierungsgeldern ausgeschüttet. 11.880 Mark bilden den Sockelbetrag, aus dem das „Tages-Honorar" der Vereine errechnet wird. Der aktuelle Tabellenführer erhält den 18fachen Satz, der Zweitplatzierte den 17fachen etc. Vgl. o. V. (2001b).

[3] Bei einer Kopplung der Fernsehhonorare an die erreichte Punktzahl jedes Vereins könnte hingegen keine vollständige Verteilung der Einnahmen ex ante bestimmt werden, da die Gesamtzahl der zu vergebenden Punkte nicht feststeht. Während der Sieg einer Mannschaft mit drei Punkten bewertet wird, werden für ein Remis jeweils ein Punkt für beide Mannschaften, also insgesamt nur zwei Punkte vergeben.

Diese Regelung wird zudem durch eine weitere Änderung ergänzt. Vereine, die sich für die Teilnahme an der UEFA Champions League oder dem UEFA-Pokal qualifiziert haben, werden von der Verpflichtung befreit, einen Teil ihrer dort erzielten Fernsehhonorare an den DFB abgeben zu müssen. Der bislang gültige Umverteilungsmechanismus zugunsten derjenigen Vereine, die nicht oder nicht mehr in einem europäischen Pokalwettbewerb spielen, wird damit ersatzlos gestrichen.[1]

Betrachtet man die aktuell getroffene Regelung der Zentralvermarktung von Rechtebündeln mit leistungsabhängiger Honorarverteilung, so bleibt jedoch weiterhin die Frage unbeantwortet, ob es sich hierbei um ein Vermarktungsmodell handelt, das aus Sicht der Profi-Sportvereine als ökonomisch effizient zu bezeichnen ist. Zwar haben sich die Vereine der Fußball-Bundesliga und der DFB nach intensiven und schwierigen Verhandlungen auf diese Vermarktungsmodell geeinigt, nichtsdestoweniger gibt es immer noch Bestrebungen auf Seiten der Vereine, das Zentralvermarktungsmodell aufzugeben. Es sei hier exemplarisch auf die eingangs zitierte Stellungnahme von Dr. Niebaum, dem Präsidenten des Vereins Borussia Dortmund bei einer Anhörung des Europäischen Parlaments verwiesen.

Vor diesem Hintergrund soll im Folgenden geprüft werden, ob die gegenwärtig praktizierte Form der Vermarktung der Fernseh-Übertragungsrechte als ökonomisch sinnvoll anzusehen ist. Dies geschieht vornehmlich aus der Perspektive der Sportvereine, d.h. der Produzenten der Ware Fußball für die es gilt, folgende Frage zu untersuchen:

- Trägt das aktuell praktizierte Modell dazu bei die *Einnahmen* zu *maximieren*?
- Wird hiermit ein größtmögliches Maß an *Planungs- und* damit *Investitionssicherheit* geschaffen?
- Entspricht die gewählte Verteilung der Honorareinnahmen dem Postulat der *Leistungsgerechtigkeit*?
- Führt das gegenwärtige Vermarktungsmodell dazu, dass langfristig *sportlich attraktive Fußballspiele* geboten werden?

[1] Die freiwillige Bereitschaft der Vereine zu einem gewissen Erlösausgleich, um dem Risiko des sportlichen Misserfolgs und der Forderung nach einer ausgeglichenen Leistungsfähigkeit der nationalen Liga Rechnung zu tragen, ist unter anderem auch daran zu erkennen, dass sich die deutschen UEFA-Cup Teilnehmer nach dem BGH Urteil vom Dezember 1997, welches die individuelle Vermarktung der Fernsehrechte der UEFA-Cup Spiele ab der Saison 1998/99 ermöglichte, gegenseitig verpflichtet haben, 30% ihrer dezentral erwirtschafteten Fernseheinnahmen in einen Pool einzuzahlen, der den nicht für internationale Wettbewerbe qualifizierten Profi-Vereinen zu gleichen Teilen zu Gute kommt.

3 Ökonomische Analyse des aktuell praktizierten Modells der Zentralvermarktung

3.1 Grundlegende Annahmen

Für die nachfolgende Analyse der ökonomischen und sportlichen Konsequenzen, die von dem gegenwärtig praktizierten *Modell der zentralen Vermarktung von Leistungsbündeln* ausgehen, werden folgende Prämissen unterstellt:

Bezüglich der *ökonomischen Zusammenhänge*:

- Ziel der Fernsehanstalten kann es nur sein, den für den Erwerb der Übertragungsrechte gezahlten Betrag (zumindest langfristig) durch Gebührenzahlungen, Werbeeinnahmen, Abonnement- bzw. „Pay-per-View"-Beiträge oder sonstige Formen der medialen Rechteverwertung zu refinanzieren und darüber hinaus Gewinne zu erwirtschaften.[1]
- Entsprechend dieser Zielsetzung wird die Zahlungsbereitschaft der Fernsehsender für die Übertragungsrechte an solchen Fußballspielen am größten sein, bei denen sie ihrerseits das größte Refinanzierungspotenzial erwarten.
- Das Refinanzierungspotenzial hängt unmittelbar mit dem Zuschauerinteresse zusammen, das sich in der Einschaltquote der Fernsehzuschauer widerspiegelt. Dabei gilt es zu bedenken, dass die Refinanzierungsmöglichkeiten sich in unterschiedlicher Form und vor allem Geschwindigkeit an schwankende Zuschauerzahlen anpassen. Während Rundfunk- und Fernsehgebühren nur langfristig und mit viel Aufwand variabel zu gestalten sind, lassen sich Abonnement-Preise, Werbeeinnahmen und „Pay-per-View"-Preise auch in kürzeren Zeitintervallen variieren.
- Das Interesse der Fernsehzuschauer hängt im Wesentlichen von zwei Faktoren ab. Zum einen von der angeboten Anzahl hochwertiger Fußballübertragungen, d.h. mit zunehmender Knappheit der angebotenen Leistungen steigt c. p. das Refinanzierungspotenzial für die Sendeanstalten. Und zum anderen wird das Zuschauerinteresse ganz wesentlich von der sportlichen Attraktivität der Spielpaarung determiniert, welche sich aus verschiedenen Gesetzmäßigkeiten ableiten lässt.[2]

Bezüglich der *sportlichen Zusammenhänge*:

- Die sportliche Attraktivität variiert (auch kurzfristig) mit dem sportlichen Erfolg der beiden sich gegenüberstehenden Mannschaften im Ligawettbewerb – ausgedrückt im gegenwärtigen Tabellenplatz. D.h. die Spiele höher platzierter Mann-

---

[1] Hier sind neben den direkt mit der Sportübertragung verbundenen Erlösen (Werbeplätze in unmittelbar zeitlicher Nähe bzw. während der Übertragung, direkte „Pay per View" Einnahmen etc.) auch Verbundeffekte (gesamte Jahresabonnements etc.) und langfristige Imageeffekte (Bekanntheitsgrad des Senders etc.) zu beachten.

[2] Zum Zusammenhang von „Spannungsgrad" und Zuschauerentwicklung im Profifußball vgl. ausführlich Frick (1997), S. 10 ff.

schaften erzeugen ceteris paribus ein höheres Zuschauerinteresse als die Spiele schlechter platzierter Mannschaften.

- Das Zuschauerinteresse steigt (auch kurzfristig) mit wachsender Spannung innerhalb des Ligawettbewerbs, d.h. mit der Ungewissheit über den Spielausgang – ausgedrückt in möglichst geringen Punktabständen zwischen unmittelbaren Tabellennachbarn.
- Das Zuschauerinteresse hängt (insbesondere langfristig) auch von dem Leistungsniveau ab, auf dem sich der gesamte Ligawettbewerb bewegt – ausgedrückt in der Konkurrenzfähigkeit deutscher Bundesligamannschaften in internationalen Pokalwettbewerben.
- Alle genannten Einflussgrößen der sportlichen Attraktivität sind neben der schwer zu operationalisierenden Leistungsbereitschaft (Motivation) vor allem von der Leistungsfähigkeit jedes einzelnen Mannschaftskaders abhängig. Diese wiederum wird (zumindest langfristig) in erheblichem Maße durch die finanziellen Möglichkeiten des Vereins bei der Zusammenstellung des Kaders, bei der Errichtung angemessener Trainings- und Sportstätten sowie bei der medizinischen Versorgung etc. beeinflusst.

Aus den genannten ökonomischen und sportlichen Annahmen und ihren geschilderten Zusammenhängen wird deutlich, dass sich beide Dimensionen gegenseitig beeinflussen und eine strikte Trennung sportlicher und wirtschaftlicher Einflüsse daher obsolet wird.

3.2 Der Einnahmeaspekt

Der Einnahmeaspekt stellt das zentrale Element des Zielsystems der Bundesligavereine bei der Vermarktung der Fernsehrechte dar, während die anderen Zielaspekte eher in Form untergeordneter Ziele oder einzuhaltender Nebenbedingungen zu beachten sind.

Die aktuell gültige Zentralvermarktung der Fernsehübertragungsrechte ermöglicht dem DFB eine Monopolstellung als Rechteanbieter. Die damit verbundene Marktmacht der Angebotsseite ermöglicht ceteris paribus in der Summe über alle Vereine höhere Lizenzeinnahmen als eine polypolistische Anbieterstruktur bei dezentralen Vermarktungsformen.[1] Zudem sind auch die für Vertragsverhandlungen, Kontrollen und ähnliche Maßnahmen anfallenden Transaktionskosten bei der zentralen Vermarktung aufgrund der geringeren Anzahl beteiligter Parteien niedriger.
Des weiteren gewährleistet nur die zentrale Vermarktung der Fernsehübertragungsrechte sämtlicher Bundesliga-Vereine die allwöchentliche Übertragung des gesamten Meisterschaftskontextes, der für das Zuschauerinteresse und damit letztlich auch für die erzielbaren Lizenzerlöse von erheblicher Bedeutung ist. Ohne diesen Kontext kann

[1] Womit keineswegs die Behauptung aufgestellt werden soll, dass bei einer dezentralen Vermarktungsform nicht die Möglichkeit für einzelne, besonders erfolgreiche Vereine besteht, höhere Lizenzerlöse zu erzielen.

der Zuschauer die Qualität der Spiele einzelner Mannschaften nicht mit den Leistungen anderer Vereine in Verhältnis setzen, folglich verliert die Übertragung für ihn an Reiz und damit das Senderecht für den übertragenden Sender ceteris paribus an Wert.

Ein wesensimmanenter Bestandteil von Fußballspielen ist die Ungewissheit über deren Ausgang. Gerade diese Ungewissheit macht einen wesentlichen Reiz des Spiels für die Zuschauer aus, ist jedoch gleichzeitig auch dafür verantwortlich, dass die Rechtenachfrager die Qualität einzelner Vereine über einen längeren Zeitraum hinweg a priori nicht oder nur eingeschränkt beurteilen können. Immer wieder kam es seit Bestehen der Bundesliga zu Überraschungen, indem vermeintliche Favoriten enttäuschten oder Außenseiter alle Erwartungen übertrafen. Aus diesem Grund liegt es im Interesse der Rechteverwerter, sich gegen diese Qualitätsunsicherheit abzusichern. Dies kann auf verschiedene Weise erfolgen:

- Bei einer dezentralen Vermarktung auf Vereinsebene kann der Fernsehsender zum einen Leistungsklauseln in die Verträge einbauen und somit die Höhe der Zahlungen an den jeweiligen Verein von dessen Erreichen bestimmter Zielvorgaben abhängig machen. Dies würde dazu führen, dass das ohnehin eng mit dem sportlichen Erfolg verbundene wirtschaftliche Risiko des Vereins weiter ansteigt. Zum anderen kann er einen pauschalen Risikoabschlag auf den Lizenzpreis erheben und somit das Einnahmepotenzial der Vereine aus der dezentralen Vermarktung der Fernsehrechte reduzieren. Beide Möglichkeiten würden also die Effizienz der Vermarktung aus Sicht der Vereine deutlich einschränken. Außerdem würden die Fernsehsender aufgrund der schlechten Prognostizierbarkeit der sportlichen Entwicklung einzelner Vereine Vermarktungsverträge mit kurzen, überschaubaren Laufzeiten[1] präferieren, was zu zusätzlichen Transaktionskosten führen würde.

- Eine zentrale Vermarktung der Spiele aller Bundesligavereine wirkt hingegen per se bereits als Qualitätsgarantie für die Rechteverwerter. Aufgrund der Rangarithmetik, die dem Meisterschaftsrennen der Bundesliga zu Grunde liegt, kauft ein Fernsehsender, der Spiele aller 18 Bundesliga-Vereine zentral vom DFB erwirbt mit Sicherheit immer sowohl die Übertragungsrechte des Tabellenführers, des Zweitplatzierten ... sowie des Tabellenletzten. Das in sich geschlossene Wettkampfsystem bedingt, dass jede sportliche Enttäuschung eines Vereins zwangsläufig die positive Überraschung einer anderen Mannschaft bedeutet. Somit weist die zentral vermarktete Bundesliga in ihrer Gesamtheit wesentliche Charakteristika eines Markenproduktes auf, was sich positiv auf die Einnahmepotenziale beim Verkauf der Übertragungsrechte auswirkt.

[1] Vertragslaufzeiten von mehr als einem Jahr wären die Ausnahme, da nach Ablauf einer Saison aufgrund der Auf- und Abstiegsregelungen nicht mit Gewissheit von der weiteren Bundesligazugehörigkeit einzelner Vereine ausgegangen werden könnte. Als Vergleich hierzu hat der gegenwärtig gültige Vertrag zwischen dem DFB und der Kirch-Gruppe eine Laufzeit von vier Jahren.

Die monopolistische Marktstruktur der gegenwärtigen zentralen Vermarktungsform wird noch dadurch verstärkt, dass die Rechte der Übertragung der jeweiligen Bundesliga-Spiele nicht einzeln vom DFB angeboten werden, sondern lediglich als ein sämtliche Spiele mindestens einer Saison umfassendes Leistungsbündel. Diese Leistungsbündelung sorgt gemeinsam mit der Exklusivität[1] der erworbenen Fernsehrechte dafür, dass mit Blick auf den Endkonsumenten auf der Seite der Rechteverwerter ebenfalls ein Monopol geschaffen wird. Exklusivität besagt, dass das angebotene Leistungsbündel jeweils nur von einem Rechtverwerter erworben werden kann. Die Exklusivität der Übertragungsrechte gewinnt zudem dadurch an Bedeutung, dass die vom DFB angebotenen Leistungsbündel nicht nur alle Spiele beinhalten, sondern darüber hinaus auch sämtliche Formen der Verwertung (also sowohl Live-Berichte im Pay-TV als auch Erst- und Zweitverwertungsrechte im Free-TV usw.) umfassen.

Neben dem Erwerber der gebündelten Fernsehrechte kann folglich kein weiterer Sender Berichte über ein oder mehrere Bundesliga-Spiele ausstrahlen, ohne die Lizenz dafür vom Inhaber des exklusiven Rechtebündels zu erwerben. Der Rechteverwerter tritt als alleiniger Anbieter von Übertragungen der Fußball-Bundesliga auf dem Fernsehmarkt auf und kann damit Menge und Preis entsprechend seiner Marktstellung bestimmen. D.h. es besteht jetzt die Möglichkeit, durch ein differenziertes Fernsehangebot und vor allem durch eine Verknappung der letztlich ausgestrahlten Übertragungen die Attraktivität der Spiele für den Zuschauer zu steigern. Mithin erhöht sich hierbei auch das Volumen des Refinanzierungspotenzials, was umgekehrt dazu führt, dass der Rechteverwerter dem DFB einen höheren Paketpreis zahlen kann.

In diesem Punkt liegt der eindeutige Vorteil des Vermarktungsmodells, wie es aktuell in der Fußball-Bundesliga praktiziert wird. Nur die zentrale Vermarktung exklusiver gebündelter Übertragungsrechte garantiert eine zusätzliche Attraktivität der Fußballspiele und damit steigende Lizenzeinnahmen aufgrund der Verknappung der Zahl der Übertragungen. Dieser ökonomische Aspekt wird besonders deutlich, wenn man sich die Situation bei der Vermarktung der Spiele im UEFA-Pokal ansieht. Die dort praktizierte dezentrale Vermarktung der einzelnen Übertragungsrechte führt dazu, dass kein Monopol entsteht. Der Preis der Übertragungsrechte erfüllt damit seine eigentliche Funktion: Er führt zur Markträumung. Je attraktiver eine Spielpaarung ist, desto höher sind die erzielbaren Verkaufserlöse. Mit der Konsequenz, dass sich selbst für sportlich eher unattraktive Begegnungen der ersten und zweiten Runde des UEFA-Pokals immer noch Programmanbieter finden lassen, die vergleichsweise günstig hier Sendelizenzen erwerben. Die Folge dieser Entwicklung ist die viel beklagte „Übersättigung" des Marktes mit Fußballübertragungen und dem damit in Zusammenhang stehenden sich verringernden Refinanzierungspotenzial. Es wird sich jedoch auch bei dieser Ver-

[1] Vgl. zur speziellen Problematik der Exklusivrechte an Sportübertragungen ausführlich Seitel (1999), S. 694 ff.

marktungsform kein stabiler marktwirtschaftlicher Gleichgewichtszustand ergeben, da die öffentlich-rechtlichen Fernsehanstalten aufgrund ihres garantierten Gebührenaufkommens nur begrenzt – d. h. weniger stark als die privaten Free- und Pay-TV-Anbieter mit ihrer Abhängigkeit von der „Einschaltquote" – auf eine Refinanzierung aus Kunden- und Werbeeinnahmen angewiesen sind. Insgesamt lässt sich somit vermuten, dass die dezentrale Einzelvermarktung der Spiele des UEFA-Cups und die damit nicht gesicherte Verknappung des Gutes Fußballübertragung dazu führen, dass in der Summe ein wesentlich geringerer Preis für die Übertragungsrechte erzielt wird als bei einer exklusiven Zentralvermarktung von Leistungsbündeln.

Zusätzlich führt eine Bündelung der angebotenen Leistungen zu einer weiteren Senkung der erforderlichen Transaktionskosten, was sich ebenfalls aus Sicht der Vereine positiv auf den Einnahmeaspekt auswirkt. Die Anzahl der erforderlichen Verhandlungen für die Übertragung sämtlicher Bundesliga-Spiele reduziert sich gegenüber einer Einzelvermarktung von maximal 306 (34 Spieltage mit jeweils 9 Spielen) auf nur einen einzigen Vertragsabschluß pro Saison.

3.3 Der Investitionsaspekt

Eng verbunden mit dem Ziel der Maximierung der Lizenzeinnahmen ist das Bestreben der Vereine, ihre wirtschaftliche Entwicklung zu stabilisieren und zumindest teilweise vom kurzfristigen sportlichen Erfolg zu entkoppeln. Ziel ist es also, nicht nur in sportlich erfolgreichen Phasen hohe Erlöse aus dem Verkauf der Übertragungsrechte zu erzielen, sondern auch langfristig konstante und damit vor allem sichere, planbare Einnahmen zu generieren. Diese wirtschaftliche Stabilität sichert den Vereinen nicht nur das Bestehen in sportlich weniger erfolgreichen Zeiten, sondern ist zudem für eine solide Investitionspolitik unerlässlich.

Vor allem die langfristigen Investitionen der Vereine sind angesichts der stetig steigenden Spielergehälter und immer kostenintensiver werdender Um- und Neubauprojekte vereinseigener Stadien sowohl in ihrer absoluten Höhe als auch in ihrer Bedeutung für den Verein in den letzten Jahren deutlich angestiegen. Diese großen Investitionsvolumina können von den Vereinen in der Regel nur noch durch die Aufnahme von Fremdkapital, sei es von Banken, Sponsoren oder staatlichen bzw. kommunalen Einrichtungen, aufgebracht werden. Um diese finanziellen Mittel von Seiten Dritter zu erhalten und den damit verbundenen Zahlungsverpflichtungen nachkommen zu können, bedarf es sicherer Einnahmen. Hierzu kann, wie oben bereits gezeigt, das gegenwärtige Modell der Zentralvermarktung von Leistungsbündeln wesentlich beitragen.

Mit Hilfe der zentralen Rechtvergabe durch den DFB löst sich die Qualitätsunsicherheit für die Fernsehsender auf. Folglich sind Leistungsklauseln in den Verträgen nicht erforderlich und somit kann der Übergang des mit der Leistungsqualität verbundenen wirtschaftlichen Risikos von den Rechteverwertern auf die einzelnen Vereine verhindert werden. Die Sicherheit der Zahlungen ist also für den Zeitraum der Vertragslaufzeit gewährleistet.

Im Rahmen der gegenwärtigen Vermarktungsregelung ist es für den Rechteverwerter nicht von Belang, welcher konkrete Verein sich sportlich für die Teilnahme an der Bundesliga qualifiziert. Es ist daher bislang in der Praxis üblich und angesichts der geschilderten Preisentwicklung auch durchaus im Sinne der Nachfrager nachvollziehbar, dass überwiegend langfristige Verträge über mehrere Spielzeiten hinweg abgeschlossen werden. Dieses wäre bei einer dezentralen Vermarktung auf Vereinsebene nicht zu erwarten, da in diesem Fall der Erwerber der Übertragungsrechte eines einzelnen Vereins keine Gewissheit darüber besitzt, ob der betreffende Verein sich in der nächsten Saison noch für eine Teilnahme an der Bundesliga qualifizieren kann.

Zudem gibt es in der Literatur noch verschiedene theoriegestützte Argumente, welche sich bezüglich des Investitionsaspektes für die gegenwärtige Zentralvermarktung von Leistungsbündeln aussprechen. So zeigen Franck/Müller, dass eine dezentrale Vermarktung der Fernsehrechte eine sog. „Hold-Up-Gefahr" für die Vereine bedeuten könnte.[1] Da die Vereine aufgrund der regionalen Einzigartigkeit der Bundesliga nicht die Möglichkeit haben, den DFB zu verlassen und in ein paralleles Meisterschaftsrennen zu wechseln, sind ihre sämtlichen Investitionen im Fußballbereich in hohem Maße ligaspezifisch. Hieraus entsteht eine Erpressungsgefahr durch andere Ligamitglieder, was letztlich zu Unterinvestitionen aller beteiligten Bundesligavereine führt. Die vergleichsweise geringen Investitionen senken die Attraktivität der Spiele und wirken sich somit negativ auf das Interesse der Zuschauer und letztlich auch auf die Effizienz der Vermarktungsform aus.

Dass diese Überlegungen in erster Linie theoretische Bedeutung haben, lässt sich daran erkennen, dass Franck/Müller ebenfalls nachweisen, dass eben diese dezentrale Vermarktung unter gegebenen Umständen nicht wie geschildert zu Unterinvestitionen, sondern im Gegenteil zu Inputverschwendung im Rahmen ruinöser Rüstungswettläufe (sog. "Rattenrennen") – also zu Überinvestitionen – führt.[2] Auf den recht aufwendigen theoretischen Beweis dieser These soll an dieser Stelle mit dem Hinweis verzichtet werden, dass die Gefahr derartiger ruinöser Rüstungswettläufe zwischen den Vereinen der Bundesliga in der Praxis durch administrative Regelungen, wie bspw. das Konkursrecht oder das alljährliche Lizenzierungsverfahren des DFB begrenzt wird.[3] Hier

---

[1] Vgl. hierzu Franck/Müller (2001), S. 242.

[2] Vgl. zur Herleitung dieser These ausführlich Frick (1997), S. 5 ff., sowie Franck/Müller (2000). Der Begriff des "Rattenrennens" wurde von Akerlof geprägt. Vgl. zur grundlegenden Idee der Rattenrennen Akerlof (1976), S. 603.

[3] Vgl. Schewe/Littkemann (1999), S. 196.

müssen alle Vereine, die sich sportlich für die Teilnahme an der Bundesliga qualifiziert haben, ihre wirtschaftliche Solvenz nachweisen, um endgültig zum Spielbetrieb zugelassen zu werden.

3.4 Der Verteilungsaspekt

Eine von allen Beteiligten als „fair" empfundene Verteilung der zentral erwirtschafteten Lizenzerlöse auf die einzelnen Vereine, ist weniger eine eigenständige Zielsetzung als vielmehr eine strenge Nebenbedingung. Sollte diese in Zukunft nicht erfüllt werden, droht der Streit um die Zentralvermarktung erneut zu eskalieren.

Grundsätzlich herrscht unter den Profi-Sportvereinen Einigkeit über die Notwendigkeit einer gewissen „Solidarität".[1] D.h. es existiert eine grundlegende Bereitschaft zu einer Umverteilung der Erlöse, um eine ausgeglichene, spannende Meisterschaft zu ermöglichen und die negativen Auswirkungen des sportlichen Misserfolgs zu begrenzen. Allerdings muss der Modus einer solchen Umverteilung eine Leistungskomponente beinhalten, um keine falschen Anreize zu setzen. Eine leistungsneutrale Umverteilung der Lizenzerlöse, bei der jeder Verein unabhängig vom sportlichen Erfolg den gleichen Betrag aus dem zentralen Verkauf der Übertragungsrechte erhält, würde nicht nur die Leistungsmotivation der Mannschaften ceteris paribus verringern, und damit die sportliche Attraktivität für die Zuschauer reduzieren. Ein solcher Verteilungsschlüssel würde zudem den Widerstand insbesondere der erfolgreichen Bundesligavereine weiter forcieren und schließlich über kurz oder lang zu einer Auflösung des derzeitigen Angebotsmonopols führen.

Der Verteilungsmodus ist der zentrale Streitpunkt bei der gegenwärtigen Diskussion um die Vermarktungsform der Fernsehrechte. Hauptargument der Gegner einer Zentralvermarktung ist der vergleichsweise geringe Erlös, der den sportlich attraktiven Spitzenclubs zukommt. Nicht von ungefähr waren es die Vereine Bayern München, Bayer Leverkusen oder Borussia Dortmund, von denen seit Beginn der Debatte der größte Widerstand ausging. Wenn man jedoch etwas genauer auf die Motivlage dieser Vereine schaut, so ist es nicht die zentrale Vermarktung, die das eigentliche Problem darstellt, sondern die Befürchtung, dass die den Vereinen zukommende Summe aus der Verteilung der zentral erzielten Lizenzeinnahmen geringer ist als bei der dezentralen Vermarktung ihrer Spiele. Damit stellt sich die zu analysierende Frage etwas differenzierter: Ermöglicht der aktuell gewählte Verteilungsmechanismus den Spitzenvereinen Lizenzeinnahmen, die denen einer Individualvermarktung entsprechen?

Mit der gegenwärtig praktizierten zumindest partiell leistungsabhängigen Aufteilung der Lizenzeinnahmen ist sichergestellt, dass die sportlich erfolgreichen Mannschaften stärker an den Einnahmen partizipieren als sportlich weniger erfolgreiche Mannschaf-

[1] Vgl. Schaffrath (1999), S. 68 f.

ten. Unterstellt man, dass die Möglichkeit der Verknappung des Fernsehangebots bei zentraler Vermarktung von Leistungsbündeln dazu führt, dass die insgesamt zu erzielenden Lizenzeinnahmen deutlich höher liegen als bei der Individualvermarktung, so kann a priori die Auffassung nicht geteilt werden, dass die Spitzenvereine sich bei der Zentralvermarktung prinzipiell schlechter stellen.

Hinzu kommt, dass bei der Diskussion um einen angemessenen Verteilungsmodus nicht nur zu entscheiden ist, wie die Leistungskomponente zu gewichten ist. Ebenso muss die Höhe des Betrages festgelegt werden, den der DFB aus dem Gesamtvolumen der Lizenzeinnahmen erhält. Selbst bei einer dezentralen Vermarktung würden die Lizenzerlöse nicht zu 100 Prozent bei dem jeweiligen Verein verbleiben. Abgaben an den DFB wird es auch hier geben müssen.

Geht man in Übereinstimmung mit den Aussagen der Vertreter der Bundesligavereine davon aus, dass eine wie auch immer konkret ausgestaltete Umverteilung der Lizenzerlöse unabhängig von der Vermarktungsregelung aus ökonomischen und vor allem sportlichen Gründen grundsätzlich zweckmäßig ist[1], so erscheint eine zentrale Vergabe der Übertragungsrechte auch im Hinblick auf die entstehenden Transaktionskosten vorteilhaft. Im Fall einer dezentralen Einzelvermarktung müssten die Vereine einen gewissen Betrag oder Prozentsatz ihrer individuellen Einnahmen in einen Pool einzahlen, der von einer neutralen Instanz zu verwalten und anschließend nach einem bestimmten Schlüssel an die Vereine auszuschütten wäre. [2] Die Einrichtung und vor allem auch die Überwachung der Einhaltung einer solchen Regelung würde deutlich höhere Transaktionskosten verursachen, als die gegenwärtig praktizierte zentrale Umverteilung durch den DFB.

Die abschließende Frage, ob das gegenwärtige Vermarktungsmodell hinsichtlich der Umverteilung de facto für jeden einzelnen Bundesligaverein tatsächlich vorteilhaft ist, kann an dieser Stelle jedoch nicht endgültig beantwortet werden, da entsprechende reale Vergleichsobjekte fehlen.

3.5 Der sportliche Aspekt

Der sportliche Aspekt der Vermarktung kommt insbesondere in der Attraktivität der Fußballspiele zum Tragen. Diese Attraktivität wird ganz erheblich von der Unvorhersehbarkeit des Spielausgangs beeinflusst. Bei zwei in etwa gleich starken Mannschaf-

---

[1] Vgl. stellvertretend für die Vereine der Bundesliga die Stellungnahmen von Willi Lemke (damals Manager des SV Werder Bremen), in: o. V. (1997), oder Franz Beckenbauer (Präsident des FC Bayern München), in: Bergmann (1997).

[2] Denkbar wäre hier eine Regelung nach dem Vorbild des US-Profi-SportS. Hier werden die Gelder in Form einer Steuer erhoben und im Umkehrverhältnis der Einzahler Rangliste verteilt, d. h. der Verein, der die geringste Summe in den Pool eingezahlt hat, erhält den Prozentsatz des Vereins, der die höchste Summe eingezahlt hat. Vgl. Franzke (1999), S. 18.

ten ist der Ausgang eines Spiels im Regelfall unsicherer als bei zwei Mannschaften mit sehr unterschiedlicher Spielstärke.

Die Spielstärke einer Mannschaft wird wesentlich durch die Leistungsfähigkeit der eingesetzten Spieler bestimmt. Da Spieler angesichts der Rechtslage nicht auf Dauer an einen Verein gebunden sind, sondern recht kurzfristig den Verein wechseln können, bestimmt das finanzielle Potenzial eines Vereins auch dessen Möglichkeiten, leistungsstarke Spieler für den Verein zu verpflichten. Da die Einnahmen aus den Sendelizenzen einen zentralen Anteil an den Gesamteinnahmen ausmachen,[1] beeinflusst also der Anteil eines jeden Vereins an den Gesamtfernseheinnahmen auch dessen sportliche Leistungsfähigkeit.

Man sollte insofern annehmen, dass unter sportlichen Gesichtspunkten nur ein Zentralvermarktungsmodell mit gleichmäßiger Aufteilung der Erlöse auf die Vereine als positiv anzusehen ist. Nur so würden die Vereine auf eine einheitliche finanzielle Basis gestellt, die „spannungsreiche" Spiele verspricht. Die sportliche Leistungsfähigkeit wäre weitgehend ausgeglichen. Es ist dies das Modell, das vor der Saison 2000/2001 die Vermarktung der Fernsehrechte regelte. Zwei Gründe sollen zeigen, dass eine solche Argumentation jedoch zu kurz greift:

- Zum einen war seit Bestehen der Bundesliga, also auch vor Inkrafttreten des neuen Vermarktungsmodells im Sommer 2000, trotz leistungsunabhängiger Gleichverteilung der Erlöse, das finanzielle Potenzial der Vereine stets mehr oder minder unausgewogen. Ohne auf die Gründe hierfür näher einzugehen, trug dieses Ungleichgewicht bislang jedoch nicht dazu bei, dass die Spannung im Hinblick auf den Ausgang einzelner Spiele und damit die sportliche Attraktivität des gesamten Spielbetriebs negativ beeinträchtigt wurde. Die Entwicklung der Zuschauerzahlen mag ein Indiz dafür sein, dass die sportliche Attraktivität der Ware Fußball aus Sicht der Kunden sogar eher noch zugenommen hat.[2]

---

[1] Die Einnahmen aus dem Verkauf der Fernsehübertragungsrechte machten in den vergangenen Jahren (seit 1992) relativ gleichbleibend einen Anteil von ca. einem Viertel der gesamten Einnahmen der Bundesliga-Vereine pro Saison auS. Hieraus lässt sich folgern, dass sich die gesamte Einnahmesituation der Vereine in etwa parallel zur Steigerung der Lizenzerlöse entwickelt hat. Ein sprunghafter Anstieg des relativen Anteils der Lizenzeinnahmen, wie er in anderen nationalen Ligen bereits seit einiger Zeit konstatiert werden kann, ist für die Vertreter der deutschen Fußball-Bundesliga erst in der laufenden Saison, durch den Abschluss des neuen Vertrages mit der Kirch-Gruppe, zu erwarten. Vgl. hierzu Franck/Müller (2001), S. 236. Weitere bedeutende Einnahmequellen der Vereine, neben der Vermarktung der Fernsehrechte, sind der Verkauf von Eintrittskarten, der Merchandising- und Sponsoring-Bereich sowie in unregelmäßigen Abständen die Transferzahlungen aus Spielerverkäufen. Eine Wandel der Erlösstruktur hat in den letzten Jahren dahingehend stattgefunden, dass die relative Bedeutung der Ticketverkäufe kontinuierlich zurückging und der Anteil der Sponsoring- und Merchandising-Einnahmen in ähnlichem Maße anstieg.

[2] Die durchschnittliche Zahl der Zuschauer pro Spiel ist seit 1988 stetig angestiegen und erreichte in der Saison 1997/98 mit 31.112 Zuschauern pro Bundesligaspiel ihren bisherigen Höhepunkt. Seither sind die Zahlen auf hohem Niveau leicht rückläufig. Der Besucherdurchschnitt der abgelaufenen Saison Spielzeit 2000/01 betrug

- Zum anderen kann die Fuball-Bundesliga nicht als ein regional abgeschotteter Markt für die Ware Fußball gesehen werden. Die deutschen Spitzenvereine engagieren sich neben dem nationalen Meisterschaftsrennen parallel auch in sowohl wirtschaftlich als auch sportlich sehr reizvollen internationalen Wettbewerben. Es muss daher die Situation im gesamten europäischen Fußball mit in die Analyse einbezogen werden. Dort operieren die Vereine vielfach von einer sehr viel höheren finanziellen Basis aus. Dies gilt insbesondere für die internationalen Vertreter der spanischen, italienischen oder englischen Liga. Da deutsche Vereine in den internationalen Wettbewerben auch gegen diese Mannschaften antreten müssen und darüber hinaus die Spieler in der Regel ohne bemerkenswerte Probleme zwischen sämtlichen europäischen Vereinen wechseln können, würde ein solches Modell mit einer Gleichverteilung der Lizenzerlöse zwar zu einer Harmonisierung der finanziellen Ausstattung auf nationaler Ebene führen. Gleichzeitig würde durch diese Form der Umverteilung jedoch auch ein sich stetig verstärkendes Ungleichgewicht auf europäischer Ebene zu Lasten der deutschen Spitzenvereine verursacht werden.

Die langfristigen Konsequenzen einer solchen Entwicklung wären absehbar: Der sportliche Erfolg der deutschen Mannschaften im europäischen Vergleich würde weiter zurückgehen,[1] da immer mehr qualitativ hochwertige Spieler aufgrund der besseren Verdienstmöglichkeiten und des höheren sportlichen Niveaus Vereine anderer europäischer Ligen als Arbeitgeber bevorzugen würden. Infolge dessen wäre langfristig – trotz der gebotenen Ausgeglichenheit aller Mannschaften – die Attraktivität der Fußball-Bundesliga gefährdet.

Hier wird deutlich, dass neben der sportlichen Ausgeglichenheit auch das Gesamtniveau der nationalen Meisterschaft im internationalen Vergleich einen wesentlichen Einfluss auf die Zuschauerattraktivität des Bundesliga-Fußballs hat. Ziel aller Vereine muss es daher sein, sich auf einen Umverteilungsmechanismus zu einigen, der genau

---

28.421. Vgl. o. V. (2001c), S. 159. Bei der jährlichen Veränderung der Zuschauerzahlen sind auch die Stadionkapazitäten der jeweiligen Auf- und Absteiger zu berücksichtigen. So ist bspw. der Rückgang des Zuschauerdurchschnitts in der Saison 1999/2000 um ca. 2000 Besucher u. a. auch durch die geringeren Kapazitäten der Stadien der Bundesliga-Aufsteiger SpVgg Unterhaching und SSV Ulm gegenüber den Sportstätten der Absteiger 1. FC Nürnberg und Borussia Mönchengladbach zu erklären.

[1] In der Fünf-Jahres-Wertung der nationalen Ligen der UEFA, welche über die Anzahl der Telnehmer jeder nationalen europäischen Fußballliga in den internationalen Wettbewerben der UEFA entscheidet, ist die Bundesliga nach Ablauf der Saison 2000/01 vom dritten auf den vierten Rang zurückgefallen. Auch der Erfolg des FC Bayern München in der abgelaufenen Champions-League-Saison konnte nicht verhindern, dass die Bundesliga in der Punktwertung deutlich hinter den Eliteligen aus Spanien, Italien und nun auch England liegt. Als Konsequenz daraus wird den Vereinen der Fußball-Bundesliga in der Saison 2002/03 von der UEFA erstmals nur noch ein (anstatt bisher zwei) Teilnehmerplatz in der Championsleague-Qualifikation zugewiesen. Auch in der offiziellen UEFA-Klubkoeffizientenliste, welche als Basis der Setzlisten für die internationalen Wettbewerbe dient, ist mit dem FC Bayern München zur Zeit nur ein deutscher Vertreter unter den ersten zehn Mannschaften zu finden. Italien und Spanien hingegen sind gegenwärtig mit jeweils vier Mannschaften unter den „Top 10" in dieser Liste vertreten, was zudem ein Indiz für eine höhere Leistungsdichte in der Spitze der nationalen Liga darstellt. Vgl. zu den genauen Daten o. V. (2001c), S. 212f.

den Grad von Wettbewerb etabliert, der den Zuschauern eine spannende nationale Meisterschaft bietet und gleichzeitig den Spitzenvereinen die internationale Konkurrenzfähigkeit sichert.

Diesbezüglich kann hier nur festgestellt werden, dass das aktuell gewählte Modell der Zentralvermarktung mit einer leistungsbezogenen Umverteilung der Lizenzerlöse einen Versuch darstellt, sich diesem Ziel zu nähern. Insofern kann die Neuerung des Umverteilungsmodus als einen Schritt in die richtige Richtung interpretiert und das gegenwärtige Vermarktungsmodell auch unter sportlichen Gesichtspunkten als positiv, zumindest jedoch nicht als negativ, bewertet werden.

4 Schlussbemerkung

Die durchgeführte Analyse hat gezeigt, dass das aktuell praktizierte Modell einer Zentralvermarktung von Leistungsbündeln mit leistungsabhängiger Umverteilung der Erlöse durch den DFB aus Sicht der Vereine im Vergleich zu anderen Modellvarianten als beste Lösung zu bezeichnen ist. Insbesondere unter ökonomischen Gesichtspunkten liegen hier klare Effizienzvorteile gegenüber der dezentralen Einzelvermarktung.

Bei der vorangegangenen Analyse ist allerdings ein Faktor weitgehend unberücksichtigt geblieben: der Konsument der Ware Fußball. Zwar wurde aktuell von der Kirch-Gruppe ein extrem hoher Paketpreis für die Übertragungsrechte bis zum Jahr 2004 gezahlt (3 Milliarden DM), es ist jedoch nicht gesichert, dass sich diese Summe auch refinanzieren lässt. Bisher galt es, zwei Arten von Fußball-Konsumenten zu unterscheiden:

- Die Gruppe der *Stadionbesucher*: Sie ist bereit, für ein bestimmtes Spiel einen zusätzlichen Beitrag zu leisten, selbst vor dem Hintergrund, dass das Spiel möglicherweise zeitgleich (bei attraktiven Spielen) zumindest jedoch zeitversetzt in Form einer Zusammenfassung im Fernsehen übertragen wird.
- Die Gruppe der *TV-Konsumenten*: Sie ist es bislang nicht gewöhnt, für Fußballspiele zusätzliche finanzielle Beiträge zu leisten. Bisher konsumierte man das Gut Fußball als „freies" Gut. Die Tatsache der Refinanzierung über Gebühren und/oder Werbeausgaben wurde nicht als solche bewusst wahrgenommen.

Insbesondere auf die zweite Gruppe kommen künftig erhebliche Veränderungen in ihren Konsumgewohnheiten zu. Zeitnahe Zusammenfassungen und Live-Übertragungen der Spiele wird es nach gegenwärtigem Stand der Regelungen nur noch im Pay-TV geben. Es stellt sich damit die Frage, ob bzw. wie viele der Nachfrager bereit sind, zusätzliche finanzielle Mittel für den Fußball-Konsum aufzubringen. Ob hier ein Wandel im Konsumentenverhalten einsetzen wird, lässt sich aktuell noch nicht sagen. Auffallend ist jedoch, dass sich in Deutschland, im Gegensatz zu anderen europäischen

Ländern,[1] das Pay-TV nur sehr langsam etabliert. Trotz exklusiver Senderechte im Sport (z. B. Champions-League, Boxen etc.) bleibt die Zahl der Pay-TV-Nutzer bislang deutlich hinter den Erwartungen der Betreiber zurück.[2]

Über die Gründe hierfür kann nur spekuliert werden. Liegt dies möglicherweise an der Höhe der einmaligen Investitionskosten oder werden die laufenden Kosten (für Abonnements oder Pay-per-View-Beiträge) vor dem Hintergrund des Sendeinhalts als zu hoch empfunden? Existieren möglicherweise Substitute, die verstärkt genutzt werden (z. B. andere Medien wie Hörfunk, Internet, etc. oder der Konsum anderer Sportarten)? Des weiteren ist zu überlegen, welche Konsequenzen von einer möglichen Umstellung sämtlicher analoger Programme auf Digitaltechnik für das Pay-TV ausgehen werden, da dann zumindest jeder TV-Konsument die Investitionskosten zu tragen hätte.

Kommt es nicht zu einer Änderung der TV-Gewohnheiten der Fußball-Konsumenten, so erscheint es zumindest fraglich, ob sich nach Auslaufen des aktuell gültigen Vermarktungsvertrags wieder ein ähnlich hoher Preis für die Sendelizenzen erzielen lässt. Letztlich ist es immer noch der Konsument, der mit seiner Zustimmung entscheidet, in welcher Höhe ein Refinanzierungspotenzial zur Verfügung steht.

Literatur

Akerlof, G. A. (1976), The Economics of Caste and the Rat Race and other Woeful Tales, in: Quarterly Journal of Economics, Vol. 90, S. 599–617.

Amsinck, M. (1997): Der Sportrechtemarkt in Deutschland, in: Media Perspektiven, Nr. 2, S. 62–72.

Beck, H./Prinz, A. (1998): Sport im Pay-TV: Ein Fall für die Medienpolitik?, in: Wirtschaftsdienst, 78. Jg., Nr. 4, S. 224–231.

Bergmann, K. (1997): Fußball: Franz Beckenbauer im Interview, dpa-Meldung, 19.12.1997.

Brinkmann, T. (1998): Die Sicherung der freien Berichterstattung von Sportveranstaltungen und anderen öffentlichen Ereignissen, in: Media Perspektiven, Nr. 3, S. 98–105.

Franck, E./Müller, J. C. (2000): Problemstruktur, Eskalationsvoraussatzungen und eskalationsfördernde Bedingungen sogenannter Rattenrennen, in: Zeitschrift für betriebswirtschaftliche Forschung, 52. Jg., S. 3–26.

[1] Vgl. zur Situation in Großbritannien Zöttl (2001), S. 45.

[2] Gegenwärtig (Stand Sommer 2001) hat Premiere ca. 2,3 Millionen Abonnenten, was deutlich hinter den Erwartungen der Betreiber zurückliegt. Vgl. Steinkirchner/Olbermann (2001), S. 47.

Franck, E./Müller, C. (2001): Zur Vermarktung von Sportligen: Ökonomische Überlegungen am Beispiel der Fernsehvermarktung der Fußball-Bundesliga, in: Hermanns, A./Riedmüller, F. (Hrsg.), Management-Handbuch Sport-Marketing, München, S. 231–252.

Franzke, R. (1999): Geheimplan nach US-Vorbild, in: Kicker Sportmagazin, Nr. 61, 29.07.1999, S. 18.

Frick, B. (1997): Kollektivgutproblematik und externe Effekte im Teamsport, Diskussionspapier der Universität Greifswald, Nr. 2, Greifswald.

Frick, B./Wagner, G. (1996): Bosman und die Folgen, in: Wirtschaftswissenschaftliches Studium, Nr. 12, S. 610–615.

Hermanns, A./Riedmüller, F. (2001): Das Marketing der Fußball-Bundesliga – Interview mit Wilfried Straub, in: Hermanns, A./Riedmüller, F. (Hrsg.), Management-Handbuch Sport-Marketing, München, S. 35-56.

Lemke, W. (1999): Alle Macht den Spielern, oder: Die Ohnmacht der Vereine, in: Schaffrath, M. (Hrsg.), Die Zukunft der Bundesliga, Göttingen, S. 111–126.

o. V. (1997): Fußball: Hintergrund Zentrale Vermarktung, dpa-Meldung, 11.12.1997.

o. V. (1999): Stichwort: Zentrale und dezentrale Vermarktung, dpa-Meldung, 16.07.1999.

o. V. (2001a): Zentrale Vermarktung rechtswidrig, http://www.n-tv.de, 05.06.2001.

o. V. (2001b): Finanzielle Bedeutung der Fußballwerbung, http://www.tagesschau.de, 22.06.2001.

o. V. (2001c): 38 Jahre Bundesliga, Kicker-Sportmagazin, Sonderheft 2001.

Parensen, A. (1998): Die Fußball-Bundesliga und das Bossman-Urteil, in: Tokarski, W. (Hrsg.), EU-Recht und Sport, Aachen, S. 70–150.

Parlasca, S. (1999): Wirkungen von Sportkartellen: Das Beispiel zentraler Vermarktung von TV-Rechten, in: Trosien, G./Dinkel, M. (Hrsg.), Verkaufen Medien die Sportwirklichkeit?; Authentizität – Inszenierung – Märkte, Aachen, S. 83–118.

Riedmüller, F. (2001): Zur Vermarktung von Sportveranstaltungen, in: Hermanns, A./ Riedmüller, F. (Hrsg.), Management-Handbuch Sport-Marketing, München, S. 265–284.

Schaffrath, M. (1999): Free-TV, Pay-TV oder Pay-per-View?, in: Schaffrath, M. (Hrsg.), Die Zukunft der Bundesliga, Göttingen, S. 63–84.

Seitel, H. P. (1999): Sportübertragungen im Fernsehen: Wettbewerbspolitik gegen Exklusivrechte, in: Wirtschaft und Wettbewerb, 49. Jg., S. 694–704.

Springer, U. (1998): Die zentrale Vermarktung von Fernsehrechten im Ligasport nach deutschem und europäischem Kartellrecht unter besonderer Berücksichtigung des amerikanischen Anitrust-Rechts, in: Wettbewerb in Recht und Praxis, Nr. 5, S. 477–486.

Steinkirchner, P./Olbermann, H. J. (2001): Stiefkind der Familie, in Wirtschaftswoche, Nr. 34 v. 16.08.2001, S. 44-47.

Trosien, G./ Preuß, H. (1999): Sport – Fernsehen – Ökonomie; Zur Medienpräsenz von Sportleistungen, in: Trosien, G. (Hrsg.), Die Sportbranche; Wachstum – Wettbewerb – Wirtschaftlichkeit, 2. Aufl., Frankfurt am Main/New York, S. 209–235.

Westerholt, M. v. (1996): Übertragungen von Sportveranstaltungen im Fernsehen, in: Zeitschrift für Wirtschaftsrecht (ZIP), 17. Jg., S. 264–270.

Zöttl, I. (2001): Vorbild Großbritannien; Ein Riesenerfolg, in: Wirtschaftswoche, Nr. 34 v. 16.08.2001, S. 45.

Der Fußball-Verein als Kapitalgesellschaft: Eine kritische Analyse der Corporate Governance

Gerhard Schewe

1 Problemstellung

Betrachtet man den Fußballsport in Europa, so ist in den letzten Jahrzehnten eine zunehmende Professionalisierung nicht zu übersehen. Für die „althergebrachte" Vereinskultur bedeutet dies, dass strukturelle Änderungen der Entscheidungs- und Steuerungsprozesse unausweichlich sind. Die gravierendste Änderung ist dabei auf die sich veränderte Zielfunktion der Vereine zurückzuführen. War ursprünglich unstrittig, dass das Ziel der „Siegmaximierung", d.h. der sportliche Erfolg die Richtschnur allen Vereinshandels ist und wirtschaftliche Erfordernisse allenfalls am Rande betrachtet wurden, so hat sich dies unzweifelhaft geändert. Wurden ursprünglich nur Investments getätigt, die zumindest langfristig aus dem Beitragszahlungen der Mitglieder und vielleicht einiger Sponsoren zu bestreiten waren, so ist man heutzutage in eine ökonomische Größenordnung vorgestoßen, die professionelle Fußballvereine in ihrem Finanzierungs- und Investitionsverhalten mittelständischen Unternehmen vergleichbar machen. Insofern ist auch nicht verwunderlich, dass immer öfter die These diskutiert wird, ob aktuell nicht bereits die ökonomischen Ziele klar die sportlichen Ziele dominieren, in dem sie zumindest als strenge Nebenbedingung den Rahmen für den sportlichen Erfolg weisen.[1]

Der Zwang zur ökonomischen Handlungsweise wird besonders dort deutlich, wo mit der Ressourcenverwendung erhebliche Bindungen für die Zukunft eingegangen werden. Im Profifußball sind dies insbesondere Verpflichtungen, die sich aus der Beschäftigung zum Teil hoch bezahlter Sportler ergeben. Es werden Bindungen (Gehaltszahlungen, Prämien etc.) für zukünftige Spielzeiten eingegangen, ohne dass sicher ist, ob sich diese Zahlungen durch sportlichen Erfolg über die Vertragslaufzeit amortisieren. Wenn nicht unbedingt unter Rentabilitätsgesichtspunkten, so ist doch mindestens unter Liquiditätsgesichtspunkten eine Abstimmung der vereinsbezogenen Finanzströme erforderlich. Aber auch andere Aktivitäten des Profifußballs, wie z. B. der Ausbau von Sportstätten, der Handel mit Fernsehübertragungsrechten oder der Verkauf von Fan-Artikeln lassen es geradezu zwingend notwendig erscheinen, dass ökonomische Überlegungen die Grundlage für vereinssportliches Handeln bilden.

[1] Vgl. Schewe/Littkemann (1999), S. 183 ff.

Die Notwendigkeit der Ausrichtung des Profifußballs an ökonomischen Zielvorgaben – selbst vor dem Hintergrund der Rechtsform Verein im Sinne des § 21 BGB – lässt sich darüber hinaus auch an einer Vielzahl weiterer institutioneller Regelungen festmachen:

- Die in der Rechtsform des Vereins geführten Profi-Teams stellen einen wirtschaftlichen Geschäftsbetrieb dar, welcher durch das Nebenzweckprivileg gedeckt ist. Da es insbesondere bei Vereinen der Fußball-Bundesliga durch die relative Größe ihres Geschäftsbetriebes und die fast ausschließliche Verwendung der insgesamt erzielten Einnahmen für den Profibereich zu einer Überschreitung des Nebenzweckprivilegs kommt bzw. kommen kann, muss damit gerechnet werden, dass den Vereinen u. U. nach § 43 Abs. 2 BGB die Rechtsfähigkeit entzogen wird, da sie primär erwerbswirtschaftliche Ziele verfolgen. Eine institutionelle Trennung von Profi- und Amateurbereich ist damit zwingend notwendig.

- Profi-Teams und ihre Profi-Spieler können nur an den Spielen der jeweiligen Profi-Ligen teilnehmen, wenn zwischen dem Team und den Spielern einerseits und der Institution, die für die Vertretung und Veranstaltung der Profi-Liga zuständig ist, ein Lizenzvertrag zustande kommt. Im Fall des Profifußballs ist die Lizenzerteilung durch den Deutschen Fußball Bund (DFB) an diverse Auflagen gebunden, die letztlich die wirtschaftliche Leistungsfähigkeit der Profi-Teams sicherstellen sollen. Entsprechend müssen auch hier die ökonomischen Zielvorgaben ersteinmal erfüllt sein, bevor man sich der Verwirklichung der sportlichen Ziele zuwenden kann.

- Ferner darf auch nicht übersehen werden, dass sich die Ökonomie im Profi-Sport nicht nur auf den Einsatz der „elementaren Produktionsfaktoren" beschränken darf, sondern dass ökonomische Überlegungen ebenso auch für den „dispositiven Produktionsfaktor" zu gelten haben. Dies impliziert die nachhaltige Notwendigkeit der Bereitstellung effizienter Managementstrukturen. In diesem Zusammenhang muss die derzeit noch vielfach gültige exponierte Stellung, die das im Regelfall nebenberuflich, u. U. „ehrenamtlich" agierende Präsidium[1] in vielen Profi-Vereinen spielt, kritisch hinterfragt werden. Die unzureichende Verankerung effizienter Managementstrukturen in der Rechtsform des Vereins – insbesondere die fehlende bzw. unvollständige Regelung der Verfügungsrechte im Hinblick auf die Konsequenzen getroffener Entscheidungen – kann zu einer aus Sicht des Profi-Sportvereins ineffizienten Anreizstruktur bei den Präsidiumsmitgliedern führen. Die Möglichkeit, dass so ungehindert Individualinteressen der Präsidiumsmitglieder verwirklicht werden, ohne dass die Konsequenzen für ökonomische Fehlentscheidungen getragen werden, ist damit nur allzu wahrscheinlich und läßt sich am Missmanagement einiger Vereine im Profifußball hinlänglich gut beschreiben. Defekte in der Governance-

[1] Vgl. hierzu ausführlich den Beitrag von Michalik.

Struktur der Vereine sind oftmals dafür verantwortlich, dass versucht wird, sportliche Ziele ohne Berücksichtigung ökonomischer Gegebenheiten zu erreichen. Man verkennt, dass es gerade die strengen ökonomischen Nebenbedingungen sind, deren Einhaltung zwingend erforderlich ist, damit die dauerhafte Überlebensfähigkeit eines Profi-Vereins überhaupt gesichert ist.

Vor diesem Hintergrund ist es nicht verwunderlich, dass aktuell immer stärker die Frage nach der Umwandlung der Rechtsform „Verein" in eine Kapitalgesellschaft diskutiert wird. Einige Vereine im deutschen Profifußball haben eine solche Umwandlung bereits hinter sich (z. B. der Verein Borussia Dortmund), bei einigen wird sie aktuell gerade vollzogen (z. B. der Verein Bayern München).

Der vorliegende Beitrag stellt sich demzufolge neben der Erörterung der Frage nach der Notwendigkeit der Umwandlung eines Fußballvereins in eine Kapitalgesellschaft, insbesondere die Aufgabe die Konsequenzen zu untersuchen, die eine solche Umwandlung für die Governance-Strukturen der Sportvereine besitzt. Es soll hier am Beispiel der Kapitalgesellschaft Borussia Dortmund gezeigt werden, dass mit der bloßen Umwandlung der Rechtsform allenfalls eine notwendige Bedingung zur Implementierung einer effizienten Corporate Governance geschaffen wurde, bei weitem jedoch noch keine hinreichende.

2 Ist die Änderung der Rechtsform bei Vereinen des Profifußballs unverzichtbar?

Die soeben skizzierte Problemstellung wirft die Frage auf, ob die Rechtsform des im BGB geregelten Vereins überhaupt noch als angemessen für eine Organisation angesehen werden kann, die von den Umsatzvolumina her als mittelständisches Unternehmen zu bezeichnen ist. Letztlich muss hier analysiert werden, ob die durch die Rechtsform Verein induzierte Governance-Struktur überhaupt noch geeignet erscheint, einen Profi-Sportverein effizient zu steuern. Betrachtet man die folgenden Problemfelder, so sind hier erhebliche Zweifel angebracht:

- Wendet man sich in einem ersten Aspekt der Haftungsproblematik zu, so wird man kaum ein mittelständisches Unternehmen finden, dass bei derartigen Umsätzen, wie sie im Profifußball inzwischen üblich sind, noch auf die Rechtsform der Personengesellschaft, geschweige denn auf die Rechtsform Verein zurückgreifen würde. Der Schutz der Gläubiger bzw. der Vereinsmitglieder vor möglichen Vermögensverlusten aufgrund von Illiquidität oder Überschuldung ist bei der Rechtsform Verein nicht gesichert.
- Erschwerend kommt hinzu, dass meist nur ein Teil der Verantwortlichen im Vereinspräsidium ihre Tätigkeit hauptamtlich wahrnehmen. Ansonsten ist dies ein Ne-

benamt in der Form eines Ehrenamtes. Schaut man sich das Kompetenzgefüge innerhalb eines professionellen Fußballvereins an, so entspricht dies im Regelfall nicht der aufgrund Haupt- und Nebenamt zu erwartenden Struktur. Der ehrenamtliche Präsident eines Vereins ist der zentrale Entscheidungsträger. Er trifft nicht nur die wichtigen Entscheidungen im täglichen Geschäftsbetrieb, also insbesondere Entscheidungen im Hinblick auf die Verpflichtung der Profispieler, er ist vielmehr auch derjenige, der die Kompetenz besitzt, den oder die hauptamtlichen Manager im Verein zu bestellen oder zu entlassen. Es ist fraglich, ob mit einer derartigen Managementstruktur hinreichend Managementkapazität zur Verfügung steht, um das „mittelständische Unternehmen" Fußballverein effizent zu führen.

- Darüber hinaus muss auch der Rekrutierungsmodus des Vereinspräsiduums als kritisch gesehen werden. Das Vereinspräsidium wir von der Mitgliederversammlung für eine bestimmte Periode gewählt. Verfolgt man das Geschehen bei derartigen Mitgliederversammlungen so fällt auf, dass diese in hohem Maße von der Emotionalisierung der Mitglieder geprägt sind und weniger von der eher nüchternen Darstellung des vergangenen und zukünftigen Geschäftsbetriebes. Erschwerend kommt hinzu, das im Zentrum derartiger Mitgliederversammlungen vielfach nicht ökonomische Erfolgsgrößen stehen sondern Fragen nach dem sportlichen Erfolg die Diskussion beherrschen. Ein Vereinspräsidium, will es denn gewählt oder wiedergewählt werden, muss sich somit in erster Linie dem sportlichen Erfolg verschreiben und nicht so sehr dem wirtschaftlichen Erfolg.

- Ferner lassen es auch die bei Vereinen nicht greifenden Publizitätsvorschriften höchst fraglich erscheinen, ob ein Geschäft, welches mit einem nicht unerheblichen wirtschaftlichen Risiko verbunden ist, sinnvollerweise noch über Vereinsstrukturen abzuwickeln ist. Insbesondere die Kapitalgeber verlangen hier nach hinreichenden Informationen im Hinblick auf die Geschäftsaktivitäten. Nicht zuletzt vor diesem Hintergrund, ist das vom DFB durchgeführte Lizenzierungsverfahren mit dem darin enthaltenen Nachweis der wirtschaftlichen Leistungsfähigkeit und dem Zwang zur Stellung einer Kaution zu sehen. Interessanterweise verlangt hier ein Organ die Offenlegung betriebswirtschaftlicher Informationen und die Stellung von Sicherheiten, welches kein Kapitalgeber ist und nicht – wie man es erwarten würde – die eigentlich betroffenen Vereinsmitglieder oder aber mögliche Fremdkapitalgeber. Sie, d.h. insbesondere die Vereinsmitglieder haben aufgrund der rechtlichen Vorgaben kaum die Möglichkeit, hier detaillierte Informationen vom Vereinspräsidium einzufordern. Die Auflagen des DFB sind damit als Reaktion auf die nicht oder zumindest wenig effizienten Strukturen der Corporate Governance bei den professionellen Fußballvereinen zu verstehen. Anscheinend hat man die Gefahren, die die Governance-Struktur des Vereins in sich birgt durchaus erkannt und versucht hier gegenzusteuern.

Vor dem Hintergrund dieser Problembereiche ist es nicht verwunderlich, dass die Rechtsform des Vereins vielfach als problematisch für den Profifußball angesehen wird.[1] Interessanter Weise wird von den Vereinen selbst der Hauptantrieb für die Umwandlung in eine Kapitalgesellschaft zuallererst in der, durch die Emission eigener Aktien, verbesserten Möglichkeit der Kapitalbeschaffung gesehen. Nicht eine effektivere Corporate Governance ist das Motiv zur Umwandlung der Rechtsform, sondern die verbesserte Kapitalbeschaffung. Die Kapitalausstattung der deutschen Fußballvereine wird, insbesondere vor dem Hintergrund der Situation der Vereine im europäischen Ausland, immer wieder als unzureichend bezeichnet.[2] Zumindest den deutschen Spitzenclubs eröffnet sich damit die Möglichkeit, ihre finanzielle Konkurrenzfähigkeit entscheidend zu verbessern. In welchem Ausmaß den Fußballvereinen Kapital zufließt, hängt entscheidend davon ab, ob neben der Umwandlung in eine Kapitalgesellschaft auch eine Platzierung der Anteile an der Börse angestrebt wird bzw. ein großes Aktienpaket an einen strategischen Partner verkauft wird. Will man mit der Rechtsform einer Kapitalgesellschaft die Vorteile erheblich verbesserter Finanzierungsmöglichkeiten nutzen, so muss man akzeptieren, dass sich zusätzliches Eigenkapital nur dann mobilisieren lässt, wenn den potenziellen Eigenkapitalgebern die Einlage „attraktiv", d. h. im Regelfall rentabel erscheint. Damit wird aber das Rentabilitätsziel zentraler Bestandteil der Unternehmenszielsetzung. Während bei der Rechtsform des Vereins Rentabilität keine maßgebende Rolle spielt, da die zu treffenden Entscheidungen „lediglich" dem Liquiditätspostulat folgen müssen, tritt im Falle der Kapitalgesellschaft die Rentabilität in Konkurrenz zur sportlichen Zielsetzung. Zumindest ist der sportliche Erfolg unter der strengen Nebenbedingung der Liquiditätssicherung nicht mehr alleiniges Ziel einer Sport-Kapitalgesellschaft, da die Kongruenz von sportlichem Erfolg und Rentabilität à priori nicht als zwangsläufig anzusehen ist.[1]

Es gibt aber auch Argumente, die gegen einen Rechtsformwandel vorgebracht werden: In diesem Zusammenhang gilt es zu beachten, dass die Profi-Teams, insbesondere im wirtschaftlichen und sportlichen Erfolgsfall, entsprechend dem Charakter einer Aktiengesellschaft zu relativ leicht handelbaren Gütern werden. Hieraus ergeben sich für den Profi-Sport vielfach ungewollte Effekte: Beispielsweise ist daran zu denken, dass der „Betrieb" eines Profi-Teams nur noch als Mittel zum Zweck der Durchsetzung der Ziele der Anteilseigner dient. Aktuell ist dies beim englischen Fußball-Team von Manchester United zu beobachten. Der Wechsel in der Aktionärsstruktur bewirkt, dass Manchester United von den Großaktionären in erster Linie als Instrument zur besseren Vermarktung des Pay-TV genutzt wird. Der eigentliche Zweck des „Fußball-Spielens" geht damit verloren. Aber auch Beteiligungen der Profi-Teams untereinander, wie sie seinerzeit beim Kauf des OSC Nizza durch den AS Rom erfolgte, müssen als Folge der Umwandlung in eine Kapitalgesellschaft u. U. in Kauf genommen werden. Treten

[1] Vgl. Steinbeck/Menke (1998), S. 226 ff.
[2] Vgl. Stangner/Moser (1999), S. 759 f.

diese beiden Profi-Teams fortan in einem europäischen Cup-Wettbewerb gegeneinander an, kann eine „zentrale Steuerung“ im „Fußball-Konzern“ nicht mehr ausgeschlossen werden.

Will man jedoch abschließend die Frage beantworten, ob eine Umwandlung der Rechtsform sinnvoll erscheint, muss dies differenziert danach erfolgen, für welche der vom Gesetzgeber entwickelten Rechtsformen man sich entscheidet. Im Prinzip kommen dabei drei Formen in Frage: die GmbH, die AG und KGaA. Im Folgenden soll nun nicht der Versuch unternommen werden, diese drei Rechtsformangebote miteinander zu vergleichen. Derartige Vergleiche liegen in der Literatur bereits hinlänglich vor.[2] Ferner zeigt sich, dass die Realität meist komplexer ist, d. h. Gesellschaften sich i. d. R. Mischformen bedienen und diese mit spezifischen Satzungsbindungen ausstatten. Es ist insofern unter Corporate Governance Gesichtspunkten wenig zielführend, die grundlegenden Rechtsformen miteinander zu vergleichen. Dies geht an der Realität vorbei. Vor diesem Hintergrund wurde sich hier auf eine konkret gewählte Rechtsform konzentriert. Es soll am Beispiel der vom Verein Borussia Dortmund gewählten Kapitalgesellschaft untersucht werden, wie sich die neue Governance-Struktur auf die Führung des Vereins respektive der Kapitalgesellschaft auswirkt. Es soll gezeigt werden, wo hier die Stärken aber auch die Schwächen zu finden sind.

3 Beispiel einer Ausgliederung des wirtschaftlichen Geschäftsbetriebes: Die Borussia Dortmund GmbH & Co. KGaA

3.1 Die gewählte Governance-Struktur

Im April 2000 gliedert der Verein BVB 09 e. V. Dortmund seinen steuerpflichtigen wirtschaftlichen Geschäftsbetrieb auf die Borussia Dortmund GmbH & Co. KGaA aus. Gegenstand der Geschäftstätigkeit der GmbH & Co. KGaA sind dabei nicht nur die Aktivitäten, die im Zusammenhang mit dem Profifußball stehen, sondern ebenso die Amateurmannschaft, die A-Juniorenmannschaft und die 1. Damen-Handballmannschaft. Die Struktur des Konzerns Borussia Dortmund zeigt die Abbildung 1 im Überblick.[3]

Für die Führung des Konzerns Borussia Dortmund von besonderem Interesse ist nun das Zusammenspiel und die Kompetenzen der jeweiligen Einzelorgane der Gesellschaften. Zentrales Organ der Konzernsteuerung ist dabei die Borussia Dortmund Geschäftsführungs GmbH. Sie ist mit einem Stammkapital von € 30.000,- als persönlich haftende Gesellschafterin (Komplementärin) der Borussia Dortmund GmbH & Co.

---

[1] Vgl. Schewe/Littkemann (1999), S. 183 ff.

[2] Vgl. z. B. Doberenz (1980), Malatos (1988), Hopt (1991), S. 778 ff. und Zacharias (1999), S. 209 ff.

[3] Vgl. zum Folgenden ausführlich Deutsche Bank (2000), S. 52 ff.

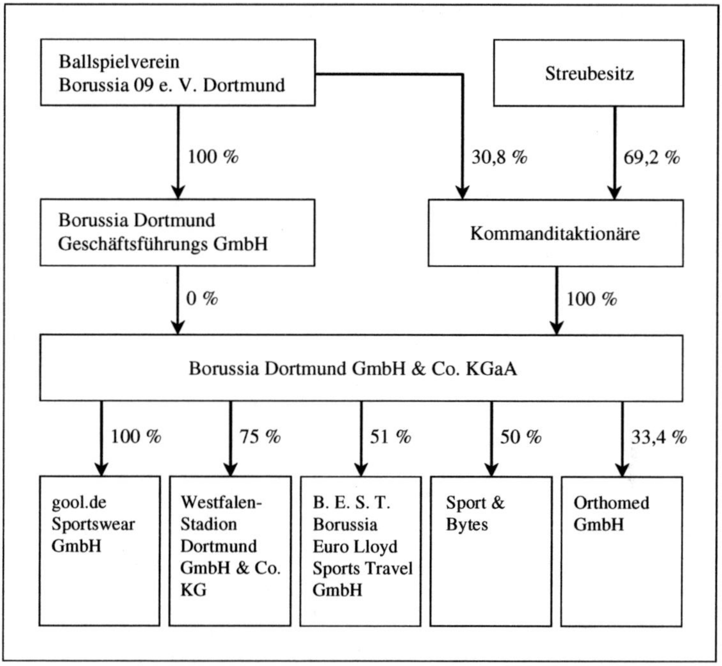

Abb. 1: Gesellschaftsstruktur des Konzerns Borussia Dortmund

KGaA ausgestattet. Sie ist jedoch *nicht* am Kapital der Gesellschaft beteiligt. DieGeschäftsführungs-GmbH ist zu 100 % im Besitz des Vereins Borussia Dortmund, der darüber hinaus auch noch 30,8 % der Kommanditanteile hält. Es handelt sich dabei um Inhaberstammaktien ohne Nennbetrag (Stückaktien), die an der Frankfurter Wertpapierbörse zum amtlichen Handel zugelassen sind.

Bei der Borussia Dortmund GmbH & Co. KGaA handelt es sich um eine „doppelte" Mischung der Rechtsformen mit nicht unerheblichen Konsequenzen für die Governance-Struktur.

- Zum einen die Mischung der KG und der AG mit ihrem Charakteristikum, wonach der Komplementär nicht nur für eine bestimmte Zeit, sondern auf Dauer die Geschäftsführung der Gesellschaft inne hat. Damit entfällt das bei der AG übliche Recht der Bestellung der Geschäftsführung auf Zeit durch den Aufsichtsrat bzw. die Hauptversammlung. In diesem Zusammenhang muss auch beachtet werden, dass außer den bereits in der Satzung verankerten zustimmungspflichtigen Geschäften kein neuer Zustimmungskatalog vom Aufsichtsrat (§ III Abs. 4 Satz 2

AktG) bzw. der Hauptversammlung (§ 119 Abs. 1 AktG) verabschiedet werden kann. Dies fällt allein in den Zuständigkeitsbereich des Komplementärs.

- Zum anderen die Mischung der KG mit der Rechtsform der GmbH. Entgegen dem Grundgedanken der KG, wonach der Komplementär quasi als Preis für seine unbeschränkte Geschäftsführungskompetenz auch unbeschränkt persönlich haftet, wählt die Borussia Dortmund GmbH & Co. KGaA keine natürliche Person als Komplementär, sondern eine GmbH mit der daraus resultierenden beschränkten Haftung; eine Rechtsformkonstruktion, die vom Bundesgerichtshof übrigens erst 1997 in seiner Entscheidung anerkannt wurde.

Diese Form der doppelten Mischung der Rechtsformen hat zur Folge, dass der Verein Borussia Dortmund aufgrund seiner Stellung als alleiniger Gesellschafter der Borussia Dortmund Geschäftsführungs-GmbH eine herausgehobene Stellung bei der Kontrolle und Bestellung der Komplementärin der GmbH & Co. KGaA besitzt. Die Abbildung 2 zeigt dies im Überblick.

Die Geschäftsführer der Borussia Dortmund Geschäftsführungs-GmbH werden vom Beirat der Gesellschaft bestellt. Der Beirat wird gebildet aus den Mitgliedern des Vorstandes und des Wirtschaftsrates (mindestens sieben Mitglieder) des Vereins Borussia Dortmund. Sollte dabei der Fall eintreten, dass Mitglieder des Vorstand oder des Wirtschaftsrates gleichzeitig Geschäftsführer der GmbH sind, so dürfen diese *nicht* als Mitglieder in den Beirat der GmbH entsandt werden.

3.2 Beurteilung der gewählten Governance Struktur

3.2.1 Die starke Stellung der Geschäftsführung

Unübersehbar bei der gewählten Governance Struktur des Konzerns Borussia Dortmund ist die starke Stellung der Geschäftsführung der Komplementärin. Diese geht weit über die hi-naus, die der Gesetzgeber z. B. dem Vorstand einer Aktiengesellschaft einräumt. Diese starke Stellung ergibt sich in erster Linie aus der Kompetenzverteilung zwischen den Gesellschaftsorganen bei der Rekrutierung und Überwachung der Geschäftsleitung. Die gewählte Konstruktion führt dazu, dass sich die Geschäftsführung quasi selbst rekrutiert und überwacht. Erschwerend kommt hinzu, dass vielfältige Funktionen in den einzelnen Gremien i. d. R. in Personalunion übernommen werden. Die Abbildung 3 zeigt die aktuelle (Stand: August 2001) personelle Besetzung der einzelnen Gesellschaftsorgane.

Das hier gewählte Rekrutierungsmodell sichert eine weitgehend autonome Führung des Konzerns Borussia Dortmund. Es stellt damit auch sicher, dass im Zweifelsfall die Interessen des Vereins die Interessen der Aktionäre dominieren. Letztlich sind die

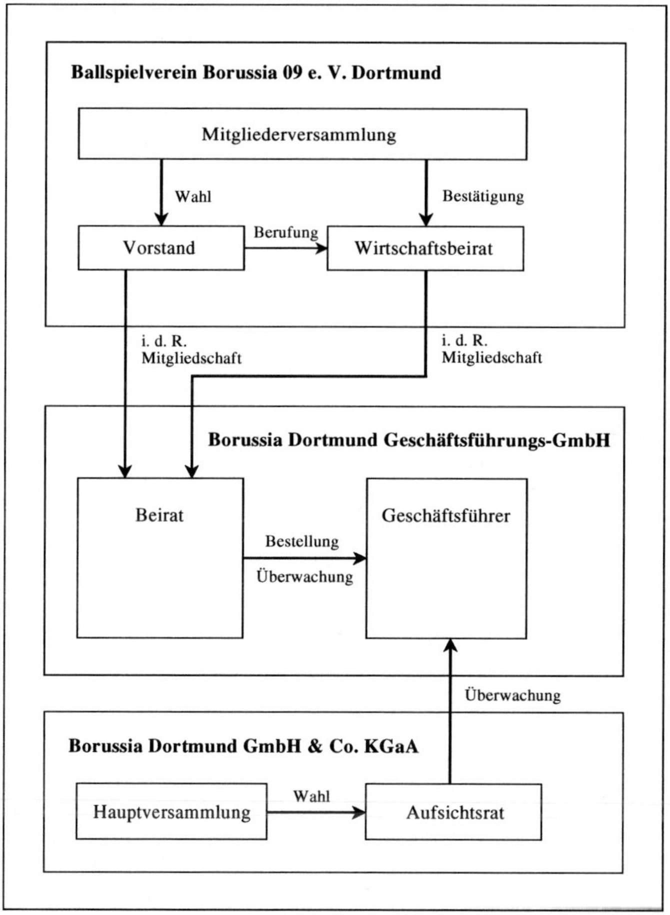

Abb. 2: Organstruktur der Leitung des Konzerns Borussia Dortmund

Personen des Vorstandes nur der Mitgliederversammlung des Vereins verantwortlich, die über Wiederwahl oder Abwahl entscheidet.

Damit steht und fällt die Qualität der Konzernführung mit der Qualität der handelnden Personen im Vereinsvorstand bzw. der Geschäftsführung. Die Struktur ist damit durchaus geeignet, ein kompetentes und engagiertes Management ohne gesellschaftsrechtliche „Fesseln“ agieren zu lassen. Allerdings, und dieses wurde eingangs bereits im

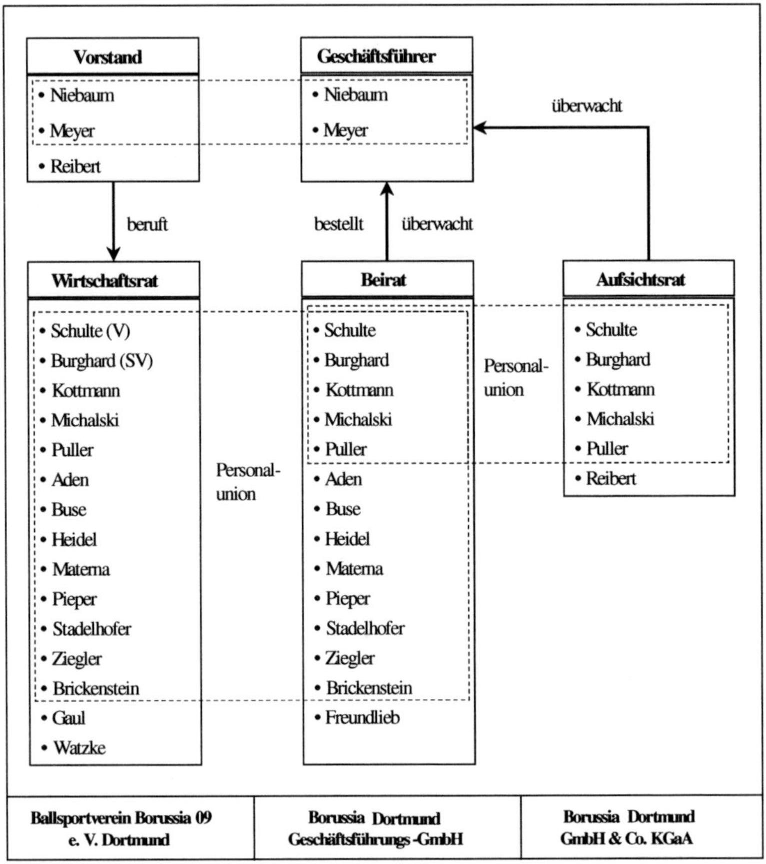

Abb. 3: Personelle Besetzung der Gesellschaftsorgane

Börseneinführungsprospekt herausgestellt[1], macht es den Konzern Borussia Dortmund extrem abhängig von den aktuell handelnden zentralen Entscheidungsträgern. Letztlich muss die Geschäftsführung die Unterstützung der Vereinsmitglieder besitzen und nicht die Unterstützung der Kommanditaktionäre.

Trotz des Platzierungserfolges beim Börsengang sollte dabei also nicht übersehen werden, dass mit der gewählten Kompetenzstruktur der Kommanditaktionäre deutliche Abstriche im Vergleich zu einer herkömmlichen Aktiengesellschaft gemacht wurden.

[1] Vgl. Deutsche Bank (2000), S. 18: „Der künftige wirtschaftliche Erfolg der Gesellschaft hängt neben der sportlichen Entwicklung wesentlich vom kontinuierlichen Einsatz und der Leistung der Führungskräfte ab. (...) Das Ausscheiden einer Person in einer Schlüsselfunktion könnte sich deutlich negativ auf das Geschäft und den Aktienkurs auswirken."

3.2.2 Anreizstruktur des Managementhandelns

Die starke Stellung der Geschäftsführung im Konzern Borussia Dortmund legt die Frage nahe, ob hier nicht möglicherweise bestimmte Individualinteressen aufgrund der aktuellen Verteilung der Machtpotenziale eine klare Dominanz ausüben. Ist eine Gruppe von Personen in der Lage ihre Ziele auf Kosten von anderen Gruppen weitgehend unkontrolliert durchzusetzen? Konzentriert man sich nur auf die internen Interessengruppen, so ist zu fragen, ob die gewählte Governance-Struktur der GmbH & Co. KGaA nicht dazu führt, dass die Geschäftsführer der GmbH aufgrund der asymmetrischen Machtverteilung ihre Interessen gegen die Gruppe der Vereinsmitglieder und die Gruppe der Kommanditaktionäre unverhältnismäßig stark durchsetzen können. Diese Frage gewinnt deshalb besonders an Gewicht, weil bisher die Rechtsform der GmbH & Co. KGaA in der Unternehmenspraxis so gut wie keine Verbreitung gefunden hat.

Unterstellt man, dass die Gruppe der Kommanditaktionäre in erster Linie wirtschaftliche Rentabilitätsziele verfolgt und die Gruppe der Vereinsmitglieder in erster Linie sportliche Ziele verfolgt, so müsste eine leistungsfähige Governance-Struktur in der Lage sein, diese beiden Interessenziele effizient aufeinander abzustimmen. Beim Konzern Borussia Dortmund besteht jedoch die Gefahr, dass dies nicht der Fall ist. Die Tatsache, dass sich die Geschäftsführung der GmbH quasi selbst rekrutieren kann, da eine weitgehende Personalunion von Geschäftsführern und dem Präsidium des Vereins Borussia Dortmund besteht, wird im Zweifelsfall dazu führen, dass die sportlichen Ziele die Rentabilitätsziele klar dominieren. Die Personen, die das Präsidium des Vereins bilden, werden ihre Aktivitäten in erster Linie so ausrichten, dass das Gremium welches sie in ihr Amt beruft bzw. berufen hat – also die Mitgliederversammlung des Vereins –, mit der Arbeitsweise und den erreichten Zielen – in diesem Fall wären dies sportliche Ziele – zufrieden ist.

Verstärkt wird diese Asymmetrie in der Verfolgung der Unternehmenszielsetzung noch dadurch, dass auch die gewählte Struktur die Kapitalbeteiligung nicht dazu führt, dass die Rentabilitätsziele hier ein stärkeres Gewicht finden. Zwar ist der Verein Borussia Dortmund zu 100 % am Kapital der Geschäftsführungs-GmbH beteiligt. Das Kapital der GmbH & Co. KGaA wird jedoch zu 100 % von den Kommanditaktionären aufgebracht. Die Geschäftsführungs-GmbH ist damit zwar persönlich haftender Gesellschafter, allerdings ohne Vermögenseinlage. Die GmbH muss insofern nur daran interessiert sein, den Insolvenzfall abzuwenden. Die Verzinsung des „eingesetzten" Kapitals steht nicht im Fokus. Für die GmbH und ihr Management dominieren damit klar sportliche Ziele. Dies wird höchstwahrscheinlich auch nicht dadurch abgeschwächt, dass der Verein Borussia Dortmund nach dem IPO noch 30,8 % der Kommanditanteile hält. In diesem Kommanditanteil sind allerdings Aktien im Volumen von 15,8 % enthalten, die treuhänderisch für die WGZ-Bank gehalten werden.[1]

[1] Vgl. Deutsche Bank (2000), S. 58.

Verlässt man nun die existente Kompetenz- und Organstruktur und wendet sich weiteren Instrumenten zu, die möglicherweise geeignet erscheinen divergente Interessenlagen zu harmonisieren, so werden bei Unternehmen hierzu regelmäßig Aktienoptions-Programme aufgelegt. Dies gilt auch für die Borussia Dortmund GmbH & Co. KGaA. Der Aktiensoptionsplan sieht vor,[1] dass bis zum Jahr 2005 einmal oder mehrmals Aktienoptionen dem Management gewährt werden können. Berechtigte zum Erwerb der Optionen sind die ersten beiden Führungsebenen unter Einschluss der Geschäftsführer der Konzerngesellschaften. Über die Gewährung der Optionen entscheidet die Geschäftsführungs-GmbH, außer die Begünstigten sind selbst Geschäftsführer der Geschäftsführungs-GmbH. Dann entscheidet hierüber der Aufsichtsrat der GmbH & Co. KGaA.

Der in diesen Aktienoptionsplan bereits angelegte Versuch, das Management auch auf die Ziele der Aktionäre „einzuschwören" wird noch dadurch verstärkt, in dem man bestimmte Bedingungen an die Ausübung der Optionen knüpft. So ist eine Sperrfrist von drei Jahren vorgesehen, der Kurs muss nach Ablauf der Sperrfrist über dem Kurs zum Zeitpunkt der Begebung liegen, bei der erstmaligen Begebung der Option muss der Kurs mindestens 20 % über dem Emmissionskurs beim Börsengang liegen sowie schließlich als Referenzmaßstab die Entwicklung des MDAX, d. h. der Ausgabepreis erhöht oder reduziert sich je nachdem ob der Kurs der Aktie sich besser oder schlechter entwickelt als der MDAX.

Betrachtet man diesen Aktiensoptionsplan, so stellt er auf den ersten Blick sicher, dass dem Management der Geschäftsführungs-GmbH Anreize geboten werden, hier im Sinne der Aktionäre zu handeln. Allerdings, und diese Erkenntnis aus der Motivationsforschung lässt sich sicherlich auch hier auf das Management übertragen, „Belohnungen" entwickeln nur dann ihre Anreizwirkung, wenn derjenige, der zu einer bestimmten Handlung veranlasst werden soll, es auch als wahrscheinlich ansieht, dass er die Belohnung erreichen kann.[2] Da allerdings bei Borussia Dortmund ähnlich wie bei vielen anderen börsenorientierten Fußballvereinen der aktuelle Börsenkurs deutlich unter dem Börseneinführungskurs liegt, ist es äußerst fraglich, ob der Aktienoptionsplan hier eine entsprechende Anreizwirkung entfalten kann.

3.2.3 Der geringe Einfluss der Aktionäre

Analysiert man den Einfluss, den die Kommanditaktionäre auf die Geschäftspolitik ausüben, so ist dieser noch wesentlich geringer als er ohnehin schon bei der Rechtsform der Kommanditgesellschaft wäre. Der Aufsichtsrat der KGaA überwacht die Geschäftsführung. Allerdings kann hier von einer Überwachung im eigentlichen Sinn nicht gesprochen werden, da dies gewisse Machtpotenziale auf Seiten des Aufsichts-

---

[1] Vgl. Deutsche Bank (2000), S. 55.
[2] Vgl. Porter/Lawler (1968), S. 165.

rates voraussetzen würde. Selbst eine Abberufung von Mitgliedern der Geschäftsleitung durch den Aufsichtsrat aus wichtigem Grund ist ausgeschlossen.[1] Aufgrund dieser Konstellation kann vermutet werden, dass die Attraktivität der Aktie „Borussia Dortmund" einer Vorzugsaktie ähnelt, ohne dass jedoch der fehlende Einfluss auf die Geschäftstätigkeit durch eine erhöhte Dividende kompensiert wird.

Allerdings, und dies muss zumindest aus Sicht des Vereins Borussia Dortmund konstatiert werden, macht die gewählte Governance Struktur den Konzern Borussia Dortmund unangreifbar für feindliche Übernahmen. Die Struktur trägt damit dem Sicherheitsempfinden der Vereinsmitglieder Rechnung, die über die Mitgliederversammlung letztlich das einzige relevante Kontrollgremium darstellen.

4 Fazit

Führt man sich die eingangs skizzierte Problemlage vor Augen und den dort beschriebenen Zwang zur Etablierung von effizienten Governance-Strukturen auch im Profifußball vor Augen, so ist das Beispiel der Borussia Dortmund GmbH & Co. KGaA nicht als unkritisch zu sehen.

Die gewählte Rechtsform ist zwar gut geeignet, sich den Markt für Eigenkapital zu erschließen, ohne dass man dabei Gefahr läuft, dass „unerwünschter" Einfluss im Unternehmen sich manifestiert. Die weitestgehend fehlende leistungsfähige Corporate Governance führt dazu, dass der Konzern Borussia Dortmund seinen wirtschaftlichen Erfolg in hohem Maße an die Qualität des handelnden Managements bindet. Zwar steht diese Qualität aktuell außer Frage, ungeklärt ist jedoch die Situation, die sich ergibt, wenn einer oder sogar beide Geschäftsführer ausscheiden. Die Nachfolger werden dann nicht von den Aktionären bestimmt sondern einzig und alleine von den Vereinsmitgliedern. Dass dort klar sportliche Ziele dominieren ist sicherlich unstrittig. Insofern können sich aus der gewählten Governance-Struktur insbesondere langfristig gravierende Probleme ergeben. Die nicht gesicherte Einhaltung von Rentabilitätsgesichtspunkten würde es schwer machen, auch in Zukunft Aktienpakete erfolgreich an der Börse zu plazieren.

Zwar gibt sich Borussia Dortmund mit dem Wandel der Rechtsform hin zur Kapitalgesellschaft eine auf den ersten Blick adäquate Rechtsform in Anbetracht der zunehmenden Professionalisierung im Fußballsport. Ob dies jedoch auch dem Zwang zur Einführung dauerhafter professioneller Managementstrukturen Rechnung trägt, muss bezweifelt werden. Der Effizienzdruck des Kapitalmarktes wird so gut wie nicht genutzt. Insofern werden sportliche Ziele immer die wirtschaftlichen Ziele dominieren. Damit besteht aber die Gefahr, dass das positive Image des Börsengangs langfristig

[1] Vgl. Deutsche Bank (2000), S. 15.

Schaden nimmt, da es vermieden wurde, eine den wirtschaftlichen Erfolg sicherstellende Corporate Governance zu institutionalisieren.

Literatur

Deutsche Bank (2000): BVB 09 Verkaufsprospekt, Frankfurt a. M.

Doberenz, M. (1980): Betriebswirtschaftliche Grundlagen zur Rechtsformgestaltung professioneller Fußballklubs in der Bundesrepublik Deutschland, Frankfurt a. M.

Hopt, K. (1991): Wirtschaftliche und rechtliche Aspekte zu Problemen des Berufsfußballs, in: Betriebs-Berater, 46. Jg., S. 778-785.

Malatos, A. (1988): Berufsfeld im europäischen Rechtsvergleich, Frankfurt a. M.

Porter, L. W./Lawler, E. E. (1968): Managerial Attitudes and Performance, Homewood (Ill).

Schewe, G./Littkemann, J. (1999): Meinungsspiegel zur Sportökonomik, in: Betriebswirtschaftliche Forschung und Praxis, Heft 2, S. 183-199.

Stangner, K.-H./Moser, U. (1999): Going Public – Praktische Umsetzung des Börsengangs, in: Der Betrieb, 52. Jg., S. 759-761.

Steinbeck, A. V./Menke, T. (1998): Die Aktiengesellschaft im Profifußball – Zur Ausgliederung wirtschaftlicher Geschäftsbetriebe aus nichtwirtschaftlichen Vereinen, in: Sport und Recht, S. 226-230.

Zacharias, E. (1999): Going Public einer Fußball-Kapitalgesellschaft, Bielefeld.

Professionelle Unternehmensführung von Sportvereinen: Sport / Event – eine integrierte und branchenorientierte Business-Software-Lösung

Andreas Wessels / Erik Steegmans

1 Einführung

Navision ist ein internationaler Anbieter von integrierten und branchenorientierten Business-Software-Lösungen. Die Produkte auf Basis der Microsoft Standard-Software wenden sich an mittelständische Unternehmen, die ihre Geschäftsprozesse optimieren und die Chancen des e-Business nutzen möchten. Die Lösungen zeichnen sich durch ein sehr gutes Kosten-Nutzen-Verhältnis aus, sind zudem schnell zu implementieren, einfach zu bedienen und dynamisch an sich ändernde Anforderungen anzupassen. Die gesamte Wertschöpfungskette wird von der integrierten Lösung Navision abgedeckt, angefangen von ERP (Enterprise Resource Planing) über Supply Chain Management bis hin zum Customer Relationship Management und e-Business. Die mittlerweile 26 Landesvertretungen des dänischen Unternehmens mit Sitz in Vedbaek sind für die landesspezifischen Anpassungen sowie für das internationale Vertriebsnetz mit über 2.200 Navision Solution Centern (NSC) verantwortlich. Die Navision PC&C Vertriebs GmbH mit Sitz in Hamburg und Böblingen betreut derzeit 200 Navision Solution Center in Deutschland. Diese vertreiben, implementieren und betreuen die Software-Lösungen und entwickeln individuelle Branchen-Lösungen. In Deutschland, wo Navision rund 20 Prozent des Gesamtumsatzes erwirtschaftet, ist das Unternehmen im mittelständischen Marktsegment marktführend.

1.1 Navision Software

Informationen sind ein wichtiger Erfolgsfaktor für ein Unternehmen; richtig eingesetzt können sie einen komparativen Konkurrenzvorteil darstellen. Das Finanz- und Business-Management System Navision (der Name des angebotenen Produkts korrespondiert mit dem Namen des Unternehmens)[1] ist mit dem Ziel entwickelt worden, Geschäftsabläufe zu unterstützen und durch umfassende Informationen zu optimieren. Dabei kann Navision passgenau auf individuelle Kundenbedürfnisse abgestimmt werden. Der Standard von Navision bildet den Kern einer jeden Navision Installation. Kundenindividuelle Anpassungen sind darüber hinaus jedoch schnell und unkompliziert möglich. Die graphische Benutzeroberfläche von Navision ist nach den Richtlini-

[1] Im weiteren Verlauf ist „Navision“ als Navision Software zu interpretieren.

en von Windows NT sowie Windows 98/2000 entwickelt worden. Entscheidender Vorteil der Oberfläche ist, dass alle Arbeiten sowohl mit der Tastatur als auch mit der Maus durchführbar sind. Im Standard stehen folgende voll integrierte Basismodule, die bereits ein hohes Maß an Funktionalität bieten, zur Verfügung: Finanzbuchhaltung, Kreditoren & Einkauf, Debitoren & Verkauf, Lager, Marketing, Ressourcen, Projekte, Personalwesen und Anlagenbuchhaltung. Als Ergänzung zum Navision Standard gibt es Zusatzmodule, die Funktionalitäten speziell für den deutschen Markt enthalten. Als Zusatzmodule sind verfügbar: Lohn & Gehalt, Zeitwirtschaft, Kostenrechnung und Zahlungsverkehr.

Am Branchen-Programm des dänischen Unternehmens Navision nehmen ausgewählte Vertriebspartner teil, die bereits maßgeschneiderte Lösungen für bestimmte Branchen auf der Basis von Navision entwickelt und installiert haben. Zu diesen Branchen-Lösungen gehören z. B. Sport/Event, Textil, Stahl oder auch der Frischwarengroßhandel. Spezial-Lösungen stellen branchenübergreifende Funktionalitäten zur Verfügung und lassen sich keiner bestimmten Branche zuordnen. Eine Spezial-Lösung ist z. B. eine Dokumentenverwaltung für Navision.

Die Internet-Lösungen auf Basis von Navision, die unter dem Oberbegriff e-Solutions zusammengefasst werden, heißen Commerce Portal, User Portal und Commerce Gateway. Das Commerce Portal, als umfangreiches Business-to-Business-Portal, unterstützt die Kommunikation mit Lieferanten, Geschäftspartnern und Außendienstmitarbeitern, die mit einem Browser oder einem Mobilgerät rollenbasiert auf vordefinierte Funktionen von Navision zugreifen können. Speziell für Vereine sind in diesem Zusammenhang z. B. das Internet-Ticketing, Mitgliederservices oder auch das Merchandising von besonderer Bedeutung. Das User Portal bietet die Möglichkeit von jedem Ort der Welt auf Navision zugreifen zu können, ohne die Software installiert zu haben. Alles, was benötigt wird, ist ein PC, ein Browser und ein Internetanschluss oder ein internetfähiges Handy. Die Oberfläche des User Portals ist rollenbasiert, d. h. sie ist auf die Funktion des jeweiligen Anwenders zugeschnitten, und einfach an den persönlichen Bedarf anzupassen. Der Zugriff über das Internet eignet sich besonders für Außendienstmitarbeiter oder „Walk-up“ Anwender, die nur von Zeit zu Zeit Daten aus Navision benötigen, wie z. B. Funktionsträger eines Vereins, die oftmals nicht primär als Angestellte des jeweiligen Vereins arbeiten.

Das Commerce Gateway, als dritte Säule des Internet-Konzepts von Navision, ermöglicht über eine Schnittstelle den elektronischen Austausch von Dokumenten zwischen beliebigen Systemen verschiedener Unternehmen. So kann Navision beispielsweise Angebote, Bestellungen, Lieferscheine oder Rechnungen aus dem Fremdsystem eines Geschäftspartners, z. B. SAP R/3, einlesen und an diese versenden. Das Commerce Gateway unterstützt – als wichtiger Bestandteil der Navision e-Business-Strategie – die Dokumentenbeschreibungssprache XML und den Microsoft BizTalk Server. BizTalk ist der Versuch Microsofts, auf XML-Basis eine weltweit akzeptierte Plattform für elektronische Geschäftsabläufe zu etablieren.

Das Kernstück von Navision ist das integrierte Entwicklungssystem C/SIDE (Client/Server Integrated Development Environment), das speziell für Client/Server Strukturen entwickelt wurde. C/SIDE ist ein graphisches Entwicklungssystem, das sich durch hohe Performance, ein anpassungsfähiges relationales Datenbank-Management-System (RDBMS) sowie die objektorientierte und ereignisgesteuerte Programmiersprache der 4. Generation, C/AL, auszeichnet. C/SIDE kennt die Objekttypen Tabellen, Fenster, Funktionen, Berichte und Schnittstellen, die in allen Programmteilen zur Verfügung stehen und oft mehrfach genutzt werden. „Look and feel“ sowie die Funktionalität entsprechen immer den Microsoft Standards.

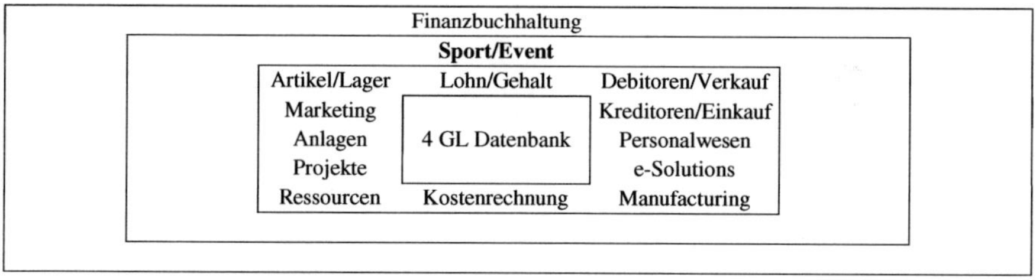

Abb. 1: Das modulare Konzept von Navision

1.2 GOB Software & Systeme – Lösungspartner für Vereine

GOB Software & Systeme ist ein Komplettanbieter von IT-Lösungen mit über 35 Jahren Erfahrung in der Informationstechnologie. Auf der Grundlage des internationalen Plattformprodukts Navision werden für bestimmte Zielmärkte entsprechende Branchen-Lösungen entwickelt. Für Fertigungsunternehmen, den Stahlhandel, die Textil-Branche sowie für Unternehmen aus dem Segment Sport/Event ist die GOB Software & Systeme GmbH Spezialanbieter. Mit ca. 170 Mitarbeitern zählt die GOB zu den größten und erfolgreichsten Navision Solution Centern (NSC) weltweit. Dies spiegelt sich auch in der Tatsache wieder, dass die GOB Software & Systeme GmbH in den letzten vier Jahren jeweils mit dem Titel Navision Solution Center des Jahres ausgezeichnet wurde. Ein weiteres Indiz für die erfolgreiche Arbeit der GOB Software & Systeme ist der weltweit höchste Lizenzumsatz aller Navision Solution Center. Mehr als 1.000 Kunden sind seit der Unternehmensgründung 1965 erfolgreich betreut worden, allein in den letzten vier Jahren wurden mehr als 300 IT-Projekte realisiert. GOB versteht sich als Komplettanbieter von IT-Lösungen. So gehören neben der Projektierung der Softwareeinführung, die Unterstützung im Bereich der Systemtechnik und die Einbindung von Back Office Produkten zum Dienstleistungsangebot. Somit werden alle im Unternehmen zur Gesamtnutzung der integrierten Anwendung notwendigen Teilkomponenten von einem Partner, der GOB, unterstützt. Dies hilft die vorhandenen

Schnittmengen zu optimieren und sinnvoll zu nutzen. Auf Basis von Navision hat GOB das Produktkonzept UNITOP NT entwickelt. Dies besteht aus vier Ebenen. Die Basis stellt Navision in 26 Landesversionen weltweit zur Verfügung. Ebene 2 ist die vertikale Branchenlösung (z. B. Sport/Event). Ergänzend stehen in der dritten Ebene horizontale branchenneutrale Produkte zur Verfügung. Diese Ergänzungsprodukte werden ebenfalls durch GOB entwickelt und stehen allen Kunden zur Verfügung. Hierdurch wird entsprechend einem Baukastensystem aus einer Vielzahl von Anwendungen die maßgeschneiderte Lösung bereitgestellt. Durch diesen Ansatz wird die 4. Ebene auf ein Minimum reduziert. Hier werden nur die absolut individuellen Ausprägungen der Kunden berücksichtigt.

Abb. 2: Produktphilosophie der GOB Systeme & Software GmbH & Co. KG

1.3 Branchen-Lösungen

Navision Deutschland hat ein spezielles Branchen-Programm ins Leben gerufen, das den bundesweiten Vertrieb branchenspezifischer Lösungen auf Basis von Navision unterstützt. Das Branchen-Programm sorgt dafür, dass jeder Anwender mit einem für seine Branche kompetenten NSC zusammenarbeiten kann. Branchen-Lösungen durchlaufen eine strenge Qualitätsprüfung – angefangen beim Nachweis von mindestens fünf Referenzinstallationen des NSCs bis hin zur Einhaltung der Navision Guidelines in Entwicklung und Dokumentation. Das Branchen-Programm stellt sicher, dass sämtliche vertikalen Lösungen exakt und vollständig die branchentypischen Funktionsanforderungen erfüllen. Die zentrale Zertifizierung der NSCs durch Navision ermöglicht die Wahrung eines einheitlichen hohen Qualitätsstandards und die notwendige Investitionssicherheit im Hinblick auf im Zeitablauf folgende Programmversionen. Bislang wurden 62 Branchen und Speziallösungen für das Branchen-Programm qualifiziert.

Die besonders beachtete Branchen-Lösung Sport/Event auf Basis Navision soll an dieser Stelle eingehender analysiert werden. UNITOP NT Sport/Event ist eine Branchen-Lösung, die von der GOB im Rahmen des Konzeptes „UNITOP Navision Technology" speziell für Sportvereine und Event-Ausrichter entwickelt wurde. Dabei wurde die Standardsoftware Navision ergänzt, um den speziellen Anforderungen von Sportvereinen gerecht zu werden. UNITOP NT Sport/Event kombiniert klassische Funktionalitäten mit der für Windows typischen Benutzerführung, der einfachen Handhabung und der Individualisierbarkeit von Navision. Mit UNITOP NT Sport/Event können unter anderem folgende spezielle Anforderungen von Sportvereinen erfüllt werden. Es wird z. B. ein effizienter Auftragsdurchlauf gewährleistet, ebenso ist die Abbildung individueller Organisationsformen möglich; neben einer kurzen Einführungszeit, spricht auch ein minimaler Administrationsaufwand für die Software-Lösung UNITOP NT Sport/Event.

2 Sport/Event als Branchen-Lösung der GOB Software & Systeme auf Basis von Navision

2.1 Integrativer Ansatz

Die fortschreitende Professionalisierung des Sports verlangt von den Vereinen zunehmend auch nach einer Professionalisierung der damit verbundenen Organisationsabläufe. Die Branchen-Lösung Sport/Event auf Basis von Navision soll Vereinen bzw. Unternehmen die Möglichkeit bieten, eine professionelle und zukunftsorientierte Business Software zu nutzen, ohne auf die ebenfalls benötigten vereinsspezifischen Module, wie Mitgliederverwaltung, Merchandising, Ticketing, Event-Management, Scouting oder e-Solutions, verzichten zu müssen.

Durch die Integration dieser Module in eine Standardsoftware kann der Verein oder das Unternehmen die Vorteile in Anspruch nehmen, die gleichzeitig auch Grundlage der Navision Philosophie sind. Diese zeichnet sich unter anderem durch die einheitliche Benutzeroberfläche in allen Programmbereichen, die leichte Anpassbarkeit und Erweiterbarkeit durch integrierte Entwicklungstools sowie die schnelle Erweiterungsmöglichkeit im Falle von organisatorischen Änderungen oder neuen Gesetzesvorgaben aus. Aufbauend auf den technologischen Stärken der Business-Software Navision bietet auch die Branchen-Lösung Sport/Event zahlreiche Möglichkeiten, dem Anwender Unternehmensdaten extrem transparent darzustellen.

Um eine möglichst hohe Effizienz zu erreichen und Redundanzen auszuschließen, müssen Stammdaten zentral verwaltet werden, d. h., dass alle Module auf eine Navision Tabelle zugreifen. Wichtig ist dabei, dass nicht je Modul ein neuer Datensatz erzeugt, sondern immer auf z. B. den gleichen Kunden zugegriffen wird, der unterschiedlichen Kategorien angehören kann. So entsteht eine lückenlose Informationskette über alle entstandenen Posten mit der entsprechenden Kundenhistorie, die für den Verein bzw. das Unternehmen von großer Bedeutung für zukünftige Marketingaktivitäten ist.

Auch im Bereich der Buchungsfunktionen wird auf vorhandene Standards zurückgegriffen. Jeder Abrechnungsvorgang implementiert die vorhandene Buchungsmaschine zur Generierung offener Posten, somit ist sichergestellt, dass die Navigation innerhalb der erzeugten Buchungen einheitlich und übersichtlich bleibt.

2.2 Mitgliederverwaltung

Zu den zentralen Aufgaben eines Vereins gehört unter anderem die Verwaltung seiner Mitglieder. Diese können, je nach Ausrichtung des Vereins, in den unterschiedlichsten Abteilungen organisiert sein. Um hier keinen Engpass entstehen zu lassen, ermöglicht Sport/Event auf Basis Navision die Verwaltung beliebig vieler Abteilungen. Gleichzeitig kann jedes Vereinsmitglied ebenfalls unbegrenzt vielen Abteilungen angehören. Die Verwaltung der Mitglieder erfolgt mit Hilfe eines Fensters, das auf mehreren auswählbaren Registern die relevanten Mitgliedsdaten bereithält. Diese thematisch angeordneten Register enthalten z. B. Informationen zu persönlichen Daten, Beitragssätzen, Mannschaftszugehörigkeiten, Bankverbindungen, Funktionen, Ehrungen, Trainer- und Schiedsrichterdaten. Die Beitragsabrechnung kann abteilungsbezogen wie auch abteilungsübergreifend ausgeführt werden. Dabei werden die Vereinsmitglieder herausgefiltert, deren Beitragsfälligkeit erreicht bzw. überschritten ist. Es ist ebenfalls möglich den elektronischen Zahlungsverkehr für automatisierte Lastschriftverfahren zu nutzen.

Neben diesen zwingend erforderlichen Beitragsfunktionalitäten bietet die Sport/Event-Branchen-Lösung aber auch noch weitere nützliche Features. So ist der automatisierte Ausdruck von Bestandserhebungen (z. B. Landessportbund oder DFB) ebenso möglich wie der Ausdruck von vorgefertigten Listen und Serienbriefen. Speziell die Serienbriefe bieten dem Anwender die Möglichkeit auf einfachem Wege Anschreiben in der Navision Datenbank zu hinterlegen, sie mit Attributen für Schriftarten zu versehen und auszudrucken. Dies kann alles ohne Verwendung eines externen Textverarbeitungsprogramms geschehen. Ein Zugriff ist jedoch auch via ODBC (Open Database Connectivity) auf die Navision Datenbank aus anderen Anwendungsprogrammen, die diese Standardschnittstelle unterstützen, möglich. C/ODBC ist der Navision Treiber für die Microsoft ODBC Schnittstelle. ODBC ist eine API, die den Benutzern eine einfache Methode bietet, mit Datenbanken, für die ein ODBC Treiber erhältlich ist, durchschaubar zu arbeiten. Mit dieser Schnittstelle kann jede in der Navision Datenbank gespeicherte Information von allen Office Paketen, die ODBC Datenbanktreiber (z. B. Microsoft Word, Excel) unterstützen, gelesen werden. Als weitere Option steht eine komplette Mannschafts- und Ligenverwaltung, bis hinunter zur Ebene der Spieldetailverwaltung, zur Verfügung.

2.3 Merchandising

Für den Verkauf von Fanartikeln bietet Sport/Event eine komplette Shopverkaufsfunktionalität, die den Ansprüchen großer Arenen voll gerecht wird. Verkäufe können zur schnelleren Abwicklung des Vorgangs Sammeldebitoren zugeordnet werden. Dem Verkäufer steht eine komfortable Kundensuchfunktion zur Verfügung, ebenso ist es möglich sofort neue Debitoren anzulegen. Im Hinblick auf den hohen Stellenwert von Adressmaterial stellt dies eine wichtige Funktion dar. Adressen der Zielgruppe des Profisports stellen das zukünftige Umsatz- und Wachstumspotenzial von Profisportvereinen/Unternehmen dar. Die Zahlungsverbuchung erfolgt parallel zur Verbuchung der Verkaufsrechnung, womit der offene Posten unmittelbar und innerhalb einer Transaktion ausgeglichen wird. Durch Suchfunktionen oder Einscannen der Artikelinformationen wird der Artikel sofort in den „Warenkorb“ übernommen. Bei mehrfacher Eingabe des gleichen Artikels werden die Mengen addiert. Im unteren Bildschirmbereich wird der „Warenkorb“ permanent aktualisiert und die Gesamtsumme deutlich hervorgehoben angezeigt.

Durch die mögliche Verwendung von Haupt- und Versandlagern kann die automatische Artikelwiederbestellung neben dem Bestellvorschlag auch Umlagerungsvorschläge erzeugen. Die Ware wird vom Hauptlager an die Nebenlager verteilt; eine neue Lieferantenbestellung wird erst generiert, wenn der Lagerbestand im Hauptlager nicht mehr ausreichend ist. Minimal- und Maximalbestände können je Lagerort, Artikel und Größe hinterlegt werden. Weiterhin können beliebig viele Preisgruppen oder auch Artikellieferanten definiert werden. Zur Zahlung der Rechnung stehen eine Vielzahl von Zahlungsformen zur Verfügung.

Der Druck von Barcodeetiketten ist durch den Einsatz einer speziellen Windows-Barcodeschriftart möglich. Die Barcodes können z. B. die Artikelnummer darstellen, die beim Shopverkauf oder bei beliebigen Lagerbuchungen per Barcodescanner eingelesen werden kann. Bei Hinterlegung der EAN-Nummer im Artikelstamm kann auch das Herstelleretikett genutzt werden.

Ein weiteres Modul im Bereich des Merchandising ist das Zusatzmodul Lizenzverträge. Im Modul Lizenzverträge können alle vertragsrelevanten Daten (Vertragslaufzeit, Umfang der Lizenznahme, Zahlungstermine, Mindestlizenz pro Jahr usw.) erfasst werden. Durch diese Funktionalität ist eine einfache Abrechnung der Lizenzgebühr möglich. Auswertungen können Aufschluss über Fälligkeiten und die saisonale Aufteilung geben.

2.4 Ticketing

Eine weitere Voraussetzung für ein Business-Softwarepaket mit Sport- und Eventausrichtung ist ein voll integriertes Ticketing-Modul. Die Art der zu verwaltenden Veranstaltungen ist nicht auf den Sportbereich beschränkt. Der Kartenverkauf kann sowohl für Fußball-, Handball- und Eishockeyspiele als auch z. B. für Konzerte und Messen abgewickelt werden. Jede Veranstaltung wird mit einem Veranstaltungsort verknüpft. Dabei kann eine unbegrenzte Anzahl von Veranstaltungsorten eingerichtet werden, für die allesamt auch grafische Darstellungen hinterlegt werden können. Speziell für den Sportbereich bedeutet dies, dass nicht nur Heimspiele, sondern auch Auswärtsspiele mit dem Ticketing-Modul verwaltet werden können. So kann den Anhängern des eigenen Vereins ein zusätzlicher Service geboten werden: Denn es ist für den Fan auch möglich, beim Kauf eines Auswärtstickets am Bildschirm zu ersehen, in welchem Bereich sein Platz angesiedelt ist. Auch der elektronische Austausch von Kontingenten zwischen verschiedenen Systemen ist über das Tool Commerce Gateway unter Nutzung des Microsoft BizTalk Servers möglich. Genau wie bei der Grundeinrichtung können auch Sperrungen definiert werden. Dadurch werden diese Bereiche, oder auch nur Einzelplätze, für den Verkauf gesperrt. Dies kann z. B. im Falle von Umbaumaßnahmen einer Veranstaltungsstätte sehr wichtig sein.

Die Kapazität eines Veranstaltungsortes kann platzgenau hinterlegt werden. Jedem Bereich können beispielsweise Preiskategorie, Verkaufsgruppe und Kartenformulare zugeordnet werden. Vorgesehen ist die Verwaltung von Sitz-, Steh-, Sonder-, Parkplatz- und Logenkarten. Zu jeder Veranstaltungsserie können Preiskategorien definiert werden. Unterschiedliche Preise (z. B. ermäßigte Karten) können in beliebig vielen Preisklassen – saison- oder spieltagsbezogen – hinterlegt werden.

Die Verteilung von Kartenkontingenten an interne oder externe Vorverkaufsstellen und Tageskassen erfolgt nach einem feststehenden Ablauf. Die Tickets werden zunächst als „verkauft“ ausgebucht und gedruckt. Vor dem Spiel (Vorverkaufsstellen) bzw. nach dem Spieltag (Tageskassen) werden zurückgenommene Kontingente zurückgebucht, um die tatsächlich verkauften Stückzahlen zu ermitteln.

Ideal für Aushilfskräfte an den Kassen oder online im Call-Center ist das sog. Easy-Ticketing: Große, eindeutige Symbole leiten den Bediener durch das Menü, das komplett per Touchscreen zu bedienen ist. Speziell bei großem Andrang ist diese Funktionalität eine Hilfe zur Vermeidung von Bedienungsfehlern ebenso wird gleichzeitig eine Verkürzung der Wartezeit für die Kundschaft gewährleistet. Nach der einmaligen Einrichtung dieser Grundkapazität kann für jeden Spieltag eine eigene Kapazität auf

Basis der Grundeinrichtung generiert werden. Anhand einer graphischen Darstellungsmöglichkeit der Stadionauslastung ist es möglich, innerhalb kürzester Zeit Auskunft über verschiedene freie Sitzplätze zu erteilen, darüber hinaus ist es sogar möglich zu ersehen, wer der Sitznachbar im Stadion ist. Diese Funktionalität ist insbesondere beim Dauerkartenverkauf wichtig.

Im Vorfeld einer Saison werden die Veranstaltungstermine eingeplant und zu Serien gruppiert. Im Sportbereich kann eine Spielserie beispielsweise alle Heimspiele umfassen. In einer zweiten Spielserie könnten dann die möglichen Pokalheimspiele zusammengefasst werden. Eine strikte Vorgabe, in welcher Form diese Serien hinterlegt werden müssen, gibt es nicht. Die einzelnen Veranstaltungen einer Spielserie werden mit Terminen und weiteren Informationen versehen, auf die später beim Kartendruck zurückgegriffen werden kann. Eine Saison kann benutzerdefiniert als neue Spielzeit eingerichtet werden. So können unter anderem Stadioneinteilungen, Sperren, Kategorien und Kategoriepreise in eine neue Saison kopiert werden. Saisonale Änderungen werden im Anschluss daran eingepflegt, in einem weiteren Schritt können beispielsweise Dauerkarten für die neue Saison gebucht werden. Dauerkarteninhaber, die an einem Veranstaltungstag verhindert sind, können bei der Branchen-Lösung Sport/Event auf Basis von Navision die nicht in Anspruch genommenen Karten für diese Plätze zum Weiterverkauf freischalten lassen. Im Vorfeld einer Saison können die Dauerkarteninhaber der abgelaufenen Spielzeit per Serienbrief informiert werden, dass ihre Tickets auch für die nächste Saison reserviert sind. Ein Reservierungsmaximum definiert dabei, wann die Reservierungsoption abläuft. Verstreicht dieses Datum ohne Reaktion des Kunden, so wird die Dauerkarte für den normalen Ticketverkauf freigegeben. Die Gestaltung von Layout und Inhalt (z. B. für Sponsoren) des Tickets ist frei definierbar und mühelos vom Anwender selbst durchzuführen.

Die Vorteile einer Inhouse-Ticketing-Lösung sind vor allem, dass keine zusätzlichen externen Kosten entstehen und dass zudem alle Daten zentral „Inhouse" gehalten werden und somit in der gesamten Anwendung zur Verfügung stehen. Weiterhin bewahrt sich ein Verein seine Unabhängigkeit (z. B. vom Vertriebskanal) und es wird eine hohe Stadion-Sicherheit durch den sogenannten „personifizierten" Ticketvertrieb gewährleistet.

Im Hinblick auf die WM 2006 in Deutschland und die durch das Organisationskomitee des Deutschen Fußball Bundes erlassenen Anforderungen an die WM-Stadien rückt das Thema Zutrittskontrolle (Access Management) immer mehr in den Vordergrund. Thematisiert werden hier nicht nur der Zutritt über einen äußeren Sicherheitsring, sondern auch die inneren Sicherheitsaspekte. Technisch ist es bereits heute möglich in besonders sensiblen Bereichen des Stadions mit biometrischen Zutrittskontrollen (z. B. Isisscan) zu arbeiten. Die GOB hat bereits früh die Bedeutung der Zutrittskontrolle für eine Ticketinglösung erkannt und die technischen Möglichkeiten über die Nutzung des

Commerce Gateway und des Microsoft BizTalk Servers geschaffen. Mit Hilfe dieser technischen Werkzeuge kann das GOB Ticketing mit jeder, den aktuellen technischen Standards entsprechenden, Access Management Lösung kommunizieren und tritt hierbei immer als das führende System auf. Dem integrierten, ganzheitlichen Ansatz wird somit weiter Rechnung getragen und alle Informationen stehen im Navision System online zur Verfügung. Auch entsprechende Leitstände oder die Polizeikräfte im Stadion können online auf diese Daten zugreifen und den Befüllungsgrad des Stadions analysieren oder andere Informationen gemäß Zugriffsberechtigung abfragen.

2.5 Event-Management

Sport/Event auf Basis von Navision bietet die Möglichkeit, Verkaufsstände zu hinterlegen (wenn diese nicht online sind). Prinzipiell sind dies Lagerorte, die vor einer bestimmten Veranstaltung mit Food-and-Beverage oder Fanartikeln beliefert werden und nach Abschluss der Veranstaltung abgerechnet werden können. Zu jedem Verkaufsstand können maximale Bestückungsmengen hinterlegt werden, die komplett verteilt werden, wenn genügend Artikel am Lager sind. Bei geringerer Verfügbarkeit werden die Artikel prozentual gewichtet auf die Verkaufsstände verteilt. Die Mengen können auch während der Veranstaltung zwischen den Verkaufsständen expediert werden, wenn einerseits noch Ware benötigt wird und andererseits Artikel offensichtlich nicht benötigt werden. So kann man zeitnah auf das Nachfrageverhalten der Besucher reagieren. Die Abrechnung erfolgt entweder nach der Veranstaltung durch Einbuchen der zurückgelieferten Mengen oder direkt online. Um eine optimale Planung und Administration des Ordnerdienstes gewährleisten zu können, müssen die verfügbaren Ordner unter der Berücksichtigung von Einsatzzeiten und Abwesenheitsterminen in das System eingepflegt werden. Soll die Vergütung des Ordnerdienstes ebenfalls von Navision abgedeckt werden, so muss das Modul „Lohn & Gehalt“ zum Einsatz kommen.

2.6 Scouting

Um den bisher skizzierten Leistungsumfang dieser professionellen Vereinsmanagement-Software abzurunden, ist für den Trainer- und Beobachterstab des Vereins zusätzlich noch das „Scouting“-Modul erhältlich. In dieser Datenbank können die Fähigkeiten beliebig vieler Spieler bewertet werden. Die Anzahl der zu bewertenden Fähigkeiten kann sich dabei variabel gestalten. Weiterhin ist es möglich zu jedem Spieler umfangreiches Bild- und Videomaterial (z. B. via EASY Archiv), ebenso wie eine Vereinshistorie zu hinterlegen. Die Bewertung der Spieler kann einerseits prozentual erfolgen oder andererseits, als Variante der Leistungsbeobachtung, nach dem Schulnotenprinzip vorgenommen werden. Pro gesichtetem Spiel werden die Begegnungsgrunddaten erfasst und die zu bewertenden Leistungen mit einer Note zwischen eins und sechs versehen. Auf diesem Wege ergibt sich für jeden Spieler eine Durchschnittsnote pro Spiel und nach mehreren Begegnungen auch pro Fähigkeit.

Die Sichtungserfassung kann hier auf verschiedene Art und Weise geschehen. Man unterscheidet grundsätzlich zwischen der Online Erfassung direkt auf der Tribüne des Stadions über die Browsertechnologie oder der Offline-Erfassung mit entsprechendem zeitlich versetzten Datenaustausch über Datenträger. Zur Online Sichtungserfassung kann man sich modernster Technologien wie Citrix Metaframe oder dem Navision User Portal bedienen.

2.7 E-Solutions

Die rapide zunehmende Verbreitung und Nutzung des Internets führt zu einer rasch wachsenden Rolle des Internets als Marktplatz. Die Einrichtung eines „virtuellen Warenhauses" wird heute von den Kunden und Fans erwartet, ebenso sollte die Möglichkeit bestehen, die Fanartikel vierundzwanzig Stunden am Tag erwerben zu können. Auch das B2B-Geschäft mit Lieferanten erhält eine immer größer werdende Bedeutung, dieser kann der Verein mit Hilfe des User Portals gerecht werden.

Bequem vom heimischen Computer aus können sich die Fans nicht nur über die Mannschaft und das Vereinsumfeld informieren, sie können online die Karten für das nächste Spiel ordern und sogar noch zusätzlich ein neues Fantrikot bestellen. Für jeden Fan kann ein individuelles Profil erstellt werden. Je nach Status bekommt der jeweilige Fan eine eigene Maske präsentiert, inhaltlich können Preise und weitere Informationen persönlich definiert werden. Die Bestellungen über den Internetshop werden sofort in Navision übernommen, die Integration des e-Commerce in die UNITOP NT-Lösung sorgt für eine durchgehende Informationskette. Die Einrichtung der kundenspezifischen Preis- und Rabattsysteme ermöglicht hier die individuelle Ansprache, so dass ein organisierter Fanclub z. B. preiswerter einkaufen kann als eine Einzelperson. Ebenso können Artikelbeschreibungen oder Mengen- und Maßeinheiten individuell angezeigt werden.

In zahlreichen Vereinen arbeiten Manager, Geschäftsführer und Präsidenten nicht primär als Angestellte des Vereins. Diese Mitarbeiter können per Remote-Zugriff über das Internet auf ihre persönlichen Daten auch Analysen abrufen, Buchungen vornehmen oder Bestände überprüfen. Per Fernzugriff ist es diesen Vereinsmitarbeitern möglich, sämtliche Funktionalitäten von Sport/Event auf Basis von Navision zu nutzen. So können sie Mitgliederdaten pflegen, Serienbriefe erstellen, die Beitragszahlung bearbeiten oder eine Sonderverkaufsaktion für Fanartikel aktivieren. Der Fernzugriff kann ebenfalls über dafür geeignete Mobiltelefone erfolgen. Diese WAP-Funktion (Wireless Application Protocol) kann vom Vereinsmitglied auch selbst wahrgenommen werden, so kann man entweder seine persönlichen Daten pflegen, die Überweisung von Beiträgen vornehmen oder einen Fanartikel ordern. Per WAP können aber auch die Funktionen des Ticketing wahrgenommen werden, wobei von der Abfrage bezüglich der

Verfügbarkeit bis zur Buchung und Bezahlung eines Tickets sämtliche Schritte vom Handy aus möglich sind.

Die Bindung der Fans bzw. der Kunden an den Verein wird durch Sport/Event unterstützt. Die personalisierte Internetseite des Vereins vergrößert das Zugehörigkeitsgefühl und fördert durch die interaktiven Möglichkeiten den Kontakt zwischen Verein und Fan. Persönlich definiert kann dem Fan auch in regelmäßigen Abständen ein Newsletter des Vereins zugehen. Aus diversen Kategorien kann der Fan seine Wunschinformationen auswählen, die er als Mail auf dem heimischen PC oder auch per SMS auf seinem Mobiltelefon empfangen kann. So kann er einen Ergebnisdienst, die Highlights einer Pressekonferenz oder das tägliche Bulletin des Vereinsarztes lesen – die Möglichkeiten scheinen schier unbegrenzt zu sein.

3 Einführung von Navision als Software-Lösung am Beispiel von LR Ahlen e. V. – ein Anwenderbericht

„Der Ball ist rund", „nach dem Spiel ist vor dem Spiel" und „ein Spiel dauert 90 Minuten" – wichtige Fußballerweisheiten von stetig neuer Aktualität. Doch mit ihnen allein lässt sich heute kein moderner Verein mehr managen, weiß Rainer Kriwat, Geschäftsführer des Bundesliga-Zweitligisten LR Ahlen e.V. Nach fünf Ligaaufstiegen in Folge sportlich auf der Höhe ging es Rainer Kriwat insbesondere darum, das Unternehmen LR Ahlen entsprechend auszustatten. Hierzu gehörte u. a. eine moderne IT-Lösung: „Wir machen Umsätze wie ein mittelständisches Unternehmen und haben immerhin 1.500 Mitglieder – da sind wirtschaftliche Prozesse, unterstützt durch Informationstechnologie, Pflicht." Die abzudeckenden Themen umfassen neben dem Finanz- und Rechnungswesen, der Kostenrechnung und dem Controlling, der Mitglieder- und Personalverwaltung vor allem auch das Ticketing und das Merchandising. Keine leichte Aufgabe also. Aber: „Die Lösung ist gefunden", so Rainer Kriwat heute: „mit Navision und der GOB haben wir alle Bedarfe abgedeckt!"

Der LR Ahlen e.V. spielt aktuell in der zweiten Fußball-Bundesliga. Mit einer Auslastung von über 75 % sind die Heimspiele im Wersestadion durchgehend gut besucht. Zwar ist der LR Ahlen erst 1996 durch die Verschmelzung von TUS Ahlen und Blau-Weiß Ahlen – 1997 kam Fortuna Ahlen hinzu – entstanden, doch sind in diesem Club über 150 Jahre sportliche Tradition vereint: TUS Ahlen wurde 1945 gegründet, Blau-Weiß gar 1929, Fortuna Ahlen gab es seit 1971. Die Mitglieder können heute zwischen den Abteilungen Fußball, Dart, Turnen, Leichtathletik, Aerobic, Faustball und Cheerleading wählen.

Die 90er Jahre waren in Ahlen vom Erfolg geprägt. Sportlich hatte man nach dem fünften Aufstieg in Folge den Durchmarsch bis in die zweite Liga geschafft. Strukturell waren mit der Verschmelzung und der damit verbundenen Einberufung eines Vorstandes und eines Aufsichtsrates neue Zeiten angebrochen. Gestützt und gefördert wurden die Siege auf dem Platz durch ein konsequentes Management am grünen Tisch. Rainer Kriwat, 1996 noch ehrenamtlicher Marketingleiter, hatte frühzeitig ein Konzept für eine professionelle Entwicklung des Vereines entworfen. Teil seiner Strategie war unter anderem der Neubau einer neuen Geschäftsstelle sowie deren Neuorganisation. Ebenfalls zum Konzept gehörte die Schaffung einer neuen EDV, unter anderem mit der Möglichkeit zur Verwaltung des Stadions.

Die Pläne des Vorstands zum Neubau des Wersestadions wurden in etwa zur gleichen Zeit projektiert wie das IT-Projekt. Nach Ansicht von Rainer Kriwat eine logische Konsequenz, weil „beide Maßnahmen Meilensteine auf dem Weg zum Profiverein sind." Die Suche nach einer neuen Software begann Rainer Kriwat mit der Ausformulierung eines Anforderungsprofils. Die Auswahl möglicher Dienstleister wollte man nicht dem Zufall überlassen und folgte daher Empfehlungen – eine davon führte direkt zur GOB, und man verabredete sich zu einem Präsentationstermin. Das Ergebnis: „In der Live-Demonstration war schnell klar, dass die voll integrierte Lösung auf Basis von Navision das Software-Konzept für den Profisport ist", so Rainer Kriwat, und weiter: „da ist alles drin, was gebraucht wird – Finanzbuchhaltung, Personal, Lohn/Gehalt, Kostenrechnung und Controlling, Anlagenbuchhaltung – und dann auch noch die Branchen-Orientierung!" Die Kombination aus Ticketing, Merchandising und Mitgliederverwaltung fand besonders großen Anklang. Mit der Software war auch der Dienstleister gefunden. Die GOB zeigte sich als „top vorbereitet" und „von A bis Z professionell und überzeugend". Was folgte, waren Detail-Verhandlungen über Themen wie Installation und Projektverlauf. „Kaum war alles klar, da ging es auch schon los", erinnert sich Rainer Kriwat, der bis heute besonders an der GOB schätzt, dass sie mit ihren über 170 Mitarbeitern die Sicherheit eines starken Partners bietet.

Das Projekt zur Einführung von Navision in der GOB–Branchenvariante Sport/Event begann mit den Themen Ticketing, Finanzbuchhaltung und Lager. Konkret ging es beispielsweise um die Verwaltung der Dauerkarten, die einen Anteil von über 20 % der verkauften Tickets ausmachen, und die im Lager befindlichen Fanartikel. Der Ticket-Verkauf wird über vier Fan-Shops in Ahlen und Hamm sowie über die Handelskette Marktkauf organisiert. Die aktuell zehn Mitarbeiter in der Geschäftsstelle, dem Herzen des Vereins, agieren wie ein Unternehmen: Es gibt Mitarbeiter für die Debitoren- und Kreditorenverwaltung, Einkauf und Marketing, das Personalwesen und den Empfang. Dank guter Vorbereitung und der sehr konzentrierten Projektdurchführung durch die GOB verlief der Echtstart des Systems zum 1. Januar 2001 absolut problemlos. Sukzessive wurden dann die Mitgliederverwaltung und die Personalwirtschaft eingeführt. Alle Mitarbeiter – das sind rund 100 wie Trainer, Betreuer, Ordner, Sicherheitskräfte und Techniker, Verwaltung- und Fanshop-Mitarbeiter – werden jetzt zentral verwaltet und in Kürze auch abgerechnet. Die Vorteile der vollintegrierten, schnittstellenfreien Software werden hier besonders geschätzt.

Die Erfahrung des LR Ahlen zeigt, dass die Akzeptanz eines Unternehmens und seiner IT steigt, wenn der Informationsfluss funktioniert. Als wichtigen Erfolgsfaktor des Projektes sieht Rainer Kriwat die Motivation jedes involvierten Mitarbeiters: „Wir haben die Menschen frühzeitig in die Projektplanung einbezogen." Zunächst hatte jeder die Aufgabe, seinen Bereich zu restrukturieren. Anschließend wurde innerhalb des Projektteams eine genaue Aufgabenverteilung vorgenommen, getreu dem Motto Rainer Kriwats „man kann nur in einem Team wahre Höchstleistungen vollbringen". Die Anwender fanden sich in der Microsoft-Welt schnell wieder und konnten auch selbst die Stammdatenpflege übernehmen.

Die gute Mischung aus Sportsgeist und geschäftlicher Professionalität hat den LR Ahlen zu dem gemacht, was er heute ist. Das Provinz-Image weicht zunehmend dem eines Profi-Clubs und schafft viel Raum für Entwicklung. Das Wersestadion umfasst vier Fußballplätze und zwei weitere kleine Stadien, die Infrastruktur der zu Pfingsten 2001 fertiggestellten Geschäftsstelle ist technisch auf dem neuesten Stand. Im Fan-Shop gibt es neben den Tages- und Dauerkarten auch ein umfangreiches Sortiment an Merchandising-Artikeln. Die Modernisierung des Vereins hat sich bis in den Jugendbereich hin ausgewirkt: Immerhin 550 Aktive spielen aktuell in 15 Jugendmannschaften, die A- und B-Jugend sogar in der zweithöchsten Jugendklasse der Bundesrepublik. Stimmung kommt besonders auf, wenn die Cheerleader des Vereins in Erscheinung treten – erst zum 1. Januar 2001 gegründet, machen sie mittlerweile jedes Heimspiel zum Event. Mit so viel Erfolg im Rücken bleibt Raum für Zukunftsplanung. Rainer Kriwat denkt hier zum Beispiel an ein System zur elektronischen Archivierung: „Das würde uns zu noch einem Stück mehr Professionalität verhelfen – alle benötigten Informationen auf Knopfdruck!" Darüber hinaus plant man in Ahlen mit der GOB die Realisierung eines Zutrittskontrollsystems.

Weitere Kunden, die sich für eine sportspezifische Branchen-Lösung der GOB Software & Systeme GmbH & Co. KG entschieden haben, sind u. a.: Bayer Leverkusen, Borussia Mönchengladbach, FC Hansa Rostock, SC Freiburg, SpVgg Unterhaching, Werder Bremen, Alemannia Aachen, VfB Stuttgart, der Westdeutsche Fußballverband, Fußballverband Niederrhein, Fußball- und Leichtathletikverband Westfalen, 1. FC Kaiserslautern, Schalke 04, Kölner Haie, Deutscher Alpenverein, Schweizer Alpen Club, Bayer Dormagen, Bayer Uerdingen und die Kölnarena Management GmbH.

GOB Software & Systeme

-

Voll integrierte Software für den Profisport auf Basis *NAVISION*®

Volle Integration der Standard-Anwendungen für ALLE Vereine, wie

- Finanzbuchhaltung
- Kostenrechnung
- Warenwirtschaft
- Personalwesen
- Marketing
- Ressourcenplanung
- Projekte
- Anlagenbuchhaltung
- Lohn / Gehalt
- Dokumentenmanagement
- ...

in die sportspezifischen Anforderungen, wie bspw.

- Mitgliederverwaltung
- Ticketing
- Merchandising
- Lizenzmanagement
- Verwaltung von Logen und Business-Seats
- Spielerscouting
- Zutrittskontrolle
- ...

- **Volle Integration – ein System <u>ohne</u> Schnittstellen**
- **Eine professionelle Datenbankstruktur als Basis für ein Komplett-System**
- **Alle Daten werden im System nur einmal verwaltet – keine doppelte Datenhaltung**
- **Anwenderfreundliche und einheitliche Oberfläche auf Basis der Microsoft-Produkte**
- **Zukunfts- und Technologiesicherheit durch Nutzung gängiger Standards und neuester Microsofttechnologien**
- **Alles aus einer Hand (Software, Hardware, Dienstleistungen)**

Volltreffer:
GOB – 1 Partner für alle Themen!

GOB Software & Systeme
GmbH & Co. KG
Europark Fichtenhain A4
47807 Krefeld
Tel.: 02151-349-1164
Fax: 02151-349-1120
e-Mail: info@gob-sport.de
http://www.gob-sport.de

Teil III

Management ausgewählter sportlicher Prozesse

Spielsysteme in der Fußball-Bundesliga

Jörn Littkemann / Sebastian Kleist

1 Problemstellung

Seit der Einführung der Fußball-Bundesliga im Jahr 1963/64 ist die Frage weitgehend unbeantwortet, welche Art von Spielsystem[1] nachhaltig einen positiven Einfluss auf den Spielausgang ausübt. Wurde in den Anfangsjahren eher mit offensiv ausgerichteten Spielsystemen wie z. B. dem 3-4-3-System agiert, beherrschten in den folgenden Spielzeiten eher weniger offensiv ausgerichtete Systeme wie z. B. das 4-4-2-System das Spielgeschehen. In der jüngsten Vergangenheit greifen allerdings einige Mannschaften wieder zunehmend auf eher offensiv ausgerichtete Systeme zurück. Im deutschen Fußball ist nicht zuletzt seit den aktiven Zeiten von Franz Beckenbauer die Art des Spielsystems zudem stark mit der Frage verknüpft, ob im Abwehrbereich mit einem Libero[2] agiert wird.[3] Bis weit in die neunziger Jahre hinein wurde in der Bundesliga fast ausnahmslos mit einem Libero – als „Feuerwehrmann" im Abwehrbereich – gespielt, in den letzten Spieljahren ist jedoch eine wachsende Zahl von Mannschaften dazu übergegangen, die Position des Liberos aufzulösen und die speziellen Aufgaben des Liberos auf mehrere im Abwehrverbund tätige Spieler zu verteilen (sog. „Abwehrkette").[4] Derzeit wird sowohl innerhalb des Expertenkreises als auch innerhalb der interessierten Öffentlichkeit eine zum Teil recht hitzige Debatte um das „richtige" Spielsystem geführt.

---

[1] Unter dem Spielsystem versteht man die Aufteilung der 10 Feldspieler auf die drei einzelnen Mannschaftsteile Abwehr, Mittelfeld und Sturm (die Torwartposition ist obligatorisch und wird bei der Betrachtung aussen vor gelassen).

[2] Beim sog. „Libero-System" agiert man im Abwehrbereich mit einem Spieler, dem kein direkter Gegenspieler zugeordnet ist. Dieser Spieler bekleidet die zentrale Defensivposition und ist in erster Linie für die Koordination des Abwehrbereiches zuständig. Unterstützt wird er von sog. Manndeckern, die unter der Bedingung einer eindeutigen Zuordnung „Mann gegen Mann" die gegnerischen Angriffsspieler bewachen. Vordergründige Aufgabe des Liberos ist es, einzugreifen, wenn ein gegnerischer Stürmer sich seiner Bewachung kurzzeitig entziehen konnte und gefährlich in Tornähe auftaucht.

[3] Vgl. zum Unterschied zwischen „Libero-System" und „Vierer-Abwehrkette" den Beitrag von Schewe/Littkemann.

[4] Bei der vorwiegend in vielen europäischen Fußball-Ligen praktizierten „Abwehrkette" übergeben die Abwehrspieler auf einer Linie stehend die gegnerischen Angreifer „im Raum". Es gibt weder eine direkte Zuordnung der Bewachung spezieller gegnerischer Stürmer noch einen Abwehrspieler, der wie im „Libero-System" gänzlich ohne direkten Gegenspieler ist. Dies bedeutet jedoch nicht, dass in einer „Abwehrkette" nicht „gegen den Mann" gespielt wird, verzichtet wird lediglich auf eine direkte Zuordnung. Je nach Zahl der eingesetzten Abwehrspieler spricht man von einer „Vierer-„ bzw. „Dreier-Abwehrkette".

Ziel der vorliegenden Untersuchung ist es, einen Beitrag zur Klärung des aufgeworfenen Problems zu leisten, wobei die Beantwortung folgender Forschungsfragen im Vordergrund einer tiefergehenden Analyse steht:

(1) Welche *Spielsystemvarianten* finden in Fußball-Bundesligaspielen Anwendung und wie erfolgreich sind sie? Wie stark variieren die Leistungen einzelner Mannschaftsteile in Bundesligaspielen?

(2) Hat die Art des gewählten Spielsystems einen Einfluss auf die *Spielerleistung*?

(3) Unter welchen Bedingungen kommt es während eines Spieles zu *Anpassungsprozessen* im Spielsystem?

2 Theoretische Grundlagen

Das Spielsystem einer Mannschaft kann durch zwei unterschiedliche Kriterien erfasst werden. Zum einen lässt sich danach unterscheiden, in welchem Verhältnis die 10 Feldspieler auf die drei relevanten Mannschaftsteile Abwehr, Mittelfeld und Angriff (synonym: Sturm) aufgeteilt werden. Z. B. bedeutet ein 3-5-2-System, dass drei Spieler im Abwehr-, fünf Spieler im Mittelfeld- und zwei Spieler im Angriffsbereich eingesetzt werden. Zum anderen lässt sich danach unterscheiden, ob im Abwehrbereich mit einem Libero agiert wird oder nicht. Die Spielerleistung lässt sich analog ebenfalls getrennt nach einzelnen Mannschaftsteilen erfassen. Bei dem Spielsystem und der Spielerleistung handelt es sich allerdings nicht um zwei voneinander unabhängige Dimensionen. Da das gewählte Spielsystem den organisatorischen Rahmen für die Spielprozesse darstellt, ist von einem Einfluss auf die Leistungen der Spieler auszugehen. Umgekehrt wird man vermutlich den unterschiedlichen Stärken und Schwächen der Spieler bei der Festlegung des Spielsystems Rechnung tragen. Dies kann mittelfristig zu Umstellungen im Spielsystem führen. Ferner ist zu erwarten, dass eine Mannschaft auch während eines Spieles, z. B. in Abhängigkeit vom Spielverlauf oder vom veränderten Spielsystem des Gegners, Umstellungen im Spielsystem vornimmt. Die statische Analyse ist daher um eine dynamische Analyse zu ergänzen, die die Häufigkeit des Auftretens von Anpassungsprozessen im Spielsystem berücksichtigt.

Im Profifußball zählt vor allem der (kurzfristige) Erfolg in den allwöchentlich stattfindenden Punktspielen. Die Branche ist derart schnelllebig, dass man nach wenigen (unglücklichen) Niederlagen von den Medien als „Versager“ abgestempelt wird, nach wenigen (glücklichen) Spielgewinnen aber auch sehr schnell „über den grünen Klee“ gelobt wird. Insofern ist das in einem Bundesligaspiel erzielten Endergebnis als vorrangiges Erfolgsmaß der auf dem Spielfeld praktizierten Spielsysteme und erbrachten Spielerleistungen anzusehen.

3 Empirisches Design

3.1 Datenerhebung

Als Grundlage zur Analyse der aufgeworfenen Forschungsfragen wurde auf Daten aus einem vom Kicker-Sportmagazin herausgegebenen Sonderheft zur Bundesligasaison 2000/01 zurückgegriffen. In der betrachteten Saison spielten 18 Mannschaften in der Fußball-Bundesliga, die in insgesamt 306 Spielen den Deutschen Fußballmeister ermittelten. Über jedes Bundesligaspiel wurde vom Kicker-Sportmagazin eine Spielanalyse angefertigt. Diese Spielanalyse erstreckte sich nicht nur auf die Zusammenfassung der statistischen Daten eines Spieles (z. B. das Spielergebnis), sondern bezog sich darüber hinaus auf die von den jeweiligen Mannschaften praktizierten Spielsysteme und auf die einzeln vorgenommene Bewertung der Leistungen der eingesetzten Spieler in Form von Schulnoten.[1] Für die komplette Saison (Hin- und Rückrunde) wurden die maßgeblichen Daten (Spielsystem, Spielerleistung und Spielerfolg) erfasst und ausgewertet. Allerdings konnten für bestimmte Teilanalysen nicht alle Spiele in die Auswertungen einbezogen werden. Um Ergebnisverzerrungen zu vermeiden, wurden Spiele, in denen der Zusammenhang zwischen Spielsystem und Spielerleistung bzw. Spielerfolg nicht genau erkennbar waren, aus der Untersuchung ausgenommen. Beispiele hierfür sind sehr früh im Verlaufe eines Spieles (in den ersten 30 Minuten eines insgesamt 90 Minuten andauernden Fußballspieles) vom Schiedsrichter verhängte rote Karten (die einen Spielausschluss des betroffenen Spielers bedeuten) oder vom Trainerstab vorgenommene verletzungsbedingte Auswechselungen von einzelnen Spielern. Derartige Fälle zogen zumeist Umstellungen im Spielsystem nach sich, welche vom Kicker-Sportmagazin in der Spielanalyse nicht explizit berücksichtigt worden waren. Zudem wurde der betreffende Spieler in der Regel nicht benotet, da die wenigen absolvierten Spielminuten für eine gerechte Leistungsbeurteilung nicht ausreichend waren. Aus diesen Gründen konnten 15 Spiele nicht in die Analyse einbezogen werden.

3.2 Messung der Variablen

Die Messung der beiden die eigenen und die gegnerischen Spielsysteme beschreibenden Kriterien geschah wie folgt: Zunächst wurde jede Art von Spielsystem, in dem eine unterschiedliche Aufteilung der Feldspieler auf die drei Mannschaftsteile Abwehr, Mittelfeld und Sturm vorgenommen worden war, als eine eigenständige Variante erfasst. Insgesamt konnten diesbezüglich sechs unterschiedliche Arten von Spielsystemen klassifiziert werden, die anhand der Stärke ihrer offensiven Ausrichtung in folgende Reihenfolge gebracht werden können: „4-5-1" und „3-6-1" (defensive Systeme), „4-4-2" und „3-5-2" (neutrale Systeme) sowie „4-3-3" und „3-4-3" (offensive Systeme). Des Weiteren wurde erhoben, ob im Abwehrbereich mit einem Libero oder mit einer Variante der liberofreien „Abwehrkette" gespielt worden war. Beim Libero-

[1] Vgl. Kicker-Sportmagazin (2001), S. 24 ff.

System wurde ferner danach differenziert, ob der als Libero eingesetzte Spieler (mit einer eher defensiven Ausrichtung) hinter oder (mit einer eher offensiven Ausrichtung) vor der Abwehr positioniert worden war. Gemäß einer Reihenfolge anhand der Stärke der offensiven Ausrichtung im Abwehrbereich wurde folgendermaßen gemessen: „defensiver Libero (hinter der Abwehr)“, „Abwehr ohne Libero (auf einer Linie)“ und „offensiver Libero (vor der Abwehr)“. Da vom Kicker-Sportmagazin pro Spiel für eine Mannschaft lediglich ein Spielsystem angegeben worden war, waren spätere Spielsystemumstellungen mit den sich auf dem Platz befindlichen Spielern nicht erkennbar. Die sich auf die Anpassungsprozesse beziehende Analyse beschränkte sich daher auf die Untersuchung spielerwechselbedingter Umstellungen (maximal drei Auswechselungen von Spielern sind während eines Spieles erlaubt), da anhand eines eingewechselten Spielers erkennbar war, ob ein Spielsystemwechsel vollzogen worden war oder nicht. Insgesamt wurden neun Wechselarten untersucht: 1 „Stürmer für einen Abwehrspieler, 2 „Stürmer für einen Mittelfeldspieler“, 3 „Mittelfeld- für einen Abwehrspieler“, 4 „Mittelfeldspieler für einen Stürmer“, 5 „Abwehr- für einen Mittelfeldspieler“, 6 „Abwehrspieler für einen Stürmer“, 7 „Stürmer für einen Stürmer“, 8 „Mittelfeld- für einen Mittelfeldspieler“ und 9 „Abwehr- für einen Abwehrspieler“. Die ersten drei Wechselarten zogen eine offensivere Ausrichtung des Spielsystems nach sich, während die Wechselarten vier bis sechs eine defensivere Ausrichtung bedeuteten. Durch die Wechselarten sieben bis neun wurde das praktizierte Spielsystem nicht verändert. Der Ausnahmefall eines Torwartwechsels wurde nicht untersucht, da er für die Wahl des Spielsystems ohne Bedeutung ist.

Hinsichtlich der Messung der Spielerleistungen wurde das vom Kicker-Sportmagazin verwendete Notensystem (von 1 „sehr gut“ bis 6 „ungenügend“, wobei auch die Vergabe von Zwischennoten, z. B. 3,5, erlaubt war) übernommen. Für jeden Spieler wurde zunächst die im jeweiligen Bundesligaspiel vom Kicker-Sportmagazin bewertete Leistung erfasst. Anschließend wurde pro Spiel für jeden der drei betrachteten Mannschaftsteile Abwehr, Mittelfeld und Angriff ein Durchschnittswert (jeweils relativiert an der Zahl der eingesetzten Spieler) ermittelt. Die Leistung des Torwartes ging als Einzelwert in die Analyse ein. Schließlich wurde als Erfolgsmaß das in den Bundesligaspielen erzielte Endergebnis wie folgt nominal erfaßt: „Sieg“ (die eigene Mannschaft erzielt in einem Spiel mehr Tore als der Gegner), „Unentschieden“ (die eigene Mannschaft erzielt in einem Spiel gleich viele Tore wie der Gegner) und „Niederlage“ (die eigene Mannschaft erzielt in einem Spiel weniger Tore als der Gegner).

4 Befunde

4.1 Spielsysteme: Häufigkeit des Auftretens und mögliche Auswahlgründe

4.1.1 Spielbezogene Analyse

Betrachtet man die insgesamt von allen Mannschaften gespielten Systeme (vgl. Tabelle 1), so zeigt sich die Dominanz folgender drei Spielsysteme: Über die Hälfte aller 582 analysierten Spiele wurde im 3-5-2-System gespielt, in 17,4 % wurde im 4-4-2- und in immerhin noch 16,5 % wurde im 3-4-3-System gespielt. In den verbleibenden knapp 14 % aller Spiele wurde zu gleichen Teilen auf das stark offensive 4-3-3-System und die stark defensiv orientierten Spielsystemarten 4-5-1 und 3-6-1, zurückgegriffen. In gerade mal etwas über einem Drittel aller Fälle wurde noch mit einem Libero gespielt. Davon wurde bei fast 70 % dieser Fälle auf die traditionell in Deutschland ausgeübte Defensivvariante des Liberospieles („hinter der Abwehr") gesetzt. Lediglich in 30 % der 220 Spiele mit Libero agierte der auf der Liberoposition eingesetzte Spieler „vor der Abwehr", d. h. in einer offensiv ausgerichteten Grundaufstellung. Im Übrigen besteht zwischen der Wahl des Spiel- und des Liberosystems ein signifikanter Zusammenhang. In den defensiv orientierten Spielsystemen wurde überdurchschnittlich oft mit einem Libero „hinter der Abwehr", in offensiv orientierten Spielsystemen hingegen überdurchschnittlich oft mit einem Libero „vor der Abwehr" gespielt.

Spielsystem bzw. Liberosystem	Häufigkeit	
	absolut	relativ
A. Spielsystem		
3 – 4 – 3	96	16.5 %
4 – 3 – 3	40	6.9 %
3 – 5 – 2	307	52.7 %
4 – 4 – 2	101	17.4 %
3 – 6 – 1	18	3.1 %
4 – 5 – 1	20	3.4 %
B. Liberosystem		
Libero hinter der Abwehr	153	26.3 %
Abwehrkette	362	62.2 %
Libero vor der Abwehr	67	11.5 %
Anmerkung: N = 582 Spiele		

Tab. 1: Spielsysteme in der Fußball-Bundesliga

Die massive Konzentration von über 70 % der gewählten Spielsysteme auf die als neutral einzuschätzenden Systemvarianten 3–5–2 bzw. 4–4–2 wirft die Frage auf, warum sich die Mehrheit der für das Spielsystem verantwortlichen Trainer für diese neutrale Spielweise entscheidet. Zunächst lässt sich festhalten, dass die Auswahl eines

Spielsystems vornehmlich aufgrund des zu erwartenden Spielsystems der anderen Mannschaft und der wahrscheinlichen Spielausgänge erfolgen dürfe. Unter Berücksichtigung des oftmals massiven Drucks, dem Bundesligatrainer schon nach wenigen Spielen ohne jeglichen Punkterfolg ausgesetzt sind, kann ferner eine relativ hohe Risikoaversität unterstellt werden. Wählen demzufolge zwei gleichstarke Teams beide ein neutrales Spielsystem, kann prinzipiell über eine Mehrzahl von Spielen mit einer annähernden Gleichverteilung der Punkte bei relativ vielen Unentschieden gerechnet werden. Die hohe Häufigkeit der beidseitig neutralen Spielsystemkonstellation dürfte folglich in diesen Fällen aus der Anwendung der Entscheidungsregel nach dem Mini-Max–Kriterium erklärbar sein, nach dem die Trainer dasjenige Spielsystem – hier eine der neutralen Spielsystemvarianten – wählen, das im ungünstigsten Fall noch das beste Ergebnis bringt.[1]

Die Spielsituation beim Aufeinandertreffen zweier unterschiedlich starker Mannschaften und die in Abhängigkeit der gewählten Systemkonstellationen zu erwartenden Ergebnisse unterscheidet sich zwar von der Situation zweier gleichstarker Teams. Sie dürfte allerdings in der Konsequenz zu ähnlich gelagerten Spielsystemkonstellationen führen, da stärkere Mannschaften auch gegen schwächere Mannschaften überwiegend eine neutrale Spielsystemvariante anwenden werden. Hier wird vordergründig die Befürchtung zum Tragen kommen, aufgrund einer zu offensiven Ausrichtung einem als schwächer eingeschätzten Gegner „ins offene Messer zu laufen“ und eine äußerst unangenehme Niederlage zu erleiden, welche den Medien Anlass zu einer Reihe kritischer Fragen eröffnet. Auf die defensive Spielsystemstrategie wird allerdings aus der eigenen starken Position heraus fast gänzlich verzichtet werden. Die Mehrheit der schwächeren Teams dürfte ebenfalls auf eine der neutralen Spielsystemvarianten setzen, da ihre vorrangige Zielsetzung gegen einen stärkeren Gegner weniger in der Erreichung eines Sieges, als vielmehr in der Erreichung eines Unentschiedens liegen dürfte. Im Gegensatz zu den stärkeren Teams werden sie allerdings mitunter auf eine der defensiven Varianten zurückgreifen. Bei Spielen gegen einen übermächtigen Gegner erscheint eine Niederlage evtl. akzeptabel, solange sie nicht zu hoch ausfällt.

Unterschiedliche bzw. sich im Saisonverlauf verändernde Risikoeinstellungen der Trainer bieten mögliche Erklärungen für Abweichungen von der überwiegend festgestellten neutralen Strategie bei der Spielsystemauswahl in Abhängigkeit von der Spielstärke der beiden Mannschaften. Nähert sich bspw. das Ende der Saison, so sind für gewisse Mannschaften Situationen denkbar, in denen nur noch Siege helfen, um einen Abstiegsplatz zu verlassen bzw. einen Platz zu erreichen, der die Teilnahme an einem lukrativen internationalen Wettbewerb ermöglicht. Ferner gilt es, den Spielort bei der Auswahl des Spielsystems zu bedenken. Oft wird der spürbare Druck, den eigenen

---

[1] Zum MiniMax-Kriterium und weiteren Entscheidungsregeln vgl. Adam (1996), S. 231 ff.

Fans ein attraktives, engagiertes Spiel nach vorne zu bieten, die Heimmannschaften zu einer offensiveren Spielweise „zwingen“.

4.1.2 Vereinsbezogene Analyse

Die vereinsbezogene Analyse lässt darüber hinaus eine differenziertere Betrachtung hinsichtlich der Gründe für die Auswahl der Spielsysteme zu. Tabelle 2 enthält die getrennt nach einzelnen Vereinen praktizierten Spielsystemvarianten, wobei die in der Saison 2000/01 teilgenommenen Bundesligamannschaften anhand ihrer (absteigenden) Abschlussplatzierungen aufgeführt sind.

Team		Trainer-wechsel (Spieltag)	N	Spielsysteme						Libero	
				3-4-3	4-3-3	3-5-2	4-4-2	3-6-1	4-5-1	H	V
1	Bayern München		34	14	8	2	10			1	2
2	FC Schalke 04		34	2		32					6
3	Borussia Dortmund		34	23	8	1	1		1		13
4	Bayer Leverkusen	9. , 13.	34	7	3	20	4				1
5	Hertha BSC Berlin		34	2	1	27	2	2		1	1
6	SC Freiburg		34			31	3			1	23
7	Werder Bremen		34		1	10	16	1	6	2	2
8	1. FC Kaiserlautern	8.	34	3		20	9	1	1	18	3
9	VfL Wolfsburg		34			26	6	2		3	12
10	1. FC Köln		34	13	7	11	2		1	11	1
11	TSV München 1860		34	1		23	9		1	16	2
12	Hansa Rostock	4. , 6.	34	4	2	25	3			12	
13	Hamburger SV		34	23	9	1	1			6	
14	Energie Cottbus		34	4	1	22	6	1		29	
15	VfB Stuttgart	23.	34			14	11	2	7		1
16	SpVgg Unterhaching		34	2	3	18	6	5		31	
17	Eintracht Frankfurt	20. , 28.	34			17	10	6	1	18	
18	VfL Bochum	22.	34	5		17	8	1	3	15	1
Alle Mannschaften		**9**	**612**	**103**	**43**	**317**	**107**	**21**	**21**	**164**	**68**

Anmerkungen: N = Anzahl der Spiele H = Libero hinter der Abwehr V = Libero vor der Abwehr

Tab. 2: Analyse der Spielsysteme

Folgende Tendenzen kristallisieren sich heraus: Zunächst lässt sich festhalten, dass es keine einzige Mannschaft gab, die durchgängig nur mit einem einzigen Spielsystem angetreten war. Sehr variabel in der Wahl seines Spielsystems erwies sich der Deutsche Meister FC Bayern München, der zwischen den Systemen 3-4-3, 4-3-3 und 4-4-2 wechselte. Hingegen zeichneten sich die auf den nachfolgenden Plätzen liegenden Spitzenmannschaften überwiegend durch Konstanz in der Wahl des eigenen Spielsystems aus. Der Tabellendritte Borussia Dortmund präferierte das 3-4-3-System. Der

Deutsche Vizemeister FC Schalke 04 hat 32 seiner 34 absolvierten Spiele im 3-5-2-System gespielt. Auch der Tabellenvierte Bayer Leverkusen ist – trotz zweier Trainerwechsel im Verlauf der Saison – ebenso wie der Tabellenfünfte Hertha BSC Berlin vorwiegend im 3-5-2-System angetreten. Im Gegensatz dazu fällt auf, dass die drei Absteiger aus der Fußball-Bundesliga (SpVgg Unterhaching, Eintracht Frankfurt und der VfL Bochum) wenig Kontinuität in der Wahl ihrer Spielsysteme erkennen ließen. Frankfurt spielte vier, Unterhaching und Bochum spielten gar fünf unterschiedliche Spielsysteme.

Insgesamt betrachtet scheint sich somit nicht ein Spielsystem als das Idealsystem herauszustellen. Erfolgversprechender scheint vielmehr, dass sich eine Mannschaft für ein (bzw. wenige) zentrale(s), gut eingeübte(s) Spielsystem(e) entscheidet, welche(s) bis auf wenige Ausnahmen sowohl in den Heim-, als auch in den Auswärtsspielen zur Anwendung kommt bzw. kommen.[1] Denn zu häufige Umstellungen im Spielsystem stellen einen nicht unbedeutenden sportlichen Risikofaktor dar. Ist das neu einzuführende Spielsystem nicht bereits im Vorfeld der Saison eingehend trainiert worden, dürfte die Zeit zum perfekten Einstudieren während einer laufenden Bundesligasaison oftmals zu knapp sein. Im Spiel dürfte daher mit taktisch bedingtem Fehlverhalten zu rechnen sein. Führt dieses zu Niederlagen, macht sich schnell Verunsicherung bei den Spielern breit. Verunsicherte Spieler sind dann zumeist selten in der Lage, ihr volles Leistungsvermögen abzurufen, so dass ihre individuelle Fehlerquote steigt. Führen individuelle Fehler zu weiteren Niederlagen, dürfte der Trainerstab über weitere taktische Umstellungen nachdenken, wodurch die Verunsicherung bei den Spielern weiter ansteigt. In einer solchen Situation helfen letztendlich nur (zumeist glücklich) zustande gekommene Siege, um aus dem Teufelskreis herauszukommen. Die Festlegung auf ein zentrales Spielsystem bedeutet allerdings nicht, dass man sich sklavisch an dieses Spielsystem halten sollte. So zeigt sich, dass bis auf den FC Schalke 04 die auf den vorderen Plätzen liegenden Mannschaften zwar über „ihr(e)" Spielsystem(e) verfügten, aber unter bestimmten Bedingungen, wie z. B. ein bestimmtes erwartetes taktisches Grundsystem der gegnerischen Mannschaft (vgl. Tabelle 2 und 3), auf andere Varianten zurückgriffen.

In Tabelle 2 wird ferner deutlich, dass die auf den vorderen Plätzen liegenden Mannschaften überwiegend mit offensiv ausgerichteten Systemen, die Mannschaften auf den hinteren Plätzen hingegen überwiegend mit defensiv ausgerichteten Systemen agierten. Die offensiv ausgerichteten 3-4-3- bzw. 4-3-3-Systeme wurden überwiegend von Mannschaften aus der ersten Tabellenhälfte gespielt, spezielle Defensivvarianten wie das 3-6-1 oder das 4-5-1-System wurden überwiegend von den auf den hinteren Plätzen liegenden Mannschaften eingesetzt. Zu diesem Befund passt die Tatsache, dass das defensiv orientierte Liberospiel in Form einer zusätzlichen Absicherung im Abwehrbereich vorwiegend von den Mannschaften der zweiten Tabellenhälfte betrieben wurde. Die in der ersten Tabellenhälfte platzierten Mannschaften, die mit einem Libero spielten, interpretierten hingegen den Libero offensiv zur Verstärkung der eigenen Angriffsbemühungen.

Team		N	Spielsysteme						Libero	
			3-4-3	4-3-3	3-5-2	4-4-2	3-6-1	4-5-1	H	V
1	Bayern München	34	5	1	11	8	2	7	9	7
2	FC Schalke 04	34	3	3	19	6	2	1	9	4
3	Borussia Dortmund	34		9	7	18			16	2
4	Bayer Leverkusen	34	7	1	19	2	3	2	10	4
5	Hertha BSC Berlin	34	6	1	19	5	1	2	10	6
6	SC Freiburg	34	7	1	24	1	1		4	2
7	Werder Bremen	34	8	3	18	3	1	1	8	2
8	1. FC Kaiserlautern	34	6	1	22	1	2	2	5	6
9	VfL Wolfsburg	34	5	1	22	4	2		9	4
10	1. FC Köln	34	3	5	14	11		1	11	6
11	TSV München 1860	34	9	2	19	2	1	1	6	3
12	Hansa Rostock	34	7	2	18	7			11	1
13	Hamburger SV	34	2	7	5	17		3	15	2
14	Energie Cottbus	34	5	2	19	7		1	11	1
15	VfB Stuttgart	34	9	1	18	3	3		8	7
16	SpVgg Unterhaching	34	7	1	21	5			9	4
17	Eintracht Frankfurt	34	7	1	20	4	2		6	3
18	VfL Bochum	34	7	1	22	3	1		7	4
Alle Mannschaften		**612**	**103**	**43**	**317**	**107**	**21**	**21**	**164**	**68**

Anmerkungen: N = Anzahl der Spiele H = Libero hinter der Abwehr V = Libero vor der Abwehr

Tab. 3: Analyse der gegnerischen Spielsysteme

Geht man tendenziell davon aus, dass offensive Spielsysteme zumindest mittelfristig erfolgversprechender als defensive sind, stellt sich die Frage, warum die auf den letzten Plätzen liegenden Mannschaften nicht offensiv agieren. Die auf den hinteren Plätzen der Tabelle liegenden Mannschaften begründen (bzw. rechtfertigen) ihre defensiv ausgerichteten Spielsysteme (abgesehen von Verletzungen) zumeist damit, dass ihnen die geeigneten Spieler für eine offensive Grundausrichtung fehlen („wir haben halt keinen Gerd Müller"). Dazu ist allerdings anzumerken, dass es auch der ehemalige Top-Torjäger der Fußball-Bundesliga heutzutage in einem System als einziger Stürmer

[1] In Anlehnung an den viel gerühmten Satz „never change a winning team" läßt sich formulieren: „never change a winning system". Vgl. zu den Erfolgsfaktoren in 30 Jahren Fußball-Bundesliga die Befunde von Littkemann/ Salomo (1997), S. 208 ff.

schwer haben dürfte, Tore zu erzielen. Gerd Müller hat nicht zuletzt deshalb so viele Tore geschossen, weil er seinerzeit von einem offensiv ausgerichteten 4-3-3-System profitiert hat. Unbestritten bleibt allerdings, dass gewisse Spielsysteme nur mit bestimmten Spielertypen gespielt werden können. Die Konzentration auf ein starkes Defensivsystem (und damit gleichbedeutend mit der Vernachlässigung der Offensive) führt jedoch mittelfristig nicht zum Erfolg, da Bundesligaspiele nicht gewonnen werden können, wenn man permanent auf die Glückskomponente im Angriff setzt („vorne hilft der liebe Gott").

4.2 Spielsysteme und Spielerleistung

4.2.1 Spielbezogene Analyse

In Tabelle 4 ist der Einfluss des Spielsystems auf die getrennt nach einzelnen Mannschaftsteilen aufgelisteten Spielerleistungen dargestellt. Dabei zeigt sich, dass innerhalb des 3-4-3-Systems mit Ausnahme der Torwartposition in allen anderen drei Mannschaftsteilen jeweils die vergleichsweise höchste Leistung erzielt wurde. Im Gegensatz dazu zogen defensiv orientierte Spielsysteme tendenziell überdurchschnittlich schwächere Spielerleistungen nach sich. Der Grund dafür dürfte sicherlich darin zu sehen sein, dass das stärker offensiv ausgerichtete 3-4-3-System von allen Akteuren die Übernahme offensiver wie defensiver Aufgaben und damit verbunden eine höhere Laufbereitschaft erfordert. Die stärker defensiv orientierten Spielsysteme leben eher vom taktischen Verhalten der Akteure („Räume eng machen"). Abgesehen davon sind auch Profifußballer „nur" Sportler, die ihren Sport nicht zuletzt auch deshalb ausüben, weil sie Spaß und Freude daran haben. Eine offensive Grundausrichtung dürfte daher wesentlich mehr Anreize zur Leistungssteigerung bieten als eine defensive Grundausrichtung, weil Tore zu schießen einem Fußballer in der Regel mehr Spaß bereitet als Tore zu verhindern.

	Spielsystem	Torwart		Abwehr		Mittelfeld		Sturm	
		MW	STDV	MW	STDV	MW	STDV	MW	STDV
1	3 – 4 – 3	3.0	0.8	3.4*	0.7	3.5*	0.7	3.7	0.8
2	4 – 3 – 3	3.2	0.9	3.5*	0.6	3.7*	0.6	3.7	0.8
3	3 – 5 – 2	3.0	0.7	3.5*	0.7	3.8*	0.7	3.8	0.9
4	4 – 4 – 2	3.0	0.9	3.8*	0.7	3.8*	0.7	3.8	0.9
5	3 – 6 – 1	3.3	0.7	4.0*	0.7	4.1*	0.5	4.1	0.9
6	4 – 5 – 1	3.0	0.5	3.8*	0.7	3.7*	0.7	3.9	1.0
	Gesamt	**3.0**	**0.8**	**3.6**	**0.7**	**3.7**	**0.7**	**3.8**	**0.9**

Anmerkungen: ANOVA
* $p \leq 0{,}01$
N = 582 Spiele

MW = Mittelwerte
STDV = Standardabweichung
Spielernoten (von 1 „sehr gut" bis 6 „ungenügend")

Tab. 4: Einfluss des Spielsystems auf die Spielerleistung

4.2.2 Vereinsbezogene Analyse

Tabelle 5 weist für den Analysezeitraum die aggregierte durchschnittliche Leistung der einzelnen Mannschaftsteile und der gesamten Teamleistung aller Bundesligisten aus. Wirft man einen Blick auf die gesamte Teamleistung, fällt auf, dass zwischen den einzelnen Vereinen in der Aggregation aller 34 Spiele nur geringe Unterschiede in den Notendurchschnitten existieren. So trennt bspw. den Deutschen Meister FC Bayern München vom Tabellenfünfzehnten VfB Stuttgart lediglich ein Wert von 0,3 bezogen auf die Differenz der durchschnittlichen Spielerleistungen beider Teams.

Team		N	Torwart		Abwehr		Mittelfeld		Sturm		Team	
			MW	STDV	MW	STDV	MW	STDV	MW	STDV	MW	STDV
1	Bayern München	34	2.8	0.7	3.5	0.7	3.5	0.6	3.6	0.8	3.4	0.5
2	FC Schalke 04	34	2.9	0.8	3.3	0.6	3.5	0.8	3.2	1.0	3.3	0.7
3	Borussia Dortmund	34	3.2	0.6	3.3	0.5	3.5	0.7	3.6	0.9	3.4	0.5
4	Bayer Leverkusen	34	3.4	0.9	3.3	0.8	3.7	0.7	3.6	0.8	3.5	0.6
5	Hertha BSC Berlin	34	3.2	0.7	3.5	0.7	3.7	0.7	3.8	1.0	3.6	0.6
6	SC Freiburg	34	2.9	0.7	3.3	0.7	3.5	0.7	3.8	0.9	3.4	0.6
7	Werder Bremen	34	2.8	0.8	3.6	0.7	3.7	0.6	3.4	0.9	3.6	0.6
8	1. FC Kaiserlautern	34	2.9	0.9	3.9	0.7	3.9	0.7	3.6	0.8	3.7	0.6
9	VfL Wolfsburg	34	3.1	0.7	3.4	0.8	3.7	0.6	3.9	0.8	3.6	0.5
10	1. FC Köln	34	3.1	0.9	3.5	0.7	3.7	0.8	3.6	0.9	3.5	0.6
11	TSV München 1860	34	3.1	0.7	3.6	0.6	3.7	0.6	4.0	0.9	3.7	0.5
12	Hansa Rostock	34	2.8	0.7	3.9	0.7	3.9	0.5	3.9	0.7	3.8	0.5
13	Hamburger SV	34	3.2	0.8	3.4	0.7	3.6	0.6	3.7	0.8	3.5	0.5
14	Energie Cottbus	34	2.9	0.7	3.6	0.9	3.8	0.7	4.0	0.8	3.7	0.7
15	VfB Stuttgart	34	3.2	0.8	3.6	0.6	3.8	0.6	4.0	1.0	3.7	0.5
16	SpVgg Unterhaching	34	3.4	0.9	3.7	0.6	4.1	0.6	4.3	0.7	3.9	0.4
17	Eintracht Frankfurt	34	3.0	0.9	4.1	0.8	4.1	0.7	4.1	0.8	4.0	0.7
18	VfL Bochum	34	2.9	0.7	4.0	0.7	3.9	0.6	4.4	0.7	3.9	0.5
Alle Mannschaften		**612**	**3.0**	**0.8**	**3.6**	**0.7**	**3.7**	**0.7**	**3.8**	**0.9**	**3.6**	**0.6**

Anmerkungen: N = Anzahl einbezogener Spiele; Spielernoten (von 1 „sehr gut" bis 6 „ungenügend"); MW = Mittelwerte; STDV = Standardabweichung

Tab. 5: Analyse der Spielerleistung

Erst eine differenzierte Betrachtung der in den einzelnen Mannschaftsteilen erbrachten Leistungen gibt Aufschluss über die Stärken und Schwächen. Durchschnittlich gute Torwartleistungen zeigten sich sowohl bei den Spitzenmannschaften (FC Bayern München und FC Schalke 04) als auch bei Mannschaften aus den hinteren Rängen (VfL Bochum und Energie Cottbus). Während sich überdurchschnittlich gute Abwehrleistungen eher bei Vereinen aus der ersten Tabellenhälfte wiederfanden, zeichneten sich auch Mannschaften aus der zweiten Tabellenhälfte durch überdurchschnittlich gute Leistungen im Offensivbereich aus (1. FC Köln und Hamburger SV). Die drei Absteiger (SpVgg Unterhaching, Eintracht Frankfurt und der VfL Bochum) gehörten fast in allen Mannschaftsteilen zu den Mannschaften mit den schlechtesten Leistungen. Beim Tabellenersten FC Bayern München fällt die Homogenität der gezeigten Leistungen in allen Mannschaftsteilen auf. Der FC Schalke 04 als knapp geschlagener Vizemeister verfügte zwar mit Abstand über den durchschnittlich besten Sturm und die insgesamt durchschnittlich beste Teamleistung, allerdings weist die relativ hohe Standardabweichung von 1,0 bzw. von 0,7 darauf hin, dass es zu starken Leistungsschwankungen in den einzelnen Spielen kam.

4.2.3 Analyse der Auswirkungen eines Trainerwechsels

Anhaltende sportliche Misserfolge führen in der Fußball-Bundesliga vergleichsweise oft zu einem Trainerwechsel. Obgleich sich durch einen Trainerwechsel mittelfristig zumeist kein größerer nachhaltiger Erfolg erzielen lässt,[1] ist der Wechsel des in erster Linie für den sportlichen Bereich zuständigen Cheftrainers für die Vereinsführung oftmals das letzte Mittel, zumindest kurzfristig die sportliche Misere zu beheben. In Tabelle 2 sind die im Verlauf der Saison 2000/01 vollzogenen Trainerwechsel getrennt nach einzelnen Vereinen aufgeführt. Insgesamt wurden neun Trainerwechsel durchgeführt, wobei drei Vereine (Bayer Leverkusen, Hansa Rostock und Eintracht Frankfurt) jeweils zweimal den Trainer wechselten. Mit Ausnahme von Bayer Leverkusen (Auswirkungen der „Daum-Affäre“) dürften in erster Linie sportliche Gründe für den Trainerwechsel gesprochen haben. In Anlehnung an die vorhergehenden Befunde könnte man vermuten, dass sich die Vereinsführung durch die Neubesetzung des Trainerstuhls tendenziell eine offensivere Ausrichtung des Spielsystems verspricht, um eine Leistungssteigerung bei den Spielern zu bewirken. Interessanter Weise versuchten fast alle neuen Trainer, insbesondere diejenigen Trainer, die erst gegen Ende der Saison bei dem jeweils neuen Verein eingestiegen sind, Umstellungen im Spielsystem, zumeist auf eine offensivere Variante, vorzunehmen. Mittelfristig wurde jedoch überwiegend mit einem neutralen System gespielt. Insgesamt halten sich Erfolge und Misserfolge der durchgeführten Trainerwechsel die Waage.[2] Fraglich ist somit, ob sich durch einen Trainerwechsel über Umstellungen im Spielsystem überhaupt eine zumindest kurzfristige Erfolgssteigerung erreichen lässt. Denn zu berücksichtigen ist, dass Umstellungen im Spielsystem ein gehöriges Maß an Zeit zum Einspielen erfordern. Und ausreichend Zeit ist in sportlichen Krisensituationen vielfach nicht vorhanden. Dazu passt die Tatsache, dass mittelfristig erfolgreiche Spielsystemumstellungen fast überwiegend von Vereinen ohne Trainerwechsel (z. B. FC Bayern München und 1. FC Köln) durchgeführt wurden. Somit bleibt tendenziell festzuhalten, dass im Fall des Trainerwechsels der neue Trainer in erster Linie als Motivator gefordert ist, um die Spieler zu einer stärkeren Leistung anzutreiben. Umstellungen im Spielsystem können

---

[1] Vgl. zu den Gründen und den Erfolgswirkungen von Trainerwechseln in der Fußball-Bundesliga den Beitrag von Salomo/Teichmann.

[2] Vgl. Kicker-Sportmagazin (2001), S. 18 f.

dabei hilfreich sein, sind aufgrund der zumeist zu geringen Einspielzeit allerdings mit einem hohen Risiko behaftet.

4.3 Spielerwechsel und Wechselzeitpunkt

Im Rahmen der bisherigen Analyse wurde eine statische Perspektive zugrunde gelegt, die mögliche Anpassungen des Spielsystems im Spielverlauf außer acht lässt. Diese Annahme wird im Folgenden aufgehoben. In Tabelle 6 sind die in den untersuchten 582 Spielen vollzogenen Spielerwechsel, anhand derer sich mögliche Systemänderungen identifizieren lassen konnten, getrennt nach Wechselzeitpunkten aufgeführt. Dabei zeigt sich, dass die beiden Variablen nicht unabhängig voneinander sind.

Wechselzeitpunkt / Wechselarten		1. Halbzeit (Minuten)			2. Halbzeit (Minuten)			Summe
		1 – 15	16 – 30	31 – 45	46 – 60	61 – 75	76 – 90	
Offensiv-wechsel	S → A	0	1	1	10	21	22	**55**
	S → M	0	1	4	55	93	84	**237**
	M → A	1	3	1	19	40	27	**91**
Defensiv-wechsel	M → S	0	0	2	14	34	61	**111**
	A → M	0	3	6	27	34	61	**131**
	A → S	1	0	0	5	11	31	**48**
System-konstante Wechsel	S → S	3	7	4	85	138	146	**383**
	M → M	0	10	8	94	140	142	**394**
	A → A	5	11	12	35	27	24	**114**
Summe		**10**	**36**	**38**	**344**	**538**	**598**	**1564**
Anmerkungen:		Chi-Quadrat Test: Phi = .324 ($p \leq 0{,}01$)			S = Sturm; M = Mittelfeld; A = Abwehr			

Tab. 6: Spielerwechsel und Wechselzeitpunkt

Zunächst einmal wird deutlich, dass die Trainer von ihrem Recht des Spielerwechsels reichlich Gebrauch machten. Insgesamt wurden in allen untersuchten Spielen 1.564 Spieler ein- bzw. ausgewechselt, was – gemessen am maximal möglichen Wechselrecht – einer Wechselquote von fast 90 % entspricht. Jedoch vollziehen sich die Anpassungsprozesse im Spielsystem vorwiegend erst im letzten Drittel eines Fußballspieles. In den letzten 30 Minuten wurden fast drei Viertel aller Spielerwechsel durchgeführt. Die Tatsache, dass auf die erste Halbzeit lediglich 5 % aller Wechsel fallen, mag auf den ersten Blick überraschen. Sie dürfte sich allerdings dadurch erklären lassen, dass die maßgebenden Anpassungsprozesse hinsichtlich der Wahl des Spielsystems *vor* einem Bundesligaspiel erfolgen. Aufgrund der durch die starke Medienpräsenz hervorgerufenen Flut an Informationen im Vorfeld eines Bundesligaspieles werden die jeweiligen Trainer in die (glückliche) Lage versetzt, das zu erwartende gegnerische Spielsystem und die zu erwartende gegnerische Mannschaftsaufstellung mit einer großen Wahrscheinlichkeit antizipieren zu können. Zu unangenehmen Überraschungen dürfte es dabei nur selten kommen. Der hohe Informationsstand über die zu erwartende gegnerische Spielstrategie dürfte dazu führen, dass man glaubt, sein Team „optimal“ auf den Gegner einstellen zu können. Man ist von der Wahl seines Spielsystems überzeugt und wird es nach Möglichkeit im Spielverlauf beibehalten. Anpassungsprozesse im Verlauf der ersten Halbzeit werden somit selten vorgenommen und wenn, beziehen sie sich zumeist auf systemkonstante Wechsel. Aber auch im weiteren Spielverlauf sind Anpassungsprozesse, die einen Systemwechsel nach sich ziehen, wesentlich seltener als systemkonstante Wechsel. Auf ein offensiveres System wurde lediglich in 24,5 % aller Fälle gewechselt, auf ein defensiveres System gar in nur 18,5 % aller Fälle.

4.4 Spielerwechsel, Spielstand und Spielerfolg

Fragt man nach den Gründen für einen Spielerwechsel, wäre zu vermuten, dass Mannschaften, die in Rückstand liegen, ihr Spielsystem offensiver ausrichten, um durch ein erhöhtes Risiko zu versuchen, das Spiel noch zu ihren Gunsten zu drehen. Entsprechend wäre zu vermuten, dass Mannschaften, die in Führung liegen, ihr System defensiver ausrichten, um durch die Stärkung des Defensivbereiches den möglichen Spielerfolg abzusichern.

Spielstand / Wechselarten		in Führung liegend			remis	in Rückstand liegend			Summe
		mit mehr als zwei Toren	mit zwei Toren	mit einem Tor		mit einem Tor	mit zwei Toren	mit mehr als zwei Toren	
Offensiv-wechsel	S → A	1	7	27	15	2	1	2	**55**
	S → M	9	35	93	62	21	6	11	**237**
	M → A	5	17	31	22	6	2	8	**91**
Defensiv-wechsel	M → S	8	4	11	25	35	18	10	**111**
	A → M	7	10	10	40	41	16	7	**131**
	A → S	2	1	2	10	25	6	2	**48**
System-konstante Wechsel	S → S	15	29	61	134	73	35	36	**383**
	M → M	14	35	87	117	70	38	33	**394**
	A → A	5	8	27	39	17	10	8	**114**
Summe		**66**	**146**	**349**	**464**	**290**	**132**	**117**	**1564**
Anmerkungen:		Chi-Quadrat Test: Phi = .394 (p ≤ 0,01)				S = Sturm; M = Mittelfeld; A = Abwehr			

Tab. 7: Spielerwechsel und Spielstand

Die Auswertung in Tabelle 7 zeigt den überraschenden Befund, dass lediglich 15,4 % aller durchgeführten Offensivwechsel durch zurückliegende Mannschaften vorgenommen wurden und lediglich knapp 19 % aller durchgeführten Defensivwechsel auf Mannschaften entfielen, die in Führung lagen. Dagegen wurde mit 55,2 % die Mehrzahl von Defensivwechseln von den im Rückstand liegenden Mannschaften vollzogen. Somit wird deutlich, dass man sich zunächst der Beseitigung der Schwächen im Defensivbereich widmet, bevor man auf eine offensivere Variante umsteigt. Spiegelbildlich wurden 58,7 % der Offensivwechsel von in Führung liegenden Mannschaften durchgeführt. Dies bedeutet, dass man eher dazu neigt, den (spiel-)entscheidenden Treffer nachzulegen, als die Defensive zu verstärken. Darüber hinaus bleibt festzuhalten, dass ca. 60 % der Spielerwechsel das gewählte Spielsystem unberührt lassen. Der bedeutendste Anteil der Einwechselungen wird somit vermutlich in erster Linie deshalb vorgenommen, weil einzelne Spieler nicht oder nicht mehr ihre erwartete Leistung bringen. Von den systemkonstanten Wechseln bezogen sich lediglich 12,8 % auf Wechsel innerhalb des Abwehrverbundes. Dies unterstreicht die zentrale Bedeutung einer eingespielten Abwehr für die Umsetzung des gewählten Spielsystems.

Spielstand		**in Führung liegend**			**remis**			**in Rückstand liegend**		
Endstand / Wechselarten		**Sieg**	**Unentschieden**	**Niederlage**	**Sieg**	**Unentschieden**	**Niederlage**	**Sieg**	**Unentschieden**	**Niederlage**
Offensivwechsel	**S → A**	4	1	0	4	9	2	3	4	28
	S → M	37	1	0	15	30	17	6	12	119
	M → A	13	3	0	10	6	6	3	3	47
Defensivwechsel	**M → S**	57	5	1	4	14	7	2	0	21
	A → M	56	6	2	9	21	10	0	1	26
	A → S	31	2	0	2	4	4	0	0	5
Systemkonstante Wechsel	**S → S**	131	8	5	29	79	26	2	11	92
	M → M	127	14	0	26	67	24	3	17	116
	A → A	31	1	3	12	14	13	3	3	34
Summe		**487**	**41**	**11**	**111**	**244**	**109**	**22**	**51**	**488**
Anmerkungen:		Chi-Quadrat Test: Phi = .205 (n. s.)					S = Sturm; M = Mittelfeld; A = Abwehr			

Tab. 8: Spielerwechsel, Spielstand und Spielerfolg

Trotz der festgestellten hohen Anzahl von Auswechselungen zeigt sich jedoch kein signifikanter Zusammenhang zwischen Einwechselungen, Wechselarten und Spielerfolg (vgl. Tabelle 8).[1] Insgesamt blieb es bei 90,4 % der Einwechselungen von führenden Mannschaft bei einem erfolgreichen Spielausgang, während bei 87 % der Einwechselungen der zurückliegenden Mannschaft auch am Ende ein erfolgloses Abschneiden zu Buche stand. Lediglich bei einem unentschiedenen Spielstand zum Ein-

[1] Im Übrigen lässt sich auch zwischen den untersuchten Spielsystemvarianten und dem Spielerfolg kein signifikanter Zusammenhang nachweisen.

wechselzeitpunkt kam es in fast der Hälfte der Fälle noch zu einem von Remis abweichenden Ergebnis. Diese Befunde deuten daraufhin, dass über Einwechselungen aus Sicht der im Rückstand liegenden Mannschaft nur noch selten erfolgversprechend in den Spielverlauf eingegriffen werden kann. Offenbar gelingt es den in Führung liegenden Mannschaften zumeist, ihrerseits durch entsprechende Anpassungen adäquat zu reagieren. Die große Zahl von Einwechselungen in der Schlussphase eines Spieles dürfte sich dadurch erklären lassen, dass die in Führung liegende Mannschaft in den letzten Minuten noch „Zeit schinden" will oder dass man z. B. Nachwuchsspielern durch einen Kurzeinsatz noch eine Siegprämie zukommen lassen will. Die dynamische Betrachtung gibt somit einen Hinweis darauf, dass Spielerfolge in der Fußball-Bundesliga nur sehr begrenzt über das gewählte Spielsystem sowie über etwaige Anpassungen des selben zu erzielen sind.

5 Implikationen für ein erfolgreiches Sportmanagement

Die Ergebnisse der Analyse belegen, dass der Erfolg in Fußball-Bundesligaspielen nur relativ schwach von der Wahl einer bestimmten Spielsystemvariante abhängt – ein für den Organisator sicherlich ernüchternder Befund. Die Wahl eines „optimalen" Spielsystems und adäquate Umstellungen scheinen bestenfalls eine notwendige Erfolgsbedingung darzustellen. Ausgehend vom gewählten Spielsystem scheint an dieser Stelle vielmehr der Motivator gefordert. Denn der Schlüssel für den Erfolg in einem Bundesligaspiel dürfte wohl in erster Linie darin liegen, die Spieler zu einer überdurchschnittlichen Leistung anzutreiben. Im Hinblick auf ein erfolgreiches Sportmanagement ergeben sich somit zwei zentrale Fragen.

Zunächst einmal gilt es zu bedenken, dass die Auswahl der sportlichen Führung – insbesondere die Wahl des Cheftrainers – einen wichtigen strategischen Faktor für ein erfolgreiches Sportmanagement darstellt. In der Regel fällt diese Auswahl in die Hände des Vorstandes und der kaufmännischen Führung. Dabei sind – ähnlich der Besetzung von zentralen Managementposten in großen Wirtschaftsunternehmen[1] – folgende Grundsätze zu berücksichtigen: Der Cheftrainer muss über fachliche sowie soziale – sprich führungsbezogene – Qualitäten verfügen und ferner sollten seine Einstellungen und Werte zur gelebten Vereinsphilosophie und -strategie passen. Vor dem Hintergrund der Befunde sollte im Hinblick auf die fachlichen Qualitäten auf Folgendes geachtet werden: Der Cheftrainer sollte kein „Systemfanatiker" sein. Er sollte in der Lage sein, die Mannschaft auf das Spielen mehrerer Spielsysteme einzustellen. Allerdings sind der „Systemfreudigkeit" Grenzen gesetzt. Auch wenn kontextbezogene Faktoren unterschiedliche Arten von Spielsystemen erfordern, sollte er sich doch auf das Trainieren und das Einstudieren weniger zentraler Systeme, die von der gesamten Mannschaft beherrscht werden, beschränken. Ansonsten können sich Unsicherheiten in

[1] Zur Rekrutierung von Topmanagern vgl. Schäfer (2001), S. 35 ff.

die Aktionen der Spieler einschleichen, weil zu viele zum Teil extrem unterschiedliche Spielsysteme gespielt werden. Die Befunde lassen ferner erkennen, dass auf Dauer offensivere Systeme erfolgversprechender als defensivere Systeme sind.

Vor dem Hintergrund der Erfüllung vielfältiger Aufgaben im Rahmen der Spielvorbereitung ist darüber hinaus zu fragen, ob diese von einem einzigen Trainer zu leisten ist bzw. geleistet werden sollten. Notwendig erscheint innerhalb des praktischen Trainings eine Spezialisierung bspw. in den Bereichen Abwehr und Angriff. Im professionellen Fußball kommt man aufgrund der Komplexität der sportlichen Aufgaben des Weiteren nicht darum herum, die unterschiedlichen Funktionen auf mehrere Personen (Trainer) zu verteilen. Wichtig ist dabei allerdings, dass für die Spieler eindeutig hervorgeht, *wer* von den Trainern hauptverantwortlich für die zentralen spielbezogenen Entscheidungen (insbesondere Auf- und Einstellung) ist. Modelle mit mehreren gleichberechtigten Trainern werden von den Spielern selten angenommen. Eine klar erkennbare Hierarchie im Trainerstab ist daher eine wichtige Voraussetzung für dauerhaften sportlichen Erfolg.

Insgesamt bleibt festzuhalten, dass zur effizienten Gestaltung der sportlichen Leistungsprozesse sportliche und kaufmännische Führung an einem Strang ziehen sollten.[1] Die nachhaltige Abstimmung zwischen sportlicher und kaufmännischer Führung bei der Umsetzung der Spielsystemvarianten ist eine notwendige Voraussetzung für die Erreichung sportlicher Zielsetzungen. Sie zeigt den Spielern Möglichkeiten und Grenzen ihrer Leistung und ihres Verhaltens zugleich auf. Fehlt die Abstimmung bzw. kommt es zu einer mangelhaften Abstimmung, besteht die Gefahr, dass einzelne Spieler sportliche und kaufmännische Führung gegen einander ausspielen, um sich persönliche Vorteile unabhängig von der Erreichung sportlicher Ziele zu verschaffen.

Literatur

Adam, D. (1996): Planung und Entscheidung, 4. Aufl., Wiesbaden.

Kicker-Sportmagazin (2001): Sonderheft: Finale 2000/2001 – Die große Bundesliga-Bilanz, Nürnberg.

Littkemann, J. / Salomo, S. (1997): Success in Sports: A Longitudinal Study of the German Premier Soccer League, in: Davies, I. / Wolstencroft, E. (Hrsg.), Fifth Congress of the European Association for Sport Management: Proceedings, Glasgow, S. 206-210.

[1] So zeigt das Beispiel sowohl einer erfolgreichen als auch einer erfolglosen Einführung einer „Viererkette" in der Fußball-Bundesliga in dem Beitrag von Schewe/Littkemann, dass die bewusste und wohl koordinierte Einbeziehung der kaufmännischen Bereiche in die operativen Prozesse der sportlichen Leistungserstellung von (sportlichem und wirtschaftlichem) Erfolg gekrönt ist.

Schäfer, I. (2001): Rekrutierung von Topmanagern: Ökonomische Erklärung und konzeptionelle Integration der Entscheidungsmechanismen und –kriterien, Wiesbaden.

„Elf Freunde müsst ihr sein?“: Die strategische Entscheidung der Teamzusammensetzung

Nicolas Gaede / Sebastian Kleist / Mirco Schaecke

1 Problemstellung

Ungeachtet der gegenwärtigen Diskussion über die Umwandlung der Bundesliga-Vereine in Kapitalgesellschaften stellt die Maximierung des sportlichen Erfolgs unabhängig von der gewählten Rechtsform grundsätzlich das primäre Ziel jedes Bundesligamitglieds dar. Diese Zielsetzung widerspricht jedoch keineswegs a priori ökonomischen Handlungsweisen des betroffenen Managements. Vielmehr sind sportlicher und wirtschaftlicher Erfolg eines Bundesligavereins in hohem Maße interdependent, da nahezu alle Einnahmepotenziale mehr oder minder direkt vom sportlichen Erfolg beeinflusst werden. Zudem unterliegen die Teilnehmer an der deutschen Fußballmeisterschaft der wirtschaftlichen Kontrolle des Veranstalters, des Deutschen Fußball Bundes, und werden durch seine Teilnahmevoraussetzungen im Rahmen des Lizenzierungsverfahrens zur Einhaltung ökonomischer Nebenbedingungen gezwungen.

Dabei gehorcht die Verfolgung der sportlichen Zielsetzung bestimmten Zyklen. Jeweils 34 Bundesligaspieltage im Zeitraum von ca. einem Jahr bilden ein in sich geschlossenes Meisterschaftsrennen. Anhand der Platzierungen in der Abschlusstabelle wird neben dem Deutschen Meister auch über die Teilnehmer an den sowohl wirtschaftlich als auch sportlich reizvollen internationalen Wettbewerben sowie über die Absteiger aus der ersten Fußball-Bundesliga entschieden. Diese Rahmenbedingungen zwingen die Verantwortlichen der Bundesligavereine dazu, ihre strategischen Planungen stets auf den Erfolg – zumindest aber nicht schwerwiegenden Misserfolg – innerhalb einer Saison zu konzentrieren. Maximierung des sportlichen Erfolges bedeutet also bezogen auf den Profifußball eine alljährliche Minimierung der Rangziffer in der Abschlusstabelle einer Bundesliga-Saison. Da keine Mannschaft a priori einschätzen kann, wie viele Punkte zum Erreichen eines bestimmten Tabellenplatzes erforderlich sind, ist jedes Team grundsätzlich daran interessiert, seine Punktzahl zu maximieren.

Diese Zielsetzung wirft für die Verantwortlichen zunächst zwei Fragen auf:

- Wovon hängt der Erfolg eines Teams in einem Bundesliga-Spiel oder längerfristig betrachtet innerhalb einer Bundesliga-Saison ab?

- In wieweit sind diese Einflussfaktoren von Seiten des Vereins gezielt zu beeinflussen?

Neben exogenen Größen, wie z. B. Fehlentscheidungen der Schiedsrichter oder Verletzungen, bildet die strategische und die operative Zusammensetzung der Mannschaft den einzig bewusst steuerbaren Einflussfaktor des Erfolges im Profisport. Unter die *operative Planung* fällt u.a. die Taktik und das Spielsystem mit dem eine Mannschaft ein Spiel bestreitet. Während all diese Parameter der operativen Planung in der Regel vor jedem Spiel bzw. sogar während eines Spiels aufs neue von der sportlichen Leitung (Trainerstab) zu beeinflussen versucht werden, wird die *strategische Planung* weitestgehend vor Saisonbeginn vom Vereinsmanagement in Abstimmung mit der sportlichen Leitung vorgenommen. Die strategische Planung umfasst im Zuge der Teamzusammenstellung die Besetzung des Kaders mit Spielern und gegebenenfalls auch die Besetzung des bzw. der Trainerposten.[1] Die strategische und die operative Planung sind jedoch keineswegs isoliert voneinander zu betrachten, vielmehr bildet die strategische Planung einen vom Vereinsmanagement gesetzten Rahmen, innerhalb dessen sich die operative Planung seitens der sportlichen Leitung vollzieht. Da für die Erreichung der sportlichen Ziele die Auswahl der Spieler die strategische Schlüsselfrage ist, kommt diesem Bereich besondere Bedeutung zu. Aufgrund der generellen Ungewissheit über die zukünftige Entwicklung und der besonderen Unsicherheit über die Eignung eines neu zu verpflichtenden Spielers, ist die Auswahl neuer Spieler ein komplexes, schlecht strukturiertes Entscheidungsproblem. Es scheint daher notwendig, nach Kriterien zu suchen, die der Vereinsführung bei der Auswahlentscheidung Hilfestellung leisten können.

In der vorliegenden Untersuchung zur Problematik der Teambildung wird sowohl das *Leistungspotenzial jedes einzelnen Spielers* als auch die *innere Struktur des Teams*, das sog. „Mannschaftsgefüge" berücksichtigt. Ziel der vorliegenden Untersuchung ist es also, die strategische Zusammensetzung des Mannschaftskaders mit dem Ziel der Leistungsoptimierung als zentrale Erklärungsvariable des Spielerfolges zu untersuchen. Diesbezüglich wird in der wirtschaftwissenschaftlichen Literatur zur Teamforschung immer wieder kontrovers diskutiert, ob ein Team in seinen Strukturen eher *homogen* oder *heterogen* aufgebaut sein sollte. Die zu untersuchenden Fragestellungen lauten daher:

(1) *Individuelle Leistung eines Spielers*: Inwieweit hängt die individuelle Leistung eines Spielers von dessen Alter, Bundesliga-Erfahrung oder Marktwert ab?

[1] Auf eine Thematisierung der Trainerproblematik wird im weiteren verzichtet. Vgl. zum Einfluss des Trainerwechsels auf den Spielerfolg ausführlich den Beitrag von Salomo/Teichmann.

(2) *Teamleistung und -erfolg*: Steht die Struktur der Mannschaft (Homogenität/Heterogenität) bezüglich der untersuchten Einflussfaktoren in Zusammenhang mit der Leistung bzw. dem Spielerfolg der Mannschaft?

(3) *Gestaltungsempfehlung*: Worauf sollte das Vereinsmanagement im Rahmen der strategischen Planung bei der Teambildung achten? Können die untersuchten Einflussfaktoren als Auswahlkriterien Hilfestellung im Entscheidungsprozess bieten?

2 Theoretische Grundlagen

2.1 Grundlegende Überlegungen zur Teamforschung

Die theoretische Auseinandersetzung mit dem Phänomen der Gruppen- oder Teamarbeit ist keine Modeerscheinung, die sich erst in jüngster Vergangenheit entwickelt hat und bald wieder unterzugehen droht. Vielmehr existiert sie bereits seit Beginn des 20. Jahrhunderts und wird aus verschiedenen Anlässen immer wieder von der wirtschaftswissenschaftlichen Literatur aufgegriffen.[1] Stand in den 20er Jahren zunächst die Beibehaltung tayloristischer Arbeitsstrukturen im Vordergrund, so wurde die Diskussion später insbesondere unter den Aspekten der Gruppendynamik und der Harmonisierung der Arbeit wieder aufgenommen. Hierbei wurden die Argumente jedoch vornehmlich aus personalpolitischer Perspektive vorgetragen. In den Wirtschaftlichkeitsüberlegungen des Top-Managements deutscher Unternehmen fand die Gruppenarbeit bis dato keine nennenswerte Berücksichtigung. Das änderte sich Anfang der 90er Jahre mit Blick auf die zunehmenden großen Erfolge japanischer Konkurrenzunternehmen grundlegend. Unter den Titeln „Lean Management“, „Total Quality Management“ oder „Kaizen“ wurden neue Managementstrategien populär, die allesamt die Bedeutung der Gruppenarbeit hervorheben. In einer 1991 vom Massachusetts Institute of Technology (MIT) veröffentlichten Studie wird *Gruppenarbeit als einer der entscheidenden Erfolgsfaktoren* moderner Organisationsformen ermittelt, dem von Praktikern ein Rationalisierungspotenzial von 15 bis 20 % zugesprochen wird.[2]

Der Vielzahl alternativer Managementstrategien, die im Zuge der Diskussion um die Gruppenarbeit immer wieder exemplarisch genannt werden, liegt allerdings eine mindestens ebenso große Anzahl von Auffassungen und Definitionen des Begriffs Team- bzw. Gruppenarbeit zu Grunde. Dies hat zur Folge, dass in der Literatur wie auch in der Praxis häufig über das Phänomen der Gruppenarbeit diskutiert wird, ohne zunächst eine gemeinsame Verständigungsbasis geschaffen zu haben, was schwerwiegenden Fehlinterpretationen und auch –entscheidungen zur Folge haben kann. Ohne auf sämt-

[1] Vgl. zu den folgenden Ausführungen zur Teamarbeit u. a. Antoni (1994), S. 19 ff., Gladstein (1984), S. 499 ff., Hackman (1987), S. 322, Ilgen et al. (1995), S. 115, Mankin et al. (1996), S. 24, oder Prat (1998).

[2] Vgl. Womack et al. (1992), zur Bedeutung der Teamarbeit insbesondere S. 119 f.

liche Sichtweisen näher eingehen zu wollen soll in Anlehnung an *Gemünden/ Högl* im vorliegenden Beitrag ein *Team* verstanden werden als

- eine *soziale Einheit* von *mindestens 3 Personen*,
- deren *gemeinsame Identität* sowohl von ihnen selbst als auch extern als solche wahrgenommen wird,
- die *eingegliedert in eine Organisation* arbeiten und
- die durch *unmittelbare Zusammenarbeit* eine gemeinsame Gesamtaufgabe erledigen.[1]

Teamarbeit ist hier *als Vorgehensweise* zu verstehen, mit der versucht wird, den besonderen Kooperationsanforderungen, die in der Art der Gesamtaufgabe begründet sind, zu begegnen. Der Begriff der Teamarbeit bezieht sich also unabhängig von der Qualität der inhaltlichen Resultate der Aufgabenerfüllung lediglich auf die Qualität der Interaktion innerhalb eines Teams. Im Rahmen der Teamarbeit sind die Teammitglieder zum Erreichen der gemeinsamen Zielsetzung aufeinander angewiesen, zwischen den einzelnen Teilen der Gesamtaufgabe bestehen wechselseitige Interdependenzen, die eine weitreichende Kooperation aller Mitglieder erfordern.

Ziel eines Großteils der Untersuchungen auf dem Gebiet der Teamforschung ist es, Erkenntnisse über eine möglichst erfolgreiche Ausgestaltung der Teamarbeit zu erlangen. Hierbei stellt sich grundsätzlich zunächst die Frage, wann eine Teamarbeit als „erfolgreich" angesehen werden kann. Der *Teamerfolg* wird in der Literatur überwiegend als mehrdimensionale Größe beschrieben, die neben den *aufgabenbezogenen Ergebnissen* (Leistung) auch *soziale Ergebnisse*, wie Arbeitszufriedenheit oder Fortbestand der Gruppe, berücksichtigt. Während sich die Beurteilung der Leistung primär auf die gegenwärtige Teamaufgabe bezieht, steht bei den sozialen Ergebnissen die Motivation und Fähigkeit der Mitarbeiter hinsichtlich zukünftiger Teamaufgaben im Vordergrund. In dieser dynamischen Zielgröße kommt zum Ausdruck, dass für ein Unternehmen aber auch für jedes einzelne Teammitglied grundsätzlich nicht nur die Alternative besteht, angesichts negativer sozialer Ergebnisse zukünftig in ein anderes Team zu wechseln, sondern bei anhaltender Unzufriedenheit auch die Teamarbeit zu Gunsten einer individuellen Aufgabenerfüllung vollständig aufzugeben.

Einem Aspekt, der für die Gestaltung einer möglichst erfolgreichen Teamarbeit von elementarer Bedeutung ist, wurde im Rahmen der bisherigen Untersuchungen jedoch kaum angemessene Beachtung geschenkt: der *Teambildung bzw. –zusammensetzung*. Die Auswahl geeigneter Teammitglieder und die Frage, ob die gewählte Teamkonstellation eine erfolgreiche Aufgabenbewältigung begünstigt, sollen daher im Fokus dieses Beitrags stehen. Mit der Benennung der Teammitglieder werden bereits viele „Weichen" für die späteren Resultate der Teamarbeit unwiderruflich „gestellt". Die Team-

---

[1] Vgl. hierzu Gemünden/Högl (2000), S. 8.

bildung gibt hinsichtlich des verfügbaren Humankapitals den Rahmen vor, innerhalb dessen weitere aufgaben- und personalbezogene Maßnahmen zur Steigerung der Effizienz und Effektivität der Teamarbeit vollzogen werden können.

Es ist weitgehend unstrittig, dass neben den individuellen Eigenschaften und Fähigkeiten der Gruppenmitglieder auch die Zusammensetzung der Gruppe einen bislang nicht näher spezifizierten Einfluss auf die Ergebnisse der Teamarbeit hat. So gibt *Strasser* zu bedenken, dass der Sinn der Teambildung gerade darin liege, den Gruppeneffekt, also die kumulierten Kompetenzen der einzelnen Mitglieder zu nutzen".[1] Um dieser Forderung nachzukommen gilt es seitens des Managements, die Zusammensetzung des Teams bereits a priori sorgfältig zu planen und sich im Zuge dessen frühzeitig zu fragen, welche Teamstrukturen zur Bewältigung der bevorstehenden Aufgaben zweckmäßig sind.

Teams sollten grundsätzlich die „richtige Mischung" aus Sachkenntnis, problemlösenden, entscheidungsfindenden und zwischenmenschlichen Fähigkeiten besitzen. Fraglich ist jedoch, wie diese „richtige Mischung" in konkreten Situationen aussieht? Neben den psychologischen Merkmalen der Teammitglieder, wie Lernfähigkeit, Bereitschaft zur Gruppenarbeit oder Informationsverarbeitungskapazität sollten bei der Teamzusammenstellung auch soziodemographische Merkmale, wie Geschlecht, Alter oder soziale Herkunft Beachtung finden.[2] Die grundlegende Frage, ob erfolgreiche Teams hinsichtlich dieser Faktoren eher homogene oder heterogene Strukturen aufweisen sollten, wird dabei bis heute kontrovers diskutiert. Die nahe liegende Vermutung, dass Teammitglieder, die allesamt über herausragende individuelle Fähigkeiten verfügen, auch eine optimale oder zumindest überlegene Teamleistung erbringen, ist durch eine Versuchsreihe, die unter dem Namen „Apollo-Syndrom" bekannt geworden ist, zumindest partiell widerlegt worden.[3] Vielmehr scheint die ideale Zusammensetzung eines Teams jeweils von der konkreten Aufgabenstellung und -umwelt abzuhängen[4] und kein absolutes Rezept für eine allgemein richtige Teamzusammensetzung zu existieren.

---

[1] Vgl. Strasser (1987), S. 291.

[2] Vgl. Heeg (1993), S. 71 f.

[3] In diesem Versuch sind in einem Unternehmen Teams aus unterschiedlichen Intelligenz- und Bildungsgraden zusammengesetzt worden. Das Team mit den „fähigsten" Mitarbeitern, als Apollo-Team bezeichnet, brachte die schlechtesten Ergebnisse hervor, da jeder im Team den anderen von seinem Lösungsweg überzeugen wollte und zuviel diskutiert wurde; vgl. z. B. Litke (1995), S. 189.

[4] So bietet es sich bspw. an, bei der Durchführung hoch innovativer Projekte auf fachlich heterogen zusammengesetzte Projektteams zurückgreifen; vgl. Littkemann (1998), S. 72.

2.2 Besonderheiten des Untersuchungsgegenstandes Fußball-Bundesliga

Bei den Profi-Mannschaften der Vereine der Fußball-Bundesliga kann ohne Einschränkung von *„Teams"* im Sinne der oben genannten Begriffsdefinition gesprochen werden.

- Die Anzahl der Mitglieder der *sozialen Einheit* „Mannschaft" ist dabei jedoch nicht frei wählbar, sondern durch externe Verbandsstatuten verbindlich vorgeschrieben. So darf jede Mannschaft bei Spielbeginn maximal elf aktive Teammitglieder aufweisen. Eine Untersuchung der optimalen Teamgröße wird somit in diesem Fall obsolet.
- Die *gemeinsame Identität* sämtlicher Mitglieder kann extern leicht anhand einer Vielzahl von Artefakten (z. B. Trikots) wahrgenommen werden. Auch intern fällt den Spielern die Identifikation mit dem gemeinsamen Team angesichts der Intensität der täglichen Zusammenarbeit und der ausschließlichen Arbeit in dieser Mannschaft nicht schwer.
- Die Teamarbeit einer professionellen Fußball-Mannschaft findet sowohl *eingegliedert in die Organisation* des jeweiligen Sportvereins bzw. der Kapitalgesellschaft als auch in die übergeordnete Ligaorganisation des Deutschen Fußball Bundes statt.
- Die Verfolgung des gemeinsamen sportlichen Saisonziels erfolgt in jedem Spiel aufs Neue durch die *unmittelbare Zusammenarbeit* aller elf Teammitglieder während der Spielzeit. Die Aufgabe der erfolgreichen Gestaltung eines Fußballspiels stellt extrem hohe, zeitlich simultane Kooperationsanforderungen an die *Teamarbeit* sämtlicher Mitglieder. Darüber hinaus wird durch die Gestaltung entsprechender Prämiensysteme seitens der Vereinsführung versucht, zumindest partiell auch eine *gemeinsame wirtschaftliche Zielsetzung* für alle Teammitglieder zu generieren.[1]

Das zentrale Argument für die Vorteilhaftigkeit von Gruppenarbeit besteht darin, dass die Leistung der Gruppe im Resultat die Summe der individuellen Einzelleistungen übertrifft. Dies wird darauf zurückgeführt, dass neben der *Einzelleistung* jedes Akteurs zusätzlich eine *Kooperationsleistung* (im Fußball häufig als „Teamgeist" bezeichnet) der gesamten Gruppe entsteht, zu der jedes Mitglied in unterschiedlichem und nur schwer zu identifizierendem Maße beiträgt. Diese Kooperationsleistung entsteht durch das Zusammenwirken der Gruppenmitglieder und kann daher nicht isoliert anhand von Einzeldaten, sondern lediglich gruppenbezogen anhand der Datenstruktur sämtlicher Mitglieder untersucht werden. Jeder einzelne Spieler steuert einen Teil zu dieser Kooperationsleistung des Teams bei. Demnach kann sie als Bestandteil der gesamten Spielerleistung – allerdings nicht auf der „Mikro-Ebene" des Spielers, sondern auf der „Makro-Ebene" des Teams – angesehen werden. Abbildung 1 veranschaulicht diesen

---

[1] Vgl. zur Gestaltung der Einkommen von Mannschaftssportlern Frick (1999), S. 183 ff., sowie insbesondere zur Gestaltung von Anreizsystemen in der Fußball-Bundesliga den Beitrag von Schewe/Gaede/Haarmann.

Zusammenhang und gibt einen allgemeinen Überblick über die Gestaltungsmöglichkeiten der Erfolgsfaktoren im Profifußball sowie den konkreten Untersuchungsgegenstand dieses Beitrags.

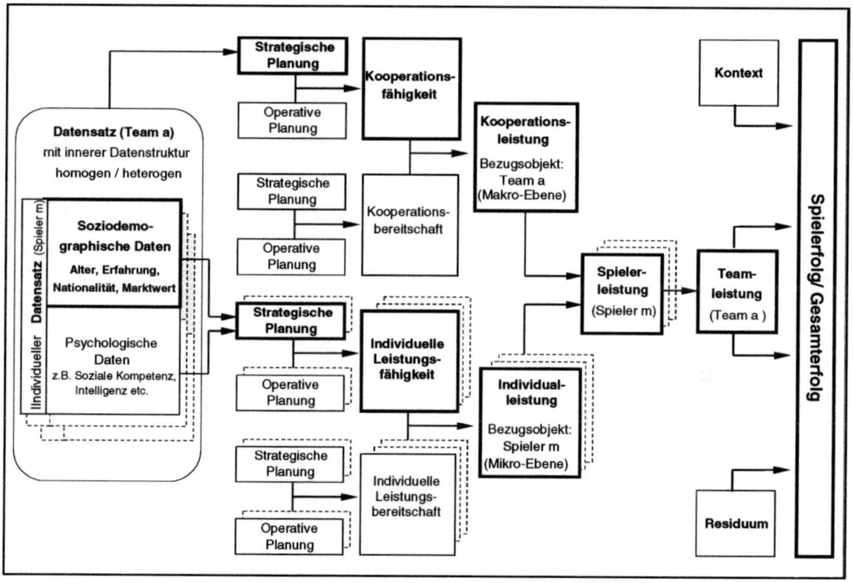

Abb. 1: Gestaltungsmöglichkeiten der Erfolgsfaktoren im Profifußball

Sowohl die Kooperations- als auch die Individualleistung ergibt sich grundsätzlich als Resultat aus *Fähigkeit* und *Bereitschaft* der Betroffenen, die vorhanden Potenziale auch bestmöglich auszuschöpfen. Da das vorliegende Datenmaterial keine fundierten Aussagen bezüglich der *Bereitschaft* zulässt, beschränkt sich die Untersuchung weitestgehend auf die Frage der *strategischen Planung* hinsichtlich einer optimalen *Leistungs- und Kooperationsfähigkeit* des Teams.

Es erscheint zunächst ohne nähere Erläuterungen plausibel, dass ein Verein grundsätzlich daran interessiert ist möglichst gute, d.h. leistungsfähige und –bereite, Einzelspieler für sein Team zu gewinnen. Doch woran kann die Vereinsführung solche Potenziale bei einem Spieler mit Gewissheit erkennen oder zumindest mit hoher Wahrscheinlichkeit erwarten? Anders ausgedrückt, welche Kriterien sind es, anhand derer das Management eines Fußballvereins entscheidet, einen Spieler zu verpflichten. Solche Kriterien sollten im Idealfall in hohem Maße für die einzelne Leistung relevant sein, sie sollten von keiner der Verhandlungsseiten manipuliert werden können, die Informationen sollten mit vertretbarem wirtschaftlichen

Aufwand zu beschaffen sein und außerdem sollten die Daten verständlich und intersubjektiv nachvollziehbar sein, um zu einer fundierten Entscheidung zu gelangen. Beurteilungen *psychologischer* Charakteristika (bspw. die soziale Kompetenz oder die Führungsqualitäten) der Spieler können diesen Anforderungen nicht vollständig genüge leisten. Folgerichtig sind diese *„weichen"* Faktoren bei der Entscheidung über eine Neuverpflichtung nur schwer als einzig verlässliche Auswahlkriterien heranzuziehen, obgleich die psychischen Belastungen im deutschen Profifußball zweifelsfrei deutlich höher sind als in vielen anderen Berufen, und sie einen wesentlichen Bestandteil des modernen Berufsbildes eines Leistungssportlers ausmachen. Vielmehr bedarf es der Berücksichtigung weiterer *„harter"* Faktoren, welche ein *soziodemographisches* Abbild der Spielercharakteristika liefern.

Im Rahmen der vorliegenden Untersuchung werden die *soziodemographischen Faktoren „Alter", „Erfahrung", „Marktwert" und „Nationalität"* hinsichtlich ihres potentiellen Einflusses auf die *„Spielerleistung"* bzw. die *„Teamleistung"* analysiert. Sollten sich hierbei signifikante Zusammenhänge des Alters, der Erfahrung, des Marktwertes, der Nationalität eines Spielers oder der jeweiligen Struktur der Mannschaft und der Leistung identifizieren lassen, so ließen sich hieraus wichtige Implikationen für eine effiziente Rekrutierungspolitik der Bundesligavereine ableiten. Solche Einflussfaktoren würden sämtliche oben formulierten Anforderungen an ein geeignetes Kriterium zur Spielerauswahl erfüllen.

3 Empirisches Design

3.1 Datenerhebung

Als Grundlage der Analyse dienten die Daten der vom Kicker-Sportmagazin heraus gegebenen Sonderhefte zur *Bundesligasaison 2000/01.*[1] In der Saison 2000/01 spielten 18 Mannschaften in der Fußball-Bundesliga, die in insgesamt 306 Spielen den Deutschen Fußballmeister ermittelten. Dabei trat jede Mannschaft gegen jede der anderen 17 Mannschaften jeweils zweimal an: einmal im eigenen Stadion (Heimspiel) und einmal auf des Gegners Platz (Auswärtsspiel). Über jedes Bundesligaspiel wurde vom Kicker-Sportmagazin eine Spielanalyse angefertigt. Diese erstreckte sich nicht nur auf die Zusammenfassung der statistischen Daten eines Spieles (z. B. Spielort und Spielergebnis), sondern bezog sich darüber hinaus auf die von den jeweiligen Mannschaften praktizierten Spielsysteme und auf die einzeln vorgenommene Bewertung der Leistungen der eingesetzten Spieler in Form von Schulnoten. Für die komplette Saison 2000/01 (Hin- und Rückrunde) wurden die maßgebenden soziodemographischen Merkmale der eingesetzten Spieler (Alter, Erfahrung, Wert und Nationalität), die

[1] Vgl. Kicker Sportmagazin (2001). Zur methodischen Vorgehensweise vgl. auch den Beitrag von Littkemann/Kleist.

Spielerleistung und die Daten des Spielkontextes[1] und -erfolgs erfasst und sowohl auf Spieler- als auch auf Teamebene ausgewertet. Die relevanten Daten der 306 Spiele wurden sowohl aus Sicht der Heim-, als auch aus Sicht der Auswärtsmannschaft erhoben, so dass die endgültige Untersuchungsstichprobe *612 Fälle* (Teams) und *6732 Spieler* umfasst.

3.2 Messung der Variablen

Alter

Da die Entscheidung über die Kaderzusammenstellung zeitpunktbezogen vor Beginn einer Saison erfolgt, entsprechen die in die Untersuchung einbezogen Angaben dem Alter der Spieler am Untersuchungsstichtag, dem 1. August 2000. Bezüglich des Untersuchungskriteriums „Alter" ist zu bedenken, dass die Dauer der Erwerbstätigkeit eines Spielers in einem Profiteam der Fußball-Bundesliga aufgrund der hohen psychischen und vor allem physischen Belastungen des Leistungssports deutlich enger begrenzt ist als in anderen Berufen.

Erfahrung

Auch die in die Untersuchung einbezogenen Erfahrungswerte der Spieler entsprechen den Angaben am 1. August 2000. Jeder Spieler einer Bundesliga-Mannschaft hat im Laufe seiner Karriere bereits eine ganze Reihe von Erfahrungen im Mannschaftssport Fußball gesammelt, sei es im nationalen Jugend- und Amateurbereich oder in ausländischen Profiligen. Da jedoch nicht nachzuweisen ist, inwieweit die Umstände und Anforderungen in diesen Ligen denen der deutschen Fußball-Bundesliga entsprechen und inwieweit diese Erfahrungen den Spielern dementsprechend in den Bundesligaspielen zu Gute kommen, wurden sie bei der Untersuchung bewusst ausgeklammert. Berücksichtigt wurden also ausschließlich bisherige Spiele in der Bundesliga. Aufgrund der Besonderheiten des Untersuchungsgegenstandes werden die Faktoren Alter und Erfahrung getrennt voneinander betrachtet. Es ist zwar nicht von der Hand zu weisen, dass ältere Spieler im Laufe ihrer Karriere bereits die Gelegenheit hatten, mehr Bundesligaerfahrung zu sammeln als junge Spieler. Dennoch ist die Schlussfolgerung der Gleichsetzung von alten und erfahrenen Bundesligaspielern keineswegs zwingend und in vielen Fällen sogar falsch.[2]

---

[1] Neben den spielbezogenen Faktoren wurden in der Analyse Kontextfaktoren gemessen und berücksichtigt. Wie in der Vergangenheit des öfteren beobachtet, ist eine entscheidende Situationsvariable der Spieltyp, also die Frage ob die Mannschaft ein Heim- oder Auswärtsspiel bestreitet. Bei allen vier Untersuchungen wurden in allen Gruppen statistisch irrelevante Unterschiede der Heim- und Auswärtsspiele festgestellt, so dass dieser Faktor keinen Einfluss auf die Ergebnisse besessen hat.

[2] So kann bspw. ein Fußballprofi im Alter von 30 Jahren durchaus über keinerlei Bundesliga-Erfahrung verfügen, wenn er zu diesem Zeitpunkt mit seinem Verein erstmalig aus der 2. Fußball-Bundesliga aufsteigt, oder aber er erst in diesem Alter aus einem anderen Land in die deutsche Bundesliga wechselt.

Wert

Die Marktwerte der Spieler basieren auf den Einschätzungen des Kicker-Magazins für das Kicker-Online-Managerspiel.[1] Sie stellen objektivierte Werte dar, die aufgrund einer einheitlichen Informationsbasis von Experten ermittelt wurden. Diese Marktwerte abstrahieren von Einflussfaktoren wie der gegenwärtigen Vertragssituation, den Aktivitäten von Spielervermittlern o.ä. Störgrößen, die in der Praxis die Ablösesummen und damit die faktischen Marktwerte der Spieler verzerren. Folglich kann davon ausgegangen werden, dass zwar einerseits die hier verwendeten Werte nur begrenzt den absoluten Marktwerten entsprechen, andererseits jedoch die für diese Untersuchung bedeutsameren Relationen der Werte zueinander bestmöglich abgebildet werden. Damit die Marktwerte den Zahlen entsprechen, über die das Management eines Fußball-Bundesligisten als Entscheidungsgrundlage für die Verpflichtung neuer Spieler verfügt, wurden auch hier die Werte zum Zeitpunkt des Untersuchungsstichtages zu Grunde gelegt.

Nationalität

Um den Einfluss unterschiedlicher Kultur- und Sprachkreise auf die Teamleistung messen zu können, wurde die Nationalität der Spieler erfasst. Da ein Zusammenhang zwischen der Leistung eines Einzelspielers und seiner Nationalität a priori ausgeschlossen werden kann, wurde ausschließlich die Vielfältigkeit verschiedener Nationalitäten innerhalb eines Teams erfasst und hinsichtlich ihres Einflusses auf die Teamleistung untersucht. Da es hierbei um die Frage ging, ob bzw. inwieweit Kultur- oder Sprachunterschiede den Teamerfolg fördern oder für Abstimmungsprobleme sorgen, wurden ähnliche Kulturkreise zusammen gefasst.[2]

Spielerleistung

Für die Messung der Spielerleistungen wurde *das vom Kicker-Sportmagazin verwendete Schulnotensystem* (von 1 „sehr gut“ bis 6 „ungenügend“, wobei auch die Vergabe von Zwischennoten, z. B. 3,5, erlaubt war) übernommen. Auf der Mikro-Ebene wurde für jeden Spieler die im jeweiligen Bundesligaspiel vom Kicker-Sportmagazin bewertete Leistung erfasst. Für eine bessere Übersicht in den graphischen Darstellungen und Tabellen wurden die Spielernoten anschließend so umkodiert, dass die Note 6 „sehr gut“ und die Note 1 „ungenügend“ bedeutet. Für die Analyse sind alle Leistungen aller eingesetzten Spieler in jedem der 612 Fälle berücksichtigt worden.

Teamleistung:

Neben den Spielernoten ist auf der Makro-Ebene als aggregierte Leistungsvariable die Teamleistung erfasst worden. Die vom *Kicker-Sportmagazin* vergebene Spielernote ist

[1] Eine aktuelle Spielerliste mit dem Stand des Abrufs ist unter: http://www.kicker.de/content/managerspiel abrufbar.

[2] Engländer, Iren, Waliser und Schotten wurden zu einem Kulturkreis zusammengefasst. Gleiches gilt für Spieler aus den ehemaligen GUS-Staaten, den Beneluxstaaten und dem spanischsprachigen Raum Südamerikas.

als Gesamtnote eines einzelnen Spielers zu interpretieren und enthält als solche neben der Individualleistung auch die Kooperationsleistung, also den Beitrag des Spielers zur Teamleistung. Diesem methodischen Verständnis folgend, ergibt sich die Teamleistung als Summe der Einzelleistungen (Individualleistung und Beitrag zur Kooperationsleistung) der Spieler dividiert durch die Anzahl der Spieler, die pro Mannschaft in der Anfangsaufstellung stehen.

Spielerfolg

Neben der Spielerleistung diente in der Untersuchung der Spielerfolg als abhängiges Erfolgsmaß. Die in einem Bundesligaspiel erzielte Punktzahl wurde analog zur Punkteverteilung der Fußball-Bundesliga wie folgt auf einer dreistufigen Skala gemessen: 3 „Sieg“ (die eigene Mannschaft erzielt in einem Spiel mehr Tore als der Gegner), 1 „Unentschieden“ (die eigene Mannschaft erzielt in einem Spiel gleich viele Tore wie der Gegner) und 0 „Niederlage“ (die eigene Mannschaft erzielt in einem Spiel weniger Tore als der Gegner).

3.3 Methodik

Die Untersuchung wurde in zwei Schritten durchgeführt. Im *ersten Schritt* wurden alle 6732 Spielerdaten auf die Frage hin untersucht, ob sich ein eindeutiger Zusammenhang zwischen den untersuchten soziodemographischen Faktoren Alter, Erfahrung und Marktwert und der Leistung der Spieler nachweisen lässt. Es wurde unterstellt und hat sich in der Untersuchung gezeigt, dass kein Zusammenhang zwischen Nationalität und individueller Leistungsfähigkeit besteht. Daher wurde dieses Merkmal erst im zweiten Teil der Untersuchung berücksichtigt. Die in den Abbildungen 2 bis 4 dargestellten Punktwolken zeigen die aggregierten durchschnittlichen Spielerleistungen aller Bundesliga-Spieler einer bestimmten Merkmalsausprägung des untersuchten Einflussfaktors in der betrachteten Saison 2000/2001.

In cinem *zweiten Schritt* wurde mit den Daten aller 612 Fälle *einzelspielbezogen* analysiert, ob die Homogenität bzw. Heterogenität der Mannschaftsstrukturen Einfluss auf Teamleistung und Spielerfolg haben. Motivation dieses Forschungsvorhabens war es, die o.g. sozio-demographischen Eigenschaften der Spieler und ihren Beitrag zur Zusammenstellung eines erfolgreichen Teams näher zu beleuchten. Für die Analyse der *Alters-*, *Erfahrungs-* und *Wertzusammensetzung* wurde zuerst der Mittelwert der jeweiligen Merkmalsausprägungen der eingesetzten Spieler über alle 612 Teams berechnet. Um diesen Mittelwert herum wurde durch Addition und Subtraktion des Mittelwertes der Standardabweichung ein Korridor gebildet. Der Mittelwert der Standardabweichung kann als objektiviertes durchschnittliches Abweichungsmaß für alle Mannschaften in der Saison 2000/01 verstanden werden. Anschließend wurde für jedes Spiel untersucht, wie viele der 11 eingesetzten Spieler sich in diesem Korridor befunden haben. Wenn dies bei den Daten von mehr als 8 Spielern der Fall war, so wurde die Mannschaftsstruktur hinsichtlich des untersuchten Merkmals als homogen bezeichnet, anderenfalls als heterogen. Zur Messung der „kulturellen Homogenität bzw. Heterogenität" der Teams wurde ähnlich verfahren und die Anzahl der Nationalitäten der eingesetzten Spieler ausgezählt. Wenn Mannschaften Spieler aus weniger als 4 verschiedenen Kulturkreisen eingesetzt hatten, so wurden sie diesbezüglich als homogen bezeichnet. Durch diese Einteilung wurde erreicht, dass sich bei allen vier Untersuchungen jeweils in beiden Gruppen ausreichend Fälle befunden haben.

4 Befunde

4.1 Soziodemographische Einflussfaktoren auf die Spielerleistung

4.1.1 Der Einfluss des Alters auf die Spielerleistung

In der Sportfachpresse wird häufig der Terminus des „besten Fußballer-Alters" verwendet und damit implizit ein Zusammenhang zwischen dem *Alter* und der Leistung eines Spielers unterstellt. Im Allgemeinen wird mit dieser Formulierung der Abschnitt zwischen dem 28. und 31. Lebensjahr eines Spielers beschrieben.[1] Als Gründe für diesen vermeintlichen Zusammenhang zwischen Spieleralter und Einzelleistung werden neben den optimalen körperlichen Voraussetzungen vor allem die mit dem Alter einhergehende Lebenserfahrung, die vorangeschrittene Persönlichkeitsentwicklung, die oftmals gefestigte familiäre Situation oder ähnliche Merkmale aus dem situativen Umfeld des Einzelspielers angeführt. Nach oben begrenzt wird dieser Zeitraum in erster Linie durch die Belastungsgrenzen, denen der menschliche Körper angesichts der langjährigen Beanspruchung und der extremen Anforderungen des Hochleistungssports in besonderem Maße unterliegt, und welche die Leistungspotenziale eines Profisportlers ab einem gewissen Alter zunehmend einschränken.

Diesen häufig geäußerten theoretischen Überlegungen stehen die in Abbildung 2 veranschaulichten Resultate der empirischen Erhebung gegenüber.[2] Es zeigt sich, dass Spieler im Alter zwischen 32 und 35 Jahren die höchsten Durchschnittsleistungen erzielen. Gleiches gilt für Spieler zwischen 20 und 22 Jahren. Erklären lässt sich dieses vordergründig zunächst etwas überraschende, der theoretischen Argumentation widersprechende Ergebnis damit, dass nur außergewöhnlich gute Einzelspieler in diesem Alter noch bzw. schon in der Bundesliga spielen.

Die sportliche Leitung eines Vereins entscheidet über die Verpflichtung eines neuen Spielers anhand der zukünftigen Leistungserwartungen, die man mit dieser Transaktion

---

[1] Vgl. hierzu u. a. Briegel (2001), o. S., oder Braasch (1999) o. S.

[2] Bei der Darstellung der Untersuchungsergebnisse sind die Fälle der unter 19- und über 35-jährigen Profis nicht abgebildet worden. Die Anzahl der Fälle dieser Merkmalsausprägungen und der dahinter stehenden Einzelspieler waren zu gering, als dass sie eine statistische Aussage rechtfertigen würden.

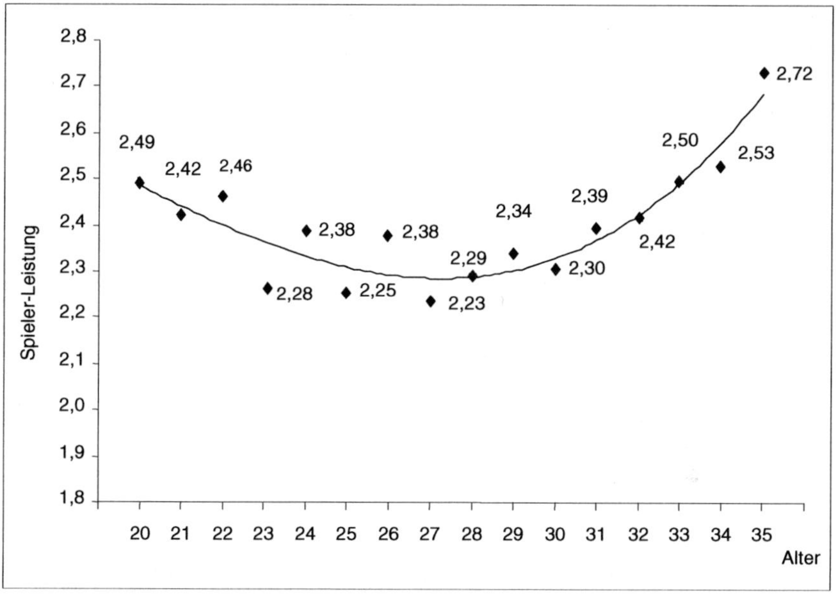

Abb. 2: Zusammenhang zwischen Alter und individueller Spielerleistung

verbindet. Im Fall eines älteren Spielers ist zum einen der zeitliche Horizont dieser Erwartungen durch die hohe Wahrscheinlichkeit eines baldigen Karriereendes eng begrenzt. Zum anderen ist eine solche Transaktion aufgrund der im Alter steigenden Verletzungsanfälligkeit und des schon beschriebenen, ab einem gewissen ex ante nicht bekannten Zeitpunkt einsetzenden körperlichen Leistungsabfalls von Profisportlern mit einer deutlich höheren Unsicherheit hinsichtlich des tatsächlichen Eintretens der erwarteten Leistungen verbunden, als dies bei der Verpflichtung eines jüngeren Spielers der Fall wäre. Diesen begrenzten zeitlichen Horizont und die erhöhte Unsicherheit der Transaktion nehmen die Vereine nur in solchen Fällen in Kauf, in denen diese komparativen Nachteile durch die Erwartung deutlich überdurchschnittlicher Leitungen überkompensiert werden.

Einen vergleichbaren Hintergrund haben die auffallend guten Leistungsnoten der jungen Spieler unter 23 Jahren. Ähnlich wie bei der Altersgruppe der Spieler über 32 Jahre ist es auch für diese Spieler bei sonst gleichen Qualifikationen u. U. schwieriger, einen Vertrag bei einem Bundesligaverein zu erhalten. In diesem Fall unterliegen die Leistungserwartungen der Vereinsführung zwar keiner zeitlichen Begrenzung, jedoch zeichnet sich auch die Verpflichtung eines Nachwuchsspielers durch eine höhere Unsicherheit seitens der Vereinsführung aus. Da bei Spielern, die gerade erst den Jugendbereich verlassen haben, kaum Vergangenheitswerte bisher erbrachter Leistungen in Profiligen (sei es auch in anderen Ländern oder niedrigeren Spielklassen) vorliegen, kann man nur schwer prognostizieren, inwieweit diese Spieler den Anforderungen des Bundesligafußballs gewachsen sein werden. Folgerichtig wird ein Verein nur einen solchen Nachwuchsspieler rekrutieren, von dem er bei sonst gleichen Vertragsbedingungen (insb. Ablösesumme und Gehalt) deutlich bessere Leistungen als von einem älteren Spieler erwarten kann, da er ansonsten aus rationalen Überlegungen bei gleicher Leistungserwartung die risikoärmere Verpflichtung eines älteren Profis bevorzugen würde. In der Praxis bilden die jungen Spieler daher die Ausnahme in ihren Vereinen und gehören in der Regel zu den „großen Fußball-Talenten“ der Liga.

4.1.2 Der Einfluss der Erfahrung auf die Spielerleistung

Anders als das Alter stellt die *Erfahrung* eine unverfälschte Maßgröße der Bundesligazugehörigkeit eines Spielers dar. Unter Erfahrung wird allgemein die Gesamtheit der gelernten Kenntnisse, Verhaltensweisen und Fertigkeiten eines Menschen verstanden. Erfahrung dient als Inbegriff des praktischen Wissens, das im Umgang mit bestimmten Dingen oder aufgrund des Erlebens bestimmter Situationen erworben worden ist.[1] Diesem Begriffsverständnis folgend liegt die Vermutung nahe, dass erfahrene Bundesliga-Profis einen Leistungsvorteil daraus ziehen können, dass sie z. B. den hohen psychischen Druck in bestimmten Situationen entscheidender Bundesligaspiele bereits des öfteren erlebt haben und daher besser bewältigen können oder dass sie ihre Gegenspieler und auch die Atmosphäre in den verschiedenen Stadien bereits aus früheren Aufeinandertreffen kennen. Neben diesen unmittelbar mit dem Spiel verbundenen Erfahrungseffekten haben sich diese Spieler auch in das spezifische Umfeld des Bundesligafußballs bereits weitgehend eingefunden. Sie sind sowohl an den Bekanntheitsgrad eines Bundesligaprofis in Deutschland als auch an den damit einhergehenden Umgang mit Presse und Medien gewöhnt und haben oftmals bereits sportliche Erfolge und auch Misserfolge verarbeiten müssen. Infolgedessen werden erfahrene Spieler insgesamt weniger stark von der spezifischen Umweltsituation des Bundesligafußballs beeinflusst und können sich somit primär auf ihren Sport konzentrieren, was bei sonst gleichen Voraussetzungen einen Leistungsvorsprung erfahrenerer Profis erklären würde.

Wie Abbildung 3 zeigt, lässt sich ein solcher eindeutiger Zusammenhang jedoch nicht vollständig empirisch belegen. Zwar scheint die Spielerleistung mit zunehmender Bundesligaerfahrung tendenziell anzusteigen und „erfahrene“ Profis mit mehr als 220 Bundesliga-Spielen erbringen die durchschnittlich besten Leistungen, jedoch erhalten gleichzeitig Profis ohne jede Bundesliga-Erfahrung insgesamt höhere Leistungsnoten als Spieler mit der Erfahrung von bis zu zwei vollständigen Spielzeiten.

---

[1] Vgl. Dieckmann (1994), S. 23 ff.

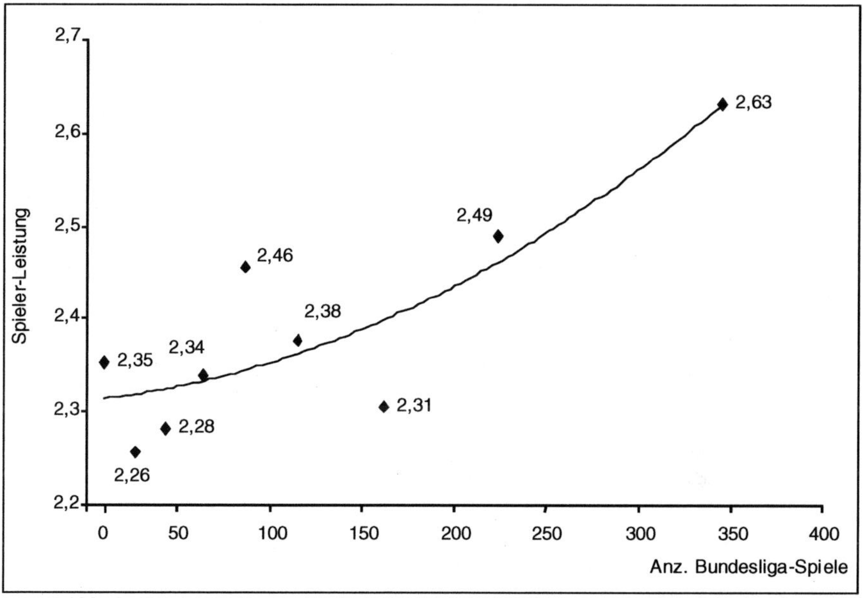

Abb. 3: Zusammenhang zwischen Bundesliga-Erfahrung und Spielerleistung

Eine mögliche Erklärung hierfür besteht darin, dass unerfahrene Spieler vor allem hinsichtlich der Leistungsbereitschaft sowohl im Training als auch in den Spielen Vorteile realisieren können. Während für einen erfahrenen Spieler der Reiz eines „normalen" Bundesligaspiels mit Dauer der Bundesligazugehörigkeit tendenziell abnimmt, ist für einen unerfahrenen Spieler zunächst jedes Bundesligaspiel (unabhängig von der Tabellensituation, Zuschauerzahlen oder sonstigen Kontexteinflüssen) ein sportlicher Höhepunkt, was sich auch in seiner Motivation widerspiegelt. Zudem muss ein unerfahrener Spieler auch im täglichen Training noch sowohl gegenüber dem Trainer als auch gegenüber den Mitspielern seine „Bundesliga-Tauglichkeit" demonstrieren, wohingegen erfahrenere Spieler diesen Beweis bereits erbracht haben. Dieser Motivationsvorteil junger Spieler führt dazu, dass sie ihre vorhandenen Leistungspotenziale in höherem Masse abrufen als dies bei erfahreneren Spielern der Fall ist, was c. p. eine überlegene Leistung der „Bundesliganeulinge" begründet.

Die Tatsache, dass extrem erfahrene Spieler die vergleichsweise besten Leistungen erbringen, lässt analog zur Argumentation hinsichtlich des Spieleralters den Schluss zu, dass lediglich solche Profis 10 Jahre und länger in der Bundesliga spielen und damit eine entsprechende Erfahrung an Bundesliga-Spielen aufweisen, die zu den besten ihrer Berufsgruppe zählen. Durchschnittlich begabte Spieler werden schon vor dem Erreichen einer derart großen Anzahl von Bundesligaspielen keinen Vertrag mehr bei einem Bundesligaverein erhalten und müssen zwangsläufig in eine der niedrigeren Profi- bzw. Amateurligen wechseln oder ihre aktive Karriere beenden.

Die Resultate hinsichtlich der Leistungen der „Randgruppen" der besonders jungen bzw. alten oder der besonders erfahrenen bzw. gänzlich unerfahrenen Spieler sind jedoch für die Bundesligavereine lediglich von nachrangiger praktischer Relevanz, da diese extremen Merkmalsausprägungen in relativ wenigen Untersuchungsfällen auftreten und folglich Spieler mit solchen Eigenschaften nur in sehr begrenztem Umfang auf dem Spielermarkt verfügbar sind. Aussagekräftiger und hinsichtlich möglicher Gestaltungsempfehlungen für die Rekrutierungspolitik bedeutsamer sind dagegen jene Untersuchungsergebnisse, die sich auf Alters- und Erfahrungsbereiche beziehen, in denen das Gros der Bundesliga-Profis vertreten ist. Bei einer genaueren Betrachtung der ca. 78 % der Fälle, in denen die Profis zwischen 23 und 32 Jahren alt sind bzw. über einen Erfahrungswert zwischen 1 und 300 Bundesligaeinsetzen verfügen,[1] zeigt sich, dass für keine dieser Gruppen ein eindeutiger Zusammenhang zwischen Alter bzw. Erfahrung und Leistung festzustellen ist. Man kann hier also nicht von einem „idealen Fußballer-Alter" oder einem optimalen Erfahrungswert für Bundesligaprofis sprechen.

4.1.3 Der Einfluss des Marktwertes auf die Spielerleistung

Bezüglich des *Marktwertes* eines Bundesligaspielers lässt sich hingegen aufgrund von Plausibilitätsüberlegungen ein eindeutiger Zusammenhang mit der Spielerleistung vermuten. Der dieser Untersuchung zu Grunde gelegte Marktwert des Spielers vor Saisonbeginn ist Ausdruck der Leistungserwartungen der Marktgegenseite für die bevorstehenden Bundesliga-Spiele. Unterstellt man, dass dieser Preisbildungsprozess rationalen Überlegungen folgt und die Experten die zukünftigen Leistungspotenziale der Spieler überwiegend korrekt beurteilen, so kann man von einem positiven Zusammenhang zwischen Marktwert und Spielerleistung ausgehen.

Abbildung 4 bestätigt diese theoretischen Erkenntnisse anhand der empirischen Untersuchung und zeigt einen tendenziellen Anstieg der Spielerleistung mit zunehmendem Marktwert. Aus Sicht der Vereine wäre es folgerichtig zielführend, jeweils die teuersten am Markt verfügbaren Spieler zu verpflichten. Da jedoch die Gesamtetats der Profivereine aufgrund von Verträgen zumindest für den Zeitraum einer Saison weitestgehend festgelegt sind und ihre finanziellen Möglichkeiten damit (wenn auch auf sehr unterschiedlichem Niveau) begrenzt sind, kann kein Verein dieser Empfehlung in der Praxis uneingeschränkt nachkommen. Zudem müssen die Vereine den potenziellen Leistungsanstieg teuer bezahlen. Da der Grenznutzen des in die Leistungsstärke der Neuverpflichtung investierten Geldes abnehmend ist, stellt sich für ein effizient wirt-

[1] Hinsichtlich der Kriterien Alter und Erfahrung müssen den Gruppen mit jeweils 78 % der Spieler keineswegs die identischen Einzelfälle zu Grunde liegen.

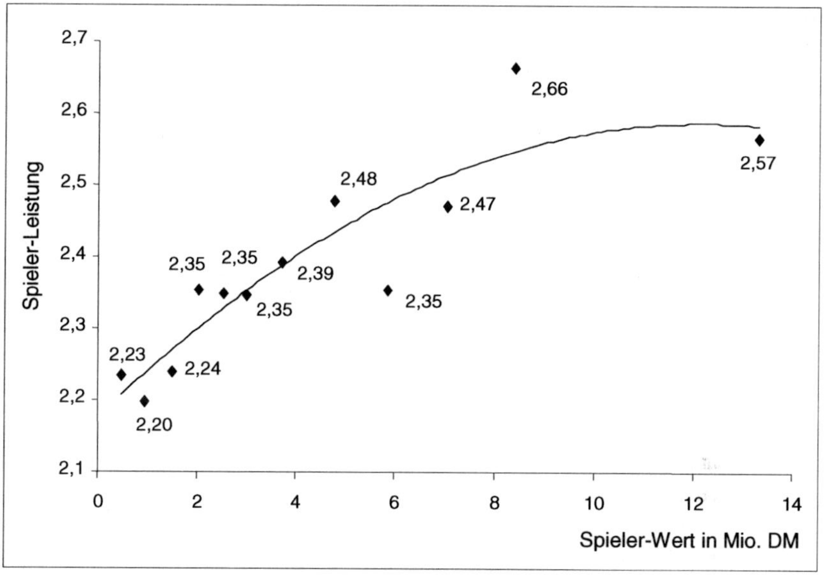

Abb. 4: Zusammenhang zwischen Wert und individueller Spielerleistung

schaftendes Vereinsmanagement die Frage, ab welchem Punkt die finanziellen Mittel besser in eine alternative Verwendungsrichtung fließen sollten (Trainingseinrichtungen und – geräte, medizinische Versorgung, aber vor allem auch eigene Jugendarbeit etc.), um den sportlichen Erfolg des Vereins zu maximieren.

Auch aus diesem Befund lassen sich also keine eindeutigen Entscheidungshilfen für eine erfolgreiche Rekrutierungspolitik von Bundesligavereinen ableiten. Vielmehr stellt sich gerade vor dem Hintergrund der hier angestellten Überlegungen die Frage, wie ein Verein das ihm für Neuverpflichtungen zur Verfügung stehende Kapital am sinnvollsten für die Zusammenstellung eines gesamten Teams einsetzen sollte. Der Fokus des Beitrags richtet sich folglich nunmehr nicht länger auf den einzelnen Spieler, sondern auf das Team in seiner Gesamtheit. Im Folgenden gilt es zu untersuchen, ob und inwiefern die jeweilige Homogenität bzw. Heterogenität der Teamstrukturen hinsichtlich verschiedener Merkmale einen Einfluss auf die Teamleistung hat.

4.2 Einflussfaktoren auf die Teamleistung

Für das Vereinsmanagement gilt es bei seiner Entscheidung über eine Neuverpflichtung nicht nur die Charakteristika des betreffenden Spielers isoliert zu beurteilen, sondern diese stets im Zusammenhang mit dem gesamten zu bildenden Team zu betrachten. Ziel der Vereinsführung ist es schließlich nicht, den besten Einzelspieler, sondern den für ein spezielles Team wertvollsten Spieler, zu verpflichten. Ungeklärt ist diesbezüglich jedoch bislang, unter welchen Voraussetzungen ein Spieler besonders gut in ein Team passt bzw. mit hoher Wahrscheinlichkeit zur Steigerung der Teamleistung beitragen kann. Es liegen keine gesicherten Erkenntnisse darüber vor, wodurch sich die personellen Strukturen erfolgreicher Teams auszeichnen. Auch in diesem Abschnitt des Beitrags sollen wiederum die bereits bekannten soziodemographischen Merkmale *Alter, Erfahrung* und *Wert* sowie darüber hinaus der *kulturelle Einfluss* auf die Teamleistung betrachtet werden. Kern der Untersuchung ist dabei für jedes Kriterium aufs Neue die Frage, ob eine Mannschaft hinsichtlich dieses Merkmals eher homogen oder heterogen strukturiert sein sollte.

4.2.1 Der Einfluss der Altersstruktur auf die Teamleistung

Nach dem erfolglosen Abschneiden bei der EM 2000 wurde in Deutschland lautstark der Neuaufbau der Nationalmannschaft gefordert und das Fehlen junger Talente im deutschen Fußball mit den Worten beklagt: „Wir haben in den letzten Jahren einen Generationswechsel verpasst.“[1] So war nicht nur das Durchschnittsalter der deutschen Mannschaft bei der EM 2000 mit 28,7 Jahren eines der höchsten im gesamten Turnier, auch die *Altersverteilung* war homogen auf einem sehr hohen Niveau. Doch hätte die Mannschaft mit mehr jungen Spielern und mit einer heterogeneren Altersverteilung erfolgreicher gespielt? Ein Rückblick in die erfolgreiche Vergangenheit der deutschen Fußball-Nationalmannschaft bei internationalen Wettkämpfen zeigt, dass hier hinsichtlich der Alterstruktur keine einheitliche Aussage getroffen werden kann. Die Siegerteams der Weltmeisterschaften 1954, 1974 und 1990 sowie jene der Europameisterschaften 1972, 1980 und 1996 waren weder allesamt homogen noch heterogen bezüglich des Alters der Nationalspieler strukturiert.[2]

Die aus der fallweisen Betrachtung der Erfolge der Nationalmannschaft abgeleiteten Tendenzaussagen werden durch die Ergebnisse der großzahligen Untersuchung der Bundesliga-Spiele bestätigt. Die homogen und die heterogen strukturierten Teams erzielten in der Saison 2000/01 weder eine statistisch signifikant unterschiedliche Teamleistung noch einen unterschiedlichen Punkterfolg pro Spiel, wie Tabelle 1 verdeutlicht.

---

[1] Klaus Allofs, Manager von Werder Bremen, in: Berliner Morgenpost vom 22.06.00.

[2] Die Mannschaften der WM 1954, der EM 1972, der WM 1990 und der EM 2000 waren nach der dieser Untersuchung zugrunde liegenden Methode homogen, die der WM 1974, der EM 1980 und der EM 1996 heterogen; vgl. Kicker Sportmagazin (1999), S. 138 ff.

ALTER	heterogene Teams N = 323		homogene Teams N = 289		T-Test für die Mittelwertgleichheit Sig. (2-seitig)
	Mittelwert	Standard-abweichung	Mittelwert	Standard-abweichung	
Soziodemographie:					
Ø Spieleralter	27,2	1,2	27,5	1,4	n.s.
Ø BuLi-Spiele/ Spieler	88,6	40,9	81,7	44,4	n.s.
Ø Spielerwert in Mio. DM	3,32	1,83	3,96	2,63	n.s.
Teamerfolg:					
Teamleistung	2,34	0,59	2,37	0,61	n.s.
Punkte	1,35	1,32	1,43	1,35	n.s.
Eigene Tore	1,49	1,34	1,44	1,33	n.s.
Gegnerische Tore	1,52	1,34	1,40	1,32	n.s.
Anmerkungen: * p <= 0,1; ** p <= 0,05; *** p <= 0,01; n.s. = nicht signifikant					

Tab. 1: Analyse der Altersstruktur

Hieraus lässt sich schließen, dass es für den sportlichen Erfolg einer Mannschaft im Zeitraum einer Spielzeit irrelevant ist, wie die Altersstrukturen innerhalb des Teams aussehen. Dies ist jedoch nicht gleichbedeutend mit der Annahme, dass die sportliche Leitung bei ihren Transferbemühungen dem Spieleralter keine Beachtung schenken sollte. Vielmehr sprechen unter diesen Umständen plausible langfristige Wirtschaftsinteressen des Vereins für eine tendenziell heterogene Altersstruktur von Bundesligamannschaften. Dies sollten Vereine nicht zuletzt vor dem Hintergrund der Probleme, die die Integration eines neuen Spielers in die Taktik, die Hierarchie und das Umfeld einer Mannschaft verursacht, beachten. Darüber hinaus wird ein Verein ähnlich wie jedes mittelständische Unternehmen grundsätzlich daran interessiert sein, eine möglichst günstige „Nachfolgeregelung“ zu finden und dementsprechend nicht ausschließlich „leitende Angestellte“ (hier Spieler) gleichen Alters zu beschäftigen, um möglichst einen kontinuierlichen Zu- und Abgang von Mitarbeitern zu gewährleisten.

4.2.2 Der Einfluss der Erfahrungsstruktur auf die Teamleistung

Wie die Einzelspieler-Analyse bereits gezeigt hat, haben weder das Alter noch die Bundesliga-Erfahrung auf individueller Ebene einen nachweisbaren Einfluss auf die Spielerleistung. Da auch im Rahmen der gruppenbezogenen Team-Analyse kein Zusammenhang zwischen der Altersstruktur und der Teamleistung festzustellen war, liegt die Vermutung nahe, dass ähnliche Befunde auch hinsichtlich der *Erfahrungsstrukturen* auf Teamebene zu erwarten sind. Wie Tabelle 2 verdeutlicht wird diese Annahme durch die Untersuchungsergebnisse jedoch weitestgehend widerlegt.

Bundesliga-Erfahrung	heterogene Teams N = 196		homogene Teams N = 416		T-Test für die Mittelwertgleichheit Sig. (2-seitig)
	Mittelwert	Standard-abweichung	Mittelwert	Standard-abweichung	
Soziodemographie:					
Ø Spielerwert in Mio. DM	4,54	2,28	3,20	2,12	*
Ø Spieleralter	27,9	1,0	27,1	1,3	*
Ø BuLi-Spiele/ Spieler	127,9	29,2	65,3	32,0	*
Teamerfolg:					
Teamleistung	**2,44**	0,57	**2,32**	0,61	*
Punkte	**1,56**	1,32	**1,30**	1,34	**
Eigene Tore	1,62	1,36	1,40	1,31	**
Gegnerische Tore	1,30	1,25	1,55	1,36	**
Anmerkungen: * p <= 0,1; ** p <= 0,05; *** p <= 0,01; n.s. = nicht signifikant					

Tab. 2: Analyse der Bundesliga-Erfahrungs-Struktur

Bundesliga-Mannschaften, die sich aus Spielern mit sehr unterschiedlichen Erfahrungswerten zusammensetzten, erzielten demnach im Durchschnitt sowohl signifikant höhere Teamleistungen als auch signifikant mehr Punkte pro Spiel; sie spielten also insgesamt in der Saison 2000/01 besser und erfolgreicher als hinsichtlich der Erfahrungswerte homogen strukturierte Teams. Es zeigt sich somit, dass die "richtige" Mischung zwischen erfahrenen und unerfahrenen Spielern einen wesentlichen Bestandteil der optimalen Teambildung ausmacht.

Eine mögliche Begründung hierfür lässt sich unmittelbar aus der Argumentation im Rahmen der Einzelspieler-Analyse ableiten. Wie dort bereits angeführt, ist anzunehmen, dass erfahrene und unerfahrene Spieler unterschiedliche Reaktionen auf spezifische Spiel- und Umweltsituationen zeigen. So ist davon auszugehen, dass erfahrene Profis in Ausnahmesituationen dem besonderen Leistungsdruck tendenziell besser standhalten als unerfahrene Spieler, während diese u. U. in Routinesituationen Motivationsvorteile realisieren können. Fügt man nun Vertreter dieser beiden „Spielertypen“ zu einem Team zusammen, so kann man die Vorteile beider Gruppen nutzen und die vermeintlichen Nachteile abschwächen. So sind die erfahrenen Profis in der Lage, insbesondere in schwierigen Phasen Führungsfunktionen auf und auch neben dem Spielfeld zu übernehmen und die unerfahrenen Spieler damit zu entlasten. Diese wiederum können insbesondere im „Bundesliga-Alltag“ die Routiniers durch ihre große Leistungsbereitschaft „mitreißen“ und ihrerseits zu besseren Leistungen anspornen. Hier kommt in besonderem Maße die Kooperationskomponente der Teamleistung zum Tragen, die in der Literatur häufig damit beschrieben wird, dass die Teamleistung mehr sei als die Summe der Einzelleistungen. Diese Ergebnisse beinhalten wertvolle Handlungsempfehlungen für das Fußball-Management. Im Zusammenhang mit den Resultaten der Altersstruktur-Analyse bedeutet dieser Befund, dass es bei der Zusammensetzung einer Mannschaft weniger auf das Alters- als vielmehr auf die richtige Erfahrungsverteilung ankommt. Daraus kann geschlussfolgert werden, dass es für eine Mannschaft genau so zielführend sein kann, jungen unerfahrenen Nachwuchsspielern eine Chance zu geben wie ebenso bundesliga-unerfahrenen älteren Profis aus niedrigeren oder ausländischen Spielklassen.

4.2.3 Der Einfluss des Marktwertgefüges auf die Teamleistung

Jeder Marktwert ist ein Ausdruck der Erwartung aber keine Garantie für die Leistungen eines Spielers in der Zukunft. Es besteht also ein logischer Zusammenhang zwischen dem Marktwert, der ein objektiviertes Äquivalent zur Ablösesumme bildet und auch erste Anhaltspunkte für mögliche Gehaltsdimensionen gibt, und vermuteter Leistung des Spielers. Investitionstheoretisch kann die für einen Spieler zu zahlende Ablösesumme als Anschaffungsauszahlung einer Zahlungsreihe betrachtet werden, die kleiner sein muss als die Summe der abdiskontierten erwarteten zukünftigen Einzahlungen durch diesen Spieler. Diese Einzahlungen müssten in Form von erhöhten sportlichen Einnahmen, d.h. höherem Zuschauer- bzw. Sponsoreninteresse, erhöhten Merchandising-Einnahmen oder höheren Einnahmen aus der Fernsehvermarktung, sowie in Form eines möglichen Restverkaufserlöses im Fall eines Verkaufs des Spielers vor Beendigung der Vertragslaufzeit anfallen.

In den letzten Jahren hat das Volumen der Transfer-Investitionen der 18 Bundesligisten stetig zugenommen. Jedoch stellt sich die unabhängig vom Gesamtniveau der Investitionen die Frage, ob hierbei grundsätzlich das *Marktwertgefüge* der bestehenden Mannschaft beachtet werden muss oder ob ein sehr guter und damit in der Regel auch sehr teurer Spieler Teamleistung und -erfolg in jedem Fall positiv beeinflusst. So versuchen einige Bundesliga-Mannschaften ungeachtet des Marktwertgefüges, um einen zentralen Spieler als Identifikationsfigur und Leistungsträger eine Mannschaft aufzubauen. Dem gegenüber sind auch Ansätze zu beobachten, in denen gezielt eine homogene Mannschaft ohne besonders teure Spieler aufgebaut wird. Da der Marktwert auch einen Indikator für die Gehaltsforderungen und damit tendenziell auch für das Ansehen und das Selbstverständnis eines Spielers darstellt[1], könnte eine extrem heterogene Marktwertverteilung Sozialneid- und Spannungspotenzial innerhalb eines Teams aufbauen und sich somit negativ auf die Teamleistung auswirken.

Die Analyse der Wertstrukturen der Bundesligavereine bestätigt diese Vermutung, wie Tabelle 3 zeigt. Die homogenen Mannschaften waren mit durchschnittlich 1,5 Punkten signifikant erfolgreicher als die heterogenen Teams, die 1,3 Punkte erzielen konnten. Auffällig ist, dass die andere Erfolgsgröße, die Teamleistung, in beiden Gruppen gleich hoch gewesen ist. Dies lässt sich auf ein einfaches Phänomen zurückführen: In vielen Fällen „spielen Mannschaften nur so gut, wie der Gegner es erfordert.“ Es ist

[1] Vgl. Frick (2001), S. 701 ff.

SPIELERWERT	heterogene Teams N = 371		homogene Teams N = 241		T-Test für die Mittelwertgleichheit Sig. (2-seitig)
	Mittelwert	Standard-abweichung	Mittelwert	Standard-abweichung	
Soziodemographie:					
Ø Spielerwert in Mio. DM	3,43	1,83	3,93	2,48	*
Ø Spieleralter	27,2	1,2	27,5	1,3	*
Ø BuLi-Spiele/ Spieler	81,7	40,9	91,0	45,6	*
Teamerfolg:					
Teamleistung	2,36	0,59	2,36	0,60	n.s.
Punkte	**1,32**	1,32	**1,49**	1,31	***
Eigene Tore	1,36	1,34	1,63	1,33	*
Gegnerische Tore	1,46	1,34	1,49	1,34	n.s.
Anmerkungen: * p <= 0,1; ** p <= 0,05; *** p <= 0,01; n.s. = nicht signifikant					

Tab. 3: Analyse der Wertstruktur

lediglich das Ziel, relativ besser zu sein als der jeweilige Gegner, nicht aber seine eigene Teamleistung in jedem Spiel zu optimieren.

Die betriebswirtschaftliche Teamforschung hat mit dem sog. Apollo-Versuch die Frage, ob ein erfolgreiches Team nur aus „Stars“, also Teammitgliedern, die allesamt über herausragende individuelle Fähigkeiten verfügen, bestehen sollte, zumindest partiell verneint. Für die Sportteamforschung konnte diese Frage bis heute noch nicht eindeutig beantwortet werden. Zwar zeigen die Abschlusstabellen der letzten Spielzeiten meist die Mannschaften mit den höchsten Etats an der Spitze, ein direkter Zusammenhang zwischen Etat und Erfolg konnte jedoch nicht nachgewiesen werden. Auch die Ergebnisse der einzelspielerbezogenen Untersuchung legen die Vermutung nahe, dass Mannschaften, in denen nur „sehr teure“ Spieler stehen (die also werthomogen auf einem hohen Niveau sind) leistungsstärker und erfolgreicher sind als wertheterogene Teams. Bei genauer Betrachtung der Spielerwerte in Tab. 3 fällt jedoch auf, dass die Spieler mit durchschnittlich 3,4 Mio. DM bzw. 3,9 Mio. DM in beiden Gruppen ähnlich teuer sind. Dies bedeutet, dass sich in der homogenen Gruppe auch „günstigere“ Mannschaften (werthomogen auf einem niedrigen Niveau) befunden haben müssen, die erfolgreicher gewesen sind als „teurere“ wertheterogene Mannschaften. Damit zeigt sich, dass es in bezug auf die Aufteilung des Gesamtbudgets für Neuverpflichtungen sinnvoller ist, auf ein homogenes Marktwertgefüge und damit auch auf ausgeglichene Leistungserwartungen gegenüber den Spielern zu achten, als einen Großteil des Budgets in einzelne potenzielle Leistungsträger zu investieren.

Diese Ergebnisse lassen sich ohne weiteres mit Hilfe von Plausibilitätsüberlegungen nachvollziehen. Da der Marktwert ein Abbild erwarteter zukünftiger Leistungspotenziale eines Spielers darstellt, ist mit großer Wahrscheinlichkeit davon auszugehen, dass nahezu alle Mitglieder einer werthomogenen Mannschaft auf einem sehr ähnlichen

Leistungsniveau spielen werden, welches letztendlich auch das Gesamtleistungsniveau der Mannschaft bildet. Eine im Sinne der vorliegenden Untersuchung wertheterogene Mannschaft besitzt hingegen mindestens vier Spieler eines anderen – entweder höheren oder tieferen – Leistungsniveaus. Da hier beispielhaft unterstellt wird, dass das durchschnittliche Leistungsniveau beider Teams identisch sein soll, muss die heterogene Mannschaft ex definitione genau so viele „bessere" wie auch „schlechtere" Spieler in ihren Reihen haben. Die individuellen Leistungsfähigkeiten der Akteure auf dem Spielfeld lassen sich jedoch nicht ohne weiteres zu einem Gesamtpotenzial des Teams aufaddieren. Vielmehr muss sich eine in hohem Maße auf Interaktion angewiesene Gruppe in ihrer Gesamtheit immer an der Leistungsfähigkeit seines „schwächsten" Gruppenmitglieds orientieren; wodurch sich die relative Überlegenheit werthomogener Teams begründet. So ist auch ein besonders wertvoller Spieler im Spielverlauf nahezu ununterbrochen auf die Kooperationsleistung seiner Mitspieler angewiesen und kann ohne diese sein vorhandenes Potenzial nicht vollständig ausschöpfen. Hier kommt erneut der für die Grundidee der Teamarbeit maßgebende Kooperationsgedanke zum Ausdruck. Neben den individuellen Leistungen der Spieler muss jedes Teammitglied auch zur gemeinsamen Kooperationsleistung der Mannschaft beitragen, die wesentlichen Einfluss auf den Teamerfolg haben kann.

Neben der Vermutung, dass mangelnde Leistungsfähigkeit einzelner Teammitglieder zum geringeren Erfolg der heterogenen Teams führt, kann auch die fehlende *Leistungsbereitschaft* eine Ursache der Unterschiede sein. Erklärungsansätze für diese Vermutung lassen sich aus der Motivationstheorie ableiten. Demnach wird jedes Teammitglied sein Beitrags-/ Ergebnis-Verhältnis mit dem der anderen Teammitglieder vergleichen und entscheiden, ob es diese Verteilung als gerecht empfindet. Stellt ein Teammitglied Ungleichheit fest, wird es versuchen, diese auszugleichen indem es entweder eine höhere Entlohnung fordert oder seinen Arbeitseinsatz verringert. Empirische Studien haben hinreichend gezeigt, dass relative Unterbezahlung dazu führt, dass der Betroffene seine Leistung reduziert. Anders herum führt relative Überbezahlung nur zu einer kurzfristigen Leistungssteigerung.[1] Auf die Sportteamforschung im Profifußball übertragen heißt das, dass ein Ungerechtigkeitsempfinden über unterschiedliche Marktwerte, Entlohnung oder Anerkennung in heterogenen Teams u. U. dazu führt, dass sich die Kooperationsleistung (Teamgeist) als notwendiger Bestandteil der Teamleistung nicht voll entfalten wird.

4.2.4 Der Einfluss der Multinationalität auf die Teamleistung

Seit dem Bosman-Urteil hat die Anzahl der ausländischen Fußball-Profis in der Bundesliga mit jeder Spielzeit kontinuierlich zugenommen. So ist der Anteil ausländischer Profis in der Bundesliga mit 52,5 % der zweithöchste in Europa und fast eineinhalb mal so hoch wie in der spanischen Primera Division und der italienischen Serie A. Der

[1] Vgl. z. B. Adams (1965), S. 267 ff., oder Konrad/Pfeffer (1990), S. 258 ff.

FC Energie Cottbus bestritt die Saison 2000/01 sogar mit Profis aus 13 Ländern ohne gemeinsame Muttersprache.[1] Dies ist deswegen so erstaunlich, weil für die Teamarbeit in normalen Unternehmen die Kommunikation den elementarsten Bestandteil des erfolgreichen Zusammenwirkens bildet. Sie stellt das Mittel dar, mit dem Informationen ausgetauscht werden können. Dabei bedingt erfolgreiche Kommunikation bestimmte Voraussetzungen. Neben der Beherrschung einer gemeinsamen Sprache müssen die Kommunikationspartner wissen, in welchem Diskurs die Kommunikation stattfindet und wichtige Sprachregister richtig handhaben können.[2] Daraus müsste die Schlussfolgerung gezogen werden, dass Spieler, die über keine gemeinsame Sprache verfügen, weniger erfolgreiche Teams bilden. Dies bedeutet allerdings keineswegs, dass eine Mannschaft vornehmlich aus deutschen Spielern bestehen sollte. Auch eine Mannschaft mit einer überwiegenden Anzahl von Spielern aus z. B. Spanisch sprechenden Ländern kann als homogen bezeichnet werden.

Wie die Tabelle 4 zeigt, lässt sich diese Vermutung jedoch nicht bestätigen. Die heterogenen Teams erzielen durchschnittlich die bessere Teamleistung und das bessere Punktergebnis. Allerdings sind beide Resultate nicht statistisch signifikant.

<u>NATIONALITÄT</u>	heterogene Teams N = 418		homogene Teams N = 194		T-Test für die Mittelwertgleichheit Sig. (2-seitig)
	Mittelwert	Standard-abweichung	Mittelwert	Standard-abweichung	
Soziodemographie:					
Ø Spielerwert in Mio. DM	3,73	2,28	3,39	2,21	***
Ø Spieleralter	27,4	1,3	27,2	1,3	n.s.
Ø BuLi-Spiele/ Spieler	86,8	44,1	82,3	39,4	n.s.
Teamerfolg:					
Teamleistung	2,38	0,61	2,31	0,57	n.s.
Punkte	1,42	1,35	1,30	1,31	n.s.
Eigene Tore	1,49	1,29	1,42	1,41	n.s.
Gegnerische Tore	1,43	1,28	1,55	1,43	n.s.
Anmerkungen: * = p <= 0, 1; ** = p <= 0,05; *** = p <= 0,01; n.s. = nicht signifikant					

Tab. 4: Analyse der Nationalitätenstruktur

Auch wenn die Ergebnisse der Untersuchung nicht signifikant sind, lassen sie doch interessante weiterführende Gedanken über die optimale Teamzusammensetzung zu. Es hat den Anschein, als ob eine andere Form der Kommunikation als die Sprache die Mannschaft auf dem Spielfeld koordiniert. So ist die verbale Kommunikation auch nur eine Verständigungsform unter vielen möglichen. Weiter gefasst wird in der Kommunikationsforschung jede Verständigung mit Hilfe von Symbolen als für die Kommunikation zweckmäßige Sprache bezeichnet. Da der Fußball international nach

[1] Vgl. o.V. (2001), S. 226, und Kicker Sportmagazin (2001), S. 102 ff.

[2] Vgl. hierzu und im Folgenden Maletzke (1998), S. 44 ff.

einheitlichen Regeln gespielt wird und sich auch das taktische Verständnis nur graduell unterscheidet, scheint die Verwendung von Symbolen und bildlichen Erklärungen für die Kommunikation einer Fußball-Mannschaft ausreichend. Somit ist nicht die Nationalität der Spieler, sondern ihre Leistungsfähigkeit und –bereitschaft für den Erfolg der Teamarbeit ausschlaggebend.

Zudem scheint es im Profifußball der Fall zu sein, dass Spieler unterschiedlicher Sprach- und Kulturkreise eine Mannschaft sowohl zwischenmenschlich als auch spielerisch und taktisch bereichern. Häufig besitzen gerade ausländische Spieler Fertigkeiten im technischen oder kreativen Bereich, die deutschen Profis fehlen. Dies wird durch die großen Erfolge der vielen internationalen Spieler, die häufig zu den Leistungsträgern in ihren Vereinen zählen, bestätigt. Für die Vereinsführung der Bundesligisten bedeuten diese Ergebnisse, dass es nicht zweckmäßig ist, seine Rekrutierungsbemühungen auf den deutschen Spielermarkt zu beschränken. Vielmehr erhöht sich durch die Berücksichtigung ausländischer Spieler die Chance, einen Spieler, der hinsichtlich der anderen soziodemographischen und auch psychologischen Merkmale zur Mannschaft passt, zu finden.

5 Implikationen für die Zusammensetzung erfolgreicher Teams

Eine auf Dauer erfolgreiche Vereinsführung muss die zukünftigen Entwicklungen der eigenen Mannschaft, der Konkurrenten sowie der gesamten Branche und ihres Umfeldes so gut wie möglich in die Entscheidungen mit einbeziehen. Die im Rahmen der Zusammenstellung eines Teams immer wieder notwendig werdende Neuverpflichtung eines Spielers stellt hierbei ein klassisches Entscheidungsproblem dar. Wie in Unternehmen ist auch die strategische Planung in Fußball-Vereinen weitestgehend von ihrer spezifischen Situation und der Entwicklung ihres Umfeldes abhängig. Es scheint daher notwendig, nach Kriterien zu suchen, die der Vereinsführung bei der Auswahlentscheidung über neue Teammitglieder Hilfestellung leisten können. Dabei ging es in dieser Untersuchung allerdings nicht darum, allgemein gültige Kriterien zur Auswahl des „optimalen" Spielers zu finden. Vielmehr war es das Bestreben, einen Kriterienkatalog, mit dessen Hilfe der Kreis potenzieller Bewerber systematisch eingegrenzt und die Auswahlentscheidung somit vereinfacht werden kann, zur Diskussion beizusteuern.

Wie die Untersuchung jedoch gezeigt hat, lassen sich aus den Befunden der *Einzelspieler-Analyse* keine eindeutig verwertbaren Ergebnisse ableiten. Die *individuelle Leistung* eines Spielers steht in keinem signifikanten Zusammenhang zu seinem Alter oder zu seiner Bundesliga-Erfahrung. Lediglich steigende Marktwerte wirken sich positiv auf die Spielerleistung aus. Hieraus könnte für die Rekrutierungspolitik der

Vereine der Schluss gezogen werden, dass es für sie grundsätzlich zweckmäßig sei, den jeweils wertvollsten am Markt verfügbaren Spieler zu verpflichten. Dieser Schlussfolgerung stehen jedoch nicht nur die knappen finanziellen Ressourcen der Bundesliga-Vereine, sondern auch die Befunde der teambezogenen Analyse entgegen. Bei der Verpflichtung eines Spielers sollten die Verantwortlichen daher den Bewerber niemals isoliert, sondern stets im Zusammenhang mit dem bereits existierenden Team betrachten.

Die *teambezogene Untersuchung* führt zu dem Ergebnis, dass der *Teamerfolg* in erheblichem Maße von der internen Wertstruktur der Mannschaft beeinflusst wird. Es wird deutlich, dass werthomogene Mannschaften signifikant erfolgreicher spielen, als Teams mit einem starken Wertgefälle. Da die Etats der Profivereine in der Praxis begrenzt sind, ist kein Verein dazu in der Lage, für sämtliche Mannschaftspositionen ausschließlich die wertvollsten Spieler zu erwerben und somit einen werthomogenen Kader auf höchstem Niveau zusammen zu stellen. Daraus lässt sich implizit ableiten, dass es für jeden Bundesliga-Verein notwendig ist, sich zunächst einmal die gegenwärtige Wertstruktur seines Teams zu veranschaulichen und erst anschließend über die bestmögliche Verwendung der finanziellen Mittel zu entscheiden. Ziel der strategischen Planung muss es dabei grundsätzlich sein, langfristig eine Mannschaft mit homogener Wertstruktur auf möglichst hohem Wertniveau zusammenzustellen. Anstatt mit der Verpflichtung eines „zu teuren" Spielers den kurzfristigen sportlichen Erfolg zu suchen und die gegebene Wertstruktur der Mannschaft nachhaltig zu stören, könnte es folglich für einen Großteil der Bundesliga-Vereine durchaus sinnvoll sein, der gegenwärtigen Wertstruktur entsprechende, vergleichsweise „preiswerte", Neuverpflichtungen zu tätigen und einen Teil des vorhandenen Kapitals in alternative Verwendungen, wie die Nachwuchsarbeit oder die Trainingsbedingungen, zu lenken, um langfristig das Niveau des gesamten Teams schrittweise zu erhöhen.

Auch die Verteilung der Erfahrungswerte der Spieler innerhalb einer Mannschaft sollte von den Verantwortlichen bei der Teambildung berücksichtigt werden. Die diesbezügliche Analyse hat ergeben, dass Mannschaften, die hinsichtlich der Bundesliga-Erfahrung ihrer Mitglieder heterogene Strukturen aufweisen, durchschnittlich bessere Leistungen und mehr Erfolge erzielen als homogen strukturierte Teams. Die sportliche Leitung sollte also stets darauf achten, die in der jeweiligen Situation des Vereins angemessene „Mischung" aus routinierten und unerfahrenen Profis aufzustellen. Auch in diesem Fall gibt es allerdings keine allgemein gültige Regel hinsichtlich eines einzig richtigen „Mischungsverhältnisses", vielmehr kann es sein, dass in einigen besonders bedeutungsvollen Spielen, z. B. dem Abstiegskampf, der Einsatz von mehr Routiniers und in anderen Fällen wiederum der Einsatz von mehr Bundesliga-Neulingen erfolgsversprechend ist. Festzuhalten bleibt jedoch, dass innerhalb der heterogen strukturierten Teams die potenziellen Nachteile der mit großer Erfahrung einsetzenden Routine durch die Vorteile der „Unbekümmertheit“ von unerfahrenen Profis kompensiert werden und umgekehrt.

Dem gegenüber wurde bezüglich der Alters- und der Nationalitätenstruktur der Mannschaften kein signifikanter Einfluss auf *Teamerfolg* oder *–leistung* nachgewiesen. Angesichts dieses Befundes sollte sich die Suche nach potenziellen Verstärkungen also grundsätzlich nicht auf einen wie auch immer regional begrenzten Markt beschränken und außerdem dem Alter eines Spielers keine besondere Beachtung geschenkt werden. Dennoch ist auch hier die spezifische Situation des Vereins zu berücksichtigen. So ist ungeachtet der Leistungspotenziale eines Spielers durchaus davon auszugehen, dass ein junger Spieler, der als bislang einziger Vertreter aus einem fremden Kulturkreis in eine bestehende Gruppe integriert werden soll, zunächst mehr Anpassungsschwierigkeiten haben und daher eine längere Integrationsphase benötigen wird, als dies bei einem älteren Spieler aus einem bereits im Team vertretenen Kultur- und Sprachraum der Fall wäre. Ist ein Verein also aufgrund akuter sportlicher Fehlplanungen darauf angewiesen, dass ein Spieler kurzfristig integriert wird und seine Leistungspotenziale möglichst bald voll ausschöpfen kann, wird er bei sonst gleichen Voraussetzungen den älteren, mit der Sprache und Kultur innerhalb der Gruppe vertrauten Spieler bevorzugen. Geht es hingegen darum, langfristig neue Potenziale aufzubauen und ist eventuell sogar die Verpflichtung weiterer Spieler aus dieser Region für die Zukunft geplant, wird eine Verpflichtung des jüngeren Spieler aus dem fremden Kulturkreis besser in das strategische Konzept des Vereins passen. Auch das Alter und die Nationalität eines Spielers sind also im Prozess der Rekrutierungsentscheidungen nicht vollständig zu vernachlässigen. Es gilt jedoch, den Spielermarkt in keiner Weise regional zu begrenzen, um die ohnehin vergleichsweise begrenzte Auswahl hochqualifizierter Fußballprofis nicht weiter einzuschränken.

Insgesamt können aus der Verbindung der *einzel- und teambezogenen Untersuchungen* demnach folgende *Gestaltungsempfehlungen* für eine erfolgversprechende Teambildung abgeleitet werden. Dem allgemeinen Vorgehen der strategischen Planung entsprechend, sollte das Vereinsmanagement vor der Verpflichtung neuer Spieler daher folgende Schritte beachten:

(1) die gegenwärtige sportliche und wirtschaftliche *Situation* des Vereins, der Konkurrenten und der gesamten Branche eingehend *analysieren* und mögliche *Entwicklungsperspektiven aufzeigen,*
(2) anhand der Entwicklungsperspektiven realistische sportlichen und wirtschaftliche *Ziele* sowohl mittel- als auch langfristig (über die nächste Saison hinaus) *definieren,*
(3) die zur Erreichung dieser Ziele erforderlichen *Sollwerte der Mannschaft* (Leistungs-, Erfolgsvorgaben etc.) festlegen und eine entsprechende *Soll-Mannschaftsstruktur* anhand geeigneter Kriterien vorgeben,

(4) die bestehenden *Istwerte* und die *Ist-Mannschaftsstruktur* anhand der gleichen Kriterien *ermitteln*,
(5) im Rahmen eines *Soll-Ist-Abgleichs* vorhandenen *Schwachstellen* der Mannschaftsstruktur aufdecken und hieraus mit Hilfe der Beurteilungskriterien Anforderungsprofile für potenzielle Neuverpflichtungen ableiten und
(6) vor diesem Hintergrund gezielt nach Verstärkungen der bestehenden Mannschaft am Markt suchen.

Insbesondere in bezug auf die Ermittlung der *Ist-* und die Entwicklung einer *Soll-Mannschaftsstruktur* sowie hinsichtlich der *Anforderungsprofile* können aus der vorliegenden Untersuchung weiterführende Handlungsempfehlungen abgeleitet werden. So sollte die Vereinsführung als Kriterien zur Beschreibung der Mannschaftsstrukturen in erster Linie die Daten des Marktwertgefüges sowie der Verteilung der Erfahrungswerte berücksichtigen. Die Altersstruktur sowie die Anzahl vertretener Nationalitäten sind für die Qualität der Entscheidungsfindung hingegen weit weniger bedeutsam und folglich schwächer zu gewichten.

Konkret sollten potenzielle Neuverpflichtungen aus rein sportlicher Sicht dazu beitragen,

- die bestehende Bundesliga-*Erfahrungsstruktur* möglichst zu ergänzen (Heterogenität) und
- das gesamte Wertniveau des Teams langfristig zu steigern ohne die bestehende *Marktwertstruktur* (Homogenität) zu verletzen.

Die Ergebnisse der Untersuchung können jedoch nur eine Hilfestellung bei der Vorauswahl geeigneter Neuverpflichtungen geben. Neben den soziodemographischen Merkmalen, die hier untersucht worden sind, haben die psychologischen Merkmale der Teammitglieder unumstritten wesentlichen Einfluss auf die Teamleistung. So können, trotz einer geeigneten Erfahrungs- oder Wertstruktur persönliche Probleme zwischen den Spielern den Erfolg einer Mannschaft nachhaltig mindern. Die Überprüfung dieser „weichen" Kriterien ist für die Vereinsführung jedoch wesentlich zeit- und kostenintensiver. Daher scheint es empfehlenswert, dass sie die Auswahl an Bewerbern durch das beschriebene Vorgehen bereits im Vorfeld weitestgehend eingrenzt, um anschließend im Rahmen von Probetrainings, persönlichen Gesprächen und letztlich den konkreten Vertragsverhandlungen den psychologischen und sozialen „Fit" zwischen dem Bewerber und dem bestehen Team zu ermitteln und bei der Entscheidung zu berücksichtigen.

Literatur

Adams, J. S. (1965): Inequity in Social Exchange, in: Berkowitz, L. (Hrsg.), Advances in Experimental Social Psychology 2, New York, S. 267-299.

Antoni, C. H. (1994): Gruppenarbeit in Unternehmen, Weinheim.

Braasch, S. (1999): Hollerbach: Karriere-Ende in anderthalb Jahren?, in: Welt-Online vom 25.11.1999, http://www.welt.de/daten/1999/11/25/1125hs139669.htx, o. S.

Briegel, H. P. (2001): Unser Team ist auf dem richtigen Weg, in: Lob und Tadel für die Nationalspieler, Kicker Online vom 07.06.2001, http://www.kicker.de, o. S.

Dieckmann, B. (1994): Der Erfahrungsbegriff in der Pädagogik, Weinheim.

Frick, B. (2001): Die Einkommen von „Superstars" und „Wasserträgern" im professionellen Teamsport, in: Zeitschrift für Betriebswirtschaft, 71. Jg., S. 701–720.

Gemünden, H. G./ Högl, M. (2000): Determinanten und Wirkungen der Teamarbeit in innovativen Projekten, in: Gmünden, H. G./Högl, M. (Hrsg.), Management von Teams, Wiesbaden, S. 33-66.

Gladstein, D. L. (1984): Groups in context. A model of task group effectiveness, in: Administrative Science Quartely, Vol. 29, S. 499-517.

Hackman, J. R. (1987): The design of work team, in: Lorch, J. W. (Hrsg.), Handbook of Organization Behaviour, Englewood Cliffs, S. 315-342.

Heeg, F. J. (1993): Projektmanagement, München.

Ilgen, D. R./ Major, D. A./ Hollenbeck, J. R./ Sego, D. J. (1995): Raising an individual decision-making model to the team-level, in: Guzzo, R. A./Salas, E. and Associates (Hrsg.), Team effectiveness and decision making in organizations, San Francisco, S. 113–148.

Kicker Sportmagazin (1999) (Hrsg.): Sonderheft – 100 Jahre Deutscher Fußball, Nürnberg.

Kicker Sportmagazin (2001) (Hrsg.): Sonderheft – Finale 2000/2001, Nürnberg,

Konrad, A. M./ Pfeffer, J. (1990): Do you Get What you Deserve? Factors affecting the Relationship Between Productivity and Pay, in: Administrative Science Quartely, Vol. 35, S. 258-285.

Litke, H.-D. (1995): Projektmanagement, München/Wien.

Littkemann, J. (1998): Projektmanagement und Projektcontrolling – Gestaltungsansätze in der Praxis, in: Zeitschrift Führung + Organisation, 67. Jg., S. 68-73.

Maletzke, G. (1998): Kommunikationswissenschaft im Überblick, Opladen/Wiesbaden.

Mankin, D./Cohen, S./Bikson, T. K. (1996): Teams and Technology: Fulfilling the promise of the new organization, Boston.

o. V. (2001): Willkommen im Mittelmaß:, in Spiegel, Heft 48, S. 224-229.

Prat, A. (1998): How Homogeneous Should a Team Be?, Tilburg.

Strasser, J. (1987): Im Projektteam spielt jeder eine Rolle, in: io Management-Zeitschrift, 56. Jg., S. 291– 292.

Womack, J. P./Jones, D. T./Roos, D.(1992): Die zweite Revolution der Autoindustrie, 7. Aufl., Frankfurt a. M.

Erfolgsmessung im Sportmanagement – Trainerwechsel und Vereinserfolg

Sören Salomo / Kai Teichmann

1 Problemstellung

Elementarer Bestandteil der empirischen Betriebswirtschaftslehre sowie deren Teildisziplin, des Sportmanagements, ist die Analyse von Erfolgbeziehungen.[1] Dabei geht es generell um die Prüfung von Einflussgrößen auf den Erfolg bestimmter Aktivitäten. Für die Betriebswirtschaftslehre sind beispielsweise die Studien zu Bedingungen erfolgreicher Innovationen[2] oder die Analyse der Erfolgsbeziehungen im Rahmen der Strategieforschung zu nennen[3]. Die Erfolgsfaktorenforschung sucht jedoch nicht nur „grundsätzliche" Einflussgrößen auf den Erfolg in „normalen" Situationen zu identifizieren, sondern analysiert ebenfalls spezifische Unternehmenssituationen. So sind Erfolgsfaktoren für die außergewöhnliche Situation der Akquisition oder für den Wechsel von Spitzenführungskräften einer eingehenden Analyse unterzogen worden.

Ziel dieses Beitrages ist der Versuch, Erkenntnisse aus einem spezifischen Bereich der betriebswirtschaftlichen empirischen Forschung auf einen vergleichbaren Teil des Sportmanagements zu übertragen. Dabei bietet sich besonders die Forschung zum Zusammenhang zwischen Wechsel der Spitzenführungskraft und Unternehmenserfolg an.[4] Diesem betriebswirtschaftlichen Untersuchungsbereich steht die Frage nach der Erfolgswirkung von Trainerwechseln im Sportmanagement gegenüber. Es ist zu untersuchen, inwieweit Erkenntnisse aus der betriebswirtschaftlichen Fragestellung in inhaltlicher aber auch besonders methodischer Sicht in die sportmanagementorientierte Analyse einbezogen werden können. In diesem Sinne wird eine methodenkritische Untersuchung vorgenommen, die nicht zuletzt Hinweise für die weitere Erfolgsfaktorenforschung im Sportmanagement liefern soll.

Die Analyse von Führungswechsel und Erfolg bietet sich insofern an, als dass hier ein vergleichsweise genau bestimmbares Ereignis des betrieblichen Geschehens bzw. des

---

[1] Vgl. Staehle (1994), S. 49 ff., Bronner/Appel/Wiemann (1999), S. 4., Kieser/Kubicek (1992), S. 57. Vgl. zu einem Überblick über Themen und Entwicklungen der empirischen Forschung in der Betriebswirtschaftslehre Martin (1989), S. 129 ff.

[2] Vgl. stellvertretend Witte (1972), Utterback et al. (1976), Cooper/Kleinschmidt (1995), sowie die zusammenfassende Analyse Hauschildts zur Erfolgsmessung bei Innovationen in Hauschildt (1991).

[3] Vgl. stellvertretend die zentralen Studien zu PIMS sowie die Literaturübersicht bei Schrader (1995).

[4] Vgl. Salomo (2001a), Kesner/Sabora (1994).

Vereinsgeschehens in seiner Beziehung zum Erfolg untersucht wird. Es liegen zudem für den Bereich der betriebswirtschaftlichen Betrachtung des Führungswechsels eine ausreichend große Anzahl an empirischen Untersuchungen vor. Damit ist eine ausreichend große Bandbreite an methodischen Ansätzen zu beobachten, die Aussagen zur Eignung spezifischer Herangehensweisen erlauben und Hinweise für einen methodischen Fortschritt im Sportmanagement geben können.

Die Frage von Erfolgseffekten des Führungswechsels ist zudem von hoher inhaltlicher Relevanz und damit auch über methodenkritische Betrachtungen hinaus von Bedeutung. Zeigen sich zum Beispiel bei Verwendung unterschiedlicher Erfolgsmaße oder unterschiedlicher Abgrenzung von Wechselanlässen unterschiedliche Erfolgszusammenhänge, so erhält man neben dem Einblick in systematische Methodeneinflüsse auch eine inhaltliche Aussage zum Wechsel der Führungskraft und Erfolg. Da nicht nur in der Unternehmenspraxis die vorzeitige Entlassung der Spitzenführungskraft gezielt als Instrument zur Erfolgsbeeinflussung genutzt wird, ist gerade der Einblick in die tatsächlichen Konsequenzen des Wechsels von hoher inhaltlicher Bedeutung.

2 Empirische Studien zum Zusammenhang zwischen Spitzenführungskraftwechsel und Unternehmenserfolg

2.1 Operationalisierung von Wechsel und Erfolg

Insgesamt können 34 Studien identifiziert werden, die sich mit Auswirkungen des Wechsels der Spitzenführungskraft auf den Unternehmenserfolg beschäftigen. Dabei werden Studien in die Analyse einbezogen, sofern sie sich mit der hier relevanten Fragestellung in Form einer großzahligen Erhebung auseinandersetzen und sie möglichst über eine deskriptive Analyse hinausgehen.[1]

Die Studien differenzieren dabei die personelle Veränderung an der Organisationsspitze in unterschiedlicher Form nach Wechseltypen. Der Vorgang des Spitzenführungskraftwechsels wird in seiner „einfachen" Form als Wechselvariable im Sinne des Vorhandenseins oder der Häufigkeit des Vorgangs einer empirischen Analyse unterzogen. Eine Reihe von Autoren wählen jedoch eine differenziertere Vorgehensweise und unterscheiden Typen des Wechsels je nach Anlass des Ausscheidens. Der Anlass wird dabei in der einfachsten Form mittels des Alters bei Ausscheiden operationalisiert.[2] Spitzenführungskräfte, die nach einer definierten Altersgrenze ausscheiden (i. d. R. 64 Jahre) werden als „planmäßige" Wechsel und früher ausscheidende als „unplanmäßige" Wechsel bestimmt. Diese Differenzierung nach Alter enthält jedoch einige Unschärfen, da nicht immer vom Alter der ausscheidenden Spitzenführungskraft auf

[1] Vgl. zum Vorgehen der Auswahl sowie zu einer Liste der einbezogenen Studien Salomo (2001a und 2001b).

[2] Vgl. stellvertretend Warner et al. (1988) und Harrison et al. (1988).

planmäßige Pensionierung geschlossen werden kann.[1] Eine größere Anzahl an Studien wählt daher eine Unterscheidung nach „freiwilligen", „erzwungenen" und „unabdingbaren" Wechseln.[2] Diese spezifischen Wechseltypen werden regelmäßig mittels einer Analyse von Presseartikeln bestimmt, wobei unterschiedliche Verfahren der Informationsgewinnung und -verdichtung zu beobachten sind.[3]

Grundsätzlich lassen sich zwei Hauptrichtungen der Erfolgsmessung unterscheiden: Zur Bestimmung des Unternehmenserfolges greift ein Teil der Studien auf Maße zurück, die sich aus dem Kapitalmarkt ableiten. Hierbei bilden die Aktienkurse der Unternehmen die Basis der Erfolgsbestimmung.[4] Alternativ zum Markterfolg wird der Unternehmenserfolg auf Basis des Jahresabschlusses gemessen.

Unabhängig von der Art der verwendeten Erfolgsmaße macht die absolute Betrachtung des Unternehmenserfolges nur bedingt Sinn. Relevante Aussagen sollten auf relativierten Größen fußen. Die Unternehmensanalyse unterscheidet dabei nach Zeit-, Betriebs- und Norm- oder Sollwertvergleich.[5] Den Ansatz des Zeit- und Betriebsvergleichs greifen eine Reihe von Studien unabhängig vom verwendeten Erfolgsmaß auf. So werden bei Verwendung von Aktienkursen als Erfolgsmaß „abnormale Aktienkursentwicklungen"[6] berechnet, als Differenz der individuellen Kursentwicklung des Unternehmens i zum Zeitpunkt t und der Kursentwicklung des Marktportfolios. Mit der Analyse der Kursentwicklung werden die Erfolgsmaße zeitlich relativiert. Der Vergleich zum Marktportfolio relativiert zum Erfolg des Gesamtmarktes.[7] Bei Verwendung von Jahresabschlusszahlen kann über die Veränderung von Erfolgskennzahlen über die Jahre ebenfalls zeitlich relativiert werden. Der Betriebsvergleich mittels eines Marktportfolios ist aufgrund der ungenügenden Datenlage jedoch problematisch. Nur wenige Studien erreichen einen systematischen Betriebsvergleich durch zum Beispiel in Branchen und Unternehmensgröße parallelisierte Kontrollfälle.[8] Norm- oder Soll-Ist-Vergleiche finden sich in keiner der empirischen Studien zum Wechsel der Spitzenführungskraft. Die Bestimmung von betriebswirtschaftlichen Normgrößen für den Unternehmenserfolg ist grundsätzlich problematisch. So könnten zum Beispiel Erfolgsmaße aus der Differenz von angestrebten und realisiertem Unternehmenserfolg bestimmt werden. Da interne Zielgrößen jedoch per Definition nur selten der externen Analyse zur Verfügung stehen, ist diese Form der Relativierung erschwert.

---

[1] Vgl. Harrison et al. (1988), S. 213 f.

[2] Vgl. stellvertretend Schrader/Lütje (1995) sowie Leker/Salomo (2000). Die Begriffe „disciplinary/non-disciplinary" oder „forced/non-forced" werden äquivalent verwandt.

[3] Vgl. Salomo (2001b).

[4] Vgl. stellvertretend Reinganum (1985), Lubatkin et al. (1989).

[5] Vgl. Littkemann/Krehl (2001), S. 23.

[6] Vgl. zur Bestimmung von „abnormal stock returns" Maddala (1977) und Fama et al. (1969).

[7] Enger fordern Lubatkin et al. (1989), S. 53 und 68, nicht den Gesamtmarkt, sondern nur Unternehmen einer gemeinsamen Risikoklasse – gemessen am systematischen Risiko – als Kontrollgruppe zu verwenden.

[8] Vgl. Salomo (2001b).

Insgesamt kann festgehalten werden, dass Studien zur Erfolgswirkung von Wechseln der Spitzenführungskräfte auf unterschiedliche Konzepte und Messansätze sowohl bei der Operationalisierung des Wechsels als auch der Erfolgsmaße zurückgreifen. Inwieweit diese unterschiedlichen Ansätze Einfluss auf die Bestimmung des Zusammenhangs zwischen Wechsel und Erfolg haben, ist Gegenstand der folgenden Analyse.

2.2 Einfluss unterschiedlicher Operationalisierungsmaße

Der Vergleich der Ergebnisse der Studien kann, sofern jeweils unterschiedliche Messmethoden verwandt wurden, Aufschluss über den Einfluss der Messung auf das Analyseergebnis geben. Bereits die einfache „Abzählmethode"[1] zeigt, dass von den 27 Studien, die auswertbare Ergebnisse berichten, 14 einen positiven Erfolgseffekt und sieben einen entgegengesetzten, negativen Zusammenhang von Wechsel und nachfolgendem Erfolg ermitteln. Drei Studien können keinen signifikanten Zusammenhang nachweisen.[2] Diese in der deskriptiven Analyse sichtbare Differenz der Untersuchungsergebnisse bestätigt sich auch in der statistischen Heterogenität der Effektstärken.[3] Die Studien zu Erfolgseffekten des Wechsels der Spitzenführungskraft sind bei einen χ^2-Wert von 23,77 (*df* 6) hoch signifikant heterogen.

Ein Teil dieser Heterogenität ist auf die unterschiedliche Operationalisierung des Wechsels und Unternehmenserfolgs zurückzuführen. So ist festzustellen, dass die ausschließliche Verwendung von Erfolgsmaßen auf Basis von Aktienkursen zum Teil problematisch ist. Studien, die parallel markt- und jahresabschlussbasierte Erfolgsmaße verwenden, zeigen regelmäßig stärkere Zusammenhänge für letztere Maße. Der Erklärungsbeitrag kapitalmarktbasierter Maße ist in den empirischen Ergebnissen durch die Erfolgsmaße auf Jahresabschlussbasis dominiert.[4] Die Veränderung von Aktienkursen nach einem Wechsel der Spitzenführungskraft kann dabei Ausdruck zweier gegensätzlicher Effekte sein: Im Sinne eines *Informationseffektes* werden die Marktteilnehmer erst durch den Wechsel auf eine kritische Erfolgslage aufmerksam und korrigieren entsprechend negativ ihre Erwartungen. Dem gegenüber steht der *fundamentale Effekt*, der im Sinne eines turnaround-Signals durch den Wechsel mit einer positiven Erfolgsentwicklung nach dem Wechsel einhergeht. Die Gesamtwirkung beider Effekte hängt von der Stärke des einzelnen Effekts ab, so dass die Analyse eigentlich nach beiden Effekten trennen müsste. Dies ist jedoch im Regelfall nicht möglich.[5]

---

[1] Vgl. Cotton/Tuttle (1986), S. 57.

[2] Vgl. zu den berichteten Erfolgszusammenhängen Salomo (2001b), S. 418 ff.

[3] Vgl. zur Bestimmung von Effektstärken Dalton et al. (1998), S. 277, und zur Bestimmung der statistischen Heterogenität Rosenthal/Rosnow (1991), S. 494 ff.

[4] Diese Aussage bezieht sich auf alle Studien zum Erfolgszusammenhang von Wechsel der Spitzenführungskraft und Unternehmenserfolg. Vgl. Barro/Barro (1990), Martin/McConnel (1991) und Khanna/Poulsen (1995).

[5] Vgl. zu einem möglichen Ansatz Bonnier/Bruner (1989), S. 96.

Auch die unterschiedliche Form der Differenzierung nach Wechseltypen hat einen Einfluss auf den ermittelten Erfolgszusammenhang. Drei Studien, die ausschließlich „unfreiwillige" Wechsel untersuchen, ermitteln unabhängig vom verwendeten Erfolgsmaß eine Erfolgsverbesserung nach dem Wechsel der Spitzenführungskraft.[1] Wird der Wechsel über die dichotome Klassifikation hinaus inhaltlich weiter differenziert, bestätigen sich auch hier die positiven Erfolgseffekte „unfreiwilliger" Wechsel.[2] Die andere Gruppe der „freiwilligen" Wechsel umfasst Anlässe wie Pensionierung und „disability" oder Tod der Spitzenführungskraft. Während sich in der aggregierten Sicht für diese Gruppe keine Erfolgseffekte nachweisen lassen,[3] zeigen sich in der getrennten Analyse der Wechsel auf Grund von „disability" oder Tod dann negative Erfolgseffekte, wenn der vorangegangene Erfolg positiv war.[4]

Die Differenzierung nach unterschiedlichen Wechseltypen erscheint insgesamt ein sinnvolle Möglichkeit zur Erklärung der Erfolgsentwicklung im Verlauf des Wechsels der Spitzenführungskraft. Je nach Wechseltyp zeigt sich zum Teil eine stark unterschiedliche Erfolgsentwicklung.[5] Einfachere Differenzierungen, zum Beispiel im Sinne des Alters bei Ausscheiden, leisten bereits einen Beitrag zur Erklärung der Erfolgsvarianz. Die Ergebnisse einiger Studien geben jedoch Hinweise, dass eine differenziertere Klassifikation zum Beispiel nach dem Anlass des Wechsels eine genauere Analyse ermöglicht.

Aus der Analyse der bisherigen betriebswirtschaftlichen empirischen Forschung zum Zusammenhang zwischen Wechsel der Spitzenführungskraft und Unternehmenserfolg lassen sich damit einige zentrale Forderungen an die Betrachtung des äquivalenten Analysebereichs des Sportmanagements – der Analyse von Erfolgseffekten der Trainerwechsel – ableiten:

- Trainerwechsel sollten nicht undifferenziert einer Analyse unterzogen werden. Auch wenn zum Beispiel die Häufigkeit von Pensionierungen im professionellen Sportgeschäft von vergleichsweise deutlich geringerer Bedeutung ist, macht eine differenzierte Analyse nach einer für den Sportbereich spezifisch entwikkelten Systematik Sinn.
- Die Güte der Ergebnisse ist abhängig vom Vorgehen der Erfolgsmessung. Dabei sind zwei zentrale Bereiche zu beachten: (a) Erfolgsmaße sind geeignet zu relativieren, wobei ein Zeit- und i. w. S. Betriebsvergleich mittels geeignet identifizierter Kontrollfälle erreicht werden kann. Für den Bereich des Sportmanagements lassen sich unter Umständen sogar Sollwerte über die vergleichsweise höhere Transparenz der Organisationsziele bestimmen. Und (b) sind die

[1] Vgl. Denis/Serrano (1996), Klein/Rosenfeld (1988) und Worrell et al. (1993).
[2] Vgl. Friedman/Singh (1989), Salomo (2001b).
[3] Vgl. Johnson et al. (1985).
[4] Vgl. Friedman/Singh (1989).
[5] Vgl. zu einer detaillierten Darstellung der Erfolgseffekte nach dem Wechsel Salomo (2001b).

Erfolgsmaße hinsichtlich ihrer zeitlichen Relation zum Wechselereignis zu kontrollieren. Erfolgsmaße, die als Mittel über die gesamte Periode (vor und nach dem Wechsel) gebildet werden, eigenen sich vor dem Hintergrund der hohen und zum Teil gegenläufigen Erfolgsdynamik nicht zur eindeutigen Bestimmung von Erfolgseffekten des Trainerwechsels.

Diese Hinweise zur geeigneten Operationalisierung werden im Folgenden verwandt, um die Erfolgseffekte von Trainerwechseln in der Deutschen Fußball-Bundesliga zu analysieren. Im Vergleich zu uns vorliegenden bisherigen Untersuchungen in diesem Bereich unterscheiden wir uns insofern, als dass wir eine genaue Selektion der Anlässe des Trainerwechsels vornehmen und Erfolgsmaße an Soll-Zielen relativieren sowie zeitliche Effekte berücksichtigen.

3 Untersuchung von Erfolgseffekten des Trainerwechsels in der deutschen Fußball-Bundesliga

3.1 Stichprobe

Gegenstand der Untersuchung sind die Trainerwechsel in der 1. Fußball-Bundesliga zwischen 1979 und 1998. Insgesamt haben in diesem Zeitraum 194 Trainerwechsel stattgefunden.[1] Im folgenden Abschnitt sollen diese Trainerwechsel aus den vorher beschriebenen Gründen systematisiert werden, um im Rahmen einer empirischen Analyse einen ausgesuchten Typ des Trainerwechsels auf seine Erfolgswirksamkeit hin zu untersuchen. Diese differenzierte Betrachtung soll somit die Gültigkeit von Aussagen über den Zusammenhang zwischen Wechsel und Erfolg erhöhen.

3.2 Operationalisierung des Trainerwechsels

Der Wechsel des Trainers in der Fußball-Bundesliga lässt sich in ähnlicher Form wie der in der betriebswirtschaftlichen Literatur behandelte Wechsel der Führungskraft systematisieren. Jedoch erscheint eine unveränderte Übertragung der Systematik auf den Führungswechsel in Sportorganisationen – und hier insbesondere auf den Bereich des Fußballs – aus zwei Gründen nicht sinnvoll: Erstens treten Pensionierungen, gesundheitliche Probleme und Tod als Wechselursachen für Fußballtrainer kaum auf. Zweitens existieren zwischen Managern von Unternehmen und Trainern von Fußballmannschaften Unterschiede, was die Häufigkeit des Engagements als Führungskraft betrifft.

---

[1] Trainerwechsel unmittelbar vor der Saison 1979/80 sowie unmittelbar nach der Saison 1997/98 wurden dabei nicht berücksichtigt. Im Falle, dass zwischen dem Ende der Amtszeit des ausgewechselten Trainers und dem Beginn der Amtszeit des Nachfolgers ein sogenannter Interimstrainer für die Mannschaft verantwortlich war, wurde nur ein Wechsel gezählt.

Manager von großen Unternehmen, die den Posten des Vorstands- oder des Aufsichtsratsvorsitzenden als Höhepunkt und zugleich Endstation ihrer beruflichen Karriere anstreben, weisen häufig nur sehr wenige vergleichbare Karrierestationen auf.[1] Dagegen ist es für einen Fußballtrainer normal, im Laufe seiner beruflichen Tätigkeit bei mehreren Vereinen als verantwortlicher Trainer zu arbeiten. Ein nach einem Trainerwechsel neu engagierter Trainer war in der Regel bereits bei anderen Bundesligavereinen beschäftigt.[2] Nichtsdestotrotz ist es auch in Sportorganisationen sinnvoll, eindeutige Wechseltypen zu analysieren. Dies gilt besonders für die Abgrenzung der unfreiwilligen und disruptiven Wechsel. Aus diesem Grund soll für den Bereich der Fußball-Bundesliga eine eigene Systematik der Wechselarten erstellt werden, um diejenigen Wechsel zu identifizieren, die für eine empirische Analyse besonders interessant sind. Hierzu sind geeignete Systematisierungskriterien aufzustellen.

Ein zwischen Vereinsführung und Trainer geschlossener Vertrag ist in der Regel befristet. Dabei fällt in den meisten Fällen das Vertragsende mit dem Ende einer Saison zusammen. Die Differenzierung nach der Tatsache, ob ein abgeschlossener Vertrag eingehalten wird und die Trainertätigkeit nach dem regulären Vertragende beendet wird, oder ob es zu einer vorzeitigen Vertragsauflösung durch einen der Vertragspartner kommt, erscheint daher als erstes Systematisierungskriterium für den Trainerwechsel in der Fußball-Bundesliga sinnvoll. Für die Untersuchung von Gründen für einen Trainerwechsel sowie Wirkungen desselben ist eine Konzentration auf diejenigen Wechsel, die durch vorzeitige Beendigung des Vertrages zwischen Verein und Trainer bedingt sind, von besonderem Interesse. Hier sind Dissonanzen zwischen Vereinsführung und Trainer wahrscheinlich. Diese Art des Wechsels lässt folglich eine hohe Dynamik erwarten und ist daher auch von besonderer praktischer Relevanz.

Die nächste Stufe der Systematik differenziert zwischen Trainerwechseln zwischen zwei Spielzeiten (intersaisonaler Wechsel) und Trainerwechseln während einer Spielzeit (intrasaisonaler Wechsel). Diese Unterscheidung ist sinnvoll, da während einer Spielzeit engagierte Trainer über weitaus geringere Einflussmöglichkeiten auf die Mannschaft verfügen als Trainer, die mit einer Mannschaft im Laufe der Saisonvorbereitung zu Beginn einer Bundesligasaison mehrere Wochen gezielt arbeiten können.[3] Darüber hinaus ist zu vermuten, dass ein intrasaisonaler Trainerwechsel für den Bundesligaverein als Organisation aufgrund der in diesem Zusammenhang auftretenden organisatorischen Turbulenzen als stärkere Herausforderung auftritt als ein intersaisonaler Wechsel.[4]

---

[1] Vgl. Poensgen (1982), S. 188.

[2] Vgl. Singer/Wagner (1979), S. 172.

[3] Vgl. Gabler (1975), S. 313.

[4] Katz unterscheidet im Rahmen ihres Vergleichs von Unternehmen und Sportmannschaften in diesem Zusammenhang zwischen einem „performance mode“ und einem „learning mode“. Vgl. Katz (2001), S. 60.

Die entwickelte Systematik der Trainerwechsel ist in Abbildung 1 unter Angabe der Häufigkeiten im Untersuchungszeitraum abgebildet.

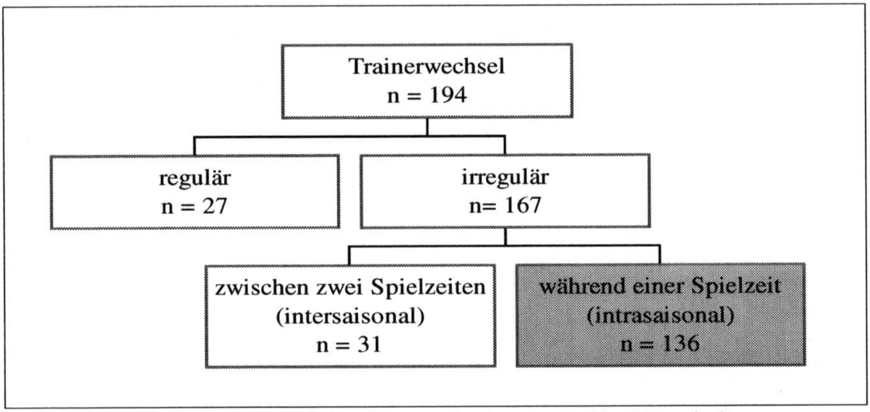

Abb. 1: Systematik der Trainerwechsel in der Fußball-Bundesliga
Quelle: Salomo/Teichmann (2000), S. 103.

Aus den vorher genannten Gründen sowie der Tatsache, dass der intrasaisonale Trainerwechsel der häufigste Typ des Trainerwechsels ist, beschränkt sich die empirische Analyse im Folgenden auf diesen Wechseltyp.

3.3 Operationalisierung des Erfolges

Der Mannschaftserfolg unterliegt keiner einheitlichen Definition, sondern kann vielfältig bestimmt werden. Konzentriert man sich bei der Bestimmung des Mannschaftserfolges auf die Resultate, die in den Punktspielen der Bundesliga als wichtigstem und spielintensivstem Wettbewerb erzielt wurden, und lässt damit das Abschneiden in nationalen und internationalen Pokalwettbewerben außer acht, liegt es nahe, die Erfolgsbestimmung anhand des Tabellenplatzes vorzunehmen. Dieses Vorgehen hat jedoch den Nachteil, dass die individuellen Positionen der Mannschaften in der Bundesliga-Tabelle zwar die Reihenfolge eindeutig festlegen, nicht jedoch den Abstand zwischen einzelnen Tabellenplätzen nach Punkten, deren Existenz erst die Bildung einer Tabelle ermöglichen. Eine präzisere Erfolgsmessung sollte sich daher auf die erzielten Punkte und nicht auf die Tabellenposition stützen. Basierend auf der für den größten Anteil des Untersuchungszeitraumes gültigen Zwei-Punkte-Regel, wonach jede Mannschaft für einen Sieg in einem Bundesligaspiel zwei Punkte, für ein Unentschieden einen Punkt und für eine Niederlage keinen Punkt erhält, kann für jede Mannschaft und jedes Spiel einer Saison ein objektives Erfolgsmaß aufgestellt werden (Variable „pas"). Die durchschnittliche Punktzahl einer Mannschaft zu jedem Zeitpunkt der Saison ist wie folgt definiert:

(1) $$psi = \frac{\sum_{i=1}^{n} pas_i}{n}$$ mit „n“ als Anzahl der bisher ausgetragenen Spiele einer Saison.

Ziel unserer Untersuchung ist die Analyse der Wirkung eines Trainerwechsels auf den Mannschaftserfolg. Daher fokussiert die Erfolgsbestimmung den Zeitraum *nach* dem Trainerwechsel. Dabei können zwei Arten von Perioden betrachtet werden:

Erstens kann die gesamte Periode vom Trainerwechsel bis zum Saisonende betrachtet werden, in dem die in diesem Zeitraum erzielten Punkte durch die Anzahl der unter der Regie des Nachfolgers absolvierten Spiele geteilt werden:[1]

(2) $$psi_{nf} = \frac{\sum_{i=T+1}^{N} pas_i}{N-T}$$ mit „N“ als Gesamtzahl der Spiele einer Saison und „T“ als Zeitpunkt des Trainerwechsels.

Zweitens kann für die Bestimmung des Mannschaftserfolges eine Periode, die aus einer fest definierten Anzahl von Spielen besteht und in einem fest definierten Abstand vom Trainerwechsel liegt, für die Analyse herangezogen werden, um den Erfolg in der Periode zwischen dem x-ten und dem y-ten Spiel *nach* dem Trainerwechsel zu bestimmen.

(3) $$nxny = \frac{\sum_{i=T+x}^{T+y} pas_i}{y-x+1}$$ mit „x“ und „y“ als Anfangs- und Endpunkt der zu betrachtenden Periode.

Setzt die Erfolgsbestimmung unmittelbar nach dem Trainerwechsel an, wird x = 1 gesetzt.

Auch die Erfolgsmaße im Fall des Trainerwechsel sind geeignet zu relativieren. In Anlehnung an die Überlegungen der Erfolgsmessung betriebswirtschaftlicher Studien bieten sich der Zeitvergleich, Norm- bzw. Soll-Ist-Vergleich und Betriebsvergleich als Referenzmaße an.

Im Rahmen eines *Zeitvergleiches* soll der Mannschaftserfolg nach dem Trainerwechsel mit dem Mannschaftserfolg vor dem Trainerwechsel verglichen werden. Dabei kann analog zu der erfolgten Operationalisierung des Erfolges nach dem Trainerwechsel wiederum zwischen dem Erfolg von Saisonbeginn bis zum Trainerwechsel[2] sowie dem Erfolg in einer Periode mit fest definierter Länge und festgelegtem Abstand zum Trainerwechsel unterschieden werden.

[1] In dem Fall, in dem bei einem Verein mehrere intrasaisonale Trainerwechsel auftreten, wird natürlich nur der Zeitraum bis zu dem erneuten Trainerwechsel betrachtet.

[2] In dem Fall, in dem bei einem Verein mehrere intrasaisonale Trainerwechsel auftreten, wird nur der Zeitraum vom vorherigen zum aktuellen Trainerwechsel betrachtet.

Die durchschnittlich erzielte Punktzahl in den Spielen unter der Verantwortung des abgelösten Trainers seit Saisonbeginn (Variable: psi_{vg}) ist somit

(4) $$psi_{vg} = \frac{\sum_{i=1}^{T} pas_i}{T}$$ mit „T" als Zeitpunkt des Trainerwechsels.

Der Erfolg in der Periode zwischen dem a-ten und dem b-ten Spiel *vor* dem Trainerwechsel (mit a < b) wird wie folgt definiert:

(5) $$vavb = \frac{\sum_{i=T-B}^{T-A} pas_i}{b-a+1}$$ mit „a" und „b" als End- und Anfangspunkt der zu betrachtenden Periode.

Somit ermöglichen die nach den Vorgehen (2) und (4) bzw. (3) und (5) vorgenommenen Operationalisierungen einen Zeitvergleich, wobei es im Fall des Vergleiches fest definierter Perioden mit fest definiertem Abstand zum Trainerwechsel sinnvoll ist, den Zeitvergleich anhand entsprechender spiegelbildlicher Zeitfenster vorzunehmen (mit a = x und b = y). Diese Zeitfenster sollten eine Mindestlänge aufweisen, um die Existenz zufälliger Ergebnisse zu reduzieren. Daher werden, da Perioden sowohl vor als auch nach einem Trainerwechsel betrachtet werden sollen, alle Trainerwechsel, die nach den ersten drei Spielen nach Saisonbeginn oder vor den letzten drei Spielen vor Saisonende stattfanden, nicht berücksichtigt. Die Zahl der zu untersuchenden Fälle sinkt damit von ursprünglich 136 auf 123.

Im Rahmen des *Normvergleiches*[1] wird der Erfolg nach einem Trainerwechsel mit dem angestrebten Erfolg verglichen. Der angestrebte Erfolg ist vor allem davon abhängig, wie leistungsstark die eigene Mannschaft im Vergleich zur Konkurrenz eingeschätzt wird. Die vermutete Leistungsstärke ist wiederum von der zur Verfügung stehenden finanziellen Ausstattung abhängig.[2] Hinsichtlich der finanziellen Ausstattung bestehen zwischen den Vereinen teilweise erhebliche Unterschiede.[3] Die finanzkräftigeren Vereine können vergleichsweise hohe Spielergehälter zahlen, so dass die besten Spieler tendenziell bei diesen Vereinen unter Vertrag stehen. Die Qualität des vorhandenen „Spielermaterials" im Vergleich zu den anderen Vereinen determiniert daher das jeweilige Saisonziel. Daraus folgt, dass die Vereine bei annähernd realistischer Einschätzung ihrer sportlichen Potenziale unterschiedliche Saisonziele[4] anstreben.

Die verschiedenen Saisonziele begründen damit eine Differenzierung zwischen objektivem und subjektivem Erfolg. Der objektive Erfolg wird durch die tatsächlich erziel-

---

[1] Die Begriffe Normvergleich und Soll-Ist-Vergleich werden hier synonym verwendet.

[2] Vgl. zum Zusammenhang zwischen finanziellem Input und Mannschaftserfolg Szymanski/Kuypers (1999), S. 157 ff.

[3] Vgl. Gömmel/Cavar (1999), S. 13.

[4] Zur Definition von Zielen vgl. Hauschildt (1980), Sp. 2419.

ten Punkte und damit durch die Tabelle ausgedrückt, so dass der Tabellenerste objektiv betrachtet den größten Erfolg erzielt hat. Der subjektive Erfolg misst den objektiv erzielten Erfolg an den eigenen Ansprüchen. Diese grundlegende Unterscheidung ist die Basis für die Durchführung des Normvergleiches zu den Erfolgswirkungen des Trainerwechsels in der Fußball-Bundesliga.

Generell kann im Rahmen des Untersuchungszeitraumes zwischen vier verschieden sportlichen Saisonzielen auf einer Ordinalskala unterschieden werden: (1.) die deutsche Meisterschaft, (2.) die Qualifikation für einen europäischen Wettbewerb, (3.) ein Mittelfeldplatz und (4.) der Klassenerhalt. Zur Identifikation der jeweiligen Saisonziele der einzelnen Mannschaften wurde die deutsche Sportpresse auf relevante Informationen hin überprüft. Da die Saisonziele zumeist in unmittelbarem Zusammenhang zu einem Tabellenplatz stehen, lässt sich die Beziehung zwischen Tabellenplatz und Saisonziel wie in Abbildung 2 dargestellt abbilden.

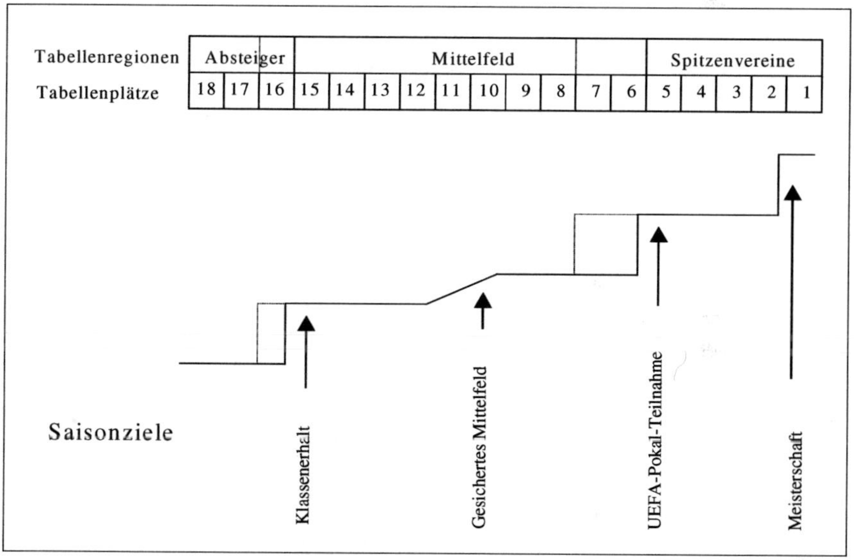

Abb. 2: Tabellenplätze und Saisonziele
Quelle: Salomo/Teichmann (2000), S. 106.

Aus den Daten der Vergangenheit kann die durchschnittliche Punktzahl zur Erreichung eines bestimmten Zieles abgeleitet und als Prognosewert für die aktuelle Saison verwendet werden. In diesem Fall wird die durchschnittliche Punktzahl zur Erreichung eines der vier genannten Saisonziele auf der Basis der letzten fünf vor der jeweils aktuellen Saison vergangenen Spielzeiten errechnet (Variable „pss"). Der Normvergleich überprüft, ob es dem neuen Trainer gelingt, das zuvor anvisierte Saisonziel noch zu erreichen. Dabei wird angenommen, dass das sportliche Ziel eines Vereins im Laufe der Saison nicht verändert wird. Diese Annahme ist problematisch, da die über alle Vereine aggregierten Saisonziele höher liegen als die tatsächlich erreichbaren Tabellenplätze. Daher werden einige Vereine gezwungen sein, im Laufe der Saison ihre sportlichen Ziele (nach unten) zu korrigieren. Mangels anderer Informationen wird jedoch von einer Beibehaltung des ursprünglichen Saisonziels und damit von der Anwendbarkeit des Normvergleichs ausgegangen. Für den Normvergleich werden nur Mannschaften herangezogen, die nach dem Trainerwechsel noch mindestens vier Spiele in der laufenden Saison absolviert haben. Die Zahl der verwertbaren Fälle beträgt unter Einschluss dieses Kriteriums 127.

Im Rahmen des *Betriebsvergleiches* ist es sinnvoll, jedem intrasaisonalen Trainerwechsel einen Kontrollfall gegenüberzustellen. Dabei folgen wir einem aus der Krisenforschung bekannten Vorgehen zur Identifikation „paralleler" Kontrollfälle.[1] Als Kontrollmannschaften werden Mannschaften – ohne Trainerwechsel – ausgewählt, die zum einen ein identisches oder ähnliches Saisonziel und zum anderen zum Zeitpunkt des Trainerwechsels eine identische oder ähnliche Anzahl von Punkten im Vergleich zu Mannschaften, die den Trainerwechsel durchgeführt haben, aufweisen. Diese Kriterien konnten in 116 Fällen erfüllt werden.

3.4 Ergebnis der empirischen Analyse

Die Erfolgseffekte des Trainerwechsels werden zunächst anhand von t-Tests analysiert.

a) Zeitvergleich

Dieser Vergleich stellt die Mannschaftserfolgswerte (unmittelbar) vor und nach dem Trainerwechsel gegenüber. Abbildung 3 zeigt die durchschnittlich erzielten Punkte jeweils zwölf Spiele vor und nach einem intrasaisonalen Trainerwechsel.

[1] Vgl. Salomo (2001a).

Abb. 3: Punktspielerfolge vor und nach dem Trainerwechsel

Die Grafik macht deutlich, dass das Minimum der durchschnittlich erzielten Punkte dem Trainerwechsel unmittelbar vorausgeht und dass danach ein deutlicher Leistungsanstieg zu verzeichnen ist. Zur induktiven Überprüfung werden die Ergebnisse einer identischen Anzahl von Spielen jeweils vor und nach dem Trainerwechsel verglichen (vgl. Tabelle 1).

		N	Mittelwert	Standard-abweichung	Zweiseitige Signifikanz
Paar 1	v4v1	123	0,5691	0,3269	0,000
	n1n4	123	0,8374	0,4377	0,000
Paar 2	v8v1	86	0,6962	0,2892	0,000
	n1n8	86	0,9055	0,3304	0,000
Paar 3	v12v1	39	0,7521	0,2345	0,009
	n1n12	39	0,8974	0,2864	0,009
Paar 4	psi_{vg}	123	0,7544	0,2439	0,000
	psi_{nf}	123	0,8686	0,3080	0,000

Tab. 1: Zeitvergleich

Die Ergebnisse des t-Tests bestätigen die Vermutung, dass der Mannschaftserfolg nach einem Trainerwechsel gegenüber dem Mannschaftserfolg vor einem Trainerwechsel ansteigt. Der Befund ist für die Perioden von vier und acht Spielen hoch signifikant, für die Periode von zwölf Spielen sehr signifikant. Dabei muss bei der Interpretation des Befundes des dritten Paares beachtet werden, dass die Fallzahl deutlich reduziert werden musste, da nur Wechsel in der Saisonmitte berücksichtigt werden konnten. Ebenfalls höchst signifikant ist der Unterschied zwischen dem Mannschaftserfolg vor und nach dem Trainerwechsel, wenn man unabhängig von der Anzahl der Spiele die durchschnittliche Punktzahl aller Saisonspiele vor und nach dem Wechsel miteinander vergleicht. Ein Nachweis, dass mit einem Trainerwechsel ein positiver Effekt auf den Mannschaftserfolg verbunden ist, ist damit jedoch noch nicht erbracht, da eine Leistungssteigerung auch ohne den Wechsel des Trainers zustande kommen könnte. Dieses wird nun mit Hilfe des Norm- sowie des Betriebsvergleiches geprüft.

b) Normvergleich

Im Rahmen des Normvergleichs wird der Mannschaftserfolg wiederum nach jeweils vier, acht und zwölf Spielen sowie unabhängig von der Anzahl der Spiele nach dem erfolgten Trainerwechsel dem angestrebten Erfolg (Variable „pss") gegenübergestellt. Die Ergebnisse sind in Tabelle 2 dargestellt.

		N	Mittelwert	Standard-abweichung	Zweiseitige Signifikanz
Paar 1	pss	127	1,0190	0,1716	0,000
	n1n4	127	0,8425	0,4328	0,000
Paar 2	pss	101	1,0210	0,1647	0,000
	n1n8	101	0,8923	0,3396	0,000
Paar 3	pss	72	1,0096	0,1573	0,000
	n1n12	72	0,8958	0,2824	0,000
Paar 4	pss	127	1,0190	0,1716	0,000
	psi_{nf}	127	0,8708	0,3058	0,000

Tab. 2: Normvergleich

Die Ergebnisse zeigen, dass unabhängig vom betrachteten Zeitintervall der erzielte Erfolg höchst signifikant niedriger als der zu Saisonbeginn anvisierte Erfolg ist. Demnach scheint nach einem intrasaisonalen Trainerwechsel nicht der gewünschte Erfolg einzutreten, es ist sogar ein negativer Effekt zu beobachten. Zu beachten ist jedoch, dass die hier bestimmten Saisonziele zu Beginn der Saison formuliert werden und daher bei Verwendung möglicher revidierter Saisonziele andere Effekte des Trainerwechsels zu beobachten wären. Dennoch bleibt festzuhalten, dass ein Trainerwechsel offensichtlich keinen Beitrag zur Erreichung der erwarteten Saisonziele leistet. Dieser im Gegensatz zum Zeitvergleich widersprüchliche Befund soll nun anhand des Betriebsvergleiches weiter geprüft werden.

c) Betriebsvergleich

Die häufig an einem Betriebsvergleich geäußerte Kritik, dass die Betriebe untereinander kaum vergleichbar sind,[1] greift hier nicht. Fußballmannschaften sind im Gegensatz zu Unternehmen sehr homogene Organisationen, die aufgrund der starken Reglementierung in einem eng umgrenzten Feld im Wettbewerb zueinander stehen.[2] Tabelle 3 zeigt die Ergebnisse des t-Tests.

---

[1] Vgl. Baetge (1998), S. 42.

[2] Zur Anwendbarkeit von Sportmannschaften als Untersuchungsobjekt vgl. Allen et al. (1979) und Scully (1994).

		N	Mittelwert	Standard-abweichung	Zweiseitige Signifikanz
nln4	Trainerwechsel	116	0,8836	0,4228	0,052
	kein Trainerwechsel	116	0,9914	0,4182	0,052
nln8	Trainerwechsel	95	0,9158	0,3324	0,090
	kein Trainerwechsel	95	0,9934	0,2942	0,090
nln12	Trainerwechsel	69	0,9167	0,2662	0,201
	kein Trainerwechsel	69	0,9710	0,2295	0,201
psi_{nf}	Trainerwechsel	115	0,9026	0,2897	0,001
	kein Trainerwechsel	115	1,0231	0,2774	0,001

Tab. 3: Betriebsvergleich

Zunächst ist es unmittelbar ersichtlich, dass die Leistungen der Mannschaften, die einen Trainerwechsel vollziehen, die Leistungen der Kontrollmannschaften nicht übersteigen. Es ist sogar ein gegenteiliger Effekt feststellbar, der sich jedoch mit zunehmender Länge des betrachteten Intervalls abschwächt. Unabhängig von der Anzahl der betrachteten Spiele (Variable „psi_{nf}“) ist außerdem festzuhalten, dass auf der Grundlage dieses t-Testes der Einfluss des Trainerwechsels auf den anschließenden Mannschaftserfolg negativ ist: Der Mannschaftserfolg der Kontrollmannschaften übersteigt den Mannschaftserfolg der „Wechsel-Mannschaften“ hoch signifikant. Je nach Methode der Erfolgsoperationalisierung und -relativierung zeigen sich unterschiedliche Zusammenhänge zwischen Trainerwechsel und Mannschaftserfolg: Im Zeitvergleich ergibt sich eine positive, im Norm- und Betriebsvergleich eine negative Wirkung des Trainerwechsels auf den Mannschaftserfolg. Die Wahl des Analyseinstrumentariums hat offensichtlich maßgeblichen Einfluss auf den Befund.

Ein Ansatz zur Integration der verschiedenen Erfolgsmaße in der Betrachtung der Erfolgseffekte des Trainerwechsels ist mit Hilfe der *multiplen linearen Regression* möglich. Dabei wird der Mannschaftserfolg nach dem Trainerwechsel (Variable „psi_{nf}“) als abhängige Variable erklärt. Als unabhängige Variablen werden die durchschnittliche Punktzahl der voran gegangenen Saison (Variable „psi_{vs}“)[1], die durchschnittliche Punktzahl vor dem Trainerwechsel (Variable „psi_{vg}“) sowie der Trainerwechsel (Variable „tw“) herangezogen. Letzteres erfordert neben den Fallmannschaften wiederum die Einbeziehung der Kontrollmannschaften. Das Ergebnis der linearen Regression ist in Tabelle 4 dargestellt. Der Mannschaftserfolg nach dem Trainerwechsel wird nicht durch den Mannschaftserfolg der laufenden Saison vor dem Trainerwechsel (Variable „psi_{vg}“) erklärt. Insofern bestätigt sich das Ergebnis des Zeitvergleichs, wonach der Erfolg nach dem Trainerwechsel signifikant höher als der Erfolg vor dem Wechsel ist. Der Erfolg der Vorsaison hat einen hoch signifikanten Einfluss auf den Erfolg nach dem Trainerwechsel. Daher liegt die Interpretation nahe,

[1] Die Trainerwechsel bei Mannschaften, die ihre erste Saison in der Bundesliga spielen, können daher nicht verwendet werden. Gleiches gilt für die Kontrollmannschaften.

dass eine Mannschaft gegenüber der Vorsaison einen Leistungseinbruch erleidet, dessen Folge der Trainerwechsel ist. Nach dem Wechsel spielt die Mannschaft dann wieder auf dem Niveau der Vorsaison. Der Trainerwechsel selbst hat nur wie schon im Norm- und Betriebsvergleich einen (wenn auch schwachen) negativen Effekt. Dennoch lässt das Ergebnis den Schluss zu, dass es bei schlechten Leistungen tendenziell vorteilhafter ist, am Trainer festzuhalten als seine Entlassung zu betreiben. Das Ergebnis der linearen Regression ist jedoch vorsichtig zu interpretieren, da insgesamt nur eine Varianzerklärung von 12,3 % erreicht wird. Weiterhin ist zu beachten, dass die Zahl der Fälle durch die Konventionen, die im Zuge der Operationalisierung nötig waren, von 136 auf 81 gesunken ist.

n=162 mit 81 intra-saisonalen Trainer-wechseln	Variable	Koeffizient	Standard-fehler	Beta	t	Signifikanz
	psi_{ls}	0,542	0,151	0,311	3,579	0,000
	psi_{vg}	0,077	0,123	0,055	0,629	0,530
	tw	-0,092	0,044	-0,157	-2,090	0,038
	Konstante	0,429	0,136		3,143	0,002

Tab. 4: Ergebnis der linearen Regression (korrigiertes R^2 = .12)

3.5 Ergebnisse im Vergleich zu früheren Untersuchungen

Die Beziehung zwischen Trainerwechsel und Mannschaftserfolg im professionellen Sport ist bereits seit einigen Jahrzehnten Gegenstand wissenschaftlicher Forschung. Insbesondere die Auswirkungen des Trainerwechsels auf den Mannschaftserfolg sind dabei immer wieder untersucht worden, wobei die einzelnen Studien sich u. a. anhand folgender Kriterien unterscheiden lassen:

- Untersuchungsobjekte,
- Datenumfänge,
- Referenzzustände,
- statistische Verfahren.

Eine grundsätzliche Schwäche einiger Studien besteht darin, dass nicht explizit zwischen dem Erfolg nach dem Wechsel und dem Erfolg vor dem Wechsel unterschieden wird. Vielmehr wird der gesamte Erfolg innerhalb einer bestimmten Periode, in der ein Wechsel stattgefunden haben kann, betrachtet.[1] So stellt Grusky (1963) für amerikanische Baseballmannschaften fest, dass Mannschaften, die häufiger den Trainer wechseln, durchschnittlich schlechter abschneiden als Mannschaften, die im selben Zeitraum weniger häufig den Trainer wechseln.[2] Die differenzierte Analyse zu Ursachen und Wirkungen des Trainerwechsels lässt eine solche Vorgehensweise nicht zu.

---

[1] Vgl. dazu für den US-Profisport Grusky (1963), Allen et al. (1979) sowie Pfeffer/Davis-Blake (1986), für die Fußball-Bundesliga Brinkmann (1979).

[2] Vgl. Grusky (1963), S. 28.

Eine genaue zeitliche Abgrenzung der Erfolgsmaße zum Trainerwechsel ist daher auch für die empirische Fundierung von Effekten eines Wechsels im Sportmanagement von hoher Bedeutung.

Als weitere Anforderung an das methodische Vorgehen bei der Frage nach den Effekten des Trainerwechsels ist die genaue Abgrenzung verschiedener Wechseltypen zu nennen. Die meisten empirischen Arbeiten konzentrieren sich auf den intrasaisonalen Wechsel.[1] Dies ist vermutlich durch die Häufigkeit des Auftretens und durch die höhere Öffentlichkeitswirkung im Vergleich zu anderen Arten des Wechsels begründet.

Die Frage, welche Wirkungen ein intrasaisonaler Trainerwechsel mit sich bringt, ist in hohem Maße davon abhängig, welches Erfolgsmaß verwendet wird. Die seit den 60er Jahren bestehenden miteinander konkurrierenden Theorien,[2] wonach ein Trainerwechsel positive[3] („common-sense-theory"), negative[4] („vicious-circle-theory") oder indifferente[5] („scapegoating-theory") Auswirkungen auf den anschließenden Erfolg aufweist, sind allesamt durch verschiedene Studien bestätigt worden. Bei Betrachtung der einzelnen Studien fällt auf, dass nicht nur in der Operationalisierung des Erfolges unterschiedliche Methoden verwendet wurden, sondern vor allem bei der Wahl des Referenzzustandes, an dem der Erfolg gemessen wird. Häufig wird nur der Erfolg vor dem Trainerwechsel als Vergleichsmaßstab herangezogen. Es dominiert also der Zeitvergleich. Der Betriebsvergleich, also die Leistungsmessung im Vergleich zu Kontrollmannschaften, die in einer vergleichbaren Situation keinen Trainerwechsel durchgeführt haben, wurde in den Studien von Singer/Wagner (1979), Breuer/Singer (1996) sowie Audas et al. (1997) vorgenommen. Interessanterweise kommen alle drei Studien zu dem Ergebnis, dass durch einen Trainerwechsel keine nachhaltigen Erfolgswirkungen erzielt werden. Die Ergbnisse unserer Studie bestätigen diesen Zusammenhang. Der Normvergleich zu den Erfolgswirkungen ist bisher in keiner anderen Studie vorgenommen worden, obwohl gerade das Erfüllen von Erwartungen im Profisport entscheidende Bedeutung besitzt.

4 Fazit

Die Analyse der umfangreichen betriebswirtschaftlichen Forschung zum Wechsel von Führungskräften kann wichtige Hinweise zur geeigneten Operationalisierung der zentralen Variablen zum Wechsel und zum Erfolg liefern. Insbesondere sind die Wechsel

[1] Eine Ausnahme bildet hier die Studie von Pfeffer/Davis-Blake (1986).
[2] Vgl. Gamson/Scotch (1964), S. 69 ff.
[3] Vgl. Scully (1992), S. 80.
[4] Vgl. Eitzen/Yetman (1972) sowie Allen et al. (1979).
[5] Vgl. für den amerikanischen Profisport Brown (1982), S. 13, der den vergangenen Mannschaftserfolg als zentrale Determinante für den aktuellen Mannschaftserfolg identifizierte sowie für den europäischen Fußball Singer/Wagner (1979), S. 190, Breuer/Singer (1996), S. 46, sowie Audas et al. (1997), S. 36.

der Führungskraft hinsichtlich des Anlasses zum Wechsel geeignet zu differenzieren. Die Operationalisierung des Erfolges muss, um ein unverzerrtes Bild zu gewährleisten, hinsichtlich ihrer zeitlichen Relation zum Wechselereignis kontrolliert werden. Zusätzlich sind Erfolgsmaße geeignet zu relativieren. Dabei bietet sich im Sinne einer „klassischen" betriebswirtschaftlichen Vorgehensweise der Zeit-, Betriebs- und Normvergleich an.

Unsere Studie zu Erfolgseffekten des Wechsels von Trainern in der Fußball-Bundesliga greift diese Erkenntnisse auf und zeigt, dass auch im Fall von Sportmannschaften eine differenzierte Wechsel- und Erfolgsmessung sinnvoll ist. Auch Wechsel von Trainern sind anhand Kriterien, wie Wechsel in Relation zum Vertragsende und Wechsel während oder zwischen zwei Spielzeiten, sinnvoll zu unterscheiden. Wir können zudem zeigen, dass abhängig vom jeweils verwendeten Erfolgsmaß beziehungsweise dessen Relativierung unterschiedliche Zusammenhänge zwischen Wechsel und Erfolgseffekten festzustellen sind. Während sich im einfachen Zeitvergleich ein positiver Erfolgseffekt zeigt, kehrt sich der Zusammenhang im Betriebs- und Soll-Ist-Vergleich um. Besonders der Vergleich mit Kontrollfällen, die zum jeweiligen Zeitpunkt eine vergleichbare Tabellenposition erreichen, aber an ihrem Trainer festhalten, zeigt, dass der Wechsel des Trainers im Durchschnitt nicht den gewünschten positiven Erfolgseffekt erreicht.[1] Die Ergebnisse unserer Studie setzen folglich einige Fragezeichen an die in der Fußballpraxis übliche Trainerwechselaktivität bei ausbleibendem Erfolg.

Literatur

Allen, M. P./Panian, S. K./Lotz, R. E. (1979): Managerial succession and organizational performance – A recalcitrant problem revisited, in: Administrative Science Quarterly, Vol. 24, S. 167-180.

Audas, R./Dobson, S./Goddard, J. (1997): Team performance and managerial change in the English football league, in: Economic Affairs, Vol. 17, S. 30-36.

Baetge, J. (1998): Bilanzanalyse, Düsseldorf.

Barro, J. R./Barro, R. J. (1990): Pay performance, and turnover of bank CEOs, in: Journal of Labour Economics, Vol. 8, No. 4, S. 444-481.

Bonnier, K. A./Bruner, R. F. (1989): An analysis of stock price reaction to management change in distressed firms, in: Journal of Accounting and Economics, Vol. 11, S. 95-106.

[1] Vgl. dazu auch die Befunde zum Erfolg der Trainerwechsel in der Saison 2000/01 in dem Beitrag von Littkemann/Kleist.

Breuer, C./Singer, R. (1996): Trainerwechsel im Laufe der Spielsaison und ihr Einfluß auf den Mannschaftserfolg – Eine Analyse von 32 Jahren Fußball-Bundesliga, in: Leistungssport, 26. Jg., S. 41-46.

Brinkmann, A. (1979): Zum Einfluss von Spieler-/Trainerwechsel auf die Wettkampfleistung im Fußball, in: Leistungssport, 9. Jg., S. 362-371.

Bronner, R./Appel, W./Wiemann, V. (1999): Empirische Personal- und Organisationsforschung, München/Wien.

Brown, M. C. (1982): Administrative succession and organizational performance: The succession effect, in: Administrative Science Quarterly, Vol. 27, S. 1-16.

Cooper, R. G./Kleinschmidt, E. J. (1995): Benchmarking the firms critical success factors in new product development, in: Journal of Product Innovation Management, Vol. 12, S. 374-391.

Cotton, J. L./Tuttle, J. M. (1986): Employee turnover: A meta-analysis and review with implications for research, in: Academy of Management Review, Vol. 11, No. 1, S. 55-70.

Dalton, D. R., et al. (1998): Meta-analytic reviews of board composition, leadership structure and financial performance, in: Strategic Management Journal, Vol. 19, S. 269-290.

Denis, D. J./Serrano, J. M. (1996): Active Investors and management turnover following unsuccessful control contests, in: Journal of Financial Economics, Vol. 40, S. 239-266.

Eitzen, D. S./Yetman, N. R. (1972): Managerial change, longevity, and organizational effectiveness, in: Administrative Science Quarterly, Vol. 17, S. 110-116.

Fama, E., et al. (1969): The adjustment of stockprices to new information, in: International Economic Review, February, S. 1-21.

Friedman, S. D./Singh, H. (1989): CEO succession and stockholder reaction: The influence of organizational context and event content, in: Academy of Management Journal, Vol. 32, S. 718-744.

Gabler, H. (1975): Zum Effekt von Trainerwechseln im Laufe der Spielsaison auf die Erfolge von Fußballmannschaften der Bundesliga, in: Leistungssport, 5. Jg., S. 313-319.

Gamson, W. A./Scotch, N. A. (1964): Scapegoating in baseball, in: American Journal of Sociology, Vol. 70, S. 69-72.

Gömmel, R./Cavar, J. (1999): Macht und Ohnmacht der Millionen, in: Kicker Sportmagazin, 01.03.1999, Nr. 18, S. 12-13.

Grusky, O. (1963): Managerial succession and organizational effectiveness, in: American Journal of Sociology, Vol. 69, S. 21-31.

Harrison, R. J./Torres, D. L./Kukalis, S. (1988): The changing of the guard: Turnover and structural change in top management positions, in: Administrative Science Quarterly, Vol. 33, S. 211-232.

Hauschildt, J. (1980): Zielsysteme, in: Grochla, E. (Hrsg.), Handwörterbuch der Organisation, 2. Aufl., Stuttgart, Sp. 2419-2430.

Hauschildt, J. (1991): Zur Messung des Innovationserfolgs, in: Zeitschrift für Betriebswirtschaft, 61. Jg., S. 451-476.

Johnson, B. W., et al. (1985): An analysis of the stock price to sudden executive deaths, in: Journal of Accounting and Economics, Vol. 7, S. 151-174.

Katz, N. (2001): Sport teams as a model for workplace teams: Lessons and liabilities, in: Academy of Management Executive, Vol. 15, No. 3, S. 56-67.

Kesner, I. F./Sabora, T. C. (1994): Executive succession: Past, present & future, in: Journal of Management, Vol. 20, S. 327-372.

Khanna, N./Poulsen, A. B. (1995): Managers of financially distressed firms: Villains of scapegoats? in: The Journal of Finance, L, 3, S. 919-940.

Kieser, A./Kubicek, H. (1992): Organisation, 3. Aufl., Berlin/New York.

Klein, A./Rosenfeld, J. (1988): Targeted share repurchase and top management changes, in: Journal of Financial Economics, Vol. 20, S. 493-506.

Leker, J./Salomo, S. (1998): Die Veränderung der wirtschaftlichen Lage im Verlauf eines Wechsels an der Unternehmensspitze, in: Zeitschrift für betriebswirtschaftliche Forschung, 50. Jg., S. 156-177.

Littkemann, J./Krehl, H. (2001): Kennzahlen der klassischen Bilanzanalyse – nicht auf Krisendiagnosen zugeschnitten, in: Hauschildt, J./Leker, J. (Hrsg.), Krisendiagnose durch Bilanzanalyse, 2. Aufl., Köln, S. 19-32.

Lubatkin, M. H., et al. (1989): Stockholder reactions to CEO changes in large corporations, in: Academy of Management Journal, Vol. 32, S. 47-68.

Maddala, G. (1977): Econometrics, New York.

Martin, A. (1998): Die empirische Forschung in der Betriebswirtschaftslehre, Stuttgart.

Martin, K. J./McConnell, J. J. (1991): Corporate performance, corporate takeovers and management turnover, in: The Journal of Finance, XLVI, 2, S. 671-687.

Pfeffer, J./Davis-Blake, A. (1986): Administrative succession and organizational performance – How administrator experience mediates the succession effect, in: Academy of Management Journal, Vol. 29, S. 72-83.

Poensgen, O. H. (1982): Fluktuation, Amtszeit und weitere Karriere von Vorstandsmitgliedern, in: Die Betriebswirtschaft, 42. Jg., S. 177-195.

Rainganum, M. R. (1985): The effect of executive succession on stockholder wealth, in: Administrative Science Quarterly, Vol. 30, S. 46-60.

Rosenthal, R./Rosnow, R. L. (1991): Essentials of behavioural research – methods and data analysis, New York et al.

Salomo, S. (2001a): Wechsel der Spitzenführungskraft und Unternehmenserfolg, Berlin.

Salomo, S. (2001b): Erfolgsmessung in der empirischen Organisationsforschung: Wechsel der Spitzenführungskraft und Unternehmenserfolg, in: Hamel, W./Gemünden, H. G. (Hrsg.), Außergewöhnliche Entscheidungen, München, S. 333-368.

Salomo, S./Teichmann, K. (2000): The relationship of performance and managerial succession in the German Premier Soccer League, in: European Journal of Sports Management, Vol. 7, Special Issue, S. 99-119.

Schrader, S. (1995): Spitzenführungskräfte, Unternehmensstrategie und Unternehmenserfolg, Tübingen.

Schrader, S./Lüthje, C. (1995): Das Ausscheiden der Spitzenführungskraft aus der Unternehmung: Eine empirische Analyse, in: Zeitschrift für Betriebswirtschaft, 65. Jg., S. 476-492.

Scully, G. W. (1992): Is managerial termination rational? – Evidence from professional team sports, in: Advances in the Economics of Sport, Vol. 1, S. 67-87.

Scully, G. W. (1994): Managerial efficiency and survivability in professional team sports, in: Managerial and Decision Economics, Vol. 15, S. 403-411.

Singer, R./Wagner, W. (1979): Trainerwechsel und Mannschaftserfolg. Zum Effekt eines Trainerwechsels im Laufe der Spielsaison auf die Leistung von Fußballmannschaften – Eine Analyse am Beispiel der Bundesliga und der Regionalliga Süd, in: Albrecht, D. (Hrsg.), Fußballsport – Ergebnisse sportwissenschaftlicher Forschung, Berlin, S. 170-195.

Staehle, W. (1994): Management. Eine Verhaltenswissenschaftliche Perspektive, 7. Aufl., München.

Szymanski, S./Kuypers, T. (1999): Winners & Losers – The Business Strategy of Football, London.

Utterback, J. M./Allen, T./Hollomon, J. H./Sirbu, M. A. (1976): The process of innovation in five industries in Europe and Japan, in: IEEE-Transactions on Engineering Management, Vol. EM-23, S. 3-9.

Warner, J. B./Watts, R. L./Wruck, K. H. (1988): Stock prices and top management changes, in: Journal of Financial Economics, Vol. 20, S. 461-492.

Witte, E. (1972): Das Informationsverhalten in Entscheidungsprozessen, Tübingen.

Worrell, D. L. (1993): Stockholder reactions to departures and appointments of key executives attributable to firings, in: Academy of Management Journal, Vol. 36, S. 387-401.

Einführung innovativer Spielsysteme im Fußballsport

Gerhard Schewe / Jörn Littkemann

1 Problemstellung

Seit nunmehr fast drei Jahrzehnten wird das Thema Innovation nachhaltig im Rahmen einer vornehmlich empirisch ausgerichteten betriebswirtschaftlichen Forschung untersucht. Ziel ist es, diejenigen Erfolgsfaktoren des Innovationsmanagements herauszufinden, die von der Unternehmensleitung bewusst gestaltet werden können. Dabei wird unter einer Innovation nicht nur die Einführung neuer Produkte in den Markt verstanden, sondern ebenso die Einführung neuer Techniken in den betrieblichen Produktions- bzw. Fertigungsprozess. Eine Innovation ist dabei nicht nur als ein punktueller Akt zu verstehen, sondern erstreckt sich als ein Prozess über einen gewissen Zeitraum. Dieser Prozess startet mit der Idee zur Entwicklung eines Produktes oder der Nutzung einer neuartigen Technik und endet mit der Markt- oder Betriebseinführung. Die Liste der Erfolgsfaktoren eines erfolgreichen Innovationsmanagements ist lang und berührt sehr unterschiedliche Aspekte.[1] Sie reicht von der Betrachtung der Umwelt eines Unternehmens über die eigene Organisationsstruktur bis hin zum einzelnen Individuum, das am Innovationsprozess beteiligt oder von ihm betroffen ist.

Einen für das Innovationsmanagement zentralen Aspekt gilt es in diesem Beitrag zu untersuchen: die Rolle von Schlüsselpersonen – sog. „*Promotoren*" – bei der Einführung von Neuerungen in Organisationen. Hierbei handelt es sich um bestimmte Personen, die einen Innovationsprozess durch ihre überdurchschnittlichen Leistungsbeiträge aktiv fördern und vorantreiben. Sie tragen entscheidend dazu bei, die typischen Widerstände, die gegen Neuerungen jeglicher Art bestehen, zu überwinden.

Obgleich sich die empirischen Ergebnisse in erster Linie auf Industrieunternehmen beziehen, lassen sie sich auch auf professionell geführte Sportvereine übertragen. Auch bei ihnen dominieren eindeutig betriebswirtschaftliche Überlegungen in hohem Maße vereinspolitische Entscheidungen, wie nicht zuletzt die anhaltende Debatte über die Umwandlung der Vereine in Kapitalgesellschaften belegt.[2] Innovationen spielen auch im Sport eine gewichtige Rolle und sind in der Regel mit Schlüsselpersonen verbunden, die die Innovation in ihrer Sportart gegen Widerstände durchzusetzen versuchen.[3]

---

[1] Vgl. bspw. zu funktionsbereichsbezogenen Analysen die Untersuchungen von Schewe (1994b) und Littkemann (1997).

[2] Vgl. dazu ausführlich den Beitrag von Schewe.

[3] Vgl. hierzu auch die Innovationsbeispiele aus anderen Sportarten bei Schewe/Littkemann (2001).

Im Fokus des vorliegenden Beitrages steht die Analyse der Einführung eines neuen taktischen Spielsystems bei Vereinen der Fußball-Bundesliga. In einer vergleichenden Fallstudie wird untersucht, wie zwei Vereine der 1. Fußball-Bundesliga Mitte der neunziger Jahre mit unterschiedlichem Erfolg versucht haben, die sog. „Viererkette" als neues Spielsystem für den Defensivbereich einzuführen. Die durchgeführte Analyse folgt dabei dem sogenannten „Promotoren-Modell", einem personenorientierten Managementkonzept zur erfolgreichen Umsetzung von Prozessinnovationen.[1]

Im Zentrum dieses Konzepts steht die Frage, wie man erfolgreich den Widerständen, die der Durchsetzung einer Innovation entgegenstehen, begegnen kann. Die Grundlagen dieses Managementkonzeptes sollen im Folgenden kurz vorgestellt werden, da sie die Basis für die Beurteilung des Einführungsprozesses der hier analysierten Innovation im Fußballsport bilden.

2 Die Rolle von Schlüsselpersonen in Innovationsprozessen

Die Einführung von Innovationen in den Produktionsprozess ist ein häufig zu beobachtendes Phänomen in der Geschichte von Industrieunternehmen. Geläufige Beispiele dafür sind der Einsatz von Personal Computern oder aber die Umstellung der Fertigungsprozesse durch die sog. C-Techniken (CAD, CAM etc.). Betrachtet man derartige Innovationsprozesse, so fällt auf, dass hierin immer wieder Personen involviert sind, die durch ein wesentlich höheres Aktivitätsniveau auffallen als alle anderen an diesem Prozess beteiligten Personen. Diese Personen werden als Schlüsselpersonen bezeichnet, da die Nachhaltigkeit ihrer Tätigkeiten gleichsam als Schlüssel für den Innovationserfolg zu verstehen ist. Eine Vielzahl empirischer Untersuchungen konnte die Existenz derartiger Schlüsselpersonen nachweisen.[2] Obwohl in den Untersuchungen die Schlüsselpersonen mit unterschiedlichen Namen belegt waren, hatten sie alle vornehmlich die gleiche Hauptaufgabe: die Widerstände gegen die Durchführung eines Innovationsprozesses aus dem Weg zu räumen. Nur wenn es gelingt, diese Widerstände oder Barrieren zu überwinden, kann ein Innovationsprozess erfolgreich beendet werden. Derartige Barrieren lassen sich darüber hinaus relativ genau charakterisieren.[3] Ihr gemeinsames Ziel ist es, die Einführung der Innovation im Betrieb zu verhindern oder empfindlich zu stören (Abb. 1).

[1] Vgl. hierzu ausführlich Witte (1973) und Hauschildt/Schewe (1997).

[2] Vgl. Allen (1970), Witte (1973), Chakrabarti (1974) und Howell/Higgins (1990).

[3] Vgl. Hauschildt (1997), S. 135 ff.

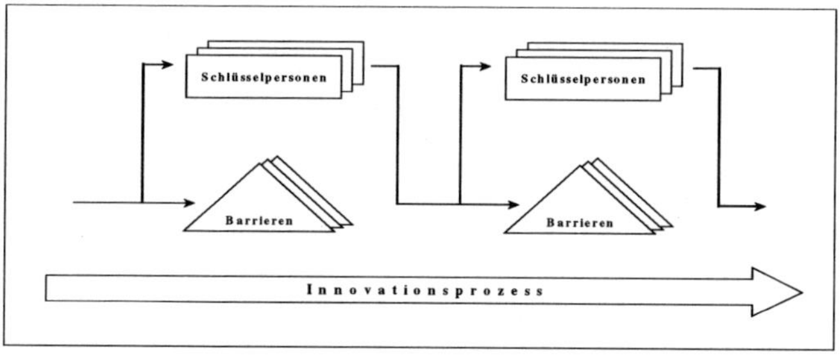

Abb. 1: Widerstände bei Innovationsprozessen

Im einzelnen lassen sich folgende Barrieren unterscheiden:

Als erstens sind *Barrieren des Nicht-Wissens* zu nennen. Aufgrund der hohen technologischen Komplexität, die jedem Innovationsprozess eigentümlich ist, entstehen Barrieren fachlicher Art. Man versteht die Wirkungsweisen der neuen Technologie nicht. Folglich kann man mit der neuen Technologie nicht arbeiten. Man präferiert den alten Status Quo und verteidigt das bisherige System mit seinen lang erprobten Verhaltensweisen und mühevoll erworbenen Erfahrungen und Fertigkeiten gegen die Einführung von Neuerungen.

Die zweite Art von Widerständen sind *Barrieren des Nicht-Wollens*. Selbst wenn die technologischen Fähigkeiten zur kognitiven Bewältigung der Innovation vorhanden sind, bedeutet dies nicht, dass auch der Wille dazu gegeben ist, das Neue zu akzeptieren, durchzusetzen und Altes aufzugeben. Die Gründe dafür sind unterschiedlicher Natur. Zum einen können Unsicherheiten über die persönlichen Konsequenzen, die mit der Einführung des Neuen verbunden sind, bestehen. Man befürchtet, dass persönliche Qualifikationen entwertet werden und damit einher gehend den Verlust angestammter Machtpotenziale. Dies kann sogar soweit gehen, dass man Angst hat seinen Arbeitsplatz über kurz oder lang zu verlieren. Zum anderen trägt jedes Individuum eine Menge unterschiedlicher Einstellungen und Werte in sich, die sich gegen das Neue sperren können. Man lehnt die Neuerung ab und will sie entsprechend auch nicht nutzen.

Die dritte und letzte Art von Widerständen lassen sich als *administrative Barrieren* bezeichnen. In mittleren und großen Organisationen existieren üblicherweise hierarchisch aufgebaute Strukturen, die sehr effizient in bezug auf die Lösung häufig auftretender Routineprobleme arbeiten. Zur Bewältigung innovativer Probleme sind diese oftmals bürokratisch ausgeprägten Strukturen nicht geeignet. Zur Lösung innovativer Fragestellungen benötigt man hingegen eine Organisationsstruktur die eher spontan und ungeregelt agiert. Es müssen Möglichkeiten existieren, sich auf informalen Wege auszutauschen. Informations- und Kommunikationskanäle müssen frei und von jedermann beliebig gewählt werden können. Schnittstellenprobleme zwischen den einzelnen Organisationseinheiten müssen weitgehend ausgeräumt sein. Innovative Prozesse laufen bürokratischen Strukturen zuwider. Festgeschriebene Regelungen und Zuständigkeiten werden durch die Innovation aufgeweicht. Entsprechend tendiert eine bürokratische Struktur immer dazu, die Innovation auszusteuern. Sie empfindet sie als störend. Abteilungs- und Hierarchiedenken gilt es entsprechend zu überwinden, will man einen innovations-notwendigen Informations- und Kommunikationsfluss sicherstellen.

Zur Überwindung dieser Barrieren benötigt man die Aktivitäten von Schlüsselpersonen, damit die Innovation gegen die auftretenden Widerstände vorangetrieben werden kann.

- Der *Fachpromotor* ist der Träger des objektspezifischen Fachwissens. Er ist es, der mit seinen Aktivitäten entscheidend dazu beiträgt, die Barriere des Nicht-Wissens zu überwinden.
- Der *Machtpromotor* verfügt über die Ressourcen, um den Entscheidungs- und Durchsetzungsprozess der Innovation zu ermöglichen. Er besitzt hierarchisches Potenzial und trägt damit in erster Linie zur Überwindung der Barriere des Nicht-Wollens bei.
- Der *Prozesspromotor* verknüpft. Er hat Organisationskenntnis und Organisationsgeschick. Er weiß, wer von der Innovation betroffen sein könnte. Seine Aktivitäten sind vor allem darauf gerichtet, die administrativen Barrieren zu überwinden.

Obgleich es theoretisch möglich ist, dass die genannten Aufgaben auch nur von einer oder von zwei Personen wahrgenommen werden können, zeigen empirische Studien, dass die Existenz von drei Promotoren am erfolgreichsten ist.[1] Allerdings bedarf es dazu einer weiteren wichtigen Voraussetzung. Es muss eine konsequente Arbeitsteilung zwischen den drei Promotoren vorliegen. Zudem sollte zwischen den Promotoren ein offener Kommunikationsaustausch stattfinden, damit auftretende Probleme schnell und im Sinne der Innovation gelöst werden können. Erfolgreiches Innovationsmanagement basiert nicht nur auf der bloßen Existenz der drei Promotoren, sondern auch auf ihrer in bezug auf die Durchführung der Innovation gut koordinierten Arbeitsteilung.

Die Anwendung des „Promotoren-Modells“ als ein maßgebender Einflussfaktor für ein erfolgreiches Innovationsmanagement ist bislang lediglich bei technischen Produkt-

[1] Vgl. Kirchmann (1994).

und Verfahrensinnovationen in Industrieunternehmen untersucht worden. In der vorliegenden Fallstudie wird gezeigt, dass sich die Erkenntnisse dieses Organisationskonzeptes auch auf die erfolgreiche Implementierung von Sportinnovationen übertragen lassen.

3 Aufbau der Fallstudie

Die Innovation, die dieser Fallstudie zugrunde liegt, ist die erstmalige Einführung eines neuen taktischen Spielsystems Mitte der neunziger Jahre bei zwei Mannschaften der 1. Fußball-Bundesliga. Dieses Spielsystem betrifft in erster Linie den Defensivbereich einer Fußballmannschaft und wird als sog. „Vierer-Abwehrkette" bezeichnet. Hauptmerkmal des Systems ist, dass vier Abwehrspieler auf einer Linie agieren und die gegnerischen Angreifer im Raum übergeben. Der Grund für die Charakterisierung der „Vierer-Abwehrkette" als Innovation ist wie folgt zu sehen. Zwar wurde dieses Defensivsystem in anderen europäischen Fußball-Ligen bereits vorher erfolgreich praktiziert, in der deutschen Fußball-Bundesliga stellt die „Vierer-Abwehrkette" zum Analysezeitpunkt eindeutig eine Innovation im fußball-taktischen Bereich dar. Deutsche Mannschaften spielten im Defensivbereich traditionell mit dem „Libero-System". Der Libero ist hierbei die zentrale Position im Defensivbereich. Der Spieler auf der Libero-Position ist der Cheforganisator der Abwehr. Er hat keinen direkten Gegenspieler und ist in erster Linie für die Koordination des Abwehrverhaltens zuständig. Unterstützt wird er von sog. Manndeckern, die Mann gegen Mann die gegnerischen Angreifer bewachen. Die Gegenspieler werden im Gegensatz zur „Vierer-Abwehrkette" nicht im Raum übergeben. Jedem Manndecker wird ein gegnerischer Stürmer direkt zugeordnet, dessen ständige Bewachung er übernimmt. Eine wichtige Aufgabe des Liberos ist es, einzugreifen, wenn ein gegnerischer Stürmer sich seiner Bewachung kurzzeitig entziehen konnte und gefährlich in Tornähe auftaucht.

Mit der Einführung der „Vierer-Abwehrkette" sind – wie im übrigen auch bei jeder technischen Innovation[1] – Vorteile und Nachteile verbunden. Die Vorteile ergeben sich dabei nicht zwangsläufig nur daraus, dass es sich bei der Innovation um eine effizientere Technik oder hier um ein „besseres" taktisches System handelt. Oftmals ist die Innovation zumindest kurzfristig schon deshalb überlegen, weil die anderen Teilnehmer am Wettbewerb sich noch nicht auf die Innovation eingestellt haben, d. h. noch keine erfolgreiche Gegenstrategie entwickelt wurde. Die Nachteile resultieren in der Regel aus der nicht sachgerechten Umsetzung der Innovation, in dem nicht angemessen auf die existente Barrierenstruktur reagiert wird.

Die zwei hier betrachteten Mannschaften sind die Teams von Werder Bremen und Borussia Mönchengladbach. Beide Mannschaften haben vor Beginn der Einführung

[1] Vgl. Schewe (1994a), S. 1001.

des neuen Abwehrsystems mit dem klassischen „Libero-System“ gespielt. In der Spielzeit der Einführung des neuen Defensiv-Spielsystems konnte sich die Mannschaft von Borussia Mönchengladbach im Vergleich zur vorhergehenden Spielzeit um fünf Tabellenplätze verbessern. Werder Bremen fiel dagegen um sieben Tabellenplätze zurück. Wählt man die relative Verbesserung des Tabellenplatzes als Erfolgskriterium, so lässt sich Borussia Mönchengladbach als erfolgreicher im Vergleich zu Werder Bremen klassifizieren. Eine mögliche Ursache mag in der besseren Umsetzung der Innovation „Vierer-Abwehrkette“ liegen. Entsprechend müsste sich im Fall Borussia Mönchengladbach das Organisationskonzept des Promotorenmodells wesentlich nachhaltiger zeigen als im Fall Werder Bremen.

Die Daten wurden mittels einer Dokumentenanalyse erhoben. Als Informationsquellen dienten Veröffentlichungen der einschlägigen Fachpresse während der betrachteten Spielzeiten. Es wurden hierfür die Spielzeiten 1993/94, 1994/95 sowie 1995/96 betrachtet, d. h. jeweils eine Spielzeit vor und eine Spielzeit nach der Einführung der Spielsystem-Innovation. Ausgewertet wurden die Dokumente entlang folgender Fragestellungen:

- Welche Widerstände gegen die „Vierer-Abwehrkette“ lassen sich identifizieren?
- Welche Personen in den betrachteten Vereinen zeichnen sich durch ein nachhaltiges Engagement für oder gegen die Innovation aus?
- Welche Leistungsbeiträge erbrachten diejenigen Personen, die die Einführung der „Vierer-Abwehrkette“ entscheidend vorangetrieben haben?

Objekt der Analyse war dabei nicht nur der enge Kern der Mannschaft, also der Spielerkader der betrachteten Spielzeit und der Trainerstab. Es wurde auch das weitere Umfeld betrachtet, also insbesondere die Personen und Aktivitäten des Managements und des Vereinspräsidiums. Aufgrund der administrativen Zuständigkeiten bei Personalentscheidungen und ihrer a priori nicht auszuschließenden Einflussnahme auf den Spielbetrieb mussten auch diese beiden Gruppen in die Analyse einbezogen werden.

4 Ergebnisse der Fallstudie

4.1 Widerstände gegen das neue Spielsystem

Widerstände, die sich gegen die Einführung des neuen Spielsystems regten, waren bei beiden Mannschaften erkennbar. Sie stammten hauptsächlich aus dem Spielerkreis. Im einzelnen ließ sich folgende Barrierenstruktur identifizieren (Tab. 1):

Barrieren des Nicht-Wollens: In beiden Teams konnte man eine generelle Unsicherheit gegenüber der Einführung des neuen Spielsystems feststellen. Die Spieler waren sich unsicher darüber, welche Konsequenzen die Innovation für jeden einzelnen besitzt.

Insbesondere die Spieler des Abwehrbereichs standen der taktischen Neuerung skeptisch gegenüber. Sie mussten mit teilweise gravierenden Umstellungen rechnen. Selbst mit der Tatsache, seine angestammte Position in der Anfangsformation zu verlieren, musste man sich vertraut machen. Unsicherheit bestand nicht nur darüber, wie die neue Ordnung auf dem Spielfeld aussehen würde, sondern auch welche Konsequenzen sich darüber hinaus für das Mannschaftsgefüge ergeben würden. Widerstand regte sich auch bei Spielern, die nicht im Defensivbereich agierten. Hier sind insbesondere Stammspieler zu nennen. Sie mussten befürchten, dass sie ihren Status innerhalb der Spielerhierarchie verlieren, wenn sich durch die Innovation neue Spieler in den Blickpunkt spielen würden.

	„Nicht erfolgreicher" Fall	**„Erfolgreicher" Fall**
Barrieren des Nicht-Wissens	• Fehlendes Know-how über das neue Spielsystem • Mangelnde Fitness einiger Spieler	• Fehlendes Know-how über das neue Spielsystem
Barrieren des Nicht-Wollens	• Allgemeine Unsicherheit über die neue Mannschaftsstruktur • Libero neu im Verein	• Allgemeine Unsicherheit über die neue Mannschaftsstruktur • Kein designierter Libero
Administrative Barrieren	• Von geringer Bedeutung	• Von geringer Bedeutung

Tab. 1: Innovationsbarrieren

Abgesehen von diesen in beiden Mannschaften existierenden Barrieren des Nicht-Wollens gab es einen wichtigen Unterschied. Werder Bremen hatte ein halbes Jahr vor Einführung der Neuerung – in der Zeit, bevor die Entscheidung zur Einführung der „Viererkette-Abwehrkette" getroffen wurde – einen Spieler gekauft, dem explizit zugesichert worden war, in dem alten „Libero-System" die Rolle des Abwehrorganisators zu übernehmen. Dieser Spieler konnte sich nur schwerlich mit dem neuen Spielsystem, indem die Position des Liberos nicht vorkommt, anfreunden. Denn abgesehen davon, dass die Libero-Position seit den 70er Jahren, in denen Franz Beckenbauer diese Position fast perfekt ausfüllte, in Deutschland einen sehr guten Ruf hat, eröffnet sie einem auf dem Spielfeld auch enorme Freiheiten, die einem die „Vierer-Abwehrkette" nicht bietet. In der Mannschaft von Mönchengladbach gab es zu Beginn der betrachteten Spielzeit keinen festen Libero. Die Position war vakant und wurde im Wechsel von mehreren Spielern besetzt.

Barrieren des Nicht-Wissens: Das Wissen um die konkrete Umsetzung des neuen Spielsystems war weder bei Bremen noch bei Mönchengladbach vorhanden. Beide Mannschaften hatten vorher noch nicht mit diesem Defensivsystem gespielt. Diese aufgrund fehlenden Wissens vorhandene Barriere wurde bei Werder Bremen noch dadurch verstärkt, dass sich stellenweise auch Indizien für fehlendes Können zur Umsetzung des Spielsystems festmachen ließen. Es wurde vermehrt über mangelnde Physis der Spieler berichtet. Einige Spieler wiesen nicht die nötige Grundschnelligkeit für das neue Abwehrsystem auf. Vorhandene Grundschnelligkeit ist jedoch eine notwendige Bedingung für das reibungslose Funktionieren einer „Vierer-Abwehrkette". Bei den Gladbacher Defensivspielern waren physische Schwächen, die gegen die Einführung des neuen Spielsystems sprachen, nicht festzustellen.

Barrieren des administrativen Systems: In beiden Fällen ließen sich aus den veröffentlichten Pressemitteilungen nur vereinzelt Anzeichen für administrative Widerstände finden. Dies ist sicherlich auch nicht weiter verwunderlich, da es sich bei beiden Vereinen – soweit es den Profifußball betrifft – um vergleichsweise kleine Organisationen handelt, die kaum über fest institutionalisierte Regelwerke in Bezug auf Zuständigkeiten und Organisationsabläufe verfügen. Im wesentlichen sind hier informelle Informations- und Kommunikationswege von Bedeutung. Ihre Funktionsfähigkeit ist in der Regel an bestimmte Personen gebunden. Wie im Folgenden noch zu zeigen ist, spielen dabei die identifizierten Promotoren eine entscheidende Rolle.

4.2 Promotoren des neuen Spielsystems

Die Existenz derartiger Widerstände impliziert, dass nur dann, wenn sich bestimmte Personen bereit erklären, o. g. Schlüsselfunktion zu übernehmen, der Innovationsprozess zu einem erfolgreichen Abschluss gebracht werden kann. Die folgende Tabelle zeigt, dass in den hier untersuchten Fällen die Übernahmebereitschaft sehr unterschiedlich ausgeprägt war (Tab. 2):

	„Nicht erfolgreicher" Fall	**„Erfolgreicher" Fall**
Fach-promotor	• Trainer hat Innovation bereits bei anderen Vereinen eingeführt • Übernahme der Promotorenfunktion durch den *Trainer*	• Trainer implementiert Innovation das erste Mal • Übernahme der Promotoren- funktion durch den *Trainer*
Macht-promotor	• Management beschränkt sich ausschließlich auf betriebswirtschaftliche Fragestellungen • Keine Übernahme der Promotorenfunktion durch eine Person aus dem *Management des Vereins*	• Management beschränkt sich nicht nur auf betriebswirtschaftliche Fragestellungen • Übernahme der Promotorenfunktion durch „den" *Manager*
Prozess-promotor	• Ständiger Wechsel des Mannschaftskapitäns • Trainer bestimmt Mannschaftskapitän • Keine Übernahme der Promotorenfunktion durch eine Person aus dem *Spielerkreis*	• Mannschaftskapitän besitzt volle Akzeptanz der Mannschaft, des Trainers und des Managers • Sehr gute persönliche Kontakte des Kapitäns zum Manager und Trainer • Übernahme der Promotorenfunktion durch den *Mannschaftskapitän*

Tab. 2: Promotorenfunktionen der Innovation

In beiden Fällen nahm der Trainer die *Rolle des Fachpromotors* ein. Er war diejenige Person, die den Anstoß zur Innovation gab und für die technische Umsetzung des Innovationsprozesses verantwortlich war. Allerdings gab es einen wichtigen Unterschied: Bremens Trainer war als anerkannter Experte der Innovation bekannt. Mit dem System der „Vierer-Abwehrkette" hatte er bereits in früheren Vereinen außerhalb Deutschlands erfolgreich gearbeitet. Der Trainer von Mönchengladbach hatte bislang keine praktische Erfahrung mit dem neuen Spielsystem. Er führte das erste Mal die „Vierer-Abwehrkette" in einer von ihm betreuten Profimannschaft ein. Er war sich also wesentlich eher – zumindest unterbewusst – des innovativen Charakters dieses Spielsystems bewusst, was sicherlich auch auf seine Bereitschaft zur wechselseitigen Information und Kommunikation mit den relevanten Interaktionsgruppen nicht ohne Einfluss blieb.

Die *Rolle des Prozesspromotors* wurde lediglich im Fall Borussia Mönchengladbach ausgefüllt. Sie übernahm der Mannschaftskapitän, der in dieser Funktion im gesamten Verein akzeptiert wurde. Sowohl bei den Spielern, als auch beim Trainer und beim Management war er als Persönlichkeit anerkannt. Er verfügte über gute Kommunikations- und Informationsbeziehungen zu den relevanten Interaktionsgruppen. Er war insofern über die wichtigsten Entscheidungen informiert. Der Mannschaftskapitän stand hinter der Innovation und unterstützte den Trainer bei der Einführung des neuen Spielsystems nachhaltig. Er trug in hohem Maße dazu bei, die Kommunikations- und Informationsbeziehungen zwischen Trainer und Spielern zu verbessern, was letztendlich zum Abbau der Barrieren des Nicht-Wollens und des Nicht-Wissens führte. In Bremen gab es niemanden, der die Rolle eines Prozesspromotors übernahm. Der Trainer wurde bei der Überwindung der Innovationswiderstände allein gelassen. In dem betrachteten Zeitraum gab es in der Bremer Mannschaft zunächst keinen festen Mannschaftskapitän. Das Amt wurde laufend neu besetzt. Schließlich bestimmte der Trainer einen Spieler seiner Wahl als Kapitän. Dieser Rekrutierungsmodus blieb jedoch nicht ohne Rückwirkung auf die Akzeptanz des Mannschaftskapitäns durch die Mannschaft. Sie war deutlich geringer als im Fall Borussia Mönchengladbach. Der Bremer Kapitän konnte somit seine innovationsfördernden Aktivitäten nicht in dem Maß einsetzen, wie es zur Überwindung der Innovationswiderstände notwendig gewesen wäre.

Ein *Machtpromotor*, der die Innovation durch hierarchisches Potenzial förderte, war ebenfalls nur in Mönchengladbach existent. Der Manager des Vereins nahm diese Rolle ein. Er half dem Trainer nicht nur dabei, interne Widerstände seitens der anderen Mitglieder der Vereinsführung abzubauen, sondern schirmte ihn auch gegen öffentliche Kritik am neuen Spielsystem ab. Dem Trainer wurde genügend Zeit eingeräumt, das neue taktische System mit der Mannschaft einzuüben. Er wusste, dass er nicht gleich seinen Arbeitsplatz verlieren würde, wenn die ersten Spiele aufgrund der Einführung der Innovation verloren gingen. In Bremen gab es keine Person innerhalb der Vereinsführung, die die Innovation im Sinne eines Machtpromotors förderte. Man räumte dem Trainer die alleinige Verantwortung für den sportlichen Bereich ein und konzentrierte sich ausschließlich auf wirtschaftliche und administrative Aufgaben. Die Einführung eines neuen Spielsystems hielt man für die alleinige Aufgabe der sportlichen Führung. Man fühlte sich von der Innovation nicht betroffen.

Es bleibt festzuhalten, dass die erste Voraussetzung für ein erfolgreiches Innovationsmanagement – die Existenz aller drei Promotoren – lediglich bei Mönchengladbach gegeben war. In Bremen gab es nur eine Schlüsselperson, die die Innovation vorantrieb, nämlich den Trainer in seiner Funktion als Fachpromotor. Obwohl der Bremer Trainer im Vergleich zu seinem Gladbacher Kollegen eine größere Erfahrung in dem Umgang mit der Innovation besaß, war er weniger erfolgreich, da es in Bremen weder einen Prozess-, noch einen Machtpromotor gab, die ihn bei der Überwindung der Innovationswiderstände unterstützen konnten.

4.3 Arbeitsteilung im Innovationsmanagement

Die zweite wichtige Voraussetzung für eine erfolgreich verlaufende Innovation ist eine effizient verlaufende Arbeitsteilung zwischen den Promotoren. Im Fall Borussia Mönchengladbach konnte eine hoher Integrationsgrad zwischen dem Trainer, dem Manager und dem Mannschaftskapitän festgestellt werden. Sie arbeiteten eng zusammen, was die Durchführung des Innovationsprozesses anging. Auftretende Probleme konnten offen besprochen werden. Bei Werder Bremen ließen sich erhebliche Kommunikationsstörungen feststellen. Zwischen den zentralen Interaktionsgruppen des Vereins offenbarten sich eine Reihe von Schnittstellenproblemen. In solch einem Umfeld haben es Innovationen schwer, erfolgreich zu verlaufen.

5 Fazit

Die Ergebnisse der Fallstudie bestätigen die Erkenntnisse hinsichtlich einer erfolgreichen Einführung von Innovationen bei Organisationen. Nur wenn es gelingt, Personen dahingehend zu motivieren, für die Innovation einen nachhaltigen Beitrag zu erbringen, der sich in erster Linie darauf richtet, existente Innovationswiderstände zu überwinden, kann eine Innovation erfolgreich umgesetzt werden. Somit scheinen sich Ergebnisse, die bisher nur bei Industrieunternehmen ermittelt wurden, auch bei zwei Sportvereinen des deutschen Profifußballs zu bestätigen.

Allerdings soll auch hier nicht verschwiegen werden, dass ähnlich wie bei Industrieunternehmen auch noch weitere Faktoren existieren, die neben dem „Promotoren-Modell“ einen Einfluss auf den Innovationserfolg besitzen,[1] so z. B. die Tatsache, dass Bremen in den Jahren vor Einführung der Innovation ein sehr erfolgreiches Team

[1] Vgl. Hauschildt (1993) und Littkemann/Salomo (1997).

gewesen war, Mönchengladbach hingegen eher mittelmäßige Tabellenränge belegte. Innovationen sind aber in Krisenzeiten wesentlich leichter durchzuführen als in Zeiten des Erfolges, da man eher bereit ist, alte Strukturen neu zu überdenken und ggf. zu ändern. Von daher wies Mönchengladbach ein fruchtbareres Umfeld für Innovationen auf als Bremen. Eine weitere Tatsache, die in diesem Kontext wichtig erscheint, ist, dass Mönchengladbach einen Abwehrspieler besaß, der das neue System in der Vergangenheit bereits in anderen Vereinen gespielt hatte.

Insofern kann das hier skizzierte Promotorenmodell auch nicht als der alleinige „Königsweg" erfolgreichen Innovationsmanagements angesehen werden. Nichtsdestoweniger werden jedoch Probleme aufgezeigt, die vielfach Anlass für das Scheitern von Innovationen sind. Sie gilt es zu beseitigen. Eine entscheidende Funktion kommt dabei insbesondere den beteiligten Personen zu und weniger administrativen Regelungen und Zuständigkeiten. Weist man die Verantwortung für eine Innovation *allein* dem Zuständigkeitsbereich einer einzelnen Person – also hier der Fachkompetenz des Trainers – zu, so ist dies der erfolgreichen Umsetzung der Innovation eher hinderlich, da erfolgsnotwendige Beiträge zur Überwindung von Innovationswiderständen nicht erbracht werden.

Literatur

Allen, T. (1970): Communication Networks in R&D Laboratories, in: R&D Management, Vol. 1, S. 14-21.

Chakrabarti, A. K. (1974): The Role of Champions in Product Innovation, in: California Management Review, Vol. 17, S. 58-62.

Hauschildt, J. (1993): Innovationsmanagement – Determinanten des Innovationserfolges, in: Hauschildt, J./Grün, O. (Hrsg.), Ergebnisse empirischer betriebswirtschaftlicher Forschung: Zu einer Realtheorie der Unternehmung, Stuttgart, S. 295-326.

Hauschildt, J. (1997): Innovationsmanagement, 2. Aufl., München.

Hauschildt, J./Schewe, G. (1997): Gatekeeper und Promotoren: Schlüsselpersonen in Innovationsprozessen in statischer und dynamischer Perspektive, in: Die Betriebswirtschaft, 57. Jg., S. 506-616.

Howell, J. M./Higgins, C. A. (1990): Champion of Technology Management, in: Administrative Science Quarterly, Vol. 35, S. 317-341.

Kirchmann, E. (1994): Innovationskooperation zwischen Herstellern und Anwendern, Wiesbaden.

Littkemann, J. (1997): Erfolgreiches Innovationscontrolling – Ergebnisse einer empirischen Untersuchung, in: Zeitschrift für Betriebswirtschaft, 67. Jg., S. 1309-1331.

Littkemann, J./Salomo, S. (1997): Success in Sports – A Longitudinal Study of the German Premier Soccer League, in: Davies, I./Wolstercroft, E. (Hrsg.), Proceedings to the fifth Congress on Sport Management, Glasgow, S. 206-210.

Schewe, G. (1994a): Erfolg im Technologiemanagement – Eine empirische Analyse der Imitationsstrategie, in: Zeitschrift für Betriebswirtschaft, 65. Jg., S. 999-1026.

Schewe, G. (1994b): Successful Innovation Management – An Integrated Perspective, in: Journal of Engineering and Technology Management, Vol. 11, S. 25-53.

Schewe, G./Littkemann, J. (2001): Der Weg zum Erfolg – Eine Analyse von Innovationen im Sport, in: Hamel, W./Gemünden, H. G. (Hrsg.), Außergewöhnliche Entscheidungen, München, S. 547-578.

Witte, E. (1973): Organisation für Innovationsentscheidungen, Göttingen.

Die Herausgeber

Prof. Dr. Gerhard Schewe

Gerhard Schewe ist seit 1998 Universitätsprofessor für Betriebswirtschaftslehre, insb. Organisation, Personal und Innovation an der Westfälischen Wilhelms-Universität in Münster. Davor lehrte Prof. Schewe an der Universität der Bundeswehr in Hamburg und an der Universität Kiel. Nach dem Studium der Betriebswirtschaftslehre promovierte er zum Dr. sc. pol. mit der Arbeit „Imitationsmanagement". 1996 erfolgte die Habilitation im Fach Betriebswirtschaftslehre mit der Habilitationsschrift „Strategie und Struktur".

Prof. Schewe ist Autor einer Vielzahl von Büchern und Aufsätzen in in- und ausländischen Fachzeitschriften. Die Schwerpunkte seiner Forschung konzentrieren sich neben dem Bereich des Sportmanagements auf drei Gebiete: Technologie- und Innovationsmanagement, Organisation und Strategisches Management sowie Post Merger Integrationsmanagement. Prof. Schewe ist als Gutachter für namhafte nationale und internationale Fachzeitschriften tätig.

Korrespondenzanschrift: Lehrstuhl für Betriebswirtschaftslehre, insb. Organisation, Personal und Innovation, Westfälische Wilhems-Universität Münster, Universitätsstraße 14-16, D-48143 Münster, Fon: +49-251-83-22831, Fax: +49-251-83-22836, E-Mail: orga@wiwi.uni-muenster.de, Homepage: www.wiwi.uni-muenster.de/schewe

Prof. Dr. Jörn Littkemann

Jörn Littkemann ist seit 2003 Universitätsprofessor für Betriebswirtschaftslehre, insb. Unternehmensrechnung und Controlling an der FernUniversität in Hagen. Davor war er als Wissenschaftlicher Assistent und anschließend als Akademischer Rat am Lehrstuhl für Betriebswirtschaftslehre, insb. Organisation, Personal & Innovation an der Westfälischen Wilhems-Universität in Münster tätig. Nach einer Ausbildung zum Fachangestellten in steuer- und wirtschaftsberatenden Berufen und dem Studium der Betriebswirtschaftslehre an der Christian-Albrechts-Universität zu Kiel promovierte er zum Dr. sc. pol. mit der Arbeit „Rechnungswesen und Innovationsmanagement". 2003 erfolgte die Habilitation im Fach Betriebswirtschaftslehre mit der Habilitationsschrift „Organisation des Beteiligungs-controlling".

Prof. Littkemann ist Autor einer Vielzahl von Büchern und Aufsätzen in in- und ausländischen Fachzeitschriften. Die Schwerpunkte seiner Forschung konzentrieren sich neben dem Bereich des Sportmanagements auf folgende Gebiete: Konzerncontrolling, Betriebswirtschaftliche Steuerlehre, Bilanzanalyse und -politik, Innovationscontrolling sowie ausgewählte Aspekte zur Organisation und Unternehmensführung. Prof. Littkemann ist als Gutachter für mehrere namhafte Fachzeitschriften tätig.

Korrespondenzanschrift: Lehrstuhl für Betriebswirtschaftslehre, insb. Unternehmensrechnung und Controlling, FernUniversität in Hagen, Universitätsstraße 41 (ESG), D-58084 Hagen, Fon: +49-2331-987-4753, Fax: +49-2331-987-4865, E-Mail: lehrstuhl.littkemann@fernuni-hagen.de, Homepage: www.fernuni-hagen.de/littkemann

Die Autoren

Dipl.-Kfm. Christoph Brast
Wissenschaftlicher Mitarbeiter am Lehrstuhl für Betriebswirtschaftslehre, insb. Organisation, Personal und Innovation, der Westfälischen Wilhelms-Universität Münster

StB Dr. Lutz Engelsing
Mitarbeiter der Dr. Harzem & Partner Wirtschaftsprüfungsgesellschaft Steuerberatungsgesellschaft, Bonn

Dipl.-Kfm. Nicolas Gaede
Wissenschaftlicher Mitarbeiter am Lehrstuhl für Betriebswirtschaftslehre, insb. Organisation, Personal und Innovation, der Westfälischen Wilhelms-Universität Münster

Dipl.-Kffr. Julia Haarmann
Wissenschaftliche Mitarbeiterin am Institut für Unternehmensgründung und -entwicklung der Westfälischen Wilhelms-Universität Münster

Dr. Sebastian Kleist
Geschäftsführender Gesellschafter der Care Competence GmbH, Hamburg

Dipl.-Kfm. Christian Küchlin
Mitarbeiter bei BBDO Germany GmbH, Frankfurt a. M.

Prof. Dr. Jörn Littkemann
Inhaber des Lehrstuhls für Betriebswirtschaftslehre, insb. Unternehmensrechnung und Controlling, der FernUniversität in Hagen

Dr. Claudia Michalik
Leitende Mitarbeiterin des Instituts für Projektmanagement, Münster

Dr. Sören Salomo
Wissenschaftlicher Assistent am Institut für Technologie und Management, Fachgebiet Technologie- und Innovationsmanagement, der Technischen Universität Berlin

Dipl.-Kfm. Peter Schaarschmidt
Vertriebsbeauftragter der GOB Software & Systeme GmbH & Co. KG, Krefeld

Dipl.-Kfm. Mirco Schäcke
Wissenschaftlicher Mitarbeiter am Lehrstuhl für Betriebswirtschaftslehre, insb. Organisation, Personal und Innovation, der Westfälischen Wilhelms-Universität Münster

Prof. Dr. Gerhard Schewe
Inhaber des Lehrstuhls für Betriebswirtschaftslehre, insb. Organisation, Personal und Innovation, der Westfälischen Wilhelms-Universität Münster

Dipl.-Kfm. (FH) Erik Steegmans
Vertriebsbeauftragter der GOB Software & Systeme GmbH & Co. KG, Krefeld

Dipl.-Kfm. Tim Stübinger
Wissenschaftlicher Mitarbeiter am Lehrstuhl für Betriebswirtschaftslehre, insb. Organisation, Personal und Innovation, der Westfälischen Wilhelms-Universität Münster

Dipl.-Kfm. Bernd Sunderdiek
Doktorand im Graduiertenkolleg „Recht und Ökonomik" an der Universität Hamburg

Dipl-Hdl. Dipl.-Kfm. Kai Teichmann
Wissenschaftlicher Mitarbeiter am Lehrstuhl für Organisation der Christian-Albrechts-Universität Kiel

Dipl.-Ing. Dipl.-Wirt.-Ing. Andreas Wessels
Geschäftsführer der GOB Software & Systeme GmbH & Co. KG, Krefeld

Sportökonomie

Prof. Dr. Klaus Heinemann

Einführung in die Ökonomie des Sports

Ein Handbuch

Wirtschaft und Sport sind zunehmend miteinander verwoben; Ökonomische Probleme des Sports gewinnen entsprechend rasch an Gewicht. Fundierte Sachkenntnisse in diesen Gebieten werden daher auch zur unerlässlichen Voraussetzung für eine erfolgreiche berufliche Arbeit. Entsprechend wird wirtschaftswissenschaftlichen und betriebswirtschaftlichen Themen in der Sportforschung und in der Ausbildung wachsende Beachtung geschenkt. Dennoch fehlte bislang eine systematische Einführung in diese Problemkreise.

DIN A5, 292 Seiten
ISBN 3-7780-1571-0
Bestell-Nr. 1571 € 29.–

Prof. Dr. Bernd Meyer / Dipl.-Vw. Gerd Ahlert

Die ökonomischen Perspektiven des Sports

Eine empirische Analyse für die Bundesrepublik Deutschland

„Die ökonomischen Perspektiven des Sports" zeigt beispielhaft, wie das von den Autoren entwickelte sportökonomische Modell *Sport*, welches den Sport in seinen vielfältigen Verflechtungen mit der Wirtschaft abbildet, zur Verbesserung der Information im sportpolitischen Diskurs eingesetzt werden kann. Dazu wurde zunächst das Satellitensystem „Sport" aufgebaut, welches die ökonomische Bedeutung des Sports detailliert für die Bundesrepublik Deutschland in den Jahren 1993 bis 1998 dokumentiert. Auf diesen Daten aufbauend analysieren die Autoren in Simulationsrechnungen sowohl die Wirkungen sportpolitischer Entscheidungen als auch gesellschaftlicher Verhaltensänderungen.

DIN A5, 280 Seiten
ISBN 3-7780-0900-1
Bestell-Nr. 0900 € 21.80

hofmann. VERLAG & DRUCKEREI
Steinwasenstraße 6–8, 73614 Schorndorf
Telefon (07181) 402-125, Telefax (07181) 402-111
Internet: www.hofmann-verlag.de · E-Mail: bestellung@hofmann-verlag.de